政治学・行政学の基礎知識

改訂第4版

堀江 湛 Horie Fukashi
加藤秀治郎 Kato Shujiro
［編］

一藝社

第四版　編者まえがき

本書は政治学・行政学の全般にわたり、基礎的事項を平易に解説したテキストである。幸い多くの読者を得て改訂を重ねてきたが、このほど新動向を書き加え、第四版とした。

本書は、堀江湛・慶應義塾大学名誉教授の古稀のお祝いの際に、多くの弟子がみな執筆に加われる書籍ということで浮上した計画に端を発する。二〇〇一年の初版だが、項目の選定など、先生が構想を練られたものであり、文字通りの編者役を務めていただいた。

その後、第二版、第三版と改訂する際に、私（加藤）にご相談があり、ご協力するようになった。今回は、私も編者に名を連ねて改訂・増補の作業を進めた。初版とは大きく異なる書物となっているが、骨格は堀江先生の固めたものである。

今回は、学問分野の発展を取り入れるべく、第一線で活躍の永山博之・広島大学教授、増田正・高崎経済大学教授、桑原英明・中京大学教授のご協力を得た。お礼を申し上げたい。なお、第四版の企画の後、刊行を見ずに堀江先生が逝去された。ご冥福をお祈りしたい。

二〇二一年九月

共編者　加藤 秀治郎

目次

第1部 政治学

装丁――アトリエ・タビト

第1部

政治学

political science

第1章　政治学の基礎概念

1　政治権力

1　権力とは何か

人が他者をその意志に反して行動させるときに、一般に、その人は「権力」をもつという。

ヨーロッパにおいて、力学が自然科学の先頭を切って発展の緒についたときに、力学の概念が政治現象の認識に対しても取り入れられ、権力の概念は政治学の中心概念となった。

権力の概念が、権威や支配の概念から区別されて用いられるようになった背景には、絶対君主制の下で、世俗的権力が宗教的権威から完全に自立し、近代国家が、国民共同体的秩序の上に、物理的強制力（暴力）の独占と集中によって、近代的権力秩序を構築した状況が存在している。

周知のウェーバーの定義を借りるならば、「権力とは、社会関係のなかで抵抗に逆らっても自己の意思を貫徹するあらゆるチャンスを意味する」。権力とは、社会関係において人間の行動様式を統制する能力である。ラスウェルは、権力を狭く規定した場合、「ある行為の型に違反すれば、その結果、重大な価値剥奪が期待されうるような関係を指す」とみなしているが、それはこうした文脈から理解されよう。

そして、これを政治の局面におくとき、権力は「決定（重大な制裁［＝価値剥奪］を伴う政策）の作成への参与」としてとらえられることになる。「価値剥奪」とは財産、尊敬、愛情、地位などの社会的価値の喪失や減少をもたらす過程を指すが、権力の本質は、価値剥奪ないしその威嚇や制裁によって他者（および組織全体）を制御する力だということができる。

このように権力が、社会関係において一定の手段を通して自己の意思を貫徹し、他者に対する制御によって服従を調達する力であるとするならば、権力が、政治学にとって最も基本的な概念として位置づけられ、伝統的に政治学や政治社会学、とくに政治過程の分析において中心的なテーマを形成してきたことは当然といえよう。

2　政治権力と国家権力

権力は、終極的には強制的手段による威嚇または「価値剥奪」を通じて、暴力的に服従を調達するが、地位・威信などの利益誘導または「価値付与」を通じて、自発的服従（権力への合意）が醸成されることも多い。強制と合意は互いに関連しつつ、権力の二つの側面を形成する。

社会における人間の行動は、程度に差はあれ、社会化・パターン化されて、一定の様式として存在する。その行動様式の統制は、社会的分業の発展につれて組織化・体系化され、昇給・昇進のような褒賞、武力・私刑などの物理的制裁、破門・除名などの精神的制裁といった諸手段が形成される。

このような「価値付与」と「価値剥奪」という正負の手段を通じて相手方の抵抗を排して自己の意思を貫くときに、権力は発揮される。

権力が、一般的に社会的行動様式の統制として現れる場合が「社会権力」、特殊的に経済的行動様式の統制として現れる場合が「経済権力」、そして、政治的行動様式の統制として現れる場合を「政治権力」とよぶ。

政治権力を含むすべての社会権力は、「分業による組織的生産力の増大」と、「イデオロギーによる秩序形成」という二つの側面（機能）を併せもつ。

資本の権力をはじめとする経済権力が、主として前者すなわち「分業による組織的生産力の増大」をめざしており、この点にこそ特殊性をもつのに対して、政治権力（とりわけ「国家権力」）の特殊性は、何よりも後者すなわち、「イデオロギーによる秩序形成」を目的としている点にある。

この意味で、国家権力を頂点とする政治権力は「イデオロギー的権力」である。政治領域に現れる権力関係は、自発的服従（＝「正当性」）が積極的に与えられたときに安定するが、逆に社会体制の変動に応じて政治的行動様式が流動化するとともに、不安定となり変動する。

（佐治孝夫）

2　権力の実体概念・関係概念

政治学において、権力は中心的な概念として、さまざまな形で論じられてきた。それらの議論における権力観は、大きく二つに分類することができる。権力の実体概念と関係概念である。

1　権力の実体概念

まず、権力を「ある者が他の者に命令し、何らかの行動をとらせる力」と定義し、その行使の局面について考えてみよう。その際、権力行使を「強制力をもつ者が、それにより他の者を屈服・服従させること」としてとらえるのが、権力の実体概念である。この考え方の特徴は、権力の本質は強制力にあり、権力者は権力行使の資源として強制力をもち、またそれを根拠に、一方的な権力行使を行う、とするところにある。

2　権力の関係概念

権力の実体概念は、通常私たちがイメージしている権力観に近いものといえる。それに対して、権力の一方的な行使はむしろ特殊な現象であり、権力の行使における双方向の作用を重視する見方も有力である。これが権力の関係概念である。

再び、「ある者が他の者に命令し、何らかの行動をとらせ」ようとする局面を考えてみよう。このとき命令者は、相手がおとなしく、いいなりになると判断すれば、自分の好きなように命令し強制するであろう。逆に、相手が反発していると判断するならば、あまり無理な強制はできなくなるはずである。

つまり、権力を行使される側（服従する側）の反応によって、権力者の強制力行使の度合いが変わる、ということが考えられる。権力の関係概念とはこのような考え方である。

権力の関係概念の特徴は、権力行使は相手に対して一方的に行われるものではなく、相手の出方に依存する、とする考え方にある。別の角度からいうと、権力行使に際して、服従する者の合意を重視し、権力を行使する者と服従する者の相互作用から権力関係が成立する、という考え方である。したがって、権力を行使する者と服従する者がお互いをどのように評価するかによって、権力関係そのものが変化するということになる。

3　実体概念と関係概念

権力の実体概念は、ホッブズやマルクスなどの思想にみられるものである。彼らの権力観を簡単に要約すれば、強制力をもつ少数の権力者が、それをもたない大多数の人々を屈服・服従させるということになる。

ラスウェルは、権力基底という概念を提唱した。ラスウェルは権力行使を「ある者が、他の者の価値を剝奪する能力をもつことによって、行動を左右すること」とし、その際に基盤となるものを権力基底とした。例えば、財力で他者を自在に操る者は、富を権力行使の基盤にしていると考えられる。ラスウェルはこのほかにも健康、知識、技能、尊敬、愛情、高潔などのさまざまな権力行使の基盤をあげており、この多様性が彼の議論の特徴である。

このラスウェルの考え方は、実体概念、関係概念のいずれとしてとらえられるだろうか。学問上の論争はあるものの、権力基底を実質的な強制力行使の資源として位置づけているという見方をとれば、実体概念的な権力観としてとらえることができる。だが、それにつきるものか、疑問も多い(第1章サブ・テーマ4参照)。

実体概念に対して、関係概念的な権力観は、ロックやダールに代表される。ダールは「Aが命じなければ（Bが）しなかったようなことをBに行わせることができたとき、AはBに対して権力をもつ」と定義している。そのうえでAの権力の大きさは、Aの命令によってBがその行為をする確率がどれだけ増すか、によって示されるとしている。このダールの考え方は、権力行使に際して、権力者の存在だけではなく、服従する者の反応を重視し、権力を双方の関係からとらえたものといえる。

政治学においては、かつては富や暴力の集中・独占などに焦点をあてた、実体概念が支配的であった。しかしながら、資源を保有することが、常に有効な権力の行使を保障するわけではない。政治学が科学的に発達するにしたがって、権力行使の現実的有効性に重点をおく立場から、関係概念を重視する傾向が強まってきている。

（佐藤公俊）

3 権力の零和概念・非零和概念

政治権力には、何らかの社会的機能が備わっていると考えられる。パーソンズはこの点を明確にするために、権力の零和(ゼロサム)概念と非零和(ノン・ゼロサム)概念を区別した。

1 権力の零和概念

権力の行使は何のために行われるのだろうか。この問いに対する一番簡単な答えは、「権力行使をする者の、自己利益の追求のために行われる」というものであろう。このとき、権力に服従する者の犠牲の上に、権力行使をする者の利益が増大する、とする考え方が、権力の零和概念である。

零和概念とは、参加者の得点と失点を足すとゼロになるゲームのような、利益の取り合いの状態を示す概念である。この場合、参加者間の利益は常に対立することになる。権力行使についていえば、誰かが権力で奪った利益と、他の者が奪われた利益（つまり損失）が等しく、それらを足し合わせるとゼロになる、というのが零和の状態である。

例えば、国王が、市民に対して課税をしたとする。その税金によって、国王は豪華な暮らしを送り、利益（満足）を得たとしよう。その場合、国王が得た利益は、市民の損失（課された税金の額）と等しくなる。この状況は、国王と市民の間の利益の奪い合いであり、国王の利益と市民の損失を足し合わせるとゼロになる。

また、社会全体としてみた場合に、この権力行使によって利益の総量は変化していない。

政治学における伝統的な権力に対する理解は、零和的なものであった。政治権力は人々の自由や利益を侵害しかねない存在であり、必要悪としてとらえられ、それをいかに抑制するかについて、多くの議論が重ねられてきた。政治権力を集中すると、必ず腐敗し市民の自由や利益を脅かすという観点から、権力分立の議論がなされたことがその良い例である。

しかしながら、権力行使によって、社会全体の利益が増大することもある。すなわち、「権力は、権力を行使する者にだけではなく、社会の成員にも利益をもたらす」のである。このような状況を説明するものが、権力の非零和概念である。

2　権力の非零和概念

パーソンズは、権力の零和概念的な考え方においては説明しきれない、権力行使による社会的利益の増大に着目して権力を論じた。彼はこれを権力の零和概念と区別し、非零和概念として説明した。

非零和概念とは、ゲームの参加者が取り合いから得られる利益を断念し、お互いに協力をすることによって、皆にとって断念した利益よりも大きな利益が生じるような状況を指す概念である。政治権力は市民の利益を制限するが、その損失を上回る大きさの利益を市民にもたらす可能性がある。

例えば、政府が市民の行動を制限し、良好な治安を維持したとする。個々の市民は自由を制限されるという損失を被ることになるが、その代わりに治安が良い安全な状態の実現という利益を得ることができる。市民が自由ではあるが無秩序で危険な状態よりも、自由は制限されるが安全な状態を好むならば、権力によって損失よりも大きな利益が生み出されているということができる。この場合には、社会全体として利益の総量が、権力によって増大していると考えられる。政治権力はこのような非零和的状況を生み出す社会的機能をもつのである。

3　権力の非零和概念と公共の利益

このように、零和概念は権力を権力者による一方的な行使ととらえるのに対して、非零和概念は権力の社会的機能に着目し、権力を公共的な観点からとらえるものである。権力を、目的達成のために社会的資源を動員する能力として位置づけるパーソンズの定義には、このことがよく表れている。

アーレントは、権力とは「他人と協力して行動する能力」であるとし、国民という集団に帰属するものであるとした。さらに、権力は自由を抑圧する暴力とは対立するものであり、権力こそが自由を可能にする公的空間をつくり出すことができるとしている。「銃口から生まれてくるのは暴力であり、決して権力ではない」とするアーレントの権力に対する考え方も、そのような意味で公共性に焦点をあてたものということができる。

（佐藤公俊）

4 支配の三類型

政治権力が、その実効性をもつためには、いくつかの方法が考えられる。

暴力など物理的強制力も、その一つであるが、被支配者の反感を生むことになり、権力が安定した形で（安定性）、長く続くこと（継続性）は望めない。したがって、強制にもとづくものでなく、被支配者が不満をもつことなく、自発的に権力を受け入れ、政治的決定を正当なものとして認めている状態が求められる（正当性）。

つまり、自発的な承認を得た権力が、権威として受け入れられる必要性がある。こうした状態のことをドイツの社会学者であるウェーバーは「支配」とよんだ。そして、支配の正統性にもとづき三つの類型を示している。

1　ウェーバーの分類

(1) カリスマ的支配

支配者がカリスマ性（超人間的、超自然的な資質）をもち、それに対して人々の帰依（きえ）が服従の基礎となっている支配の型である。カリスマ的支配を維持していくためには、支配者が、その使命・能力を示し続けなければならない。

一方で、被支配者は支配者の使命を承認していることが求められる。したがって、カリスマ性が支配者から離れ、なくなった場合には、支配の正当性がなくなるという弱さをもっている。他方で、支配者の指導内容に対して時間をかけ吟味する必要がなく、社会の危機的な状況や革命的な変革が求められる際には有効である。歴史上の人物に目を向けてみるならば、このカリスマ的支配の典型例としては、ナポレオン、ヒトラー、スターリン、毛沢東などが該当する。

また、カリスマ的支配は、そのカリスマ性の継続・継承の方法によって二つに分類することができる。一つは、「世襲カリスマ」であり、カリスマ的支配者のカリスマ性が血統的なつながりのある子孫や親族に受け継がれ、被支配者もその継承を認める場合である。

もう一つは、「官職カリスマ」であり、ローマ司教のように儀式によってカリスマ性が次の支配者へ継承され、地位につくことでカリスマ性を支配者はもつことが可能となる場合である。

（2）伝統的支配

伝統や習慣、先例といった伝統的な権威に服従の基礎をおくものである。被支配者が伝統を神聖なものとして受け入れ、伝統的な手続きによって支配している状態のことである。この分類の支配は、社会の変動が少なく、繰り返される習慣や先例が被支配者によって承認される社会において有効である。したがって、支配者の正当性が伝統的なものにあるため、支配者の独創性をもった判断で支配を維持していくことは困難である。前近代的な社会でみられる支配である。

（3）合法的支配

正しい手続きで定められた法にもとづく支配のことである。これまでみてきた、カリスマ的支配や伝統的支配などのように「人」に対して服従するのではなく、秩序や制度、地位などの「合法性」を被支配者が承認し、服従する形態である。

われわれが国会において決められるさまざまな法律に従うのも、そもそも「選挙」という手続きを用いて、国民の代表である国会議員を定期的に選出しているからこそであり、この支配の安定性は、手続きが正しいものであることが求められる。

2　現実の支配形態

以上、ウェーバーの支配の三類型をみてきたが、これらの類型は、「理念型」といわれるものであり、現実の社会においては、三つのうち、一つのみが純粋に存在するわけではない。つまり、現実の支配の状態は、どれか一つのみで説明することはできず、いくつかの混合した型として分析しなければならない。

例えば、イギリスは議会制民主主義の母国（つまり合法的支配を他の諸国より先駆けて認めてきた社会）であるが、一方でイギリス国民の王室への敬愛の念が強く伝統的支配を尊重する社会であるということは、二つの類型が混在しているといえる。

（梅村光久）

5 政治的リーダーシップ

政治権力論では、権力者が服従者に影響を及ぼす際の強制力が重視されるが、リーダーシップ論では自発的服従の面が重視される。リーダーの影響を受ける側をフォロワーといい、両者の関係を扱うが、利害が対立する場合だけでなく、同一目標への協力関係も扱われる。

1 特性理論・状況理論

古来、政治指導者はどうあれねばならないかが論じられてきた。指導者の特性・資質を論じるもので、「特性理論」といい、指導者に哲学的洞察力を求めたプラトンの「哲人王」の思想が好例である。君主に対し、道徳に即した支配方式だけでなく、「キツネやライオン」のような「獣のような方法」をも断固として求めたマキャベリの思想もそうである。

さらには、政治に関与する者に、情熱、責任感、判断力の三つの資質を求め、心情倫理ではなく責任倫理を求めた、ウェーバーの議論もこれに加えられよう。

政治指導者の資質や特性よりも、どういう国や時代かという状況を重視する議論もある。リーダーの置かれた集団状況を重視するもので「状況理論」と呼ばれる。

2 小集団とリーダーシップ

リーダーシップの研究は産業組織など、小集団研究の中で積み重ねられてきた。ホワイトとリピットの実験が有名である。次の三つのタイプのリーダーのもとで、少年たちに作業をさせたのである。

①一切を指導者が決定し、一方的に命令する「専制的リーダーシップ」。
②集団構成員の討論で方針が決められ、指導者が助言をする「民主的リーダーシップ」。
③成員まかせで、指導者は特に関与しない「自由放任的リーダーシップ」。

専制的な場合、作業量は多かったが、不満が多かった。民主的な場合、作業量も多く、動機づけが高く、独創的で、内部も友好的だった。自由放任的な場合、作業量は少なく、できばえが悪く、遊びが多かった。もちろん、その国の文化風土にもよるが、リーダーの在り方は重要なことが分かる。

3　政治的リーダーシップの類型

リーダーは、政治社会のおかれている状況に応じて、そのスタイルを変化させる。欧米の政治指導者は主義・主張を掲げ、他と争って自己の勢力の拡大をめざすのに対して、日本の指導者はそれを避け、「和」を重んずるといわれるのは、その一例である。このことから、「力のリーダーシップ」に対する「和のリーダーシップ」（芳賀綏）などといわれることがある。

このような政治的リーダーシップの類型理論は、研究の途上にあり、広く認められたものはまだないが、そのなかで比較的知られたもの（リチャード・シュミットの類型）を紹介しておこう。

「代表的リーダーシップ」と「創造的リーダーシップ」の対比がそれである。政治は大衆の同意にもとづいて行われるべきであるとのたてまえの下、大衆の利益を代表するのが指導者の役割だとして行動するのが、「代表的（制度的）リーダーシップ」である。逆に、これまでの生活様式とは別の新しいヴィジョンを提示し、それを実行に移そうとして支持を集めるスタイルが「創造的リーダーシップ」である。

「代表的リーダーシップ」は大衆に価値体系の転換を求めないので、保守的な性格をもつとされる。価値体系の安定している政治社会に成立する。これに対し、「創造的リーダーシップ」は、危機的状況に際して、価値体系の変革をめざすもので、その意味で創造的、革新的であるとされる。

この二類型のほかには、慣習や伝統的形式にのっとって支配する「伝統的リーダーシップ」や、大衆の不満を投機的に充足させるスタイルで登場する「投機的リーダーシップ」がある。「伝統的リーダーシップ」は、伝統社会に特徴的なもので、ここでは実はほとんどリーダーシップを必要としてはおらず、身分による支配を行うだけである。「投機的リーダーシップ」は、現代にもみられるもので、まったく矛盾した公約を濫発したり、戦争にハケ口を求めるなどが、その例である。ヒトラーがユダヤ人をスケープゴーツとして、人々の不満をそらせたのは、その典型といえよう。

（加藤秀治郎）

サブ・テーマ　1

服従の諸類型

ウェーバーは、「権力」が正当化される過程を経て、安定的な関係に入った場合を「支配」とよび、そのような「支配」について「合法的支配」「伝統的支配」「カリスマ的支配」の三つの理念型を立てている（本章4参照）。

そして、現実の支配はその混合型である場合が多いとしている。

その延長上に立って、高畠通敏（たかばたけみちとし）は服従について六つの類型を立てている。

権力関係での命令と服従が、一回かぎりの現象ではなくなり、繰り返し生起する行為となると、「権力者と服従者という安定的権力関係」に入ったことになる。その場合の、「服従者の側の服従納得すなわち服従ということの内面的意味づけ」に着目して、安定的権力関係のタイプを分けているのである。

服従には次の六つの類型があるとされる。

①**盲従**――権力者に対する人間的信頼や尊敬にもとづく服従である。人間関係がきわめて情緒的かつ権威的な前近代社会に多くみられるが、現代の大衆社会でも生じることがある。ヒトラーやスターリンの場合のように、英雄待望の心理などから生じる盲従がその例である。

②**信従**――権力者の決定権限に対する倫理的是認にもとづく服従である。ウェーバーのいう正統性がこれにあたる。権力者の提供する倫理的根拠を服従者が納得した場合に生じる。国王の権力が神に委ねられたものだとされ、それが信じられ、服従が調達される場合がそうであるし、権力者の命令権限が自然法にもとづくとされる場合なども同じである。

③**賛従**――権力者の決定内容に対する同意にもとづく服従である。権力者が「説得」により服従者から「同意」を獲得して支配が行われる場合がこれである。

④**欲従**――権力者への服従行為に対する反対給付を期待して行われる服従である。「アメとムチ」という場合のアメがこれにあたる。ラスウェルのいう「価値付与」（本章1参照）による服従がこれに相当すると考えられる。

⑤**忍従（畏従）**――権力者への不服従行為に対する制裁を畏怖しての服従である。「アメとムチ」という場合のムチのことであり、ラスウェルのいう、価値剝奪による服従がこれにあたる。

⑥**被操縦**――権力者への服従行為であることを自覚しないで行われる服従である。これは現代社会において大量に生じかねないタイプである。

つまり、大衆の心理を操縦する技術と手段が発達したことによって、権力者の意図したところに大衆を動かしていくことが可能になっているのである。

（加藤秀治郎）

サブ・テーマ　2

バクラックらの非決定権力

一九六〇年代のアメリカでの「地域権力論争」のなかで、ダールらに代表される多元主義論者は、利害対立にかかわる重要な争点をめぐって、どのように政策が決定されるかという問題に焦点を合わせた。彼らによれば、諸利害の対立は「観察可能」であり、それは政治参加を通じて表明される政策選好の対立として把握することができる。

バクラックとバラッツは、この権力観に批判を加えた。確かに権力は観察可能な具体的な決定に完全に反映する場合がある。しかし権力は、政策論争の顕在化を抑制し無害な争点だけに論争を制限するという形をとることもある。

つまり、社会的価値観と制度的慣行を用いて争点が限定される場合にも、権力は行使される。彼らは、多元論者の「決定作成」アプローチに対して、それは「特定の利益の社会的表明が抑制される」という政策形成の重要局面を無視すると批判して、その代わりに「非決定作成」概念を提起している。多元論者の権力観は、決定作成の範囲を「安全な」争点に制限するという「非決定作成」を介して、権力が行使される事実を全く説明していないが、権力分析にとっては、この非決定作成が隠蔽する「潜在的争点」の検証こそが重要なのである。

バクラック＝バラッツも多元論者にならって「主観的」利害概念を用いている。多元論者が、政治体系のなかで市民が「政治参加」という行動で表明する政策選好を利害と考えるのに対して、バクラック＝バラッツは、政治体系から部分的ないし全面的に排除された市民が「苦情」という行動で表明する政策選好を利害と考える。どちらの場合も、利害は意識的に表明される観察可能なモノとして想定されている。

非決定作成権力はどのように観察・分析されるのか。バクラック＝バラッツによれば、それは、争点として政治過程に受容されなかった「苦情」が存在する場合にのみ観察できる。

言い換えれば、「苦情」が検出できない時には、支配的な決定作成に対する「真正の」合意が社会には存在するのであり、非決定作成は存在しないことになる。しかし、これには疑問がある。「現状に対する黙従が遍く（あまね）みられる」にしても、それは、人々の知覚、認識さらには選好までをも造形・変容させ、彼らに露（つゆ）ほどの不平不満をも抱かせないという高度の権力行使の結果であるかもしれない。「苦情の不在」＝「真正の合意」という想定では、こうした「虚偽の」ないし「操作された」合意の可能性は否定されてしまう。

「非政策決定」は特定の集団・個人によって意識的に選択されるのではなく、諸集団・個人による集合的選択が行動連鎖や制度的慣行を介して「物象化」された結果として生じると考えなければならないであろう。

（佐治孝夫）

サブ・テーマ　３

フーコーの権力概念

伝統的な権力観には二つの特徴がある。第一に、国家権力を権力の中心として重視するもの。つまり、社会体系を制御する装置として権力をとらえている。第二に、権力を所有・移転しうるものと考えるもの。例えば支配階級が権力を独占すると考える。こうした権力観には二つの前提があった。第一に「支配・被支配」の二項図式、第二に「権力＝暴力」図式であった。

フーコーは一九七五年の著作『監獄の誕生──監視と処罰』において独自の権力概念を提示して、旧来の権力認識パラダイムを転換させた。彼が示す権力は、匿名的、関係的であり、社会全域に網の目のように偏在する微細な権力である。いわば社会に内在する権力である。フーコーは、一九八四年の著作『性の歴史Ⅰ知への意志』のなかで次のように権力を説明する。

①権力は獲得されたり所有されたりする「実体」ではなく、さまざまな力の「関係」のなかで働いている。

②権力の諸関係は、経済、学問、性といった社会的諸関係の「外部」にあるのではなく、そうした諸関係の「内部」で生み出される。

③権力は上部から下部へ波及するのではなく、下部から生じる。家族、会社、サークルなどの局所的な場での力の関係が社会全体を統括する権力関係を支える基盤である。

④権力は、特定の個人によって行使されるのではない。権力は、社会的諸関係のなかで、その作用によって共同主観的、匿名的に行使される。

⑤権力への抵抗は権力の外部ではなく内部にある。抵抗は諸関係の網の目のなかで不規則に発生するのであり、権力は抵抗を完全には排除できない。

右のように規定されるフーコーの権力概念は、日常的な相互行為の網の目において作用する権力である。

権力は特定の権力主体が行使するものではなく、むしろそれは社会秩序が成立する方式である。それは法や抑圧という可視的な関係ではなく、身体の深部にまで達する不可視の権力である。それはコミュニケーションの場を形成する、無数の力の関係である。

権力は単一の中心から発する国家権力とは異なり、社会の無数の点を出発点とし、コミュニケーションというゲームにおいて行使される。権力の古典的理解が「抑圧・禁止」を核心とするのに対して、このミクロの権力は社会的関係を生み出す「産出的な権力」である。社会末端の権力諸関係が積分されて構築される「権力の終着形態」が国家権力なのである。権力はそれへの抵抗を完全に排除することはできない。

そして、フーコーによれば、権力への抵抗点が戦略的に結びつけられ、権力の諸関係の網の目が破綻した時に、社会変革が可能になる。

（佐治孝夫）

サブ・テーマ 4

ラスウェルの権力概念

わが国ではラスウェルの権力概念について、フリードリッヒのいう実体概念だとする高畠通敏らの説が支配的であった（公務員試験などでもその線で出題されてきた）。だが、関係概念だとする説も秋永肇（はじめ）や霜野寿亮（としあき）らにより根強く唱えられてきた。関連するラスウェルの主著『権力と社会』（芦書房）により再検討してみる。

実体概念は、ホッブズによって代表され、権力を所有物のように捉えるものである。「誰かが所有し、他の誰かに対して用いることのできる一種の実体」として権力を把握するものだ（フリードリッヒ）。高畠説では、ラスウェルによって「富や技能や知識などの基底価値を手段として」権力が追求される、と捉えられているので、実体概念に立つとされている。

それに対して、権力の関係概念では、権力が、二人以上の「人々の関係の上に成り立つギブ・アンド・テイクであり、所有物というよりも、むしろ関係」と捉えられる。ロックが代表的論者で、「権力は、指導者と被指導者をともに含む、人々のつながり」の現象とされる（フリードリッヒ）。

ラスウェルは、権力行使の基盤たる「権力基底」が多様なものであることを強調したが、先の高畠説の重視する富や権力や技能の他に、愛情や尊敬なども基底になるとされている。愛情による権力は「友人や恋人によって行使される」ものので、XがYに権力を及ぼしている場合、被行使者YがXに愛情を感じているから、Xの行使する権力にYが従う、ということになる。尊敬の場合も、尊敬を感じているからこそ、両者に権力関係が生じるとされる。だとすると、これは関係概念でこそ理解できるものではないか。

また、フリードリッヒの二つの権力概念では、権力行使が一方的か、相互作用があるか、の点もまた重要な基準になっているが、その点でもラスウェルの説は相互作用を重視している、と思われる。ラスウェルの権力の定義は「意思決定への参加」というものだが、その「参加」には次のような事態も含まれている。つまり、下された決定に従うか、それを無視するかもまた、「参加」という全体的な過程に含まれている、というのだ。

「法律は立法府だけでつくられているのではなく、法律を順守する人によってもまた、つくられる。つまり立法府で制定される法規は、それが無視される程度に応じて……実質的な法律を体現してはいないことになる」（ラスウェル）。

そして、どういうわけかわが国では無視されてきたが、実はフリードリッヒ自身がラスウェルの著書に言及している。同書には邦訳もある。『比較立憲主義』（早稲田大学出版部）がそれだが、ラスウェルは「権力とは関係であり、所有物ではないという考え方を受入れている」というのである（邦訳、二四頁）。

わが国での支配的な解釈は、見直されてよいようだ。

（加藤秀治郎）

第2章　政治思想

1　マキャヴェリ

マキャヴェリストといえば権謀術数を旨（むね）とし、目的のためには手段を選ばない陰謀家、といった意味合いがある。しかし、その語源となったマキャヴェリは政治学史・政治思想史においては欠かすことのできない重要な人物である。

1　マキャヴェリの『君主論』と時代背景

一四六九年、マキャヴェリはイタリアのフィレンツェで生まれた。当時のイタリアは五つの国家に分断されており、フィレンツェ共和国で要職につき、外交を担当した。戦国時代ともいえるイタリア諸国家の生き残り競争や、強国フランスやスペインの侵入のなかで、彼の眼はどうすれば故国が生き残れるか、より強い国家はどのような条件を備えているか、という問題を現実に即して不断に探求していた。

そのマキャヴェリの著作で最も有名なのが一五一三年に執筆された『君主論』である。これは、君主の視点から統治や戦争について論じたものであり、フィレンツェの新たな支配者ロレンツォ・ディ・メディチに献上された。

しかし、中世からルネッサンス期に転換した当時にあっては、マキャヴェリの『君主論』での議論は斬新すぎた。政治と道徳・倫理というものが切り離せなかった時代にあって、道徳に背いても統治というものを優先する彼の姿勢は、悪魔のそれとして弾劾（だんがい）されたのである。

たしかに現実主義に立ち、強い権力を求めた彼の『君主論』には、そういう面があった。「君主は、自分の臣民を結束させ、忠誠を守らすためには、残酷だという悪評を少しも気にかけてはいけない。あまりにも慈悲深いために混乱状態を招き、殺戮（さつりく）や略奪を横行させる君主に比べれば、残酷な君主は、極めて少ない処罰をするだけなのでより慈悲深いということになろう」などと述べている。

また、「君主は野獣の性質を適当に学ぶ必要があるが、その場合、狐とライオンにならうようにすべきである。ライオンは罠（わな）から身を守れず、狐は狼（おおかみ）から身を守れない。罠を見破るためには狐でなくてはならず、狼の度肝（どぎも）を抜くにはライオンでなくてはならない」などとあるのがそれである。君主は必要な場合は信義を守らなくてよいとするマキャヴェリの言葉は誤解されやすかった。

2　マキャヴェリの思想

彼の問題意識は、いかなる政体が、他の政体より優れているのか、どのように国家を統治すべきなのか、いかに外敵から国家を守るか、にある。

マキャヴェリの関心は歴史の一般法則を求めることにはなく、あくまで現実の国家においていかに確固とした統治を実現していくかにあった。彼は、歴史にその例証を求めた。だが、歴史から一般法則を求めようとするような学究的態度ではなく、むしろ現実的常識的な判断の根拠付けを史実に求めた面がある。

諸問題を考察するにあたって彼は、人間は欲望や感情によって動く、という前提から出発する。そして、統治のためにはこれらを利用することも君主の才能の一つである。秩序を打ち立てることこそが統治の前提であると考えたマキャヴェリは、より強い権力を求める意思ともいえるヴィルトゥ（活力、意思）や、天に愛され意思を現実化するためのフォルトゥナ（運、運命）を君主にとって必要不可欠なものとした。

3　マキャヴェリの政治学史上の位置

そのような彼の問題関心は、教会を中心とした道徳・倫理を重視する政治論から経験的・現実的な政治論を展開させ、政治学史上に新たな道筋を開いた。しかし、同時に反道徳の批判を同時代および後世から受けることとなる。

だが、彼の著作をよく読むならば、その記述は反道徳というよりは、非道徳というべきものであった。政治・統治というものを道徳・倫理から切り離して、現実に有効に対処するものとして模索しているのである。

（川口英俊）

2 主権理論

主権理論は、ボダンから、ホッブズ、ロック、ルソーなどに引き継がれ、発展させられて、近代の政治理論で支柱ともいうべき重要なものになっている。

主権の概念はローマ法にさかのぼることができるが、政治理論として主権概念を完成させた功績はボダンに与えられるであろう。

1　ボダンの主権理論と時代背景

ボダンは一五三〇年にフランスで生まれた。『国家論六巻』（一五七六年）はその代表作である。

当時のフランスでは、整い始めた国家体制に宗教革命の運動が大きな動揺を与えており、ボダンの政治理論にもそこに対応した部分がみられる。

宗教改革による反乱には、特に重要なものとして、新教徒であるユグノーの反乱と、カトリック急進派のリーグの反乱がある。商業主義の発展により、封建領主はこれに対抗するため、農民からの税金を引き上げるなどした。そのため、農民反乱の下地が醸成されていた。その頃、時を同じくして現れた宗教改革の教義は、宗教的意義を超えて、封建体制を揺るがす政治思想的役割を担うこととなった。

ドイツのルターによってつくり出された宗教改革の流れは、スイスにおいてツゥイングリやカルヴァンに受け継がれた。そのカルヴァン主義はフランスにおいてユグノーを中心とする新教徒に伝えられ、一六世紀フランスで宗教反乱が頻発することとなったのである。

2　ボダンの主権理論

ボダンは、主権は最高にして唯一、国家の絶対的かつ恒久的、不可分にして不可譲という属性をもつとした。主権は、制限したり、分けたり、譲り渡すことはできず、国家には必ず一個の絶対的権威をもった主権が存在する。この主権が一人に属するのが君主国家、少数の人々に属するのが貴族国家、多数の人々に属するのが民主国家であるとした。

そして、政府の形態はこの主権の在り方によって決まる。自然法に基づいて主権を正しく行使する政府を正統な政府、領主的権限を行使する政府を領主的政府、専制的に行使する政府を専制的政府とした。

主権は法によって拘束されることのない最高権であり、主権者は前任者の立法にも国民によっても拘束を受けない。ボダンにおいては、主権を制限するための制度はみられない。

ボダンは主権を立法権、宣戦布告や条約締結権等の戦争権、官吏任命権など八つに分類している。この主権の担い手は人民、人民の一部、単独者が考えられ、それぞれ民主制、貴族制、君主制に対応している。そして、ボダンにおいては君主制をとる場合、主権は主権者以外の制約を受けることはないとされた。

ただし、主権は自然法と神法には従うものとされ、それは私有財産の不可侵性につながった。ただ、自然法・神法の解釈自体は主権者自身に委ねられていた。

3　主権理論の解釈

ボダンの主権に関する理論をとらえるときは、その時代背景への理解が欠かせない。国家としてその体制を整えつつあったフランスにおいて、宗教改革運動による反乱は国家の存立基盤を脅かすものであった。これを武力で鎮圧することとともに、その思想的、哲学的基盤が求められていたのである。このようななかでボダンの思想は絶対君主制国家、中央集権国家の正当化という役割を担うこととなる。

それまでの絶対君主擁護論は、王権神授説など中世的なものを引きずっていたのに対し、ボダンは主権という抽象概念を新たに確定し、それを基にした理論を構築した。

ボダン自体は絶対君主擁護の域を出なかったとはいえ、主権というものの範囲や制約を考察することにより、普遍的な国家体制を理論的に構築していくための手がかりを後世に与えたのである。

ホッブズ、ロック、ルソーなどの社会契約論者は、まず主権の範囲や制約を考察することで、その議論の基盤を築いた。主権という概念をどう設定するかは論者によって異なるが、主権という概念を論じることにより、理性的議論が可能となったのである。

（川口英俊）

3 社会契約説

契約説とは、市民社会や国家の成立の根拠をその構成員の社会契約という仮説に求める理論のことである。

ヨーロッパは近代に入り、軍隊とか税制といった国家制度のなかに全国民を取り込む必要が出てきた。

このときに、〈国家というものは何か〉、〈何によって国家は正当性をもつのか〉といったことが問題となった。封建制のなかでは王権神授説がすでに打ち出されていたが、それより合理的かつ理性的な理論が求められていたのである。

このような要請に対し社会契約説は、まず人が社会を構成する以前の「自然状態」を仮定し、そのなかで人々が自分達の権利を守るために契約を結び、そして権利の一部を委譲するかわりに保障を求めるという理論枠組みをつくった。

以下、代表的論者であるホッブズ、ロック、ルソーの社会契約説についてみていきたい。

1　ホッブズの社会契約説

ホッブズは一六五一年に書かれた『リヴァイアサン』のなかで、人間は自己保存（生存）のための自由などを含む自然権をもつとする。しかし、人間は畏怖すべき権力のない自然状態においては「万人の万人に対する闘争」を始めてしまう。そこで平和を構築するために人々は自己の自然権を一人の人または一つの合議体に委譲する。委譲された主権者が絶対的権威をもつ代わりに、その構成員と平和を保障する契約を結ぶ。

このホッブズの社会契約説は、一七世紀イギリスの政治的動揺を背景として書かれたため、絶対王政や独裁の擁護論となりうる側面ももっていた。しかし、諸個人を原点とする社会契約という概念を政治理論として初めて明確に構成したこと、その社会契約によって国家の秩序の起源を説明するという点では、合理的側面をもっており、近代政治理論の端緒として評価することができる。

2　ロックの社会契約説

ロックの『市民政府二論（統治二論）』（一六九〇年）

においては、ホッブズとは異なり、自然状態は平和な状態を想定している。しかし、ロックも人間が他人の平和と安全を脅かす戦争状態が起こりうることを認めている。そしてこのような状態を避けるために人々は同意により社会・政府をつくり、主権者に自分の自然権を信託すると説く。信託である以上、主権者がその契約に違反し契約者の権利を脅かす場合には抵抗する権利が存在することになる。ホッブズの説では自然権は委譲されるため主権者の恣意を防ぐ正当性は保障されなかったが、ロックにおいては抵抗権の根拠が示されている。

このようなロックの理論は一六八八年のイギリスの名誉革命を理論的に補強するものであり、モンテスキューの権力分立理論（第３章１参照）、アメリカの独立革命運動、独立宣言などに大きな影響を与えている。

３　ルソーの社会契約説

ルソーの『社会契約論』（一七六二年）においても、自然状態は平和な理想状態として想定される。だが、この状態では権威が存在しないため人々は契約を交わし社会状態に入る。

このとき、ルソーは「一般意思」というものを想定する。これは個々人の特殊意思とは違い、人民全体の利益であり意思であるとされ、その行使が主権であるとされる。だが、一般意思の具体的判断が困難なことから全体主義に陥る危険性を指摘する論者もいる。そのように理論的問題を含むにせよ、ここから人民主権という直接民主主義的な変革の論拠が導かれ、フランス革命に大きな影響を与えた。

４　社会契約説の意義

社会契約説は、それまでの王権神授説などと異なり、個人の契約により国家が成立するとし、合理的に国家の正当性を導き出す理論として登場した。自然状態、社会契約などは現実に存在したわけではないフィクションであったが、権力者や国家が権力をもつことの正当性や、どこまでがその権力の限界なのかなどを説明する点において優れていた。ここにおいて初めて、西欧諸国は神にその権力の起源を求める中世から脱し、近代国家の時代に入ったといえる。

（川口英俊）

4 社会主義の思想

1 社会主義と共産主義

社会を財産の平等原理を基礎として、再構築しようとする考え方を、広く社会主義という。一八世紀末から一九世紀にかけて、サン＝シモン、フーリエ、オーウェンら、いわゆる「初期社会主義者」は、労働者を組織して、新たに共同体をつくり、平等な分配を行うことでその待遇を改善しようとした。

彼らの試みは結果として失敗したが、最大の利益を上げることを目的として、あらゆるものをカネで取引する社会＝資本主義社会の問題点を指摘し、その問題点を資本主義社会自体を変えることで解決しようとする考え方は、それ以後もさまざまな形で展開されていった。

とくにマルクスとエンゲルスは、初期社会主義者を「社会の原理を理解しないまま、単に理想を追い求めたために失敗した実例」として、「空想的社会主義者」とよんだ。それに対して自らの考えは、「社会の歴史法則を把握した科学的理論」だと主張して、「科学的社会主義者」を名乗ったのである。この考え方をマルクス主義、または共産主義ともいう。

語源的には、共産主義は社会主義より古いが、今日では一般に社会主義の一部と考えられている。思想的にはマルクス、エンゲルスの考え方を基礎とする思想を共産主義とよぶ。

2 共産主義（マルクス主義）

共産主義は、規模の大きな思考の構築物であるが、その基礎にあるのは、「史的唯物論」である。この考え方によれば、世界のありかたを決めるのは人間の精神（こころ）ではなく、物質である（唯物論）。

物質は独自の法則に従って運動し、人間社会の動きを規定する。このように、物質の原理にもとづく特定の法則で社会の過去、現在、将来を説明できるという考えを史的唯物論という。史的唯物論は、「客観的」「科学的」法則であり、人間の意思で自由に変えることはできず、逆にこの法則を知り、それに従うことによってこそ、人間は自由を獲得できるのだとされる。

史的唯物論が強調するのは、現在の資本主義社会も歴史的な存在であり、自然に存在しているのではない。つまり、資本主義社会には必ず終わりがあり、その次には共産主義の原理にもとづく新しい社会が出現するということである。この転換が「革命」である。

革命を引き起こすのは、生産手段の所有の有無によって区別される社会集団＝階級の対立である。生産手段をもたない労働者階級と、生産手段をもつ資本家階級が社会的闘争を行い、その結果としていずれ労働者階級が権力をもつ社会＝共産主義社会が訪れると考えるのである（階級闘争史観）。

二〇世紀になって、ロシアのレーニンは、このような階級闘争による革命を実現するためには、労働者階級を指導するエリート集団＝前衛党の存在が不可欠であると考えた。この前衛党は「共産党」「労働党」などの名称でよばれ、史的唯物論を理解し、労働者階級の利害を独裁的に実現するとされる（階級独裁論）。ソ連（ソビエト社会主義共和国連邦）、中国（中華人民共和国）、北朝鮮（朝鮮民主主義人民共和国）の社会は、いずれもこの考えにもとづいてつくられた。マルクス主義に前衛党理論を組み合わせたこうした思想を、マルクス＝レーニン主義とよぶ。

3　共産主義の没落と民主的社会主義

一九八〇年代末、ソ連とその傘下にあった東欧の共産主義＝人民民主主義国家は次々と破綻し、民主主義と資本主義を軸とする新たな社会に転換した。中国でも、現在資本主義への移行が始まっている。共産主義は没落し、その威信は地に落ちた。

これに対して、初期社会主義の流れをくみ、資本主義を前提として分配の平等を強めていこうとする、西ヨーロッパ諸国の社会主義（民主的社会主義ともいう）を掲げる勢力も動揺の最中（さなか）にある。

この勢力は共産主義を支持する勢力に対抗して、西欧社会において重要な地位を占めてきたが、労働組合、雇用、賃金、福祉政策などをどうするかについての模索の途上にある。共産主義以後、新しい社会主義の再建が可能かどうかが、いま課題となっているのである。

（永山博之）

5 自由主義と保守主義

わが国では自由主義と保守主義は、同じもののように扱われることが多いが、明確に区分されなければならない。両者に親近性があるのは確かだが、相違を踏まえたうえで共通性を確認するのでなければならない。

1　自由主義

自由主義は初め一七世紀のイギリスで、ロックらにより政治的自由主義の教説として成立した。国家の干渉に対して自由を擁護するものであり、市民革命の理念となった。私有財産の擁護という要素を含んでいたこともあって、都市の商工業者を中心に広まった。

資本主義の発展に伴って一八世紀には、「自由放任経済」を説いたアダム・スミスらの経済的自由主義も現れた。今日の日本では自由主義というと経済的自由主義だけが想起されがちだが、それ以前に政治的自由主義として成立していたことを忘れてはならない。

自由主義は一九世紀に功利主義の影響を受け、ミルによって発展させられた。旧来の習慣・伝統を批判的に検討し、人々の自由の障害になっているものは改革していくという姿勢である。現代の自由主義の政治勢力はこの系列にあり、そのバイブルに相当する著作をあげるとすれば、スミスの『国富論』よりは、ミルの『自由論』をあげねばならない。

2　新自由主義

ミルの思想はその後、グリーンらによって新自由主義へと展開されることになる。貧困や失業といった深刻な社会問題が発生し、社会主義から挑戦を受けるなかで、自由主義の上に立って新しい対応をしようというものである。国家の新しい役割として社会政策の遂行を認めている点が特徴である。

なお、グリーンらの新自由主義はニュー・リベラリズムであり、その後のネオ・リベラル経済学説とは、異質である。ハイエクやフリードマンに代表される戦後のネオ・リベラルの立場は、福祉国家を批判し、自由市場での競争を徹底させる経済学説である。

『自由放任の終焉』で政府の経済介入の必要性を説いた経済学者ケインズが、イギリス自由党の理論家であったことから明確に理解できるように、自由主義の政治勢力は保守勢力とは別に組織されている。

政治的自由主義と、自由放任に近い経済的自由主義の関係を直線的にとらえる日本的理解は、まったくの誤解でないにせよ、不正確といわなければならない。

3　保守主義

保守主義は古くから漠然とした形で存在していたが、一八世紀頃、自由主義の挑戦を受けて自覚的な政治思想となった。「近代保守主義」はこのことをいい、代表者はバークである。

バークは、古くから存続してきたものはそれだけ「自然」で人間性に適したものだとして、伝統的秩序や伝統的価値体系を尊重する。そして、人間の知恵の限界を考えれば、楽観的な社会改革は支持できないと、改革に対する懐疑を説いた。また、政治を行うには必要な資質があるとして、一般市民の政治参加の強化・拡大に否定的な態度をとっている。

保守主義は、民族的な伝統を強調するために、各国で性格を大きく異にしているが、初めこれを担ったのは主に貴族層であった。のちに自由主義に歩み寄り、「法の支配」など自由主義の諸原理を受け入れ、また、自由市場経済も認め、現代的な政治勢力としていまも根強く残っている。今日、保守主義と自由主義が近いものと考えられるのは、保守主義が、自由主義に接近したためである。

このように保守主義が自由主義の主張の多くを受け入れてきたために、両者の相違は曖昧（あいまい）になっているものの、欧米では自由主義と保守主義は別に組織化されていることが多い。政治思想の近い政党を国際的に組織している国際政党組織では、保守主義は「国際民主同盟」、自由主義は「自由主義インターナショナル」である。

（加藤秀治郎）

6 自由主義と民主主義

1 自由主義と民主主義

自由主義は、個人の自由を尊重し、国家の権力を抑制しようとする思想である。一方、民主主義は、民衆（多数者）によって支配が行われる制度や主義を意味する。この場合、自由主義的でない民主主義もありうるし、民主主義的でない自由主義もありえることになる。

民主主義への移行期であった近代においてはこの問題は重要であり、トックヴィルもこのことを問題意識の一つとしている。

2 トックヴィルと『アメリカの民主政治』

トックヴィルは、一八〇五年、パリで貴族の家に生まれた思想家、政治家である。その時代は激動の時代で、フランスは一七八九年のフランス革命、一八一四年の王政復古、一八三〇年の七月革命、一八四八年の二月革命と、王政と共和制の間を揺れ動いていた。そのなかで彼は民主主義と王権がせめぎ合うのをまのあたりにしている。彼の祖父もフランス革命の時に処刑されている。

この時期には、フランス革命の恐怖政治の記憶も残っており、民主主義という言葉は肯定的なものではなかった。しかし、民主化の流れは止められないものとしてあり、こうしたなかで具体的にどのような形が望ましいかの模索が続けられたのである。

民主主義というものを模索するトックヴィルは、アメリカにそのモデルを求め、アメリカを一八三一年から一年間、視察する機会を得た。身分制がなく平等が尊重されるといったアメリカの特徴に、トックヴィルは大きな感銘を受けた。その成果は、一八三五年に『アメリカの民主政治』としてまとめられた。

3 アメリカの連邦制

トックヴィルは、アメリカの連邦制に注目する。フランスは伝統的に中央集権を取っている。しかし、アメリカは、各州に司法、行政、立法と分権されており、行政的中央集権はみられない。中央集権政府は、すべてを詳細に把握することはできず、全国一律のものとなりがちであり、地方は、服従し無気力になる場合がある。連邦制においては、各州政府はその地域までよく把握しており、人々は服従ではなく行政に協力することでよりよい行政を実現している、と考えた。

４　多数者の専制

トックヴィルは、アメリカの長所を見出し、ヨーロッパの教訓としようとしたが、短所をも指摘している。そのなかで現代においても重要なことは、民主主義のなかに「多数者の専制」の傾向を見出したことである。

トックヴィルは、多数者の支配が絶対的であることが民主主義の本質だとする。それゆえ多数者の専制を多数者の意見に反対する者や少数者集団がとどめることができないところにその危険性をみた。

トックヴィルは、社会的権力が必要であること、そして多数者に権力の源を認める民主主義を否定してはいない。しかし、その権力が無鉄砲に前進した場合、それが抑制されるだけの障害がない時に、自由が危機にさらされると危惧する。万能の権力を与えられたものが、王であろうと人民であろうと、そうなった時に、圧制の芽をみたのである。アメリカが多数者の専制に陥っているわけではないが、多数者の専制を防止する保障がみつからないというのである。

多数者の専制を緩和するものとしては、行政的中央集権がないこと、法学者の精神、陪審制度の市民に与える教育的効果などをあげている。

こうしたトックヴィルの分析は、大きな影響を後代に与えた。J・S・ミルも「多数者の専制」について論考を深める際に大きな影響を受けている。

民主主義がそれ自体、自由を保障するものではないこと、また自由を保障するためにはさまざまな制度や民主主義を支持する習性、意見、慣習などが必要なことを、トックヴィルは分析したが、その理論は自由主義と民主主義の融合の契機となったともいえる。

（川口英俊）

7 イデオロギー

1 イデオロギーの概念

イデオロギーという言葉は、観念形態、意識形態などと訳されることもあるが、多義的な概念であり、そのままドイツ語（Ideologie）に由来するカタカナ表記がなされることが多い。

大まかにいうと、イデオロギーは人々のものの見方、考え方をいい、一般には、偏った考えとか硬直的な考えという意味で否定的に用いられることが多い。党派的、階級的な利害に拘束された偏った見方、考え方というような意味がそれである。ただ、肯定的な意味で使われる場合もあり、それは既成秩序を批判的にとらえ、新しい政治・経済・社会を生み出す思想というような意味である。

2 マルクスのイデオロギー論

イデオロギーの概念を最も重視して論じたのはマルクスである。彼によれば社会は、経済構造（下部構造）と、それに規定される「上部構造」からなっているとされる。そして上部構造は、法的、政治的な社会制度や、宗教、芸術、思想、道徳などの精神的・文化的形態の二つの部分からなっている、とされる。

マルクスは、「上部構造」の一部である観念は、経済的「下部構造」によって決定（ないしは規定）され、したがって、必然的に階級性、党派性をもつものとなっているという。それゆえイデオロギーは、支配階級の支配をあたかも正当的なもののようにみせかけ、現実の矛盾を覆い隠す「虚偽意識」だとしている。イデオロギーは、階級的に歪められたものだということを強調しているのである。

そこからマルクス主義にあっては、被支配階級は支配階級のイデオロギーを暴露する必要があるとされる。その理論を推し進めたのがレーニンなどであり、労働者・大衆に対するプロパガンダ（政治宣伝）によって、社会主義者としての意識を「注入」すべく、イデオロギー闘争が重視されることになった。

3　マンハイムの「存在拘束性」

マルクスの説を批判的に継承したのは、マンハイムである。マルクスは意識が階級によってのみ拘束されるとしていたが、マンハイムはより一般的に、社会的な存在により意識が拘束されるとした。

彼は、イデオロギーを観念の体系ととらえ、その観念の体系が部分的視野しかもたないことを説いたのである。つまり、すべての人は自分の社会内での地位（位置）によって観念が制約されているとしたのであり、それをイデオロギーの「存在拘束性」（存在被拘束性）という形で定式化した。この見解にあっては、マルクス主義もまた一つのイデオロギーとされる。

ただ、マンハイムにあっては、イデオロギーの拘束性を自覚することで、それを相対化する可能性が生まれるとされている。そこから、イデオロギーの制約を脱して客観的知識へと進む知識人が現れることが期待されるのであり、そのような存在を彼は、「自由に浮遊する知識人」とよんでいる。

4　イデオロギーの政治的機能

政治思想は、政治に関する科学的知識だけではなく、政治において実現されるべき理想を含んでいることから、政治的イデオロギーとしての側面を併せもっている。

その場合、イデオロギーとは次のような機能を果たすと考えられている。支配者と被支配者が同じイデオロギーを共有している場合、それに沿って政治が行われると、支配の正統性がもたらされる。逆に、被支配階級が支配階級とは別のイデオロギーを有していると、それが「対抗イデオロギー」として働き、現体制に代わる全体的ビジョン（ユートピア）を指し示す役割を果たし、社会変革に寄与していく、と考えられる。

革命をめざす運動では、既存のイデオロギーを批判しながら、別のイデオロギーでもって革命がもたらす理想社会が説かれる。

（加藤秀治郎）

8 イデオロギーの終焉

1 戦後世界のイデオロギー状況

マルクス主義をはじめとして、政治的イデオロギーは第二次世界大戦後の世界で大きな役割を果たしてきた。それは発展途上の第三世界に限られず、先進諸国においても同様であった。

冷戦以後の状況からすると信じ難いことだが、アメリカにおいても、戦後しばらくはマルクス主義が一定の影響力を有していた。これは大恐慌時代学生生活を送り、マルクス主義の洗礼を受けたニューディーラーの存在と、第二次大戦をアメリカがソ連と協力して戦ったためでもあった。そのため、とくに共産主義者でなくとも、共産主義を批判するのを控えるムードがあった。「反共主義」はいけないとする「反・反共主義」がみられた時期があるのである。しかし、冷戦が始まるとムードは一変し、一時は極端なレッド・パージ（赤狩り）が進められた。アメリカ社会全体を覆った共産主義者、社会主義者に対する抑圧である。

だが、それもしばらくすると落ち着きをみせることとなった。そして、経済的繁栄がもたらされると、イデオロギー状況は大きく変化していくこととなった。アメリカでは、一九五〇年代に急進的イデオロギーが急速に影響力を失っていくことになったのである。

2 ベルの「イデオロギーの終焉」

そのような状況のなかで、アメリカの社会学者ベルらが「イデオロギーの終焉（しゅうえん）」を唱えるようになった。具体的には共産主義とファシズムのことだが、政治における急進的イデオロギーが影響力をもたなくなったという指摘である。

「青写真に従い、いとも簡単に社会の変革ができるという傲慢」な思想が、支持を集められなくなっている、とベルは主張したのである。したがって、彼のいう「イデオロギーの終焉」とは、あくまでも急進的な思想のことであり、漸進的な社会改革を進める思想や、保守主義的思想までもが影響力を失ったとしているわけではない。

ベルによれば、長らく狂信的なイデオロギーは、政治の世界で宗教に近い作用を及ぼし、とくに知識人を引きつけてきたが、その魅力が急速に低下したというのである。ソ連やナチス・ドイツの現実が知られるようになり失望が広まったこと、資本主義が修正されかつての状況とは異なるものになったこと、経済発展で豊かになり福祉国家への動きが進んだこと、などが背景にあるという。

このような「イデオロギーの終焉」についての指摘は、ほかにアメリカでは、リプセットやシルズなどの政治社会学者や社会心理学者によってもなされた。

「イデオロギーの終焉」の傾向は、アメリカにとどまらず、その後、西欧や日本などの先進諸国にも次第に広まっていった。

3　アロンの「イデオロギーの終焉」

ベルらと多少異なる終焉論を展開したのはフランスの社会学者アロンである。彼は、フランスの知識人は依然としてイデオロギーの魅力にとりつかれているが、現実の社会は「資本主義」対「社会主義」といった単純な図式でとらえられるものではなくなっている、と主張した。つまり、そのような政治・経済体制の分類にとらわれていると、事態の正確な判断ができなくなるとして、イデオロギーの狂信から脱する必要を説いた。

また、同時にアロンは、アメリカでは自発的にせよ強制によるにせよ、ソ連と同様に、支配的イデオロギーが存在しており、それに対して懐疑的に検討する姿勢すらみられないのは問題であると批判した。

4　終焉論への批判とその後の動向

ベルの終焉論に対しては、一九六〇年代後半に高まった学生運動など、「新しい左翼」（ニュー・レフト）から批判された。そういう指摘自体が、現代の体制を維持するためのイデオロギーだというのであった。

しかし、学生らの急進的運動は、文化的、世代的な対立の色彩の濃いものであり、以前の政治的な急進主義イデオロギーとはかなり異質のものであった。

発展途上国などでは今もなお、いろいろなイデオロギーが知識人の心をとらえているのは事実だが、経済発展とともに変化が生じていることも間違いない。「イデオロギーの終焉」は先進国を越えて、さらに進行するかもしれない。

（堀江　湛）

サブ・テーマ　5

ロールズの正義論

ロールズの『正義論』（一九七一年）は、実証主義全盛の時代風潮のなかで、久しく影響力を失っていた規範理論の復活をもたらした。ロールズが同書でまず取り組んでいるのは、当時、かろうじて命脈を保っていた規範理論における二つの極端な立場――「最大多数の最大幸福」を掲げる「功利主義」と、複数の原理を整合性がないまま寄せ集めただけの「直観主義」――の克服である。

ロールズによれば、効用の総和を最大化しようとする功利主義は、社会全体の幸福のために少数者の権利や自由を犠牲にしかねない危険性をもっている。それゆえ、功利主義は退けられねばならないのだが、しかし、功利主義の拒否が直観主義への回帰にならないためにはどうすればよいだろうか。

そこで、ロールズがもち出すのが、「現代リベラリズム」を特徴づける次のような問題設定である。すなわち、それぞれが異なった「善き生」のビジョンをもった諸個人の間に、それらを調停する公正な「正義」に適った社会制度のあり方を見つけ出すこと。ロールズにとって、規範理論の課題は、実質的な「善（good）」を指し示すことではなく、善の多元性を前提にした上で、それらの共存を可能にする社会的結合の枠組み＝「正（right）」を発見することにある。『正義論』の冒頭部分におかれた「正義は、社会制度の第一の徳目」であるという言葉は、そのことをよく示している。

ロールズの「原初状態」という思考実験は、この公正な正義の原理を取り出すための工夫である。原初状態の当事者には「無知のヴェール」――自分の価値観や才能などアイデンティティを構成する諸属性を知らないという仮定――が被せられており、この状態で正義の原理を選択するものと想定されている。

このとき、当事者は、自分の価値観が社会の少数派であった場合を考慮して、他の人の自由と両立する、できるだけ広範囲の平等な自由を認める原理を採用する（「平等な自由原理」）だろう。また、自分が才能に恵まれていない場合を考慮して、社会的・経済的不平等の存在が、「公正な機会均等原理」を満たすだけでなく、最も恵まれない人に最大の利益を与える限りで認められる「格差原理」を採用するだろう、というのである。

こうして得られた正義の原理は、無知のヴェールが被せられているため、誰にとっても公正なものとなっているはずである。

正義の原理を導出するこのような演繹的な手法は、さらにロールズが「反省的均衡」と呼んでいる帰納的な手法によって補強されている。得られた原理は、われわれの「熟慮された道徳的判断」と照らし合わされ、もし不一致が存在する場合には、原初状態の初期条件を調整したり、反対に熟慮された道徳的判断を修正したりといった作業が繰り返される。こうして、正義の原理には、両側面からの支持が与えられるのである。

（有賀　誠）

サブ・テーマ　6

政治思想の新潮流

ロールズのリベラリズム（前ページ「ロールズの正義論」参照）は、「格差原理」が示しているように、平等に配慮し、福祉国家が行う再分配政策を支持したものと理解することができる。

これに対して、ノージックは、リバタリアンのマニフェストともいうべき『アナーキー・国家・ユートピア』（一九七四年）のなかで、次のように述べている。ロールズは「国家がいかに組織されるべきか」という問題を解こうとした。しかし政治哲学は、その前にそもそも「国家がなければならないのかどうか」という問いに答える必要がある。そしてノージックは、アナーキーな状態を出発点においた思考実験を行うことで、この問いに答えようとしている。

この思考実験から彼が得た結論は、「最小国家」は誰の権利も侵害することなく形成されるので道徳的に正当化可能だが、それを越える「拡張国家」は正当化できないというものであった。国家は個人の権利を保護するために存在しており、その役割は暴力や盗み、詐欺から人々を守ることに限られる。それ以上の役割――再分配政策のような――を引き受けることは、権利の侵害に他ならないのである。

リベラリズムとリバタリアニズムの対立は、個々人の「善き生」のビジョンに介入することを回避した上で、そうした善の対立を調停する公正な「正義」の枠組みをめぐってのものであった。しかし、一九八〇年代に興隆してきたコミュニタリアニズムは、リベラリズムとリバタリアニズムが共有する個人主義こそが、人々の間の結びつきを切断し、地域社会や家庭を衰弱させているのではないかという問題意識に立って、「善」それ自体に目を向けようとするものである。

例えば、代表的なコミュニタリアンであるサンデルによれば、ロールズの議論は、あらゆる属性を剝ぎ取られ、選択意志にのみ切り詰められた「負荷なき自己」に立脚している。しかし、社会以前に原子のように自存する自己を想定することは誤りであり、われわれはつねに特定の歴史的、社会的なコンテクストの中にあると考えねばならない。こうしてコミュニタリアンは、個人のアイデンティティを共同体に保存されている「善き生」のビジョンとのかかわりのなかでとらえようとしている。

リベラリズムは、公私の区分を重要視し、プライバシーの名の下に私的領域への公的介入を拒んできた。しかし、このような区分によって不可侵の領域とされた家庭のなかで、ドメスティック・バイオレンスに象徴されるような家父長権力が生き延びてしまっているのではないだろうか。「個人的なことは政治的である」というフェミニズムのスローガンは、こうしたリベラリズムの前提を問い直そうとしている。公私の区分線は、実は自然なものではなく、それ自体がひとつの権力の作用であることをフェミニズムは暴き出しているのである。

（有賀　誠）

サブ・テーマ　7

消極的自由と積極的自由

民主主義とは異なる自由主義の意義を明確にした理論的な貢献として、バーリンが行った「消極的自由」と「積極的自由」の区別は見逃せない。

「消極的自由」とは、他者や政府から干渉を受けずに「自分のしたいことをし、自分のありたいものであること」ができる範囲の確保を目指す理念であり、「〜からの自由」と表現することができる。「消極的自由」の立場に立てば、干渉を受けない範囲が広ければ広いほど、自由は大きいことになる。自由主義が求めるのは、こちらの自由である。

これに対して、「積極的自由」は、自由な範囲の確保を越えて、「自分自身によって統治されることを欲する、あるいはとにかく自分の生活が統制される過程に参画」することを目指す理念であり、「〜への自由」と表現することができる。言い換えれば、個人や集団が自分自身の意思に基づいて、自分の行動を決定することを求めて、自らが干渉の主体になろうとするのが、「積極的自由」である。他者から統治されるのではなく、あくまで自己統治を求める民主主義が重視するのは、こちらの自由である。

「積極的自由」は、確かに人間性に深く根ざした願望ではある。しかし、それは、往々にして最小限度の個人的自由の範囲をも侵犯する根拠になってしまうものだとバーリンは考える。「積極的自由」の過度な追求は、「消極的自由」を破壊してしまう可能性があると言うのである。例えば「自由の喪失にみながひとしく同意した」ような場合を考えてみればよい。このような場合、「それがみんなの同意によるからといって、奇跡的にもせよどうにか自由が維持されるということはない」だろう。「消極的自由」と「積極的自由」とが対立する場合には「消極的自由」の側に、自由主義と民主主義が対立する場合には自由主義の側に立つというのがバーリンの立場である。

ところで、「積極的自由」の追求は、どのようなプロセスを通じて「消極的自由」の破壊に転じるのだろうか。この問題に、バーリンが与えている回答は、意外なものである。原因は「経験的自我」からの「真実の自我」の分離にあると言うのである。経験的な欲求や情念に従って振舞うこと、つまり、欲望に身を任せることが、果たして本当の自由と言えるのかという問いから、完全な自律を求めて、自己を支配するものとしての「真実の自我」というアイデアが引き出されてくる。かくして「経験的自我」ではなく、「真実の自我」に従うことこそが、本当の意味での自由の獲得とされるのである。そして、この「真実の自我」は、「個人的な自我……よりももっと広大なもの、個人がそれの一要素あるいは一局面であるようなひとつの社会的『全体』……として考えられ」るようになる。「社会的『全体』」に従うことが、「積極的自由」の実現であるとされるのである。フランス革命、ロシア革命、ナチスが辿ったのは、このような道だったとバーリンは主張している。

（有賀　誠）

サブ・テーマ　8

ナショナリズム

ネーションは、「国民」あるいは「民族」という意味をもつ人間集団の単位を示す言葉であり、ナショナリズムとは、その人間集団の単位が国家という政治の単位と一致すべきだとするひとつの政治的な主張である（第10章コラム3参照）。

ネーションを基盤として成立した国家を「ネーション・ステート（国民国家・民族国家）」と呼ぶが、そのような国家は一八世紀末のフランスで、初めて誕生した。それ以前のフランスは、君主制国家であり、民衆は統治の対象にすぎなかった。しかし、君主権力が財政危機の収拾に失敗したことをきっかけに革命が勃発し、フランスは君主制から共和制へと政治体制の大転換を遂げたのである。これに対して、革命の波及を恐れた周囲の君主国家は、干渉戦争をしかけた。一般には、この干渉戦争に立ち向かったフランスの民衆の闘いが、ナショナリズムの原点とされている。ナショナリズムは、当初は欧州とその周辺地域に限られていたが、一九世紀末になると植民地化の脅威にさらされた非西洋地域にも波及した。そして、第一次大戦後には、アメリカのウィルソン大統領が「民族自決」を唱えたこともあって、多数の独立国が誕生することになったのである。

ところで、ナショナリズムの起源に関しては、どのような学説が存在しているのだろうか。ここでは、一九八〇年代に発表され、その後のナショナリズム研究に強い影響力を及ぼし続けている三つの古典的な学説を紹介しておこう。

ゲルナーは、産業化という経済的要因がナショナリズムを生み出したと主張している。農業社会とは異なり産業社会では、持続的な成長が求められるため、社会の流動性が高められねばならない。また、職業内容も変化するため、誰もが文字を読み書きする能力を身に着けることが必要になる。このような必要性に応じて、国家が公教育を整備し、標準語を習得した同質的な国民を創り出す過程で、それを正当化するイデオロギーとしてナショナリズムが要請されたというのである。

一方、アンダーソンは、出版資本主義の成長によって俗語が普及し、それが国語として人々に受け入れられていったことを重視している。俗語で書かれた小説や新聞の流通が、均質な時空間の中で、同じ言語を読み話す人々の存在をリアルなものに感じさせ、国民という「想像の共同体」の成立を可能にしたというのである。

ゲルナーとアンダーソンは、ナショナリズムを産業化や資本主義によってもたらされた近代に固有の現象であると考え、ネーションの人為性を強調する点で共通している。これに対して、アントニー・D・スミスは、ナショナリズムと近代との深いかかわりを認めつつも、近代以前に成立していた神話や文化の共有によって特徴づけられる共同体（エトニー）がネーションの成立を規定する歴史的条件として働いたと考える。つまり、ネーションが必ずしも人為的なものとはいえないことを主張しているのである。　（有賀　誠）

第3章　政治制度

1　権力分立

1　権力分立制の意義

一九世紀イギリスの歴史家アクトン卿は「権力は腐敗する。絶対権力は絶対に腐敗する」と述べた。国家権力が一人の為政者や一つの機関に集中することは、権力の濫用（らんよう）や恣意（しい）的行使を引き起こし、国民の権利・自由が侵害されるおそれがあると考えられた。

そこで、国家権力の作用を立法・行政・司法の三つに種別し、それぞれ異なった独立の国家機関に分担させ、相互に「抑制と均衡（チェック・アンド・バランス）」を図り、権力の暴走に歯止めをかけることが考えられた。この自由主義的な制度的装置が、絶対王政における専制支配への対抗原理として近代立憲主義憲法において採用された。

これが権力分立とか三権分立と呼ばれる制度である。一七八九年に制定されたフランス人権宣言には、「およそ権利の保障が確保されず、権力の分立が定められていない社会はすべて、憲法をもつものではない」との規定がある。これは、近代憲法の核心が人権保障と権力分立制にあることを意味する。

現在、自由民主主義を基調とする諸国はいずれも憲法上、権力分立の制度を採用している。しかし、社会主義を標榜（ひょうぼう）する諸国では、人民の意思を直接反映しているとされる機関に立法権と行政権が集中する「民主集中制」が採られている。また、「開発独裁」と呼ばれる第三世界諸国の多くでは、形式的に権力分立制は採用されているものの、実態はそのように運用されていない。

2　古代・中世の権力分立制

権力分立制の考え方は近代以前にも存在し、古代以来、歴史的に生成されてきたものであり、その制度的内容は国により時代により変化してきたものである。その萌芽は、古くは古典古代のギリシア、ローマに求めることができる。プラトンやアリストテレスは、「混合政体論」において政治権力を分割し、君主・貴族・民衆の各階層に分担させ、相互に牽制させ合うことによって均衡を保たせるといった考え方を提唱していた。

中世のイギリスでは、貴族層の身分に由来する特権を絶対君主から保護する目的で、身分制議会を国王の権力と対立させ、国王の権力を抑制するといった仕組みが採られた。

３　ロックの権力分立制

近代憲法の原理により大きな影響を与えた権力分立制としてはロックとモンテスキューの思想を挙げることができる。ロックは、一六八九年の英国の名誉革命を正当化するために一六九〇年に『市民政府二論』を著し、そのなかで社会契約論の立場から国家権力を制限するために、①立法権と②執行権、③連合権（＝外交権）とを分化し、前者を議会に、後二者（②と③）を国王に分担させる権力分立制を説いた。ロックの権力分立制は、国王に帰属する執行権の内容である行政権と司法権が未分化であるという点で、実質的には二権分立論ともいうべきもので今日の三権分立とはやや異なるものであった。

４　モンテスキューの権力分立制

これに対して、モンテスキューは絶対王政下のフランスで『法の精神』（一七四八年）を著し、「イギリスの国制について」と題する章のなかで一八世紀のイギリスに行き渡った立憲君主政体をモデルとして権力分立制を説いた。

そこでは国家権力を、①立法権、②万民法に関する事項（宣戦・講和、外交、治安維持、防衛）の執行権（＝行政権）、③市民法に関する事項（裁判）の執行権（＝司法権）に分け、それぞれを別個の機関に委ねることによって、「抑制と均衡」を図ることができるとした。そして、「もし、ただ一人の人物や単一の団体だけが、これらの三つの権力（立法権、行政権、司法権）を行使するとすれば、すべてが失われるだろう」と警鐘を鳴らしたのである。

このような考えは、後に、アメリカ独立革命期の諸邦の憲法やアメリカ合衆国憲法、フランス人権宣言等の近代憲法が採用した三権分立の原型となったものである。

（青柳卓弥）

2 議院内閣制と大統領制

1 統治制度の類型

権力分立制を採用する国の統治制度は、立法権をもつ議会と行政権をもつ政府との関係をどのように捉えるかによって、二つの型に分類することができる。一つは、両者に一定の連携関係を認める「協同型」で、議会制すなわち議院内閣制である。その代表がイギリスである。もう一つは、両者が厳格に分離されながら、同格の立場で機能し合う「同格・隔離型」である大統領制である。その典型例はアメリカにみることができる。

2 議院内閣制

議院内閣制とは、一般に議会と政府が一応分立している緩やかな権力分立制である。そこでは、政府は議会、特に下院の信任によって成立する一方で、政府は議会に対し解散権を行使できる。それを通して、両者の関係は連携と反発の関係を内包する協働関係に立つ。議院内閣制は、立憲君主制を採用した一八世紀から一九世紀初頭のイギリスで、自然発生的に確立した権力分立制の一類型である。

このような古典的イギリス型の議院内閣制では、行政権は君主と内閣に分属する（二元的行政権）。内閣は君主と議会との対抗関係のなかで両者に対して責任を負い、議会の内閣不信任決議権と君主の議会解散権という相互の抑制手段がある。このように両者の権力の均衡を図りながら協働関係が保たれている。議会と君主の権力が拮抗している政治制度という意味で、これを議会君主制、または二元主義型議院内閣制という。

フランスでは一九世紀中葉以降、君主や大統領の権限が名目化し、行政権が内閣に一元化されるようになると、内閣の存立要件として議会による信任を重視するような議会優位の議院内閣制が登場した。第三共和制下の議院内閣制では、憲法上、大統領に付与された議会解散権が一八七七年以降は形骸化し、むしろ議会による内閣の民主的コントロールが重視されるようになった。

このように行政権が集中している内閣に対して、議会の権力が相対的に強い制度という意味で、これを議会共和制、または一元主義型議院内閣制という。

その後、第五共和制下では、行政権が強力な大統領と内閣に分属する二元的執行府の下で議院内閣制をとるシステムが採用された。大統領は国民によって直接選挙され、首相は大統領によって任命されるが、在職要件として議会の信任を必要としている。大統領と議会は対抗関係にあるが、大統領は議会解散権をもつことから、議院内閣制的性格が強い。このような制度は、大統領の権限が強大だという点で、大統領制的議会制と呼ばれるが、従来の大統領制の枠を逸脱しているという意味では、「半大統領制」と呼ばれることもある（本章5参照）。

3　大統領制

アメリカに典型的な大統領制は、政府と議会が完全に分離された厳格な権力分立制である。政府の長である大統領は、国民から大統領選挙人を通じて選挙されることから民主的正当性を強力にもつ。

議会には大統領の不信任決議権はないが、一方で大統領にも議会解散権がないなど、両者の独立性はかなり強く保たれている。もっとも大統領は、議会に対して立法措置を勧告するために「教書」を送付したり、法案を拒否する権限を憲法上付与されている等の点で、事実上立法権の行使についても強力なリーダーシップをもつことができる。

（青柳卓弥）

図表１　議院内閣制と大統領制

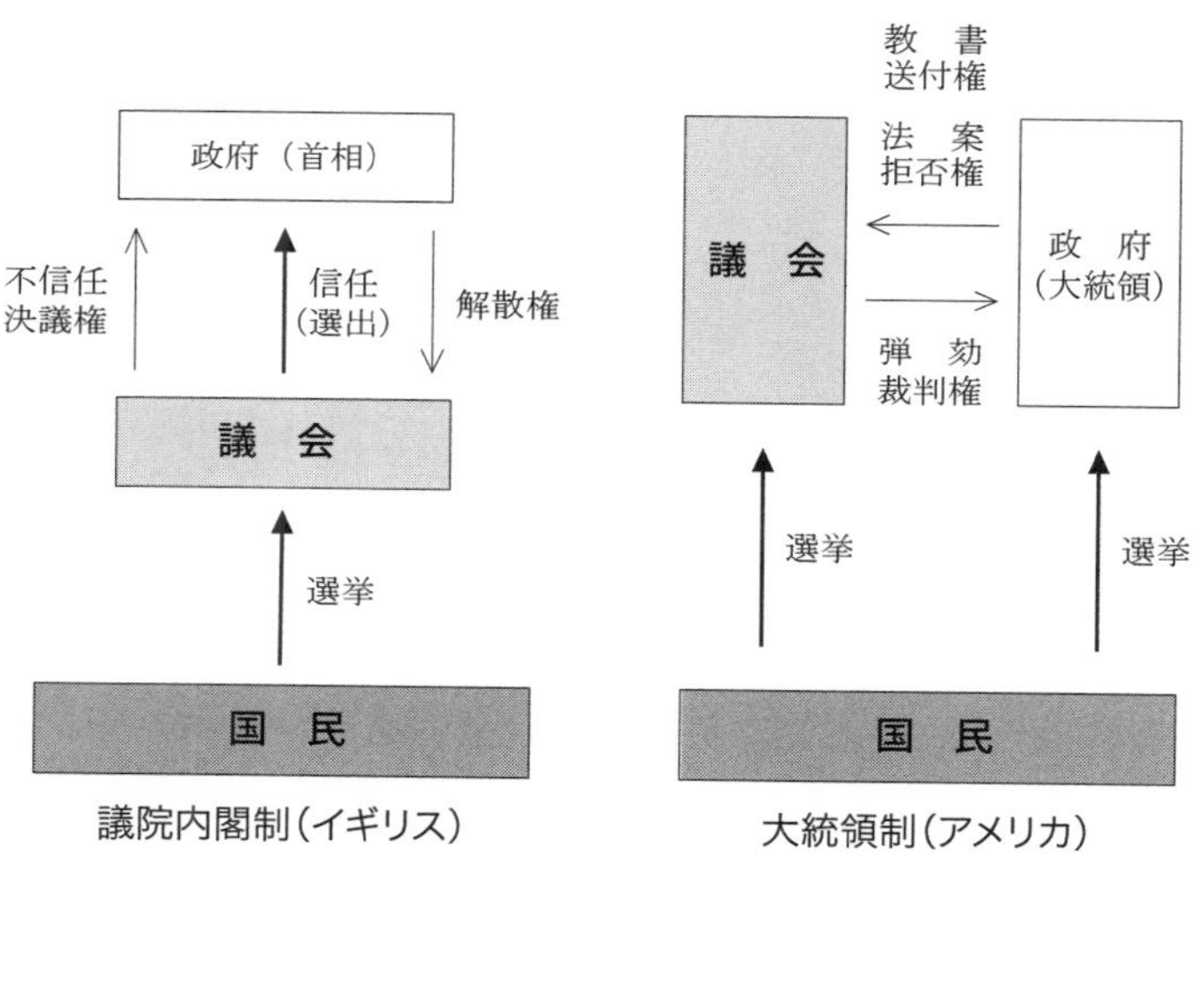

3 アメリカの大統領制

アメリカは、典型的な大統領制の国として知られている。連邦議会の選挙で大統領の属する政党が歴史的な大敗でもしない限り、国民による選挙という、民主的基盤のある大統領の権力がすぐに揺るがされることはない。

大統領は政策を決定し遂行する指導者としての役割を期待され、多くの権限を与えられているが、それを有効に活かすためには、政治的手腕や指導者としてのイメージに対する国民の高い評価が必要である。これまでスキャンダルなどでそれを失い、窮地に陥った大統領も多い。

1 大統領制の基本的性格

大統領の地位は議会の信任ではなく、国民の選挙に基づいているが、大統領に罪・不正がある場合、連邦議会が大統領を罷免(ひめん)できる弾劾(だんがい)制度がある。下院が弾劾状を成立させた後、上院での弾劾裁判で、陪審員である上院議員の三分の二以上の賛成があれば弾劾が成立し、大統領は地位を失う。ただ、途中で辞任した例はあるものの、弾劾された大統領はこれまで存在しない。

憲法は大統領の資格として、出生による合衆国市民、三五歳以上、一四年以上の合衆国居住という、三つの厳しい条件を課している。

大統領の権限には、法案拒否権、外交権などがあるが、その多くに連邦議会が関与でき、実質的に大統領と連邦議会が権限を共有する形になっている。従って、連邦議会両院が大統領の党が多数派を占めている場合に、大統領が政策を単独で実行するのは困難である。

もっとも、大統領は唯一全国民によって選ばれた公職者という点で、議会の多数派の支持が得られない場合も、自らの政策への国民の支持を獲得する手段が残されている。大統領が直接メディアを通じて国民に語りかける政治手法がそれである。最近は、大統領がメディアを通さずに、ツイッターなどのSNSを用いて、自らの政策上の立場をアピールしている。

2 大統領制の実際

大統領の権限は、一九三〇年代のニュー・ディールに始まる行政国家現象のなかで拡大している。最近は大統領命令による政策実現も多いが、その憲法上の限界も指摘されている。大統領を支えるホワイトハウス・スタッフの数は、徐々に増える傾向にある。アメリカにも内閣は存在するが、元来は大統領の私的な諮問機関であったため、その政治的重要性はホワイトハウス・スタッフに比べて、かなり劣ったものとなっている。

大統領が議会との関係で力を発揮するのが、連邦議会を通過した法案に対して、大統領がその承認を拒否し、法案の成立を阻むときである。連邦議会は大統領の拒否権の行使を、各議院の三分の二以上の多数による可決によって乗り越えることができる。その場合、法案は大統領の反対にもかかわらず成立となる。ただ、会期末の拒否権行使も見られ、その行使を阻むのは難しい。

大統領が拒否権を行使するのは、自らの政策的一貫性を強く国民に訴えたり、拒否権の行使を取引の材料にして、政策の実現を図ったりするためである。

外交でも、大統領の権限は強くなっている。憲法上条約締結権は大統領がもっているが、上院の助言と承認を必要としている。しかし、近年は上院の承認を必要としない行政協定という方法があり、これは迅速に結ばれる。一九三〇年代から大統領は、行政協定の形で重要な外交問題を処理するようになっており、近年、この傾向が一段と強くなっている。

司法との関係では、最近のアメリカ政治の二極化の中で、最高裁の保守化が進み、その憲法判断が注目されるようになっている。大統領は立場の近い裁判官を最高裁判事に任命しようとする傾向が強くなっている。特に共和党の大統領にその傾向が顕著である。

大統領の戦争権限も拡大している。憲法上は、大統領の戦争権限は総指揮官としての地位と権限にとどまり、宣戦布告の権限は連邦議会に与えられている。しかし、大統領は早くから連邦議会の事前の承認を得ることなく、軍隊を派遣して紛争の解決にあたってきた。

このような状況に対し、連邦議会は一九七三年に戦争権限法を制定し、大統領が宣戦布告をすることなく軍隊を派遣した場合につき、一定の制約を課そうとした。しかし、この連邦議会の方針も、実質的には大統領の軍事行動を追認するにとどまっている。実際、二〇〇一年の九・一一テロやアフガニスタン侵攻の際、連邦議会は大統領に戦争に必要な権限を広範な形で認めた。（大沢秀介）

4 イギリスの議院内閣制

イギリスは、周知のとおり議会制民主主義の母国であり、長らくデモクラシーの「模範」とされてきた。そして、かつて七つの海を征した大英帝国の遺産として、旧植民地の多くの国が今日でもイギリスと類似の政治制度を採用している。これらを「多数決型民主主義」の政治システムと総称することもある。

1　首相・内閣と議会

イギリスの議院内閣制の起源は、一八世紀に遡る。議会（下院）の多数派によって内閣総理大臣（首相）が指名され、首相と内閣が議会に責任を負うシステムである。この制度は元来議会が王権の影響を受けた政権に対抗するなかで定着化していった。しかし、選挙権の拡大と政党政治の進展とともに、バジョットの指摘するように、今日のイギリス議院内閣制においては、「行政と立法は融合」し、首相と内閣・政権党は「行政」「立法」を統御しつつ、強力に公約を実現する力を得ることを担保するシステムとなっている。議会の立法過程は圧倒的に内閣（および内閣と一体化した政権党）主導であり、かつ政権党と官僚の関係でみれば、圧倒的に政権党（現代においてはとくに首相と党首脳）つまり「政治」優位である。サッチャー政権以降この傾向は、とくに顕著となった。

しかも、五五年体制下の日本（第7章9参照）で進んできた形態の政党の影響力とは異なり、政策全体の方針に関して「マニフェスト」とよばれる数値目標、達成期限、財源などを含む具体的で詳細な、いわゆる政権公約がきわめて重要である。マニフェストは従来の日本の選挙公約と比較してきわめて詳細であり、かつ政権を獲得した政党は基本的にこの公約を実現する義務を有権者に対して負うとされる。

政権政党は内閣を形成し、与党の議員は閣内大臣、閣外大臣、副大臣、政務秘書といった形で、大量に政府に入る。また、恒常的な官僚機構の政策決定への影響力を防ぐため、政策ユニット・シンクタンクの活用などがなされている。政策全体の方針決定のありかたは、日本と比較してはるかに「トップ・ダウン」の様相が強く、省庁などの再編も、首相が自由に（閣議を経ずに）行う権限をもち、省庁内の人事も首相周辺・政党の影響力は現在大きい。これらが、行政内部における首相と政権政党の強い指導力を担保している。

政権公約の実現は、政府を首相・政権党が効果的にコントロールして初めて実現される。まさに、選挙と政権公約を背景に、首相と政権党が「立法」と「行政」を統御し、強力に国政を運営していく政治システムといってよい。

2　野党の役割と「影の内閣」

野党は、議会で「抵抗」して法案成立を阻止することはまれである一方、野党第一党は、常に政権を担ったときに対応できるよう、「影の内閣」を形成する。この制度は一九世紀後半から第一次世界大戦前における、保守党・自由党の二大政党政権時代にまでその起源を遡る。現在の形が定着するのは、ほぼ第二次大戦以後で、影の首相である第一野党の党首の下、政府各省の担当領域ごとに影の閣僚が任命される。現在では、内閣と同様に定期的に会議を開き、政府の政策に対する批判と代案の提出を行う。その運営費は国庫により補助され、影の首相に対しては政府閣僚なみの報酬と公用車が与えられる。また、議事堂内には影の閣議室が設けられ、国家的行事の際には、表の内閣たる現政府と同格の扱いを受けるのである。そして、議会において現首相と内閣に対し、徹底的に討論を挑み、有権者に政権獲得の資格を有することをアピールする。

現代イギリスの議院内閣制は、強い権限を首相と政権党に与え、彼らに政権公約実現の責任を付与することにより、有権者の負託に応えることを確保させるシステムであるといってよい。そして、首相の権力を抑制するのは、何といっても次回選挙の圧力である。野党は、政策実現のスタッフと政策を準備しつつ、議会において与党と首相を原則（理念）と個別政策の面から詳細に批判し、対案を提出することにより次期総選挙における政権奪取をめざすのである。

「多数決型民主主義」ともよばれる、議院内閣制と二大政党制を基盤とするこのイギリスの政治システムは、さまざまな問題を抱えつつも、新しい時代への対応を「政党間の競争」のなかからみつけだそうとしている。

（富崎　隆）

5 フランスの半大統領制

普通、政治制度としては、大統領制と議院内閣制が多く知られている。

大統領制の典型例はアメリカであり、議院内閣制の典型例はイギリスである。行政府と立法府の関係でいえば、前者は権力の分立を具体化したものであり、後者は権力の融合を具体化したものである。興味深いことに、権力の分立がモンテスキューによって理想化されている一方で、権力の融合はバジョットによって必然的なものであるとみなされてきた。

このように、民主体制に限定すれば、大統領制と議院内閣制が代表的な政治制度であると考えられてきた。しかし、近年では、両者の折衷的（せっちゅうてき）な制度である「半大統領制」を採用する国が徐々に増えてきている。なかでも、フランスの事例は最も有名であり、現在の第五共和制に限っても、半世紀近くの経験を有する注目すべき事例である。

1 半大統領制の定義

半大統領制とはデュヴェルジェ（フランスの政治学者）らのグループが定式化した政治形態である。狭い意味では、直接公選制の大統領と議会から選出された首相が、行政権を分有する仕組みである。権力分有の度合いによって、大統領制に近い権力運用がなされる場合と、ほとんど議院内閣制に近い場合がある。広い意味では、議会選出の大統領や、必ずしも議会に責任を負わない首相を含む場合がある。

フランスの半大統領制は、デュヴェルジェの分析では、憲法上は「弱い大統領」を擁する政治制度になっている。それにもかかわらず、実際上はドゴール初代大統領の強権的・恣意的な権力運用によって、フランス大統領は、「強い大統領」としての地位を確立している。これまで、歴代の大統領もまた、強い大統領として振る舞うことを好んだため、大統領制的な側面ばかりが強調されてきたのである。

フランス第五共和制では、制度初期において、ドゴール大統領が首相の信任（叙任）を議会に求めないなどの強権的傾向が際立っていた。大統領は、首相を任命すると同時に、閣僚名簿のすべてを統制し、統治する大統領として内政・外交の全般を実質的に支配してきたのである。議会多数派に支えられ、首相を完全に従属させる大統領は、「統治する大統領」とよばれている。

２　保革共存政権

半大統領制において、選挙などによって、大統領与党が議会での支持を失った場合、「保革共存政権（コアビタシオン）」が生まれる。第五共和制では、最初、大統領の任期が七年である一方で、議会（下院・国民議会）の任期が五年（解散あり）であったため、こうした任期のズレが、保革共存政権を誕生させる危険性が指摘されていた。実際、一九八六年に、ミッテラン大統領とシラク首相の下で第一次保革共存政権が誕生して以来、三度の経験がある。任期のズレについては、二〇〇〇年の国民投票で修正され、両者五年に揃えられたが、それでもなお、国民の選択によっては、保革共存が誕生しえるのである。

保革共存政権下では、大統領はおおむね外交のみに従事し、内政全般を首相に委ねることになる。首相の任命は大統領の権限であるが、大統領は議会の構成によって拘束される。閣僚名簿は首相が作成する。大統領は、大統領に留保された外交のみにおいて存在感を発揮し、閣僚のなかでも、国防、外務のポストについては、口を挟むことができるとされる。

閣議は二種類存在し、大統領府エリゼ宮で実施される大統領の閣議（大臣会議）と首相府マティニヨン宮での首相の閣議（内閣会議）がある。保革共存政権下では、中央行政機構を統率していることから、首相が政権指導者となる傾向がある。

（増田　正）

図表2　フランスの「半大統領制」

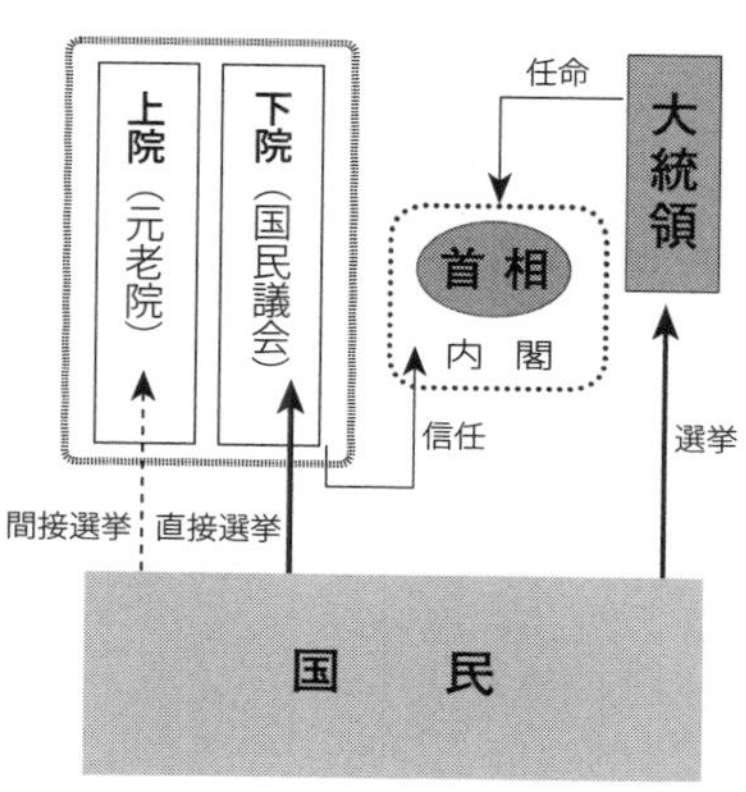

6 日本の議院内閣制

1 権力の分散と権力の統合

日本国憲法は、立法権を国会に（四一条）、行政権を内閣に（六五条）、司法権を裁判所に（七六条一項）附与する形で権力分立制を定め、権力を分散する機能を設けているが、同時に権力を統合する機能として、国会を「国権の最高機関」とし（四一条）、議院内閣制を採用している。このような権力の統合機能は、内閣に対する国会の統制を図り、国会と内閣の一体化を確保することを目的としている。

国会が「国権の最高機関」であるとは、憲法上、内閣による衆議院の解散権（六九条）や裁判所による違憲立法審査権（八一条）が定められていることから判断するに、文字通り国会が「最高」の地位にあり、国会に対し他の二権が従属することを意味するものではない。三権分立制の下で相互の「抑制と均衡」を図るなかで、主権者である国民から直接に選挙で選ばれた代表機関である（四三条）国会が、国政において中心的な役割を果たすこと（議会中心主義）を意味するに過ぎない。

2 議院内閣制の本質

憲法は国会と内閣の関係について、国会は内閣総理大臣を指名できること（六七条）、内閣総理大臣と過半数の国務大臣は国会議員から選任されること（六七条一項・六八条一項）、内閣は国会に対して連帯責任を負うこと（六六条三項）、衆議院は内閣不信任決議権をもつこと（六九条）等、内閣は国会の信任によって形成、維持されることを規定している。また、内閣は衆議院に対し解散権をもつこと（六九条・七条三号）を規定し、政府と議会の均衡を図ることが企図されている。政府が議会の信任に依拠することを本質的要素とみるか（責任本質説）、政府と議会が均衡することを重視して解散権を本質的要素とするか（均衡本質説）いずれの学説を採るにせよ、わが国の憲法は議院内閣制を採用しているといえる。

その際、日本の議院内閣制はその母国であるイギリスといくつかの点で異なった特徴をもつ。まず、イギリスでは下院の第一党の党首が自動的に首相になるが、日本では先にふれた通り国会の議決で国会議員のなかからこれを指名する。したがって、必ずしも第一党の党首が選出されるとは限らない。また、イギリスでは首相をはじめすべての内閣のメンバーは国会議員のなかから選ばれるが、日本では、首相以外の国務大臣はその過半数が国会議員から選出されればよい。

3　六九条解散説

内閣による衆議院の解散権の憲法上の根拠をどこに求めるかについては、憲法学説上大きく二つの見解が対立している。解散権の憲法上の根拠規定を六九条に限定する見解（六九条解散説）と限定しない見解（七条解散説）が、それである。

前者の見解によれば、衆議院の解散は六九条規定の通り、内閣不信任案が可決、あるいは信任案が否決された時に、内閣が総辞職をしない場合に限られる（対抗的解散）。この場合、内閣には衆議院を自由に解散する権限は認められないことになる。「対抗的解散」に限定する立場は、内閣による解散権の行使を制限して議会による内閣の民主的コントロールに重点をおく民主主義モデルで、フランス第三共和制型の一元主義型議院内閣制である。

4　七条解散説

後者の七条解散説によれば、天皇の国事行為として憲法七条三号は衆議院の解散を規定していることから、解散の形式的決定権は天皇にあることには異論はない。その場合、天皇の国事行為に「助言と承認」を与えるのは内閣であるから、解散の実質的決定権は内閣にあることになる。結果として、内閣には自由な解散権が認められる（裁量的解散）。内閣に「裁量的解散」を広く認める立場は、権力相互間の均衡を重視する権力均衡・自由主義モデルで、古典的イギリス型の二元主義型議院内閣制である。

わが国の学説では七条解散説が通説であり、実際の運用上も、一九五二（昭和二七）年の第三次吉田（茂）内閣による「抜き打ち解散」に対する違憲・合憲が争われた裁判で、最高裁が憲法判断を回避して以来、「裁量的解散」が慣習法上確立しているといえる。したがって、わが国の議院内閣制は二元主義型議院内閣制と結論づけられる。

（青柳卓弥）

第4章　デモクラシーの理論

1　古代ギリシアのデモクラシー

1　ポリスと共同体景

古代ギリシア（紀元前八世紀〜）は、多数の「ポリス」とよばれる都市国家に分かれていた。ポリスは城壁に囲まれた都市と周辺の農地からなり、人口は最大のアテネで三〇万人程度であった。人間の社会における最初のデモクラシーはこのような環境において生まれた。

デモクラシー（民主政治）とは、「デモス」（民衆）と「クラティア」（支配）が合わさったところから生まれた言葉で、「民衆による支配」をいう。ギリシアのデモクラシーは、政治的決定に参加する権利を少数の貴族の手から、多数の平民に移すことによって生まれた。

もっとも、ここでいう平民とは、ポリスの全人口を指すのではなく、市民権をもつ成人男子＝市民に限られる。市民はポリス人口のせいぜい一五％程度であった。市民以外の、女性、外国人、奴隷は民主政治の主体になる資格をもたなかった。また市民は、共通の宗教、言語、文化というきずなを通じて堅く結びついており、外国人がポリスの市民権を取得することは非常に困難であった。

つまり、ポリスは同質性の高い、緊密に結びついた人間集団＝共同体であり、ギリシアの民主政治はこのような共同体のなかで成立していたのである。

2　ギリシア民主政治の仕組み

ギリシア民主政治の仕組みを、その代表例とされるアテネを例としてみてみよう。最も重要な機関は「民会」である。民会はアテネ政治の最高機関であり、和戦の決定のような外交問題の決定、法律の制定、一部の司法権の行使、役人の選挙などを行った。

また、民会は今日の議会と異なり、市民全員に参加資格があった。年に四〇回ほど開かれ、重要事項の決定に際しては六〇〇〇人程度の市民が参加したという。ギリシアの民主政治は、重要事項（立法だけでなく、行政、司法も含む）の決定は市民が直接決めるという原則に立っていたのであり、これを「直接民主制」という。

民会の議事を取り仕切り、行政を監督する機関として、「評議会」がおかれた。評議会は五〇〇人の市民で構成されるが、そのメンバーは抽選によって選ばれる。任期は一年であった。また、実際の行政を行う各種の役人がおかれた。この役人は、将軍、財務官などの少数の重要職は選挙で、それ以外の大多数の役職は抽選で選ばれ、しかも同一の役職は必ず複数の役人が務めた。権力が特定の個人や集団に集中することがないよう、最大限の配慮が払われていたのである。

また、多くの役職が抽選で選ばれていたことは、権力は市民の誰にでも分かちもたれるべきだという考え方にもとづいていた。平等な市民が、直接政治権力を握るという理念を最大限尊重してつくられたのが、ギリシアの民主政治の仕組みだったのである。

３　現代民主政治との違い

古代ギリシアの民主政治と現代のそれとは、非常に大きく異なっている。民主政治という同じ言葉が使われていても、両者を「基本的に同じ」ものだと考えるべきではない。

まず、古代ギリシアの民主政治は、直接民主制であり、「選挙された代表者に政治を任せる」という考え方を原則として否定する。そのような考えは一種のエリート支配であり、民主政治においては市民の意思が直接政治に反映されなければならないと考えるからである。

また、個人の自由などの「基本的人権」の考え方がないことにも注意すべきである。個人的な領域を権力が侵すべきでない、という人権の概念はない。むしろ市民は、共同体の一員であり、共同体として共通の善を追求すべきなのだという考え方がギリシア民主政治の基礎にある。

政治参加は、自由な権利というよりは、倫理的な義務に近いものである。「個人にとって何が善いかは個人が決める」というよりは、「全員にとって何が善いかを全員が考える」「全員にとって何が善いかを考えるのは個人の義務である」と考えるのが、古代ギリシアの民主政治なのである。

（永山博之）

2 市民革命と自由主義

1 宗教改革と信教の自由

ギリシアにおいて生まれたデモクラシーの理念が、現実の社会に実現したのは、一八世紀の「市民革命」とよばれる政治的大変動を介してである。市民革命について理解するためには、まず宗教改革と社会契約説に発する「個人の自由」「抵抗権」の考え方について理解しておく必要がある。

近代的な意味での個人の自由を基礎づける重要なきっかけになったのは、「信教の自由」の観念である。これを誕生させたのは宗教改革だった。西欧社会の精神的支柱であったカトリック教会の権威を一六世紀にルターが否定してから、カトリック教会とそれに対抗するプロテスタント運動がヨーロッパを二分して大規模な抗争を繰り広げた。

とくにプロテスタントの教義は、個人が内面的に神と直接に向き合うというモデルを提示し、教会が神の権威を代行することを拒否した。そこから、権力が間違った信仰を強要したとき、個人にはそれを否定して正しい信仰を守る「権利」があるという考えが生まれた。この権利＝信教の自由は、権力が与えたのではなく、神と人との結びつきがもたらしたものだから絶対的であり、権力がこの権利を否定することは許されないことになる。

2 社会契約説

このように宗教改革を経由して個人の権利という考え方が出てきたことは、政治権力の正統性の基礎づけを大きく変えた。

王の権力は神が与えたとする王権神授説に対抗して、ホッブズ、ロック、ルソーらは「社会契約説」とよばれる別の正統性の論理をまず提示した（第2章3参照）。彼らは権力が存在せず、人間がバラバラな個人として存在するような状況＝自然状態をまず想定する。そうした状況でなぜ個人が自らの自由を制約するような権力が出現することを認めるのか。それは、権力が存在しない自然状態では、個人がそこで保持していた権利が侵害されるおそれがあるからである。

ホッブズは、自然状態では自己の身体の安全が、またロックは私有財産がそうした侵害の脅威の対象になると考えた。いずれにせよそうした侵害を防ぐためにこそ、権力＝政府の存在が正当化されるのである。

ここで大切なことは、権力の存在が正当化されるのは、それが個人の奪いえない権利を守るという理由からであり、その限りで個人は権力の強制に従う義務があるということである。とくにロックは、権力が個人の権利を守らない場合には、個人の側も権力に従う義務を放棄することができると考え、個人は権力に対して「抵抗権」を留保すると考えた。

３　市民革命と民主政治

これらの考え方は、「人民は圧政に対して抵抗する権利、圧政を行うことができないように政府を組織する権利をもつ」という考え方につながった。

これが現実の政治で展開されたのが、一七〜一八世紀においてイギリス、アメリカ、フランスで起こったいわゆる市民革命である。市民革命は、王が人民の奪いえない権利を侵害していることを名目として起こされたが、革命を主導した勢力はその過程で「人権宣言」を発し、革命が個人の権利を擁護するためのものであり、革命の結果としてできた新しい政府も個人の権利を侵害できないことを宣言した。

このように、政府の権力は個人の権利を擁護するという制限の下におかれるという考え方を、「法の支配」あるいは「立憲主義」という。一七八九年のフランス人権宣言において、「権利の保障がなく、権力の分立が定められていないすべての社会は憲法をもたない」と書かれているのはこの考え方を示したものである。

今日の民主政治の基本をなすのは、この法の支配の考え方である。政府は個人の権利を守るためにその権力を認められるから、個人の権利そのものを侵害することはできない。これを保障するために憲法が定められるが、そこには、保障される権利の内容と、権力が権利を侵害しないようにするための具体的な措置、つまり権力を分割して、互いに抑制させるような政治制度が明記されていなければならないのである。

（永山博之）

3 リベラル・デモクラシー

1 「リベラル」な「デモクラシー」の概念

古代ギリシアの民主政治は、「民衆による政治」という意味でのデモクラシーではあっても、個人の権利を擁護するという意味での「リベラルな」政治ではなかった。

このことから分かるように、元来「自由主義」という概念と「民主主義」という概念は同じではない。それどころか、両者は根本的なレベルで対立する側面があり、ソクラテスがアテネの民衆法廷で死刑を宣告されたことにみられるように、民衆による決定が個人の権利を侵害するようなケースは歴史上めずらしいものではなかった。

現在、日本、アメリカ、ヨーロッパ諸国などに存在するデモクラシーは、歴史上存在したさまざまなデモクラシーのなかでも、「リベラリズムとデモクラシーを折衷した特殊なデモクラシー」である。これを「リベラル・デモクラシー」とよび、現代においてとくに断りなしでデモクラシーといえばリベラル・デモクラシーのことを指す。リベラル・デモクラシーとよばれるためには、いくつかの基準を満たしている必要があり、単にデモクラシーを自称するだけでは、十分ではない（「朝鮮民主主義人民共和国」はここでいうデモクラシーではない）。

2 リベラル・デモクラシーの基準

リベラル・デモクラシーの基準を議論する前提として、それが手続き、制度として定義されるものだという点を強調しておこう。

デモクラシーの下で出てくる政策が結果として国民の利益にかなっているかどうかは、デモクラシーの基準にはならない。またある政策に対して、世論調査の結果国民の大多数が反対していることが明らかだったとしても、「だからデモクラシーではない」ということにはならない。政治が特定の手続きに沿って行われているかどうかがリベラル・デモクラシーの基準なのであり、この基準は手続き以上のものを含まないのである。

リベラル・デモクラシーは、第一に法の支配あるいは立憲主義の原理にもとづいていなければならない。憲法が存在することは不可欠であり、かつその憲法には人権の擁護と権力分立が定められていなければならない。つまり多数の賛成があったとしても、表現の自由、財産権の保障のような諸権利は正当な理由なしに奪うことができない。また、このような権利を権力が侵害していないかどうかを、行政権から独立した司法権が判断することが可能になっていなければならない。立法権は行政権から切り離され、行政権を監視できるようになっていることも必要である。

第二に、リベラル・デモクラシーは、代議制の原理にもとづいていなければならない。国民は直接政治的決定を下すのではなく、自らが選んだ政治家を通じて決定を下す。国民が政治的決定に参加する基本的な手段は選挙である。つまり「誰が決定を下すのか」というところまでが、国民による決定の範囲であり、「どのような決定を下すのか」は原則的には、国民ではなく、政治家が決めるのである。政治家は、いったん選ばれたら直接自分を支持した住民の意見のみに拘束されることはなく、独自に判断を下す。

また、国民は選挙において自由な選択を保障されなければならない。選挙に立候補する自由の保障を通じて複数の選択肢が確保されている必要がある。さらに、投票の秘密の確保、選挙運動の自由、報道の自由などを通じて、政府に批判的なものも含む多様な情報に接することで、実質的な選択の自由を国民が保持していなければならない。

3　リベラル・デモクラシー批判

このようなリベラル・デモクラシーは、ある意味で国民の意思が直接政治に反映することを制約する。そのためこのような政治体制の下では「本当の民意が政治に反映されない」という批判は常に行われてきた。国民の政治への参加をより強めるべきだという「参加デモクラシー」の理念にもとづく批判もその一つである。

しかし、リベラル・デモクラシーの欠陥にみえる問題は、それがもともと、自由の擁護と民意による政治という、完全には調和できない課題を同時に実現しようとすることから生まれているという事実にも注意を払う必要がある。

（永山博之）

4 人民民主主義

1 デモクラシーに対するもう一つの解釈

人民民主主義とは、狭い意味では第二次大戦後の東欧諸国や中国などに存在していた政治体制を指し、社会主義への発展過程にある社会が過渡的にとる体制だとされる。広い意味では、マルクス主義＝共産主義の考えにもとづく政治体制＝プロレタリアート独裁体制の一つであり、ここでは後者の概念で説明を行う。

プロレタリアート独裁は、リベラル・デモクラシーとはまったく異なった政治体制だが、広い意味での「デモクラシー」の伝統には深い関係がある。つまりリベラル・デモクラシーとは異なる、デモクラシーに対する別の解釈がプロレタリアート独裁なのである。

2 民衆による権力の直接掌握

プロレタリアート独裁の考え方によれば、リベラル・デモクラシーは「偽物のデモクラシー」「強者が弱者を抑圧する自由しかない体制」だとされ、「ブルジョワ・デモクラシー」とよばれる。それは、「ブルジョワ・デモクラシー」では、財産をもたない下層の民衆にとって政治参加の権利は名目的なものにすぎず、生産手段を所有する資本家階級が多数の労働者を支配する体制にすぎないと考えるためである。

それでは、財産をもたないプロレタリアートに対して政治参加の権利を実質的に保障するためにはどうすればよいか。プロレタリアート独裁の立場に立つと、その答えは「ソビエト制」にある。「ソビエト」はロシア語で「会議」を指す言葉だが、プロレタリアート独裁の社会では、労働者が選出する代議員によって構成される評議会をいう。

ソビエトがリベラル・デモクラシーでいう議会とまったく異なっている点は、ソビエトの代議員が「命令委任」の原理に従って行動することである。議会における議員はいったん当選すれば、支持者の意思とは独立に国民全体の利益を掲げて行動する。しかし命令委任の下では代議員は自分を選出した住民の意思を忠実に実行することを求められる。

つまり、ソビエトの場で代議員が議案に賛成するか、反対するかについては、代議員の判断は許されず、住民の意思に従って態度を決めなければならない。代議員は住民の意思をソビエトに伝達するメッセンジャーなのであり、ソビエト制は形態としては議会制＝代議制に似ているものの、実質的には直接民主制に近いのである。

また、ソビエトは単なる立法機関ではなく、「権力機関」である。住民の意思を最大限に政治に反映させるため、ソビエトは国家のあらゆる活動を統制する。権力分立は存在しない。これを民主主義的中央集権制（民主集中制）とよぶ。

3　前衛党の役割

しかし、ソビエト制がバラバラな住民の意思をそのまま政治の場に持ち込もうとすると、社会に存在する意見の対立もそのまま反映されてしまい、それを調整することが誰にもできなくなってしまう。

そこで、実際にはプロレタリアートの利益を掌握する前衛党＝共産党が、個々の代議員の行動を統制する。プロレタリアート独裁の下では、複数政党を実質的に認めない。前衛党が労働者の利益を理解しているのだから、それに反対する勢力は不必要で、有害だとされるからである。

したがって、権力が集中するソビエトの運営は前衛党の意のままになる。前衛党の党内組織も民主集中制の原理によって動かされるため、前衛党の一握りの執行部が党と国家の運営を全面的に握ることになる。

プロレタリアート独裁は、住民の意思を直接政治に反映させることを狙う点で、広い意味でのデモクラシーの流れの一部といえる。しかし、そこには個人の自由の保障という考え方はない。また、実際の政治運営は前衛党がすべて取り仕切るが、前衛党が誤った判断を下した場合、それを是正する仕組みは存在しない。

プロレタリアート独裁体制が実質的に共産党独裁、共産党の頂点に立つ個人（書記長、総書記）の独裁に転化していったことは、このような仕組みが必然的にもたらす結果なのである。

（永山博之）

5 指導者競争民主主義

指導者競争民主主義という新しい理論は、経済学者のシュンペーターが『資本主義・社会主義・民主主義』で展開したものである。

民主主義はそれ自体で一つの目的をなす価値や理想ではなく、政治的決定に至るための方法である、とする立場から、従来の理論を徹底的に批判し、新しい理論を提示したものである。

1 古典的民主主義学説

シュンペーターは、その民主主義論を展開するにあたり、まず、それまでの古典的民主主義学説を取り上げその非現実性を批判している。

古典的民主主義学説においては、人民自らが政治についてよく考え、行動するものとされていた。人民の意志を具体化するために代表を選ぶものの、人民自らが問題の決定を行い、それを代表に託して公益を実現する、とされていた。

だが、シュンペーターは、すべての人々が一致するような「公益」は存在しない、とする。個々の問題について個々人や集団の間で共通の解答は得られない。これらの結論として公益を前提とする一般意思、という概念も成り立たなくなる。

こうした概念は、それを認めれば、民主主義を最上のものとするが、そうでない場合、「現実感」のない前提ということになる。政治上の大問題も直接的にかかわりのない平均的な市民にとって重大なものではない。一般的な市民には、責任感の低下や意思の欠如といった問題もある。

しかし、現実には古典的民主主義の理論がなおも生き残っており、彼はその理由として、民主主義の学説が宗教的信条と結びついていること、国々の歴史の発展と結びついていることなどをあげている。

2 指導者競争民主主義

シュンペーターが、古典的民主主義学説に対比して提示するのは、指導者競争民主主義である。この学説においては人民の役割は政府をつくること、あるいは政府をつくる議会などの中間体を選挙によってつくること、にあるとされる。

直接に「政府をつくる」例としてはアメリカをあげ、「政府をつくる中間体をつくる」代表例としてはイギリスの議会制民主主義をあげている。議会制民主主義を例に取ると、人民の役割は議会の代表を選挙により選出することであり、問題の決定は、指導者が行うのである。この指導者たちは選挙民の票を得るために絶えざる競争を行う。これがシュンペーターの考える民主主義である。

このように民主主義をとらえる時には、大多数の意志を人民の意志と同一視する必要はないし、現実の政治的決定を分析する際に、公益に当てはめるのではなく、権力などを獲得するための闘争という視点から、分析することが可能となる。

ここには、経済学者らしい発想がみられる。自由市場において消費者は自由競争のなかで結局はニーズに合った商品をより安価に入手できている。同じようなシステムを政治システムにおいてつくればよいのであり、政治においても必要なのは、競争の激しい「市場」、すなわち厳しい選挙だということになる。

3　指導者競争民主主義の課題

しかし、選挙民の歓心を得るための迎合や政策の歪みといった問題も存在する。それに対する答えとしては、候補者をはじめとし、政治にかかわる者が十分な能力と道徳的品性とを兼ね備えた高い資質をもつこと、厳しい淘汰を経て、政治に従事する社会階層の存在、義務観念をもった訓練された官僚が必要とされている。そして、これらの人々は悪に惑わされない知性と道徳性をもたねばならないとする。

シュンペーターは、理念的には支持しうるとする古典的民主主義学説を、現実に合致しないものとしてこれを排した。より現実を説明することができ、現実を変革しうる学説を模索した。民主主義を道徳と結びつけるのではなく、選挙という市場における指導者の競争こそ重要であるとする民主主義モデルを提示したのである。

（川口英俊）

6 参加民主主義

1 参加と参加民主主義

民主主義が論議されるとき、とりわけ一般国民による政治「参加」が強調されて「参加民主主義」という言葉が用いられることがある。その用法は論者によってまちまちだが、通例は「政治的意思決定への直接総参加の動向を支える理念」を総称して、この言葉は使われる。この種の理念は少なからず「代表制民主主義」に対置されて語られるが、その内実は次の三種に大別されるといっていい。第一に、代表制民主主義を補完して活性化させるため、一般国民の政治に関する情報や関心・発言のなお一層の増大を訴えるもの、また第二に、統治行為への批判や参画の絶えざる発酵を受け入れる参加経路拡大のための改革を提唱するもの、第三に、一般国民に統治者の役割を事実上演じさせ、究極的には両者の区別の廃絶を志向するきわめて急進的なもの、この三種である。

留意しなければならないが、政治への参加が一般に「公職者選出や統治行為に影響を及ぼす活動」として定義できるとするならば、「参加民主主義」は「参加政治」と同一視して考えられるべきではない。現行の代議政体も、定期的に実施される選挙への投票参加を基本とし、そのほかいくつかの参加形態（リコール、イニシアティブ、レファレンダムなどの制度的参加や、圧力団体活動などの非制度的参加）が付加されて運用されているからである。参加民主主義の要諦は、こうした代表制民主主義が実態として機能不全に陥って国民の選好を十全に汲み上げえないでいることへの不満であり、この不満にもとづいた積極的な直接参加の促進・唱導にほかならない。

2 参加唱導の正当化根拠

参加唱導の背後には、市民運動や住民パワーという流行語から連想される「人民の権力もしくは支配」という古代ギリシア的理念への憧憬が伏在する。ことに急進的な参加論者に従えば、代表制を基軸とする間接民主政治では、統治者と被治者との政治的分業が当然視され、政治的なものは議会的なものと同一視される傾向にある。「人民の権力」は国民主権という建前と定期的な投票参加とに矮小化されがちであり、自ら直接に参加していない決定を受け入れる国民は常にリスクにさらされる。

それゆえ彼らは、理性的で情報通の参加意欲旺盛な「市民」像を提示して、全「市民」が自己の生活を左右しかねない政策決定に平等に参加する機会を極大化することこそ、真に民主主義的な状況だと主張する。平等参加の機会を得てこそ、圧政を効果的に防御でき、自己利益の促進を円滑に図れるからである。また、政治に直接参加して他者と意思疎通する能力を身につけてこそ、各人の視野は拡大し、知性が磨かれ、人格が陶冶されるからでもある。

こうして初めて、民主主義にふさわしい共同体意識が育まれ強化されると期待する。全国に散在する無数の「市民」集会と行政中枢機関との間に理念と権力が流れ合い、民衆協議に即応した統治業務が確保される総参加状況が夢想されるのは、こういう理由からである。

3　参加民主主義の限界

「投票参加に甘んじず全面参加を！」という唱導はきわめて魅力があるとはいえ、しかしそこには陥穽もある。

第一に、政治参加には時間や労力などのコストがかかる。それゆえ人々は、参加による便益が参加コストを凌ぐ可能性を知覚しない限り、概して参加の誘因を受けつけない。投票以外の政治参加は、コストを応分に負担できる比較的恵まれた階層に偏りがちなのである。

第二に、政治参加が実際には、一部の活動家がもくろむ方向に動員されているにすぎず、単に絡め込まれていることを指すだけの場合もある。こうした参加の幻想は、喝采にもとづいた大衆操作や扇動の格好の手段になりかねない。「参加」と「同意」が多いほど、社会は民主主義的になるとの見方はあまりにも皮相で浅薄である。

いかにも「無関心」層が政治に対し、より一層の関心を寄せ、適切な情報に通じるようになることは望ましい。だが、「参加民主主義」が「代表制民主主義」に敵対するものとみなされて政治的分業が否定されるとするならば、参加論者の本来の期待は確実に裏切られる。ミノーグが指摘するように、語源的民主主義つまり「人民の権力もしくは支配」の難点は「無責任」にあるからである。政治家は解雇できるが、「人民」は解雇できない。「人民」はこの意味で「無責任」なのである。

（大木啓介）

7 多数決型・合意型民主制

1 多極共存型民主制モデル

オランダ出身の政治学者レイプハルトは『多元社会のデモクラシー』で、オランダ、ベルギー、スイスなど欧州中小諸国が、国内に民族、宗教、言語などを異にする複数の集団を抱えながら、安定的に民主制を維持してきた点に注目、そこにイギリスに代表される類型とは異なる民主制モデルを見いだし、「多極共存型民主制」と名付けた。

その特徴は四つある。①民族、宗教、言語の各集団に高度の自律性を認める「各セクションの自律性」。②多数決では固定的少数派となりかねない集団を救済するため、少数派の拒否権を認め、全会一致に近い運営をする「相互拒否権」。③エリート間の協調を尊重すべく、政権与党に多くの党を取り込む「大連合」。④役職や議員を幅広く各集団から出す「比例制原理」。選挙制度には比例代表制を採用する。

こうした国々では、これら四特性からなる慣行を通じ、国内の分裂や内戦を回避し、民主制の安定化に努め、それに概ね成功してきたとしたのである。

2 多数決型民主制・合意型民主制モデル

レイプハルトはその後、『民主主義対民主主義』などでこの概念を発展させ、「多数決型 vs 合意型民主制」のモデルとして提起した。多極共存に近いものを「合意型民主制」とし、これをイギリスに代表される「多数決型民主制」に対置して、民主制諸国の包括的な比較の枠組みとした。

多数決型民主制は、多数派の意思が効率的に実現されることに力点置かれ、政治が運営される民主制である。対して合意型民主制は、国内の様々な勢力の間での合意形成に力点が置かれる民主制である。前者の典型国がイギリス、後者の典型国が先の多極共存型民主制であるスイスとなる。

多数決型民主制では、小選挙区制のような多数代表制の選挙制度の下、二大政党を中心に競争がなされる。勝利した政党が、議院内閣制下、通常単独政権で執政部と議会をコントロールする。政治権力はそこに集中し、国民の「多数派」の支持の下、首相と政権党が強力に政策を実施する。野党の影響力は限定的だが、固定的少数派とは考えられず、次の総選挙での政権奪回を期する。

議会は一院制となる。両院制の場合も実質は一院制に近く、第一院の決定が第二院にブロックされることは、ほぼない。さらに、中央政府が広範囲の決定権を有する単一政府制下、首相と政権党は、広い範囲での強い権限と責任を得て、総選挙での公約（政権公約）を実現する。

それに対して合意型民主制では、比例代表制の選挙制度の下、通常多党制となる。多党制では連立政権が一般的となるが、しばしば過半数の確保にとどまらず、大連立政権が志向される。当然ながら、政権運営で連立政党間の協議・妥協が要請される。

大統領であれ首相であれ、執政部トップの影響力は限定的で、権限の範囲も限られている。連立を構成する政党間で妥協を強いられるだけでなく、第一院と権限の強い第二院の多数派が異なる「両院のねじれ」や、執政部を構成する党派と議会の多数勢力が異なる「分割政府」もしばしば生じ、その場合は一段と妥協的な政権運営が必要となる。

また、中央政府に対し、州などが基本的権限をもつ連邦制の下、中央政府の決定権の範囲は限定的である。そして、強力な憲法裁判所が置かれるなど、司法部も相対的に強い独立性をもつ。その場合、司法部が執政長官や政権党へのブレーキ役となるケースが増える。

このように、合意型民主制では、連立政党、第二院、州政府、司法部など多くの「拒否権集団」が存在し、結果、政治権力集団間で「妥協・合意」が求められる。政治権力が相対的に集中する多数決型民主制に対し、合意型は政治権力が分散し、分権的な民主制であるといえる。

レイプハルトは、この二つを対極的モデルとし、民主制諸国がその間のどこかに位置づけられるとした（本章サブテーマ参照）。なお、集権的でリーダーシップを重視する多数決型と、分権的で妥協を重視する合意型で、どちらがより「望ましい」民主制かは、論者のイデオロギー（理念）スタンスによって評価が対立する。また、それはその政体が置かれた時代と状況によっても異なるといえよう。

（富崎　隆）

サブ・テーマ　9

多数決型・合意型による比較

同じ民主制といっても議院内閣制と大統領制、選挙制度、一院制と二院制など、当然多様である。レイプハルトの「多数決型・合意型民主制」モデルは、そういった民主制各国の包括的比較を可能とする（図表3参照）。

そして彼は、現存する民主制各国の実証データから、モデルの各要素を、(1)政府・政党次元と、(2)連邦制次元の二次元に集約し、どの程度政治リーダー（首相や大統領）と政権党に集権化がなされるか、そしてそれがどの部門においてなされているかによって、各国の包括的実証比較が可能であることを示した。

具体的には、例えばイギリスは両次元で多数決型（集権）的であり、多極共存型民主制の典型国スイスは両次元で合意型（分権）的となる。一方、アメリカやオーストラリアは、政府・政党次元では小選挙区制・二大政党制など多数決型（集権）的であり、連邦制次元で二院制・連邦制など合意型（分権）的特徴がある。反対に北欧諸国は政府・政党次元で比例代表制・多党制など合意型（分権）的だが、連邦制次元では一院制・単一政府制など多数決型（集権）的特徴をもつ。

それでは、このような政治体制の違いはなぜ生じるのであろうか。レイプハルトおよびその後の研究で、おおむね以下の要素が系統的影響を与えていると分析されている。①その国の社会の（人種・宗教・言語的）分裂度が高いほど合意型に傾斜する。②国の広さが大きいほど連邦制次元で合意型に傾斜する。③イギリスの文化的遺産をもつ国において政府・政党次元で多数決型に傾斜する。

レイプハルトの民主制モデルの長所は、第一に、理論モデルとして、民主制における「政治権力の集中度」という政治の最も原理的な面からの議論を可能としている点、第二に、構成する制度が幅広く、結果として各国の民主制をかなり包括的に比較できる点にあるといえよう。

図表3　「多数決型民主制」と「合意型民主制」の特性

		多数決型民主制	合意型民主制
政府・政党次元	執政部	単独過半数内閣	連立内閣
	執政部・議会関係	執政部の優越	執政部・議会の対抗
	政党制	二大政党制	多党制
	選挙制度	多数代表（小選挙区）制	比例代表制
	利益媒介制度	利益集団多元主義	コーポラティズム
連邦制次元	中央・地方関係	単一政府制・中央集権	連邦制・地方分権
	議会	一院制	二院制
	憲法	軟性憲法	硬性憲法
	違憲審査制	無	有
	中央銀行	政府に依存	政府から独立

（富崎　隆）

サブ・テーマ 10

マクファーソンの自由民主政モデル

マクファーソンは、一九世紀このかた論じられてきた自由民主政の考えは、歴史的に順に、三つのモデルに集約されるとし、その上で第四のモデル「参加型民主政」を構想している。

これは人間と社会に関する諸前提の論理的関係を精査したもので、学問的営為と見なしうるが、一面では彼の好む「社会主義」の擁護論とも受け取れる。

各モデルでは「市場的自由―強者が市場の論理に従って弱者を打ち負かす自由」と「自己発展的自由―自己の能力を発揮し発展させる平等な実効的自由」とがどうとらえられているか、また各モデルは先行モデルを部分的に拒否したり吸収したりしていかに展開されているかが、分析視点になっている。

「防御型民主政」と名づけられている第一のモデルとして、ベンサムとJ・S・ミルが取り上げられるのは、既存の自由主義政体のなかで民主的選挙権を提唱したからである。各人は自己の欲求を無制限に極大化しようと競い合うので、各人は政府の執行する法律によって他者から保護されねばならず、政府による専断的な権力行使も回避される必要がある。このモデルを防御型というのは、各市民は他の市民からだけでなく、統治者の圧政からも保護される在り方として提示されていたからである。

第二のモデル「発展型民主政」は、マクファーソンは、J・S・ミルやその継承者によって提示されたとする。それは、個人の自己発展を促進する手段として民主主義を考えている点で、先行モデルから区別される。しかし、このモデルは資本主義的な階級分割社会の根底をなす諸前提を少なからず受け容れており、それゆえに真に平等主義的な民主政モデルにはなり損ねたと、評価されている。

シュンペーターに始まる第三の「均衡型民主政」モデルでは、発展型モデルの非現実性を批判し、民主主義の要諦を、政府に影響を与えようと試みる多元的エリート間の競争に求める。道徳的観念としての民主主義はここではまったく問題外とされ、一般市民の役割は選挙時に政治家を選出することに限定される。マクファーソンはこの点を均衡型モデルの道徳的弱点と考えている。

第四の「参加型民主政」モデルでは、人々は、全員が自己の生活を左右するすべての決定作成に直接かつ平等に熱心に参加する、とされている。

これが実現可能な構想かはさておき、ともかくもマクファーソンに従えば、自主管理型職場組織などに補完され直接民主制と間接民主制とを混合した「ピラミッド状の体制」に「競争的政党制」を織り込んだ総参加型社会へと移行してこそ、「市場的想定の格下げと自己発展への平等な権利の格上げ」をともに図ることが可能になるとされている。

（大木啓介）

サブ・テーマ　11

熟議民主主義

第二次世界大戦後の民主主義理論の中心は、長らくシュンペーターに代表されるような「自己利益のみに基づいた民主主義理論」に置かれていた。そこでは、人々は、自分の利益が何であるかを予め確定しており、それを、代表者の選出や利益集団の形成、インフォーマルなロビー活動などを通じて追求するものと考えられた。民主主義とは、人々の対立する利益追求を調停する役割を果たすものとされていたのである。

しかし、一九七〇年代に入ると、このような民主主義理解に対して批判的な見方が登場してくる。例えば、ロウィは、有力な利益集団の諸要求の調停結果が、公共の利益として定義されているようなあり方を「利益集団自由主義」と呼び、それが政治を単に私的利益を実現するための活動としてしか見ていない点を批判したのであった。

こうした批判を継承しながら、一九八〇年代の終わり頃から、ハーバーマスやコーエンらを中心に活発に論じられるようになってきたのが、熟議民主主義である。熟議民主主義が登場してきた背景としては、次のような時代の変化を指摘しておくことができる。

第一に、オイルショックをさかいに先進国が低成長期に入り、それまでのような経済成長の利益の分配を中心とする政治のあり方が維持しえなくなったことである。そして、第二に、環境問題に代表されるような価値をめぐる対立――利益をめぐる対立ではなく――が政治的にも重要な争点となってきたことである。

では、熟議民主主義の特徴はどこにあるのだろうか。先に見たように、従来の民主主義理論においては、各人はすでに決まった政策の選択肢に対する選好をもっており、それをそのまま、様々な政治過程を通じて実現しようとするものと想定されていた。熟議民主主義が問い直そうとしているのは、まさにこの想定なのである。熟議民主主義は、人々が他者とともに熟慮し議論するプロセスを経ることで、他者の観点を取り入れて、自分の狭い視野を反省し直し、自己利益ではなく、共通善を志向するように変わっていく可能性に期待しようとしているのである。これは、あまりにも楽天的な期待に思えるかもしれない。しかし、必ずしもそうではない。実際、フィシュキンの行った「討論型世論調査」と呼ばれる社会実験では、「たった一日でも真剣に論じ合えば、一般市民の知識が向上し、その選好に大きな変化が見られるという劇的な効果」があることが実証的に確認されている。また、熟議のプロセスでは、参加者は、単なる自己利益の主張ではなく、誰もが受け入れ可能な理由を挙げて、自分の意見を正当化することが求められる点も重要である。そうすることによって、力関係ではなく、理性的な合意に基づいた選好の変容が生じることになる。

こうして、熟議民主主義は、民主主義の果たすべき役割を、「利益の調整」から「理由の検討」へと置き換えようとしているのである。

（有賀　誠）

コラム 1

政治学での要注意の英単語 ①

政治学関連の要注意の英単語をいくつか紹介しておこう。いずれも基本的なものだが、気づかないでいると、間違いかねない単語である。

democracies

デモクラシーの複数形で、「諸」民主主義の意味かと思うかもしれないが、多いのは民主制を採用している国という意味で、「民主諸国」でよい。欧米だと、（旧共産圏諸国に対して）西側自由主義の国を単に「デモクラシーズ」と呼んだ。権威ある出版社から出ている邦訳書に『近代民主政治』という書籍があるが、その原題は、「Modern Democracies」であり、内容は民主諸国の比較だから、ズバリ『近代民主諸国』がよかろう。

people

誤訳というのではないが、紋切り型に「人民」だけでは困るのが「ピープル」だ。それこそ「people's democracies」は「人民民主主義諸国」で（旧）東欧諸国の自称だったから、「人民」でも正しい場合があるが、それと対極的な用法まで「人民」で通すのは、どうか？

例えば、アメリカ大統領リンカーンの言葉は、人民民主制を推奨しているのではないのだから、「国民の、国民による、国民のための政治」で良いのではないか。英英辞典には the のついた people は「主権を有する人々」とあるから、国民主権でいう「国民」でよかろう。

もちろん「人民」も、左翼的な意味合いばかりではないから、断定的なことは言い難いが、「人々」「民衆」など、文脈を考えて使うのが良い場合もある。

parliamentary system

対比的な言葉が近くに出てくる場合は間違えないだろうが、そうでない時にはエライ先生方も間違いかねないのが、この単語。大統領制との対比の場合は、「議院内閣制」と訳してほしい。「議会制」などでは曖昧だし、「代議制民主主義」では誤訳となる場合がある。

liberalism

国により意味がかなり違う言葉は少なくないが、さしずめこの言葉など困ってしまうほど、多義的だ。西欧では、今も中道的なニュアンスで使われるから、日本語では「自由主義」として良い場合が多い。しかし、アメリカでは「左派」を指す言葉に限られるので、主に政府の経済介入を認める立場で使われており、「リベラリズム」などとカタカナ書きで区別される傾向がある。

そのように米語の文脈では、リベラルは「進歩的」といったほどの意味で使われるので、そのまま「リベラル」と書き、自由主義的とか、自由主義者としない方がよい場合が多い。政府の経済介入を制限する立場は、別に「ネオ・リベラル」とも呼ばれる。

constitution

ふつう、「憲法」と訳すことが多いが、この語は、法規である「憲法典」を指す場合と、統治機構の構成、統治機構の各部(例：立法部、行政部、司法部)の間、各部内の諸機関の関係などの「国のしくみ」を指す場合がある。憲法典の意味であれば憲法と訳してよいが、国のしくみの意味であれば、国体、政体、または、政治体制などの訳語を採るべきである。

（加藤秀治郎・永山博之）

第5章　国家

1　近代国家

1　近代国家の基本原理

近世ヨーロッパに誕生した絶対主義国家では、ボダンの主権論の影響の下、絶対君主を頂点とする君主主権が確立した。絶対君主制の下では、君主が徴税権と常備軍を一元的にもつ中央集権国家が築かれた。その後、近代市民革命を経て、立憲主義、国民主権、権力分立制を基本原理とする近代市民国家が成立した。

2　立憲主義

絶対主義国家における専制的支配に対して、近代市民国家は立憲主義を憲法原理として採用し、国民に人権保障をすることを、国家設立の目的とした。そのために国家権力を制限する手段として、権力分立制が採用された。

立憲主義の考え方には、英米法系諸国の「法の支配」と、ドイツ・フランスなど大陸法系諸国の「法治主義」とがある。

3　法の支配

政治権力の専断的行使を認める「人の支配」に対して、国民の権利・自由を保障するために、「正義の法」である自然法によって、あらゆる国家権力を拘束する原理が「法の支配」である。

この原理は、イギリスでは中世以来の裁判所の判例によって認められてきた慣習法である「コモン・ロー」の優位を説く法優位の思想を淵源（えんげん）とする。「国王といえども神と法の下に従わなければならない」というブラクトンの言葉は、一七世紀に絶対王政を批判した裁判官エドワード・コークによって引用され、名誉革命の進展にとって重要な原動力となった。

法の支配はアメリカでは、政治権力を制限するという点では、より徹底した形で進展した。憲法を国法秩序の最高法規とし、立法権・行政権の行使が憲法に基づいて行われているかどうかを、裁判所がチェックする違憲立法審査制が、一八〇三年の連邦最高裁判所の判決で確立した。

4　法治主義

一九世紀のドイツ・フランスなどの大陸法系諸国では、議会が制定する法律によって行政権や司法権を拘束し、国民の権利を保障しようという「法治主義」の考え方が出現した。ドイツでは当初、自由主義的な法治国家論が、立憲君主制の下で唱えられた。

しかし、一九世紀後半以降、「悪法も法である」といった法実証主義が支配的となったことから、法治国家論はその内容を、国民の権利が保障されているかどうかという実質よりも、形式が問題とされる「形式的法治国家論」へと変質していった。国家目的を法律に従って実現する手続として、「法律による行政」が行われているかどうかということが重視されたのである。このため、法律をもってすれば権利の制限はいくらでも可能であることになり、ナチス・ドイツによる人権侵害を正当化する根拠を与えることになった。

そこで、第二次世界大戦後のドイツでは、憲法の最高法規性を認め、法律の内容の適正が求められ、それを担保する制度として違憲審査制を導入するなど「実質的法治国家論」へと転換し、英米法の「法の支配」とかなり近いものとなった。

5　国民主権

近代市民国家は、絶対主義国家の下での君主主権原理を否定し、国民が憲法制定権力を有するというシェイエス流の国民主権原理を基礎に成立した。しかし、市民革命期の近代憲法においては、国民主権原理の下で制限選挙制が採用され、選挙権の付与は一定の納税額を満たした男子のみに限られるなど、実際に国民の政治参加はかなり限定されたものであった。

参政権拡大運動の結果、まず男子のみの普通選挙制が確立し、次いで男女普通選挙制が実現した。国民主権が名実ともにその内容を整えるのは、一九世紀後半から二〇世紀前半にかけてのことであった。

（青柳卓弥）

2 国家の起源についての学説

国家というものは、西洋においては古代国家、ギリシアにおける都市国家などが確認されている。しかし、国家の起源が何であるかは、確定することが困難であり、そこに諸学説が対立する一つの契機がある。

1 家族説

家族説は族父権説(ぞくふけん)ともいわれる。国家の起源を家族にあるとし、家族における家父長の支配権が発達することにより、国家の統治権となったとみる説である。例えば、アリストテレスは、家族の最長老の男子による支配が君主制の原始形態であるとみていた。この説では、婚姻の最初の形式が父系制であったか母系制であったかのとらえ方などにより分かれるが、基本的には家父長権(かふちょうけん)の発達によって国家が発生したとみる。

2 征服説

グンプロヴィッツなどは、征服者が政治的支配者として被支配者から利益を受ける関係を強制的に維持する組織として国家が発生したとみる。例えば人種間の闘争と一方による他方の征服の結果、国家が成立したとする。

3 搾取説

エンゲルスは、貴族などの特権階級が下層階級を搾取(さくしゅ)し、奴隷労働により余剰物資を生産するという経済関係から国家が発生したとみる。そして、マルクス主義においては、社会主義革命によって階級による支配がなくなったときに国家は死滅する、とされている。

先に挙げたグンプロヴィッツは、優勢な支配者が国家をつくったとする実力説も主張しているが、彼やそれと同様の主張をしたモルガンに着想を得て、マルクス、エンゲルスは、この搾取説を唱えたとみることもできる。その場合、搾取説はこの流れにつながっているともいえる。

4 王権神授説

王権神授説においては、神が政治権力の担い手として君主を選び、神聖な支配権と権威を与えたとする。

この学説以前は、君主は教会を経て権威を付与されるとされていた。フィルマーは、家父長権は神によって与えられ、神によって最初に創造されたアダムの直系がすべてに対する支配権を有するとした。王権神授説は、直接に神から権威を与えられた君主の意志に反することは神に反することである、として王権強化を理論的に支える役割を担った。

5　社会契約説

社会契約説においては、国家の起源は、その構成員が結ぶ社会契約という仮説にあるとする。まず人々が社会を構成する以前の自然状態を仮定し、人々がその権利の保障を求めて社会契約を結ぶ。人々がその権利をどの程度まで国家に委譲するか、委譲された国家が契約に違反した場合、どの程度まで抵抗が認められるか、といった点は論者によって相違がみられる。

社会契約説は、国家や権力者が権力をもつことの正当性や、どこまでがその権力の限界なのかなどを合理的に説明することによって、近代民主主義の思想的基盤となった（社会契約説のホッブズ、ロック、ルソーの論については、第2章「政治思想」3を参照）。

6　国家の起源に関する諸学説について

以上、みてきたように国家の起源に関する諸学説は、歴史的説明をその目的とするものや、国家の正当化をその目的とするもの、国家に対する国民の権利を主張することなどを目的とするもの、などに分かれる。

これらのなかで現代において最も力をもつ学説が、必ずしも事実に基づかない社会契約説であるということは興味深い。それは、社会契約説が、近代民主主義に基づく国家の理論的基盤として優れているためと考えられる。

国家の起源を論じることは、単に歴史を説明するにとどまらず、国家の本質とも大きく関係している。それは広い意味では、歴史的説明としての学説にもあてはまる。国家がどのようにして生まれたか、その目的は何であったかが確定されれば、自ずから国家の権力の限界も設定されてくるからである。

（川口英俊）

3 行政国家化現象

1　近代国家から現代国家へ

第一次大戦後、大恐慌による失業問題に直面した各国政府は、各種社会問題の解決を図るために、市民生活や市場経済へ深く介入するようになっていった。その結果、自由放任主義的な国家観や、政府の役割はできるだけ限定的な方が良いとした従来の考え方に修正が施された。

二〇世紀以降、国民に対する行政サービスが多岐にわたると、行政を中心とした政府の規模は拡大し、その権限は次第に強化されていった。いわゆる「行政国家化現象」の出現である。近代から現代にかけての、このような変化を消極国家から積極国家への移行とよぶ。

(1) 夜警国家と立法国家

消極国家観の下では、市民活動の自由と安全の確保に重きがおかれ、政府は、国防や治安維持といった最小限の機能のみを担うべきだとされた。あたかも、警察官による夜の巡回のように、単に政府は、外敵の侵入を防ぐだけで良いとされたのである。政府への不信感を前提とした、このような国家を「夜警国家」とよぶ。

夜警国家の典型例は、資本主義を発達させた一九世紀のイギリスである。また、同様の国家観は、市民革命ののち、立憲民主制あるいは近代民主制へと政治体制を移行させていた欧州大陸諸国にも広く受け入れられていった。

そこでは、近代市民社会に移行する以前の絶対王制の下、市民の自由や権利に弾圧を加えた国家権力が、必要悪だとみなされていたのである。独立革命を経験した米国でも、「安上がりの政府（チープ・ガバメント）」こそが理想の国家像とされ、政府を維持する経費は安ければ安いほど良いとされた。

近代国家の下では、このような国家観により、政府による経済・社会への介入が抑制かつ限定的なものとなり、立憲主義が想定した市民代表からなる議会主導の政治運営が可能となった。夜警国家観の下、「立法国家」の時代がもたらされたのである。

(2) 福祉国家

二〇世紀に入り、産業化の進展とともに国民の所得格差が拡大すると、近代社会には存在しなかったさまざまな社会集団が形成され、市民生活の全般にわたって階級対立がみられるようになった。このような状況の下、政府には、国民階層間の利害対立を解消するために、より積極的な役割を果たすことが求められてゆく。さらに、恐慌による失業問題が社会的混乱に拍車をかけると、国家は、雇用維持や社会保障などの政策的措置を講じて、国民福祉の維持・増進に努めるべきだとする新たな国家観が台頭した。「福祉国家」の出現である。

福祉国家登場の背景には、普通選挙権の実現により新たに有権者となった国民大衆の存在や、その支持獲得のため、社会・労働政策などのより一層の拡充を掲げる政党政治の大衆化といった現象（マス・デモクラシーの制度化）があった。やがて、「ゆりかごから墓場まで」といわれるように、各種行政サービスが国民に提供されると、政府規模は拡大の一途をとげ、それまでの「チープ・ガバメント」は「大きな政府（ビッグ・ガバメント）」へと変貌していった。

2　行政国家の台頭と議会政治の危機

福祉国家の下では、生活保護、医療、公衆衛生、教育、住宅といった幅広い分野で対策が講じられたが、これらの社会問題の解決には、専門的知識と高度な技術が必要とされた。国民代表からなる議会は、総合的な判断能力が求められる反面、職能に応じて特定の政策領域に特化した省庁などの行政機関に、個別領域の知識や経験で劣るようになっていった。このため、二〇世紀以降の政府活動領域の拡大は、行政権を担う官僚機構の役割が強化されるとともに、議会の地位の低下という事態を招いた。

行政国家においては、政策立案や立法、予算執行といった重要な政府作用は、議員ではなく官僚が独占的に担っているとの見方もある。また、複雑な政策課題を解決するためには、議会は、立法権限の一部を行政に委任せざるをえず、本来の立法府の機能が、行政によって行使されているとの指摘もある。イギリスの政治学者ラスキは、行政国家化が引き起こすこのような状態により、市民の自由や権利が行政によって統制され、憲法が定める権力分立制や法の支配の観点から、議会政治の原則が危機にさらされているとした。

（青木一益）

第6章 議会

1 身分制議会から近代議会へ

1 身分制議会の誕生

議会政治の発展は近代以降のことであるが、議会の制度そのものはそれ以前から存在していた。かつて西欧諸国では宮廷顧問会が存在していたが、一三世紀から一七世紀にかけて、これは次第に身分制議会（等族会議）へとして変貌していくこととなる。

身分制議会の代表例は、いうまでもなくフランスの三部会である。三部会は、僧侶、貴族、平民といった身分の代表者から構成されており、国王に対して自らの利害を代表する役割を果たしていた。

また、イギリスでは、のちに貴族院（上院）・庶民院（下院）となる等族会議が存在していた。貴族院は高級貴族や僧侶の代表、庶民院は下級貴族と市民の代表から構成されていた。

身分制議会は近代議会の前身ではあるものの、近代以降の議会とはかなり性格が異なるものであった。例えば身分制議会における議員は、各身分や地域社会を代表する単なる「代理人」にすぎなかった。代表は選出母体からその権限をこと細かに規定され、議員が独自の判断で行動することは難しかった。このような選出母体の議員に対する委任形態を命令委任という。

近代議会においては、代表は個々の有権者の指示に従うのではなく、国民全体の代表として政治的に完全な自由を保障されることとなる。そしてその行動の結果に対しては、ただ次の選挙によってのみ政治責任が問われることになったのである。

これが代表委任とよばれるものである。フランス革命に際し、国民議会が命令委任廃止の宣言をしたことは、近代議会の成立によって、議会の性格が大きく変わったことを示している。

また、身分制議会そのものの役割も、近代以降の議会とは異なり、きわめて限られたものであった。議会の歴史が、課税同意権の確立から始まったことからも明らかなように、当初、議会の役割は国王による新税の要求を認めるかどうかを議論するものであった。

身分制議会が、この権限の獲得、拡大を通じ、国王の権力に一定の歯止めをかけたのは確かである。しかし、それは国王の諮問機関的な役割を果たすにとどまり、国家の意思を主体的に決定する機関とはなっていなかったのである。

２　近代議会の成立

産業の発展とともに、市民階級の発言力は増していく。次第に国王との対立が激しくなり、やがてこうした階層の人々によって市民革命がもたらされることとなる。革命を通じ、主権者は国王から国民へと変わっていく。ここに身分制議会が近代議会へと転換していく条件が整うことになる。

もっとも、近代議会の成立は、国によってかなり状況が異なる。フランスでは、僧侶、貴族、平民からなる三部会が存在していたが、革命によりこれら身分を代表する会議は解体され、代わって国民議会という一院制の議会が成立することとなった。

一方、イギリスでは貴族院、庶民院からなる、今日の二院制の原型となる身分制議会が存在していた。イギリスでは、貴族院を廃止するのではなく、この権限を弱めつつ、逆に庶民院の権限を強化することで近代議会への転換を図ってきたのである。

フランスは、三部会の解体を図ることで近代議会を成立させたという点で、その改革は急進的なものであった。それに対し、イギリスでは貴族院と庶民院という身分制議会の原型を残したという点で、その改革は漸進的なものであったのである。

（水戸克典）

2　議会政治の諸原則

1　議会政治の諸原則

民主主義には、国民自ら政治を行う直接民主主義と、国民から選ばれた代表が議会で政治を行う間接民主主義（代議制民主主義）とがある。現代の民主主義は、スイスの地方レベルで直接民主制が採用されていることを除けば、議会を中心に政治が行われる間接民主制が一般的な形態である。

このような議会政治が機能するためには、いくつかの条件が満たされなくてはならない。

第一は、国民代表の原則である。身分制議会の時代には、議員は各身分や地域社会の代理人にすぎなかった。このような委任形態を命令委任という。議員の権限がこと細かに規定され、その行動が選出母体から拘束されているような状況では、議院は独立性を保持できない。そこで議員は選出母体の指示に従うのではなく、国民全体の代表として行動することが求められるようになる。これを国民代表（代表委任）の原則という。そうした観点の下、バークはブリストルの選挙民に対する演説で「議員は個々の選挙区の利益代弁者ではなく、全国民のためにある議会の議員である」と述べ、国民代表の観念を提唱した。また、フランス革命に際し国民議会は人権宣言とともに命令委任の廃止を宣言したのである。

第二は、審議の原則である。議会政治が機能するためには、議会で十分に審議が行われることが必要である。慎重に審議が行われないまま決定が下されることは議会政治の形骸化をもたらしかねない。また、間接民主制が機能するためには、選挙を実効あるものにしなくてはならない。有権者が代表の選択を行うためには、日頃から公開の場で十分に審議が行われることが不可欠である。

第三は、行政監督の原則である。これは議会が行政を効果的に監督しなければならないという原則である。そもそも議会の歴史が、国王に対する課税同意権の確立から始まったことからも明らかなように、議会による行政の監視は議会政治における最も本質的な機能といえる。

権力分立が厳格なアメリカ型の大統領制はともかく、議会のなかから行政府のリーダーを選ぶ議院内閣制においては、行政府に対する立法府の優位が確立され、議会が行政の監督を行うことが強く期待されている。

2　議会政治の危機

議会政治の諸原則が重要であることはいうまでもないが、政治的、社会的状況の変化により、現代の議会政治が必ずしも十分に機能していない状況に陥っているという問題がある。

例えば、選挙権の拡大により国民の同質性が崩れ、何が国民全体の利益であるのかが不明確になったという点がある。制限選挙の時代には、「財産と教養のある」階層に選挙権が限定されていたため、ある程度社会の同質性は確保できていた。しかし、普通選挙が実現したことにより大衆民主主義が成立し、社会の同質性は崩れ利害対立が深刻な問題となった。こうした点から、国民全体の利益を代表するといった観念は実現困難なものとなっている。

また、選挙権が拡大し、有権者の利害関係が複雑になり、審議しても政策的合意を形成することは容易でなくなっている点も指摘できる。審議は国民に争点を明示する役割を果たすものの、それが社会的決定には必ずしも結びつかなくなったのである。加えて、審議は政党単位で行われることが多いが、わが国のように党議拘束が厳格にかけられるような慣行が確立している場合、自由な議論は著しく妨げられることとなる。

さらに二〇世紀以降、国家の扱う政策領域が拡大したことや政策が複雑化して、行政国家化が進展したことも大きな問題となっている（第5章3、第19章3参照）。

行政国家化が進んだ結果、官僚の果たす役割が大きくなり、議会の地位は相対的に低下することとなった。議会による行政の監督機能を十分に果たすことが難しくなったのである。現代の議会政治は、こうした諸問題を抱えているが、これらをいかに解決し、議会の復権を図っていくかが、今後の民主政治の課題であるといえるだろう。

（水戸克典）

3　一院制と両院制

1　一院制

議会には、一議院で議会を構成する一院制と、二つの議院で議会を構成する両院制とがある。一院制とは、そもそも民意は一つであるから、第二院は不必要であるとの考え方にもとづいた制度である。例えば革命後のフランス議会は、国民議会からなる一院制であった。現在、フランスの議会は両院制となっているが、スウェーデンのような北欧諸国やアフリカなどの発展途上国、社会主義諸国などでは一院制が採用されている。

2　両院制

両院制は二院制ともよばれ、国民代表機関としての性格をもつ下院と、これとは異なる役割を担わされた上院からなる制度である。両院制の典型例であるイギリス議会のように、下院の権限が上院の権限に優越していることが多い。

第二次世界大戦前のわが国の帝国議会も両院制であった。帝国議会は、公選議員からなる衆議院と、皇族、華族、勅撰議員からなる貴族院から構成されていた。現在とは異なり、両院はほぼ対等であった。

戦後当初、ＧＨＱ（連合国軍最高司令官総司令部）は、日本に対する民主化政策の一環として貴族院を廃止し、衆議院からなる一院制の国会を憲法草案のなかで想定していた。しかし、日本政府からの強い要望もあり、貴族院に代わる公選の第二院（参議院）を設けることとなったのである。戦後の国会においては、首相の指名や、予算の議決、条約の承認などに関して、衆議院（下院）の参議院（上院）に対する優越を認めている。

3　両院制の類型

両院制はその性格から三つに類型化することができる。

まず第一は、連邦制型の両院制である。連邦制国家とはアメリカのように州から構成されている国家をいうが、それら州の権限は、一般に国より強いことが多い。そのため州の利益を国家の政策形成に反映させる必要が生ずる。そこで下院とは別に、各州の代表から構成される上院を設けているのがこのタイプの両院制である。

第二は、貴族院型の両院制である。イギリス議会における貴族院（上院）がその典型例である。下院は選挙によって選出される議員から構成されるという点で民主主義的な性格を帯びているが、これを抑制する目的で設けられるのが貴族院である。イギリスの貴族院は選挙によらない議員から構成されており、下院とは大きく性格が異なっている。ただし、現在の貴族院は権限を限定されており、下院の優越が確立されているため、下院を抑制することは少なくなっている。

戦前のわが国の帝国議会における貴族院も非公選議員から構成されていたが、貴族院は衆議院とほぼ対等であったため、ある程度衆議院の抑制機能を果たしていたといえる。

第三は、参議院型の両院制である。現在のわが国の国会はこの型の両院制である。参議院は第一院で審議されたことに関し、慎重を期して再度議論することを目的として設けられたものである。これにより、極端な政策の成立を阻み、バランスのとれた政策形成が可能となるとされる。このような観点から、参議院はしばしば「良識の府」であることが期待される。

しかし、わが国のような中央集権国家で、両院がともに公選議員から構成され、しかもその選挙制度が似通っている場合には、参議院を「良識の府」たらしめることは容易ではなく、参議院が衆議院の単なるカーボンコピーになってしまう恐れがある。そうした懸念を払拭するために、七〇年代初頭、河野謙三（こうのけんぞう）参議院議長の私的諮問機関「参議院問題懇談会」が参院改革の指針を打ち出して以降今日に至るまで、参議院はその独自性を確保し、効率的な審議を実現するためのさまざまな改革を行ってきた。衆議院にさきがけて電子投票装置を導入したのもその一例であるといえよう。

「良識の府」としての参議院を今後も機能させるために、衆議院とは異なる独自の役割をいかに果たさせていくかが、今日の重要な課題である。

（水戸克典）

4 委員会中心主義と本会議中心主義

1 戦前の帝国議会と本会議中心主義

わが国議会の歴史は、一八九〇（明治二三）年に第一回帝国議会が開かれたことに始まる。

帝国議会は、現在の国会とは異なり、イギリスをはじめとしたヨーロッパ諸国の影響を受けた結果、本会議中心の読会制を採用していた。読会制とは、法案の趣旨説明から採決までを、本会議を中心とした審議によって進める制度である。通常、読会制は法案の提案理由を説明し、審議を行うか否かを決める第一読会、逐条審議を行う第二読会、法案の採決を行う第三読会からなる。

典型的な読会制を採用しているのは、イギリス議会である。イギリスでは、現在でも本会議中心の三読会制を用いている。ただし、読会制を採用しているからといって、委員会における審査がまったくないわけではない。実際、イギリスの議会においては、第二読会における一般討論の終了後、法案が委員会に付託されることになっている。

わが国の帝国議会においても、この三読会制が採用されていた。ただ、わが国の場合、イギリス議会とは異なり、法案の委員会付託は、第二読会ではなく、第一読会における法案の趣旨説明終了後に行うこととされていた。

2 GHQによる戦後改革と委員会中心主義

このような読会制を基本とした議事運営は、第二次世界大戦後、GHQ（連合国軍最高司令官総司令部）の指令によって大きく変わることになる。

当初、わが国は戦前より委員会審査を重視していくものの、法案の趣旨説明を行う第一読会は残す方針でいた。しかし、GHQ側から戦前の議事手続きの抜本的な改革を求められた結果、戦後の国会において読会制は姿を消すこととなったのである。

GHQが日本側に求めてきたのは、アメリカ議会が採用する委員会中心主義の導入であった。アメリカでは、政党による所属議員への拘束力がきわめて弱い。そのため、政党間の討論によって政策が形成されるというよりは、個々の議員が自らの判断に従って立法活動に従事することが多い。したがって、多くの議員を構成員とする本会議では、事実上法案の審議が困難となる。そこでアメリカでは、委員会審議を中心とする議事運営が次第に確立されていくようになったのである。戦後わが国は、GHQの指導の下、こうしたアメリカ流の委員会中心主義を国会運営の基本原則として採用することになったのである。

3　戦後の国会と委員会審査

現在わが国の国会では、提出された法案は提出者から委員会審査省略の要求がなされない限り、議長によって直ちに所管の委員会に付託されることになっている。委員会で法案審査が行われ、この後、法案は本会議に上程される。ここで法案の質疑、討論を行い、最終的に採決されることになるのである。

ただし、委員会中心主義を採用する現在の国会においては、法案の実質的な審査は委員会において行われるので、本会議での審議は形式的なものにすぎない。事実上、本会議の審議ではなく委員会における審査が法案の成否を大きく左右することになるのである。

しかし、戦後の国会においては、委員会で充実した審査が行われてきたとは必ずしもいえない。各委員会には、あらかじめ開会される曜日が定められる定例日制が採用されている。定例日制に拘束力はないため、曜日にこだわらず審査を行うことは可能だが、通常の委員会は週二～三日程度しか開かれていない。これが委員会審査の充実を妨げている一つの要因となっている。

また、国会における野党の戦術が、委員会審査を阻害することもある。通常、提出された法案は直ちに委員会に付託されるが、重要な法案の場合、委員会審査に入る前に本会議を開き、提出者による趣旨説明を行うことができるようになっている。野党はこの制度を利用し、重要でない法案を含め、次々に本会議での趣旨説明を要求し、対決法案が委員会での実質的な審査に入ることを阻止しようとするのである（こうした野党の国会戦術は「つるし」とよばれる）。委員会中心主義を採用するわが国の国会においては、野党の抵抗手段を確保しつつも、委員会の審査機能をいかに充実させるかが重要な課題である。

（水戸克典）

5 議会の類型

1 議会の機能

議会には、立法、政府監視、代表、統合、利益調整、争点明示、政治教育といった、実に多くの機能がある。それらの役割は国によって十分に機能している場合もあれば、そうでない場合もある。そこで、これまで多くの研究者によって、各国の議会機能を分析し類型化しようとする試みが行われてきた。そのうちで最も有名な議会類型がポルスビーの類型である。

2 ポルスビーの議会類型

ポルスビーは、現代民主主義国家の議会を変換機能の有無によって分類した。変換機能とは、社会的な要求を法律に換えていく（変換する）働き、つまり、政策というアウトプットを生み出す機能を指す。そして、変換機能のある議会を変換議会、そうでない議会をアリーナ（討論）議会としたのである。

変換議会においては、議会は自律的に立法の役割を果たしていることになる。そこでは、提出された法案が議会内でどれだけ修正されているかや、政府提出法案に比して議員提出法案がどれだけ多いかが重要とされる。

ポルスビーは変換議会の典型として、アメリカの議会をあげている。アメリカの連邦議会においては、常任委員会における審議の過程で法案に対する大幅な修正がしばしば加えられる。また制度上アメリカには、政府提出法案がないことから、法案はすべて議員によって提出されることになる。こうした要素によって、アメリカの議会は変換力のある議会として位置づけられることになる。

一方、変換力の低いアリーナ議会においては、法をつくることではなく、議場における討論によって、政治的争点を明示することが主な役割とされる。実質的な政策形成は議会外で行われることが多いため、議会で法案が大幅に修正されることはあまりなく、政府によって提出された法案がそのまま議会を通過、成立することが多い。

アリーナ議会の典型としては、イギリスの議会があげられる。イギリス議会においては、政府によって提出される法案が一〇〇％近く成立することも少なくないが、逆に議員立法の成立率は二割弱にすぎない。議会で法を形成するというよりは、与野党間の論戦を通じて、国民に争点を明示する役割を果たしているのである。

3　わが国の国会の機能

長い間、わが国の国会は提出された法案を単に通過、成立させるだけの「ラバースタンプ」だと評価されてきた。国会が主体的に法を形成するという役割、すなわち変換機能を積極的に果たしてきたとは確かに言い難い。しかし、八〇年代に岩井奉信（ともあき）らによって明らかにされたように、国会、とりわけ野党の機能は、一般に考えられているほど形骸化していたわけではない。

例えば、「五五年体制」下のわが国の国会における政府提出法案の成立率はおおむね八〇％前後であった。九〇年代以降、成立率が多少上がるとはいえ、政府提出法案が一〇〇％近く成立することも珍しくないイギリスに比べ、わが国の成立率はかなり低いといえる。このことはわが国の国会が、法を形成する上である程度の役割を果たしてきたことを意味している。ただ、アメリカ議会とは異なり、わが国における議員立法の成立率は二割弱と高くはない。しかし、政府と議会の緊密な関係を前提とする議院内閣制においては、議員立法の多寡は議会の機能とは必ずしも関係しないと考えるのが妥当である。

一方、わが国の国会には、他国に比べ審議時間が極端に短いといった問題がある。これは、野党が政府・与党への抵抗の手段として、審議拒否や議場封鎖といった「審議を行わない」戦術を多用してきたためである。

図表４　議会の２類型

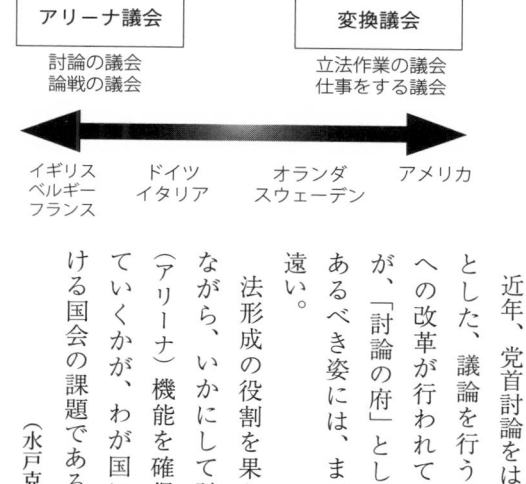

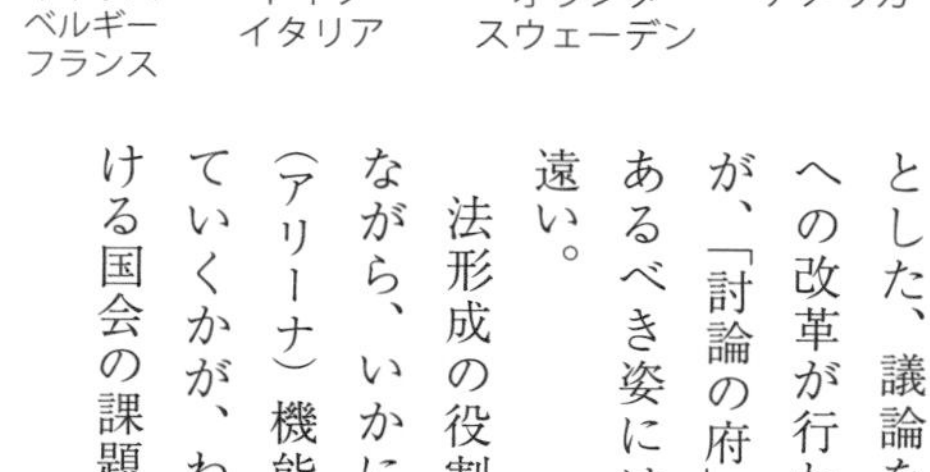

近年、党首討論をはじめとした、議論を行う国会への改革が行われているが、「討論の府」としてのあるべき姿には、まだ程遠い。

法形成の役割を果たしながら、いかにして討論（アリーナ）機能を確保していくかが、わが国における国会の課題である。

（水戸克典）

6 多数決原理

1 多数決原理の確立

多数決は、決定の基礎を単純多数におくか、絶対多数におくか、あるいは条件付多数におくかで、意味合いはかなり変わってくるが、いずれにせよ、現代の議会政治において多数決が欠くことのできない原理として機能していることは改めていうまでもない。

ただ、議会の歴史のなかで、多数決原理は当初から意味をなしてきたわけではない。国家が組織的軍事力を独占できず政治諸勢力の物理的な力関係が政策形成に影響を及ぼしたり、あるいは国家が専門的官僚機構による効果的な行政支配を実現できない状況下では、政党や議会の果たす役割はきわめて限定されたものであった。

しかし、やがて国家の保有する軍隊にいかなる政治勢力も軍事的に対抗できなくなり、また官僚組織が発達し、これを抑えない限りいかなる政策形成の実現も不可能となるなかで、議会や政党の果たす役割は飛躍的に増大することになる。議会は国王との対立や議会内における派閥対立に武力で決着をつけることを止め、代わりに議会内多数派の意見を尊重しながら政策を形成、決定するようになったのである。

ブライスは、これを「弾丸（bullet）を投票（ballot）に代える」、「頭を打ち割る代わりに、頭数を数える」という新たなルールとして表現している。ここに議会内における多数決原理が確立されることとなった。

2 多数決原理とケルゼンの価値相対主義論

議会制民主主義においては、十分な議論を行いながら合意を形成していくことが期待されている。しかし、議論を続けてもなお意見の一致をみない場合には、多数決原理によって結論を出すこととなっている。

これは、それぞれの意見に優劣はつけられないという立場の下、数の多寡（たか）によって結論を導き出すという政治的方策の一つである。いうまでもなく、多数決は結論を出すための最終的な手段であるから、そこに至るまでの議論は議会制民主主義の最も肝要な過程として重視されなければならない。

さまざまな意見に優劣はつけられないという考え方は価値相対主義といわれ、ケルゼンらはこれが民主主義を倫理的に支える原則だと主張した。ケルゼンは、その著『デモクラシーの本質と価値』において、多数決原理を用いるにあたり数字上の多数が決定的に重要となるわけではないことを説いている。彼によると、多数派の少数派に対する絶対的な支配、すなわち少数派に対する多数派の独裁といったものは現実には存在しない。多数決原理にもとづいて形成された社会の意思は、多数派と少数派の相互作用の結果、対立する政治的意見の合成力として生成されるからである。

ケルゼンは、こうした考えが議会制民主主義にとくに良く妥当するとしている。議会におけるすべての手続きの目的は、相互に妥協を引き出すことにあり、これが現実の民主主義における多数決原理の本質的な意義であるとしたのである。

この意味で、多数決原理は「多数・少数決原理」ということになる。実際、議会においては、多数決原理がしばしば調整、妥協の原理として機能している。そして議会手続きは、意見、利害が対立するなか、妥協点をめざし、諸勢力の合成力を形成するように定められているのである。

またケルゼンは、絶対的価値の洞察が可能か否かで独裁と民主主義の相違を説明しようとする。彼によれば、絶対的価値の洞察が可能であるとする立場は形而上的・絶対主義的世界観の前提となり、これは政治的には独裁主義的な思想につながるとした。一方、絶対的価値の洞察や絶対的真理の認識が不可能であるという立場は、批判的・相対主義的世界観となり、この世界観が政治的には民主主義的思想に対応するとした。

つまりケルゼンは、相対主義こそが民主主義的な思想の前提となる世界観であると考えたのである。こうしたケルゼンの視点は、多数決は少数派に対する多数派の絶対的な支配ではない、とする考え方へと発展していくこととなる。

ケルゼンの指摘は、多数決原理の思想的な基礎であると同時に、今日の民主主義の本質的意義を問いかけるものでもあるといえるだろう。

（水戸克典）

7　日本における議会政治の発展

1　国会開設以前の状況

幕末・維新期を通じて掲げられたスローガンの一つに「公議輿論（よろん）の尊重」がある。このため、明治政府は当初より、公議所・集議院といった議事機関を設置し、各藩や府県代表の議員による諸問題に対する審議を行わせた。しかし、実際には、これらの機関からの建議のほとんどは政府によって採用されることはなく、その影響力はきわめて小さいものであった。

この後、こうした議事機関は太政官三院制の下で左院に継承され、さらには、一八七五（明治八）年の大阪会議の結果、立法機関として元老院が設置されることとなった。元老院は国会の前身にあたる機関であるが、実際には、立法機能は有しておらず、官選の議官により法案の審議が行われるという議法機関であった。

さらに、政府が必要と判断した場合には、法令を布告した後に元老院の了承を求めれば足りるとした検視制度の導入により、法案の審議にかかわる権限も制限されたものとなった。

一方で、民撰議院設立の建白書提出や、自由民権運動の高揚により、選挙にもとづく議会の設置を求める声が上がるようになり、一八八一年に一〇年後の議会開設を約する国会開設の詔が発せられた。これにもとづき、一八八五年の内閣制度成立、一八八九年の大日本帝国憲法成立ののち、一八九〇年に元老院を継承して帝国議会が開設され、わが国における本格的な議会制度が開始されることとなった。

2　帝国議会の構成と権能

一八九〇（明治二三）年に開設された帝国議会は、貴族院と衆議院からなる二院制を採用していた。上院にあたる貴族院は、皇族議員と互選による華族議員、高額納税者や学識者などからなる勅選議員によって構成され、下院にあたる衆議院は選挙で選出された議員によって構成されていた。

衆議院議員の選挙権は直接国税一五円以上を納入する満二五歳以上の成年男子と定められ、人口の約一％にしかすぎなかった。また、被選挙権は選挙権と同様の財産条件をもつ満三〇歳以上の成年男子と定められた。この後、選挙権は財産条件を緩和することによって次第に拡大していき、一九〇〇年には納税基準が一〇円に引き下げられ、一九一九年には三円とされたが、一九二五年の普通選挙法の成立により、財産条件を撤廃した普通選挙が実施されるようになり、満二五歳以上のすべての成年男子に選挙権が与えられた。

帝国議会は、憲法により、法律審査権（三八条）、法律提案権（三八条）、予算審議権（六四条）、天皇への上奏権（四九条）、国民からの請願書の受理（五〇条）などの権限を認められたが、唯一の立法機関にして国権の最高機関である今日の国会とは異なり、協賛機関とされ、また、議院内閣制も採用されていなかったため、今日の国会と比して、その権能は制限されていたといえよう。

3　国会開設後の状況

帝国議会開設直後から日清戦争頃までを初期議会期とよぶが、この時期には、衆議院において、政府および政府を支持する「吏党（りとう）」と、政費節減・民力休養を訴えて政府と対立する「民党（みんとう）」との間において、とくに予算の決定を巡っての対立が繰り広げられた。予算不成立に際しては、前年度予算の執行権（七一条）が憲法において政府に認められてはいたが、財政規模の拡大をめざしていた政府にとっては、予算通過と議会操縦は重要な案件とされた。

大正時代に入ると、吉野作造の民本主義（みんぽん）の影響もあり、民衆が政治参加を求める、いわゆる大正デモクラシー期を迎え、こうした政党や民衆の動向は、大正政変において桂太郎内閣を退陣させるに至った。普通選挙法成立以降は、当時の二大政党であった政友会と民政党の党首が交互に元老西園寺公望（さいおんじきんもち）によって首相に推薦され、首相の所属政党が多数党となる、今日の議院内閣制に近似した政党内閣の時代を迎えた。

しかし、五・一五事件により、犬養毅（いぬかいつよし）首相が暗殺されると政党内閣は終焉（しゅうえん）を迎え、さらに、一九四〇年の第二次近衛文麿（このえふみまろ）内閣の下での新体制運動における政党の解体と大政翼賛会への再編成により、議会と政党はその機能をほぼ失い、太平洋戦争を迎えることとなるのである。

（門松秀樹）

8　日本の立法過程

1　行政国家化の進展と国会審議の形骸化

二〇世紀以降、国家の扱う政策領域が拡大し、また複雑化するにつれて、公共政策の形成に高度な専門知識が要求されるようになった。結果として、政策の立案から実施に至るまで、行政諸機関の果たす役割が飛躍的に増大することとなった。

こうした行政の肥大化を行政国家化現象とよぶ。わが国においても行政国家化は進み、「霞が関」（中央省庁）の果たす役割は年々増大し続けることになる。しかしそれに伴い、「国権の最高機関」である国会は衰退し、その審議は形骸化していると考えられるようになってきた。

2　国会の仕組みと野党の戦術

国会はラバースタンプにすぎないという「無能論」が国民の間に定着する一方、岩井奉信らによって、国会はある程度の審議機能を果たしているとする新しい見方が示された。

岩井らによると、わが国の国会はさまざまな制度や慣行によって、法案の審議に用いることのできる時間が当初から限られている。例えば、国会の会期は通年ではなく、常会、臨時会、年によっては特別会と、断片化しているため、審議時間が制度上限定されてしまっている。また戦後、わが国の国会は委員会を中心として法案審査を進める委員会中心主義を採用したが、委員会には定例日制があるため、実質的な審査は週に二～三日程度しか行われていないことが多い。

このようにわが国の国会においては、当初から法案審議のための時間が非常に短くなっている。政府・与党は行政の責任者として、この限られた時間のなかで年間一〇〇本近い法案を成立させなければならない。

こうした状況を背景として、これまでの野党は政府・与党に抵抗しようとする場合、討論をすることではなく、審議時間のコントロール、つまり時間かせぎをするという戦術に頼ってきた。議場封鎖や審議拒否（国会用語でこれを「寝る」という）、「つるし」などによって審議時間をさらに減少させると、政府・与党は行政の遂行に不可欠な法案まで成立させることができなくなってしまうため、野党に対し一定の譲歩を示すことになる。この「取引き」の結果、五五年体制下においては、内閣提出法案の二〇％近くが廃案に追い込まれていたのである。

こうした与野党間の交渉に着目すると、単なる「ラバースタンプ」だと考えられていた国会も、ある程度の機能を果たしていたことになる。

3　与党審査と党議拘束

野党が「審議をしない」という選択をすることによって、国会はある程度の立法機能を果たすことができるようになる。しかし、そうした機能を獲得した一方で、国会は討論の機能を失うことになってしまった。

討論の機能を十分果たすことができない状況をもたらしている要因は、野党の戦術以外にもある。例えば与党審査である。与党審査とは、内閣が国会へ法案を提出する前に、与党がその政策を審議しておくことである。与党と内閣の緊密な関係を前提としている議院内閣制において、与党審査を行うこと自体は必ずしも特殊なことではない。

しかし、わが国の場合、法案を国会に提出する前に、与党審査を厳格に行ってしまうため、国会における審議がかなり形骸化してしまっている。自民党の場合、政務調査会の部会でさまざまな政策に関する実質的な審議が行われ、その後総務会で党としての決定が行われる。通常、党議決定された政策のみが内閣提出法案として国会に提出されることになる。

また、法案が国会で審議される際、審議段階から党議拘束がかけられるため、国会内で議員間の活発な議論は起こらない。わが国と同じ議院内閣制を採用するイギリスでは、日本ほど厳格な与党審査を行っていない。また、イギリスの政党が党議拘束をかけるのは、原則として審議段階ではなく採決時である。これにより議会における討論機能を保障しているのである。

わが国の国会が真に「討論の府」となるためには、国会制度の改革だけでなく、与党審査や党議拘束に代表される政党内部の問題も検討する必要がある。

（水戸克典）

9 アメリカの議会

1 アメリカ議会と選挙

アメリカの議会は、上院と下院からなる両院制を採用している。アメリカは連邦国家ということもあり、州の利益を国の政策形成に反映させることが必要となっている。その役割を担っているのが、上院議員である。上院議員は、人口に関係なく各州二名ずつ小選挙区制で選出され、定数は一〇〇名となっている。任期は六年で二年ごとに三分の一が改選される。

一方、下院は州の人口に応じて定数が決定されている。定数は四三五名、任期は二年で、小選挙区制により全議員が改選される。

下院議員選挙は、大統領選挙（四年任期）の年とその二年後に行われる。大統領選挙の中間に実施される選挙を中間選挙という。中間選挙は単に議員を選出するだけでなく、大統領の施策に対する中間評価という役割も果たすので、重要な意味をもっている。

アメリカ議会は、下院の優越を認めている日本やイギリスとは異なり、両院の権限はほぼ対等である。ただし、条約批准権と高級官僚などの任命同意権は上院のみが有している権限であり、この点では上院が優越しているといえる。一方、歳入に関する議案は下院が先議権をもっている。

2 権力分立と議会

アメリカは、議院内閣制に比べ、厳格な権力分立制を採用している。日本やイギリスのような議院内閣制の国では、議会のなかから首相が選出されており、その点で立法と行政の関係は緊密であるといえる。一方、アメリカ型の大統領制においては、連邦議会議員、大統領ともに国民から選出されており、立法と行政それぞれの独立性は高い。

権力分立が厳格であるということは、議会の役割に少なからず影響を及ぼしている。例えば、議会への法案提出権が大統領にないことである。わが国のような議院内閣制の国では、立法と行政の関係が密接であるので、議員のみならず内閣にも法案提出権が与えられている。

しかし、アメリカの連邦議会においては、法案提出権は議員に限られており、大統領に法案提出権はない。大統領は、教書を通じて必要な立法措置を議会に勧告するにとどまるのである。

また、アメリカでは権力分立が徹底されているため、大統領に拒否権が与えられている。大統領は議会を通過した法案に対し、拒否権を行使して、その成立を阻むことができ、議会における立法のすべてを行政の場で遂行する義務は負っていない。こうした拒否権は、議院内閣制の日本やイギリスの政府には与えられていない。

もっとも、アメリカにおいて、上下両院でそれぞれ三分の二以上の多数で再可決すれば、大統領の拒否権を覆すことができる。議会により拒否権を覆された場合、同法案に対し再度拒否権を行使することはできない。その点で大統領の拒否権には、議会により制約がかけられているといえる。

さらに、議会と大統領それぞれの独立性が高いため、議院内閣制の国とは異なり、アメリカ議会は大統領に対して、法律上の責任を問う弾劾（だんがい）はできても不信任決議を突きつけることはできない。他方、大統領は議会を解散する権限をもたない。議院内閣制の国では議会の解散は珍しくないが、アメリカ議会には解散がないため、議員は任期をまっとうすることになる。

もっとも、フランスの大統領には議会解散権があるので、大統領だからといって、解散権をもたないわけではない。

こうした厳格な権力分立のありかたは、大統領による閣僚任命の様式にも表れている。アメリカでは閣僚はすべて現職の議会議員以外から選ぶことになっている。つまり、閣僚と議員の兼職はできないのである。

わが国では閣僚の過半数が議員のなかから、また、イギリスでは全閣僚が議員から選出されることになっている。アメリカ議会と行政の独立した関係がここからも読み取ることができるのである。

（水戸克典）

10 イギリスの議会

イギリスは、議会制民主主義の母国である一方、今日の世界ではもはや稀（まれ）となった観がある、選挙で選出されることのない「貴族院（上院）」をいまだに保持する保守性を有している。議会は二院制で、上院（貴族院）と下院（庶民院）により構成される。周知のように一九一一年の議会法以来、下院優先の原則が名実ともに確立し、実質上は一院制としても差し支えない。

上院の役割は、下院を通過した法案に良識の立場から修正を加えることであるが、選出方法などについては改革が現在進行中である（以下では、とくに断らない限り議会といえば下院を指す）。

1　政策決定の場としてのイギリス議会

イギリス政治をみる場合、議会を抜きにして語ることができないことは誰しも異論はないだろう。しかし、現代イギリスにおける議会の役割は、ある面では重大であり、ある面では非常に限定的である。重大であるというのは、討論の場（アリーナ）としての役割であり、限定的であるというのは政策形成の場としての役割においてである。かつてイギリス議会は、「男を女にし、女を男にする以外は何でもできる」と称された。しかし、現代のイギリスにおいて、成立する法案の八〇％強、重要法案のほとんどが内閣提出法案（閣法）であり、かつこの閣法の成立率はわが国よりもはるかに高く、一〇〇％となる場合すらある。一方、議員立法は、成立率一〇％強、全成立法案の二〇％弱にすぎない。つまり、議会の立法過程は圧倒的に内閣（および政権党）主導である。

なお、法案形成の過程は、政権党と官僚の関係でみれば、政権党（現代においてはとくに首相と党首脳）つまり「政治」優位である。会期は、毎年一〇月末または一一月初めに開会し約一年間継続する通年会期制である。各会期の初め、わが国の施政方針演説にあたる「女王演説」が行われる。興味深いことに、演説の内容は当然のことながら首相・内閣によって作成されるものであり、政府の一年間の施政方針と立法計画について述べるものであるが、女王が「わが政府は……」という形式でそれを議会で演説するという伝統を保持している。

2　討論の場としてのイギリス議会

野党であるとき、議会の政党は政策形成において無力である。イギリス議会においては、五五年体制下のわが国と異なり、与党に対し野党が議会で「抵抗」して法案成立を阻止することはほとんどない。では、何が重要なのであろうか。それは、「討論」であり、野党による与党への徹底的な批判と代案提出である。そして、この与野党討論こそイギリス議会の中心的機能といってよい。

本会議場は、アメリカ、ヨーロッパ大陸各国やわが国議会の形状と異なり、与野党が議長を挟んで対峙するようになっている。そして、野党第一党は、常に政権を担ったときに対応できるよう、「影の内閣」を形成する。影の内閣の閣僚は、本会議場の最前列たるフロント・ベンチで、政府閣僚とちょうど対峙（たいじ）するように席を得て、現首相や閣僚を批判する。政府・与党側にも、もちろんそれに対する反論の機会が許される。とくに、毎週水曜日に実施される首相クェスチョン・タイムは最も重要である。有権者は、その討論を通じて政治上の問題点のありかを知り、次回選挙での判断材料とする。それは、ちょうど討論という手段を通じたゲームのようなもので、最終的な審判はもちろん有権者であり、その結果は次回選挙によって下されるのである。

つまり、現代のイギリス議会は、実質的政策決定の場というよりも、政党間の議論・討論の場（アリーナ）なのである。このことは、議会の「機能」「役割」とはいったい何であるかについて、われわれに考えさせる。

現代イギリス議会のありかたは「選挙による専制（an elective dictatorship）」と批判されることがある。前述のとおり、選挙で勝利した与党と内閣・首相には立法における強大な権力が保証される。野党は立法において、「無力」である。一方、これは民主政治の明確な一つのありかたでもある。このシステム下、政権担当政党と首相には大きな「権力と責任」が与えられる一方、第一野党にも将来の大きな権限の可能性が強く開かれている。

そして、両党は国の統治権をめぐり、有権者の全般的な支持を求めて、議会で、マスメディアで、街頭で、選挙区で、そして近年ではインターネット上でも激しく競争するのである。現代イギリスの民主政治において、議会は何よりもその一つの主戦場である。

（富崎　隆）

サブ・テーマ　12

衆議院と参議院

わが国の戦前の帝国議会では、衆議院と貴族院（戦後廃止）は権限上、ほぼ対等だったが、戦後は抜本的に見直され、日本国憲法で、衆議院の参議院に対する優越が規定されるようになった。

しかし、優越性の程度は案件によって異なっており、首相の指名、予算の議決、条約の承認の三つについては、無条件に衆議院の優越が定められている。それに対して、法律の議決では参議院が対等に近い権限を有しており、「衆参ねじれ」の状況下では、与党は苦しい国会運営を迫られる。

政権の構成を決める首相の指名については、衆参の指名が異なる場合には衆議院の指名が優先されるので、衆議院で多数を制していれば、政権を樹立できる。予算案の審議では、衆議院に先議権が認められており、議決についても両院の意思が異なる場合、衆議院の意思が優先されることになっているので、参議院の意図とはかかわりなく予算を成立させることが可能である。条約の批准についても同様であり、両院で意見が異なる場合には衆議院の議決が優先されることになっている。この三点では、衆議院の優越が明白なのである。

ただ、これに対して、法律案の議決では、衆議院の優越が限定されている。衆議院で可決され、参議院で否決された場合、衆議院で再議決できることになっているが、衆議院で三分の二以上の議員が賛成しなければ法律は成立しない。

この仕組みは、最終的には衆議院の再可決で成立となることから、一般に衆議院の優越として理解されている。しかし、衆議院で与党が三分の二以上の議席を占めていることは歴史的に稀であり、その場合、参議院で否決されると法案は廃案となることが多い。この点で、参議院には拒否権に近い強力な権限があるわけで、単純に衆議院が優越しているといいきれない面がある。衆議院の多数派である与党が、参議院で過半数を割り「ねじれ」が生じた場合、与党が国会運営に窮することになるのはこのためである。

他に両院の権限の重要な相違としては、内閣不信任決議権が衆議院にのみ認められていることである。衆議院で不信任決議が可決されると、内閣は総辞職か衆議院解散のいずれかを選択しなければならなくなる。これと似た権限として、参議院にも問責決議権がある。ただ、問責決議には法的な拘束力がないため、不信任決議ほどのインパクトはない。

通常、与党が衆議院で過半数を維持している限り、内閣不信任は成立しないのであり、政権に留まることができる。ただ、参議院で過半数を制していないと、法律案の議決に支障をきたすので、政権運営が困難となる。仮に衆議院で三分の二以上の議席を制していても、すべてを再可決にもち込むのは「与党の強引な国会運営」との印象を生むので、回避されることが多い。参議院でも過半数を確保できるように連立政権が組めればよいが、それが常に可能とは限らない。

（加藤秀治郎・水戸克典）

サブ・テーマ 13

国会のヴィスコシティ

各国の議会を比較する道具として考案された「指標」にはいくつかあるが、ブロンデルの「ヴィスコシティ（viscosity：粘着性）」の概念がよく知られている。

ブロンデルは、議会が政府に対してどのような役割を果しているかという観点から議会の機能を比較分析しようとして、この概念を考案した。各国の議会がどの程度政府に「同調的」か、またどの程度政府から「自由」か、という点を測る指標である。

議会が政府提出法案をさほど修正することもなく可決・成立させるようであれば政府に「同調的」な議会で、ヴィスコシティの低い議会ということになる。他方、政府提出法案に対し反対意見が強く、あるいは多くの修正が加えられるなどして、政府原案が簡単に成立しないような議会は、それだけ政府から「自由」な議会ということになり、ヴィシコシティの高い議会とされる。

多くの場合、「粘着性」という訳語があてられているが、粘着性のある議会では政府の法案が簡単に可決・成立しないということになる。ブロンデルはこのように、ヴィスコシティを物差しにして、各国の議会を比較研究しようとしたのである。

わが国の国会についても、この概念で新しい光があてられることになった。従来は、日本の国会は何ら役割を果さない議会とされ、国会をめぐる評価としては「国会無能論」が支配的であった。

ところが一九八〇年代に、日系アメリカ人のマイク・モチヅキの研究を嚆矢（こうし）として、岩井奉信（ともあき）、曽根泰教（やすのり）などによる国会研究が続々と進められてきた。野党が政府の法案の一部に徹底して抵抗し、その成立の阻止に成功していることに注目した研究である。モチヅキらは、日本の国会のヴィスコシティは必ずしも低くないとの結論を得たのである。

自民党の長期単独政権の時代（第7章9参照）には、与党が議席の上で多数を占めていたから、イギリスのように政府提出法案は一〇〇％近く成立しても不思議ではなかった。だが、実際には八〇％近くに留まっていることが多く、それは野党が抵抗し、それに与党が譲歩した結果と解釈されたのである。

日本の国会では、会期内に審議（審査）未了となった法案は廃案とされる「会期不継続の原則」があるため、政府・与党の国会運営は容易ではない。また、多くの委員会では審査の曜日が予め週二～三日程度に設定されており、法案の審査にあてられる時間が限られてしまっている。加えて、全会一致の慣行など、野党に有利なルールが多く、結果として、国会のヴィスコシティを高める結果になっており、ここから「国会機能論」の考え方が登場することになったのである。

（加藤秀治郎・水戸克典）

第７章　政党と政党制

1 政党の発生とその機能

1 政党の成立

政党は、まず議会政党として成立、発展した。近代議会政治が政党を育て、政党の成長が近代議会政治の発展を支えてきたのである。国家の意思決定が、国王や一部の貴族、官僚によってなされた時代には、政党の発生はありえない。しかし、議会が課税同意権や行政監督権を獲得し、国の政策形成に影響力をもつようになったとき、政党は成立することになる。

もっとも、政党が発生、発展するためには、いくつかの条件が必要である。例えば、議員の議会内における政治活動の自由が保障されることである。議会は中世の身分制議会に起源を有しているが、そこにおいて「代表」は身分社会の単なる代理人にすぎなかった。議員は一部の有権者の指示に従うのではなく、国民全体の代表として政治的に完全な自由が保障されるようになり、また、その行動については、次の選挙でのみ政治責任が問われるという、国民代表の理論が確立されて初めて、政党の生まれる条件が整う。こうした国民代表の観念を提唱したのがバークである。

2 政党の発展

政党がいち早く発展したのはイギリスである。ウェーバーは、イギリスの政党を分析し、政党の発展過程を、貴族主義的政党、名望家政党、大衆政党の三つに区分した。当初、イギリスの政党は貴族とその従属者で構成されていた。これが貴族主義的政党である。

ところが、市民階級が台頭してくるのに伴い、次第に聖職者、医師、有産農家、工場主といった「財産と教養のある」地域社会の指導層からなる名望家政党がこれに取って代わるようになった。こうした政党は当初から議会の外には広がりをもたない院内議員政党であった。その主たる活動は、議会内にとどまり、今日の政党とは明らかに性格が異なるものであった。

一九世紀に入ると、労働者階級や下層中産階級にも選挙権を拡大することを求める普通選挙運動が始まり、政治運動の組織体として、院外政党が誕生した。欧米で民主主義運動や社会主義運動、労働運動が高まりをみせた結果、それまで議会内の組織にとどまっていた政党は、院外にも組織の広がりをもつこととなったのである。

普通選挙が実現されると、政党は得票を増大させるために、一般の有権者をその視野に入れて活動するようになる。とくに西欧では、民主主義運動や労働運動が活発だったこともあり、それまで組織化されていなかった都市の下層中産階級や労働者階級を基盤とする社会主義政党が誕生した。こうして院内議員政党は、大衆に基盤をもつ現代的な大衆政党へと転換を遂げていくこととなる。

2　政党の機能

現代社会は多元化し、さまざまな集団の利害が対立し、複雑に錯綜（さくそう）している。政治の役割は公共問題に関する対立の調整を通じて、政策を形成することにあるが、そのためには社会に発生する紛争を政治問題として取り上げ、政治過程のチャンネルにのせていくことが必要である。社会問題を政治問題に転換するこうした役割を、アーモンドは利益表出機能とよんだ。この機能は主に圧力団体などによって果たされるが（第8章1参照）、政党も同様の役割を担っている。

また、これら個々の政治問題を整序、集約し、具体的政策へとまとめあげていくことも必要となる。これが政治的諸問題を体系的な政策へと凝集していく機能、すなわち利益集約機能である。これは主に政党によって果たされている。政党によるこれら機能が営まれて初めて、議会における公共政策の形成は可能になるのである。

さらに政党は、立法や行政過程における諸問題について、党活動やマスメディアを通じて国民に伝達し、世論の形成を行ったり、広く国民のなかから人材を吸収し、政界に供給する（リクルート機能）など、現代社会においてはさまざまな役割を果たしている。

（水戸克典）

2　政党制の類型

1　デュヴェルジェの分類

それぞれの国では政党の数や勢力関係に相違がある。その状態について記述する場合に、政党制という言葉が使われる。法律上の制度と無関係ではないが、現実にできてきた状態をいうものである。

長らく、フランスの政党研究者デュヴェルジェの、次のような分類が有名であった。

①一党制――一党だけが存在し、支配しているもの。

②二大政党制――二つの大きな政党が存在し、政権をめぐって競争しているもの。

③多党制――三つ以上の政党が存在し、いずれもが過半数に至らず、連立政権が形成されているもの。

2　サルトーリの類型

デュヴェルジェの分類は、長らく用いられてきたが、サルトーリの類型が出されてからは、それに取って代わられている。そこでは政党間の競合性の有無を基準に、競合的政党制と非競合的政党制が、まず大きく二つに分類されている。両者を分かつ基準で最も単純・明快なものは、選挙での競合の有無である。

(1) 非競合的政党制

選挙競合がルールとして存在しない政党制である。

①一党制

最も単純な一党独裁の場合である。事実上、一つしか政党が存在せず、その党が支配しているものである。旧ソ連、ナチス・ドイツなどが一党制であるのは明白だが、サルトーリは、ほかに旧東欧諸国もこれに数えている。共産党にあたる支配政党のほかに、完全にその支配下におかれていた「衛星政党」も存在したが、それはみかけだけのものだったからである。

②ヘゲモニー政党制

あてはまる国は多くないが、非競合的政党制には、一党制のほかにもう一つあり、それがヘゲモニー政党制である。形式的には複数の政党が存在するものの、実際には一党が支配しているものである。制度的に政党間の競合が著しく制限され、政権交代の可能性が排除されている。共産主義下のポーランドや、かつてのメキシコが数えられる。

（２）競合的政党制

選挙のルールが競合的な政党制である。

デュヴェルジェでは多党制が一括されていたが、それが三つに分けられており、また、二党制のほかに一党優位制という類型が立てられているのが特徴である。

①一党優位制

複数の政党が存在し、選挙でも競争が許されているが、結果的に一つの政党が他を圧倒し、競争の意味が薄らいでいるもの。五五年体制の日本（本章９参照）や、かつて国民会議派が強かった時期のインドなどである。ゲームのルールとしては競合的だが、実際のゲームの状況では政党間に力の差があって、競合性が低いものをいう。

②二党制

二つの大きな政党が中心をなしており、政権交代の現実的可能性があるもの。アメリカやイギリスが有名だが、西欧ではオーストリアもこれに近い。

日本では二大政党制（英語は「two-party system」）とも訳され、その訳語に伴うニュアンスのためか、二つの党の議席が伯仲（はくちゅう）していないと二党制ではないと考える人が多いが、小選挙区制（第９章２参照）ではその時々の議席の差は開くことが多く、伯仲状況はむしろ少ないのだから、それは誤解といわなければならない。

③穏健な多党制

多党制では「穏健な多党制」と「分極的多党制」の相違が重要である。穏健な多党制は、主な政党の数が三、四、五ほどで、政党の間のイデオロギーの相違が大きくないものをいう。戦後のドイツ、オランダ、ベルギーなどがそうである。最近のフランスもこれに近い。

④分極的多党制

政党の数が六つ以上と多く、イデオロギーの相違も大きいもの。戦後しばらくのイタリアがそうであり、ワイマール共和国のときのドイツはその象徴的存在である。

⑤原子的状況

無数の政党が乱立し、政党の相違も大きい政党制である。アジアのマレーシアやタイがこれに近い。

（加藤秀治郎）

3 政党制と政権の形態

1 多数政権・少数政権

政党制で密接な関係をもつものに政権の形態がある。ここで少し体系的に述べておこう。

まず、議院内閣制の下では、政権が安定する基盤として議会の過半数の支持が必要と考えられている。しかし、現実には過半数に満たない政権もあり、それを「少数政権」という。それに対して、過半数を制している一般的な政権を「多数政権」という。それぞれ単独政権もあれば、複数の与党からなる連立政権もある。

なお、連合、連立はともに「コアリション(coalition)」の訳語であり、連立政権、連合政権に相違はない。

2 連立政権

異なる党派がある目的のために一時的に協力関係を結び、統一行動をとることを連合といい、選挙や議会など多様なレベルでの連合がある。だが、やはり重要なのは政権レベルでの連合であり、これを連立政権という。

一般に連立政権は不安定とのイメージが強く、「多党制→連立政権→不安定」との考えが根強いが、民主主義諸国の政権の形態と安定度を分析したドッドによれば、このような考えは「神話」にすぎないという。条件によっては連立政権も安定し、不安定とは限らないのである。

3 政権の規模による類型

政権については、その規模と安定性に密接な関係があり、ドッドは次の三つに類型を分けている。

①過小規模内閣——過半数に満たない、少数政権である。

②必要最小規模内閣——過半数の維持に必要な政党だけで構成する政権であり、具体的には単独多数内閣と、過半数維持に必要のない政党を含まない連立政権のことである。

③過大規模内閣——連立政権内に過半数維持に不必要な政党を抱え込んでいる政権である（図表5参照）。

図表5　政権の形態と安定性

少数政権	過小規模内閣	［単独政権］ ある政党が過半数に満たないまま政権を担当	［不安定］ 野党の一部が閣外協力して過半数を確保すれば、安定する場合もあるが、一般にはきわめて不安定
		［連立政権］ 連立しているが、それでも過半数に足りないまま政権を担当	
多数政権	必要最小規模内閣（最小勝利内閣）	［単独政権］ 1党で議会の過半数を制し、政権を担当 （例）自民党政権	［安定］ 一般的には安定。与党内が分裂しているときは不安定にもなる （例）大平政権
		［連立政権］ 連立により議会の過半数を制し、政権を担当。ただし過半数の維持に不必要な政党を閣内に含まない （例）戦後ドイツ	［安定］ 1党でも脱落すれば政権は崩壊するが、妥協によりそれを回避
	過大規模内閣	［連立政権］ 連立政権の内部に過半数の維持に不必要な政党を抱え込んでいる （例）イタリア	［不安定］ 途中で一部の政党が脱落しやすいため不安定

日本の例でいうと、自民党と公明党との連立は、過半数維持に不必要な政党を含まず、「必要最小規模内閣」である。それに対し、自公連立に小沢（一郎）自由党が加わっていたときには、過半数に同党は不必要であり、「過大規模内閣」であった。そこでは、自由党は不必要だったので、しばらくすると切り捨てられた。

4　政権の安定性

政権の安定性については、連立政権の規模が重要な要因の一つであり、過半数に満たない「過小規模内閣」が不安定なのは確かである。だが、過半数を有し、しかも過半数確保に不必要な政党を含まない「必要最小規模内閣」（最小勝利内閣）は比較的安定している。戦後の西欧ではドイツがこのタイプである。これに対して、過半数確保に不必要な政党をも含む「過大規模内閣」は不安定な傾向がある。戦後のイタリアが長らくそうであった。

このほかにも、連立政権は、加わる政党が少ないほど安定するとか、与党間の政策上の相違が小さいほど安定するとかいわれ、安定度は異なり、一概に不安定というのは誤っている。

（加藤秀治郎）

4 アメリカの政党制

1 アメリカの二大政党制

アメリカでは、一八五六年の選挙で共和党と民主党の対立パターンが成立して以来、基本的に両党による二大政党制が定着している。一八六〇年から今日までに行われた大統領選挙では、すべて民主、共和両党いずれかの候補者が勝利を収めている。また、大統領選挙で、二つの政党以外の候補者が得票率一〇％以上を獲得したのは四回だけである。さらに、連邦議会の議席も両党の所属議員がそのほとんどを占めている。

二大政党制が定着した理由は、建国直後に連邦派と共和派という二つの政党が誕生して以来、二大政党制の伝統が存在していること、上下両院議員選挙や大統領選挙が小選挙区制度にもとづいて行われること（死票を避けるため投票が二大政党に集中する）、一九七四年連邦選挙運動法（選挙で得票率が五％に達しなかった政党には連邦選挙資金が附与されない）の存在などに求められる。

2 共和党と民主党の共通点と相違点

共和、民主両党は自由主義、民主主義、資本主義などの基本的理念や価値を共有しており、両者の間にイデオロギー的相違は小さい。しかし、一九八〇年代以後、両党の差異は大きくなってきた。

共和党は、減税、規制緩和、連邦政府の権限縮小や歳出削減などを通じて「小さな政府」の実現をめざす。そして社会や経済の発展は民間の競争に委ね、個人の自由や民主主義の重要性を強調する。

共和党支持層は、大企業のエリート・専門職、経営者、反共的で強いアメリカをめざす保守主義者、中絶や同性愛に反対し、公立学校での祈りの実践を主張するキリスト教右派、プロテスタント、高学歴・高所得者層などである。

一方、民主党は、政府の積極的役割を重視して、社会福祉、貧困・失業対策などに力を注ぎ、ときには増税も辞さず、より平等で公平な社会の実現をめざす。

民主党支持層は、労働組合員、ラテン系、黒人などの少数民族、同性愛者、フェミニストを含む女性層、カトリック、ユダヤ人、進歩的知識人、東部・西部の都市住民など、異なる集団の集合体である。

一九三〇年代の「ニューディール政策」以来、右のような「大きな政府」の下にリベラル路線が進められてきた。しかし、一九八〇年代以降、全体に共和党との相違が大きくなってきた。

3　政党組織の分権性と限定的な政党の役割

アメリカの政党組織の特徴は、党首が存在しないこと、地方分権的で全国的組織をもっていないことに求められる。民主、共和両党ともに、政党組織はきわめて地方分権的で、党の地方組織が高い自律性をもっており、党中央が全国組織として州や地方の党組織に強い権限を行使することはほとんどない。

元来、アメリカでは「国民政党」の考えが存在せず、議員は何よりも地元選挙区の利益の代弁者である。それゆえ、議会での各議員の投票行動は、外交問題や下院議長あるいは委員会委員長の選出などの重要な投票を除けば、党中央の方針に拘束されず、議員自らの判断にもとづいて行われる。このように政党は、議員の緩やかな連合体にすぎず、独立した全国政党としての機能を果たしていない。

共和、民主両党とも、四年に一度の大統領選挙や二年ごとの連邦議会選挙の際に、全国党大会で党代表候補者を指名したり、選挙資金を調達したり、票を取りまとめる集票マシーンの役割を果たすにすぎない。

4　アメリカ政党制の問題点

一九六〇年代以降、有権者の価値観や利益の多様化・細分化に伴いアメリカ社会では、社会福祉政策、人種問題、犯罪対策、環境問題、人工妊娠・中絶問題などが重要な政治イッシューとして登場してきた。しかし、選挙での勝利をめざし幅広い支持層を獲得しようとして、一時、両党とも「中道路線」をとる傾向が強まった。

しかし、一九八〇年代の「保守革命」の下、共和党は明確な価値観（宗教色が強い）を打ち出すようになった。両党の距離を決定的に広めたのはトランプ政権（二〇一七〜二〇二一）であり、二大政党は今日、分極化しているとみられる。

（高杉忠明）

5 イギリスの政党制

二大政党が激しく厳しい競争を繰り返しつつ、勝者が政策を強力に実行していくという政治のありかたこそが、イギリス型政治システム（多数決型民主主義）の本質的要素である。そのなかでイギリスの政党は、一方で有権者に対し「公約」「党首」「候補者」を提示して、有権者の負託に応えることのできる集団であることを示し、総選挙における勝者は「議会」において首相を中心とした「内閣」を形成し、政権公約にもとづく公共政策を強力に実現する。敗者は「議会」で勝者を批判しつつ、次期選挙での挽回をめざす。この仕組みを支えているのが二大政党制とよばれる政党のありかたである。

1 イギリスの二大政党制

イギリスでは、一七世紀後半にトーリー党、ホイッグ党が近代的名望家政党として成立し、一九世紀前半に、トーリー党が保守党、ホイッグ党が自由党へと変化し、本格的二大政党政治が出現した。二〇世紀に入り、労働党が議会に進出する一方自由党が衰退し、第二次大戦後には保守党・労働党の二大政党政治が展開されることになる。戦後、両党間で計六度の政権交代を生じさせ、それぞれがほぼ単独で交互に政権を担当してきた。

2 現代イギリスの主要政党

労働党は、一九〇〇年に労働組合、社会主義団体、協同組合の連合体として結成され、第二次大戦後二大政党の一翼となった。元来は、徐々に勢力を強めつつあった労働組合が、自らの利益を代表する勢力を議会に送り込むことを目的に結成された政治集団であった。第二次大戦中の一九四五年に成立したアトリー内閣が初の単独過半数政権で、「福祉国家」路線をイギリスに定着させることになる。議会制民主主義下での社会主義の実現をめざす社会民主主義政党を標榜（ひょうぼう）し、平等指向、市場経済の弊害の除去を党是（とうぜ）としてきた。しかし、七九年以降の総選挙四連敗後、当時の党首・首相のブレアが、「新生労働党」と「社民主義の第三の道」を掲げ、大胆な中道化路線を選択、九七年総選挙で大勝し、〇一年、〇五年選挙でも勝利した。

保守党は元来、特定のイデオロギーに導かれた政党というよりも、自然な「統治政党」であることにそのアイデンティティをもってきた。保守主義の本質的要素は、長く続いてきたものは、それだけ人間性に合致しており、正しい、という感覚である。ここから、国家・君主・教会・家族といった伝統的集団への愛着が生じる。一九世紀には、議会主権を唱える自由主義に対抗し王権の擁護を唱え、二〇世紀に社会主義が台頭すると、自由主義と結びつく形で議会主義と自由市場主義（資本主義）を擁護した。サッチャー党首以降は、経済的自由主義の傾向が顕著となった。九〇年代後半以降、EU問題などに関する党の分裂に苦しんだ。九七年以来の総選挙三連敗を受け、〇五年に若干三九歳で党首となったキャメロンは、九〇年代のブレアを彷彿させる党改革を実行した。彼は「現代型保守主義」を掲げ、選挙候補者へのマイノリティー・女性の積極登用、環境政策の重視、医療・福祉への積極姿勢等、保守党を再び中道化させ、政権奪還をめざした。

自由民主党が、第三の政治勢力である。一九世紀に二大政党の一つとして保守党と争った自由党は、二〇世紀に入り衰退したが、八〇年代に労働党から分裂した社会民主党と合同し、八三年、八七年選挙で「自由・社会民主党—連合」として戦い、二〇％を超える票を得た。同連合はその後分裂し、八九年には自由民主党と改名し現在に至っている。元来イデオロギー的にはいわゆる中道であるが、九七年選挙以降、むしろブレア労働党よりも福祉国家と増税を支持し、イラク戦争に反対し、より「左」の政党として政策展開した。

そのほかの主要政党としては、スコットランド民族党、ウェールズ民族党、アルスター統一党、社会民主労働党といった地域政党がある。地域政党は、とくに地方議会では重要な政治勢力となっている。

二大政党は、有権者多数派の「求める」政策に接近する必要性と、党内活動家の政策や旧来イデオロギーの実現要求とのジレンマを抱える。それを克服し、魅力的な党首を据え、相手政党との差異を出しつつも、有権者の多数に支持される理念と政策を練り上げなければ、政権の獲得や維持は不可能なのである。

（富崎　隆）

6 フランスの政党制

フランスの政党は、イギリス、ドイツ、スウェーデンなどの政党と比べて、一般に規律が弱く、組織化の程度も低いとされてきた。政党自体が流動的であれば、政党制は多党化し、自然と不安定化するだろう。

このようなイメージは、第二次大戦直後の第四共和制の現実を反映したものであるが、現在の第五共和制では、規律・組織化の面でかなりの改善がみられる。

第五共和制における小選挙区二回投票制の導入と、大統領公選制の導入による与野党関係の明確化が、フランスの政党制を、より安定的で責任あるものに変容させたといえる。

1　第四共和制での多党制

政党制研究者のサルトーリの類型化を援用すれば、フランス第四共和制は「分極的多党制」に分類され、第五共和制は「穏健な多党制」に分類されると考えてよい。

分極的多党制とは、政党数が六以上で、イデオロギー距離が極端であるものである。政権競合は遠心的である。典型的には野党が左右のいずれかに偏らず、与党連合を挟み込む形の双系野党が存在することが普通である。

穏健な多党制とは、政党数が三〜五でイデオロギー距離が少ないものである。政権競合は求心的である。典型的には左右の与野党連合が対峙する形式である。

フランス第四共和制においては、左右両極に巨大な体制に批判的な政党が、与党中道諸勢力を挟み撃ちしていた。そのため、与党中道諸勢力は、国民の信任を失えば、政権崩壊を超えて、容易に体制崩壊の危機を迎える可能性があった。左の反体制政党は共産党であり、右の体制批判的な政党はドゴール派であった。

政権の対立構図が、一元的な与党・野党軸に納まらず、多元化していれば、政権の崩壊はより容易になる。そのため、政権の組み換えが促進される。小規模な政党は、極端な場合には争点政党や擬似的な圧力団体となり、死活的な争点では妥協しなくなる。

体制末期には、政党増殖が頂点に達し、統治能力を欠いた政府は、アルジェリア問題を解決しえず、政権とともに第四共和制は崩壊した。

2　第五共和制の政党制

議第五共和制では、国民議会（下院）に小選挙区二回投票制が再導入され、徐々に、政党の左右ブロック化が進展した。かつて「沼沢（マレ）」とよばれた中道派は、左右いずれかの勢力に吸収されていった。また、一九六二年の国民投票によって導入された大統領公選制は、大統領を擁立する存在として政党の意義を高め、政党組織の強化と政党の集約化に寄与した。

七〇年代には、左右二極化の下で、「主要四党制」が出現した。この状況は、フランスでは、二極化したカドリーユ（四人舞踊）とよばれた。左から、共産党、社会党、UDF（フランス民主連合）、RPR（共和国連合）であった。ただし、UDFは、より正確にいえば、政党連合・選挙共闘組織としての性格が強かった。UDFはジスカール・デスタン大統領を支える与党として誕生した経緯がある。

一九八六年に一度だけ、比例代表制が使用され、極右の国民戦線（FN）が議席を大量獲得したが、八八年の選挙から小選挙区二回投票制に戻され、同党は有意な政党ではなくなった（二〇一八年、「国民連合」（RN）に改称）。九〇年代には、緑の党が左翼連立与党の一角を占めたが、後発政党にとって、議席の維持は難しいようである。

二〇〇二年の選挙でのシラク大統領と保守連合の勝利を受けて、巨大与党UMP（人民運動連合）が結成された。伝統あるドゴール派は、この新与党に発展・吸収された。与党側には統一された新生UDFが残っているが、規模は小さい。また、左翼連合では、社会党は踏みとどまっているが、共産党の退潮が顕著である。表面上は左右二大政党化が進んでいるようにみえるが、今後も、ブロックを単位とした多党制は残存するものと思われる。

二〇〇七年大統領選挙では、保守陣営「人民運動連合」（UMP）のサルコジが勝利したが、二〇一二年には社会党のオランドが巻き返し、ミッテラン以来の左翼陣営の勝利を収めた。

二大ブロック制は安定したかに見えたが、二〇一七年に、政治的キャリアのないマクロンが大統領に当選すると、国民議会議員選挙でも、大統領支持の中道勢力「共和国前進（REM）」と「民主運動（MoDem（モデム））」が多数派の獲得に成功し、政党システムは激変した。

（増田　正）

7 ドイツの政党制

1 「政党国家」

ドイツは「政党国家」といわれるほど、政党が重要な役割を果たしている。全体に党議拘束が強く、議会の主要な行為体は政党である。また、基本法は「戦闘的民主主義」（「闘う民主制」）の理念を打ち出しており、「自由で民主的な基本秩序」を認めない勢力は、違憲政党として禁止できる規定がある。また、政党の公的意味を肯定し、早くから政党へ公的資金助成を行っている。

選挙制度が「五％の制限条項のある比例代表制」であることもあって、穏健な多党制の状態が続いてきた。

2 社会民主党

戦前から大政党であったが、戦後しばらくはマルクス主義の労働者階級政党とのイメージが残っており、「三割の壁」を越えられないでいた。戦後、急速に再建されたものの、保守勢力に遅れをとって、長らく野党の地位に甘んじていた。その間、一九五九年のゴーデスベルク綱領で現実路線に転換し、総選挙のたびに議席を伸ばしていった。六六年からの保守との大連立政権をステップに、六九年からは連立政権ながらも首相を出すに至った。しかし、その後、青年部などに左傾の動きが出て、路線が混迷し、八二年に野党に転落した。以後、僅差ながら、政権に復帰できないでいたが、一九九八年の総選挙で政権復帰を果たした。プロテスタントの労働者を主軸に、国民各層から支持を得ている。

3 キリスト教民主同盟・社会同盟

二大勢力の一つで、基本的には保守的な政党である。正確にいうと、二つの政党の連邦における協力組織であり、連邦議会では常に統一会派を形成してきている。バイエルン州にのみ組織をもつキリスト教社会同盟（CSU）と、それ以外の全部の州に組織をもつキリスト教民主同盟（CDU）という二つの政党の統一会派である。両党の政治的立場が近いことから、戦後ずっと姉妹政党として、連邦レベルでは一緒に活動しており、単一の政党のように扱われる。CDUがやや中道的で、CSUの方が保守的である。カトリックの中間層を核に各層から幅広く支持を集め、「包括政党」となっている。

４　中小政党

(1) 自由民主党(FDP)

戦前の国民党と民主党を前身とする自由主義政党。戦前、国民党はかなり保守的で、民主党はリベラルだったので、しばらく党内に異質な二勢力が共存し、混乱したイメージを与えていた。初めは保守に近い立場だったが、次第に独自性を失い、大連立で野党に転落した時期に、中道路線に転換した。これにより社会民主党(社民党)とも連立できる政党となり、一九六九年～八二年に社民党との連立に加わった。八二年から保守との連立に戻ったが、長期低落傾向にあり、選挙では阻止条項をやっとクリアする状況になっている。世俗的な中間層が支持基盤である。

(2) 連合90・「緑の党」

一九八〇年前後に住民運動の連合体としてスタートした政党。八三年に初めて五％条項をクリアして、連邦議会に進出し、以後一〇％前後を推移している。ドイツ統一後、東の市民運動グループ「連合90」と合流し、「連合90・緑の党」となった。妥協を排する「原理主義派」と、多少妥協しても主張の実現をめざす「現実主義派」の対立が続いてきたが、現実主義派が優位に立って、支持基盤を拡大している。一時、社民党との連立で政権に参加した。エコロジー、反原子力発電、反戦・平和運動、女性解放運動の寄り合い所帯の様相もある。支持層は「脱物質主義」の高学歴の若者が中心である。

(3) 左翼党

旧東ドイツの支配政党(SED)が、ドイツ統一の直前に改革派共産主義に路線を転換し、名称も民主的社会主義政党(PDS)と改めた。その後、社民党左派の分派と合流し、左翼党となった。支持層は、ほぼ旧東ドイツに限られ、統一後の不満を吸収して議席を確保していた。選挙法の阻止条項があるので生き残りは容易ではないが、勢力を維持している。二〇〇二年には直接選出の二議席だけに転落していたが、その後、盛り返している。

（加藤秀治郎）

8 戦前の日本の政党制

1 藩閥政府と超然主義

わが国で政党が成立・発展したのは明治以降のことである。明治維新の中心勢力は、薩摩・長州・土佐・肥前の四藩だったが、薩長両勢力が次第に実権を握るようになった。出身藩に依拠した派閥による政治ということで、「藩閥政治」と呼ばれる。

これに対して、批判勢力は政党を結成し、対抗していく。自由党・改進党などが「民党」と呼ばれたのは、藩閥政府に対抗するという意味からである。最初の政党は板垣退助らが一八七四（明治七）年に結成した愛国公党であった。背景には、薩長勢力に対する土佐・肥前藩出身者の不平不満があり、彼らは民撰議院設立建白書を提出し、これが自由民権運動の発端となった。この党はその年のうちに解散させられたが、自由民権運動の中核となり、後に自由党へと発展していくこととなる。

一八八一（明治一四）年には、国会開設の勅諭が出される。同年、板垣らが自由党を、翌年には大隈重信らが立憲改進党を結成した。自由党は地方農村を基盤とし、士族・豪農商層を中心としていたが、次第に貧農層に拡がり、急進的な性格を帯びていった。改進党は有産者層・知識層を基盤とし、漸進的であった。

一方、政府も福地源一郎らに立憲帝政党という御用政党を結成させている。自由・改進両党は数年で解党同然となったが、後に自由党は政友会に、改進党は民政党へと引き継がれることとなる。

明治政府は、一八八五（明治一八）年の内閣制度創設、八九（明治二二）年の憲法発布、九〇（明治二三）年の帝国議会開設と、次第に統治機構を整えていった。明治憲法（大日本帝国憲法）は、天皇の下での立憲政治という立憲君主制をとったが、実際には天皇の役割は限定されていた。天皇は藩閥支配に正当性を付与するだけの名目的権威にとどまり、実際の政治は藩閥政府と反藩閥勢力の間の対立と妥協を軸に展開された。「藩閥政府」対「民党」という図式ができあがったのである。

一八九〇年の帝国議会開設に先立ち、藩閥政府は重大な方針を明らかにした。いわゆる超然主義である。超然主義とは、「政府は常に一定の方向を取り、超然として政党の外に」立つことをいい、政党の意向に制約されることなく、独自に政策実現を図る方針を意味する。藩閥政府は、政党勢力に敵対する姿勢を明確にしたのである。しかし、政党は衆議院で次第に勢力を伸ばしていくことになる。

2　政党政治の確立と終焉

帝国議会は、制度上、天皇の協賛機関でしかなく、法律案も議会を通過しただけでは、法律となるわけではなかった。首相が天皇に裁可するよう上奏し、天皇がそれを許可してはじめて法律となったのである。形式上は天皇に拒否権が認められる形となっていたのである。しかし実際には、議会を通過した法案はそのまま法律にするのが慣例となっていた。近代的な議会政治に近い運用がなされていたのである。

したがって政党が勢力を増してくると、藩閥勢力も対応に苦慮させられた。当初は超然主義の立場をとっていた伊藤博文（ひろぶみ）も、やがて政党勢力との妥協・連携を模索するようになった。さらに一九〇〇（明治三三）年、伊藤は立憲政友会を結成して、自ら政党政治にのりだした。

一九一三（大正二）年に大正政変が起きると、反政友会勢力は立憲同志会を結成し、ここに二大政党の構図が整った。同志会は、後の憲政会―民政党という系譜に連なる勢力である。この勢力が政友会に対抗し、交互に政権を担当し、「憲政の常道」の時代へと発展していくことになる。

一九一八（大正七）年に、立憲政友会の原敬（はらたかし）を首班とする本格的な政党内閣が誕生した。もっとも一八九八（明治三一）年に、大隈重信を首班（内閣総理大臣）とし、板垣退助を内相（内務大臣）とする「隈板（わいはん）内閣」があり、これも政党内閣であった。

しかし、それは極めて脆弱な内閣で、半年も経たないうちに崩壊してしまったので、事実上、原敬内閣を最初の政党内閣と捉えるのが一般的な理解である。

このように政党内閣は次第に発達し、大正デモクラシーが実現していったが、一九三二（昭和七）年の五・一五事件で犬養（いぬかい）（毅（つよし））内閣が倒れ、政党内閣は中途で幕を閉じることになる。

（水戸克典）

9　戦後日本の政党制

1　一党優位体制――五五年体制の成立

第二次大戦後十年近く、各政党の間で複雑な離合集散が繰り広げられた。しかし、一九五五（昭和三〇）年には、革新勢力の側でそれまで分裂していた左右社会党が統一し、日本社会党となった。それに刺激を受けた保守勢力の側でも、同年、自由党と日本民主党が合同し、自由民主党（自民党）が成立したことで、二大政党制に近い構図ができた。その後数十年間にわたり、この二党が政治に大きな影響力を発揮することになった。五五年に成立した体制であることから、これを「五五年体制」と呼ぶ。

この政党制は二大政党制に近いものとして始まったが、当初から両政党の勢力に開きがあり、政権交代の現実性は極めて乏しいものであった。「一と二分の一政党制」とも呼ばれたのはこのためである。このように、自民党が長期にわたり単独で政権を担当し続けてきたことは、五五年体制の一つの特徴である。

その後、日本社会党の議席率が低下し、また野党陣営の間では多党化が進行した。そうした背景もあって、一九九三（平成五）年まで、自民党がほぼ単独で政権を担い続けてきたのである。サルトーリの類型でいう「一党優位制」にあたる（本章2参照）。

一九九三年、自民党単独政権は崩壊し、非自民連立政権が誕生した。しかし、その後ほどなく自民党は政権に復帰した。また、連立政権を構成する政党は幾度となく入れ替わっているが、現在に至るまでほぼ連立政権が常態化してきた。

2　自民党支配の構造

戦後の日本政治に特徴的なのは、世界でも稀（まれ）な保守政党の長期支配であった。こうした保守政党による統治体制が有効に機能してきた理由としては、一つにはそれによって実際に日本国内の格差が是正されてきたことがある。

明治以来急速な近代化を進めてきた日本には、産業間、あるいは都市―農村といった地域間で、さまざまな格差が生じていた。多くの日本人は、こうした格差を是正することに強い関心をもっていた。保守政党の政治家は補助金の配分をはじめとして、格差の是正に役立つ方策の実現に柔軟に対応し、有権者の支持を得てきたのである。

　また、自民党が財界から多額の政治献金を受け、官僚機構から人員をリクルートするという形で、極めて安定した基盤を形成できたという点も指摘することができる。加えて長期政権化により、利益集団はもっぱら自民党を通じて利益の実現を目指すようになっていたことも無視できない。

　保守政党の議員は、官僚機構との親密な関係をルートに、ロビイストでもあるかのように行政府に働きかけ、見返りとして利益集団から票と資金を得てきた（第12章3参照）。与党であることで補助金などを有利に配分し、それを選挙の集票機構にするという構図である。

　保守政党の議員は、地方では地域の有力者の義理・人情をからめた支配構造で支えられていた。地元利益の要求は、有力者から保守政党議員を通じて官僚へ、というルートで表出されていた。そしてこれが自民党候補の選挙基盤となっていたのである。野党議員は利益代表の点で評価が低くならざるをえなかった。政権交代が起こりにくくなっていた一因はこうした点にもある。

　また後援会は、そもそも特定の候補者を応援するための組織である。しかし、それは同時に選挙区有権者の利益を実現するための装置でもあるので、後援会の側も議員を必要としており、その議員の引退後は後継者を立て組織の維持を図ろうとする。近年その増加が指摘される二世議員など世襲議員は、こうした背景の下、誕生してきたのである。

　一方、保守政党の長期政権が続くなかで、野党は実質的な政策形成過程から疎外され、各支持団体の要求を政治の舞台へ乗せる役割を果たすだけとなっていた。旧社会党がかつて「労働組合政治部」といわれたように、利益集団の政治部門のような性格が濃くなり、政策への影響は乏しくなっていたのである。

　一九九三年からは、ほぼ連立政権が続いてきた。衆議院に「並立制」の選挙制度（第9章7参照）が導入されてからは政界再編が進み、一時は自民党・民主党の二大政党制に近い構図となり、実際に政権交代も生じた。しかし、当時の民主党は政権担当能力の不足を露呈し、分裂に陥り、野党の混迷が続いてきたとしばしば指摘される。

（水戸克典）

10 政治資金

1 金権民主主義

政治資金とは政治活動にかかわる金銭の総称を指す。いうまでもなく、まったく経費をかけずに政治活動を行うことは不可能である。とくに民主主義の政治は「贅沢な政治」といわれるように、政党の組織化や選挙運動をはじめとして、それを維持、発展させるために一定の資金が必要である。そこで政治資金は、「民主主義の燃料」や「民主主義の血液」などとよばれることがある。

しかし、選挙での票が有権者に平等に配分されているのに対し、富は偏在しており、政治資金のありかたによっては、政治が富に支配される危険性をはらんでいる。フランスの政治学者デュヴェルジェは西欧の政治体制が「人民」と「富」の二面性の支配の上に築かれているとし、それを「金権民主主義」とよんだ。この指摘を待つまでもなく、金権政治は政治への国民の信頼を損なう原因となるだけに、政治資金をめぐる問題は古今東西を問わず、政治が抱える課題であり続けているといっても過言ではない。

2 政治資金規制

政治資金において問題となるのは、それを誰がどのように負担するかである。今日、民主主義国家では、党費や機関紙売り上げなどの独自収入、個人や企業などによる政治献金、政党助成などの公費によって政治資金が賄われている。どれに重点がおかれているかは国によって異なるが、公費の活用については、政治活動への国家の関与への批判もあり、一部を除いて限定的である。

これに対し、批判の的となるのが政治献金である。本来、政治資金は個人の自発的な献金によって賄(まかな)われることが理想であるが、実際には、それで政治資金のすべてを賄うことは難しく、多くの国で企業や団体からの政治献金が政治資金のなかで大きなウェイトを占めている。

ただ、企業や団体の政治献金は利益誘導と結びつき、富による政治の支配を助長する危険性をはらんでいる。そこでいずれの国においても、その是非が常に議論の的となっており、これをいかに律(りっ)するかが政治資金をめぐる最大の課題であるといってよい。

もっとも政治資金に対しては、すべての国で何らかの法的規制が行われている。その内容は量的・質的規制と透明性確保が中心である。量的・質的規制とは、政治献金できる個人あるいは企業などの資格を規定すると同時に献金可能な額に適正な上限を設けることが一般的である。また、透明性の確保については、政治資金の収支報告とその公開を義務づけ、政治資金の流れが明らかになるようにするものとなっている。これらを通して、金権政治に陥ることに歯止めをかける努力が行われている。

3　わが国の政治資金

わが国の政治資金の特徴は、欧米のそれが政党中心であるのに対し、政治家中心のものになっている点にある。それは中選挙区制と無関係ではない（第９章７参照）。

中選挙区制の下では同一政党の候補者による同士討ちが不可避なため政党本位の選挙が難しく、政治家は自前の後援会に頼らざるをえない。その結果、構造的に多額の政治資金を要することになってきたのである。ところが、政治資金を律する政治資金規正法は「ザル法」といわれたように、有効性を欠いていたために、政治資金の抑制に効果がないばかりか政治資金をめぐるスキャンダルは後を絶たなかった。

一九九四（平成六）年に実現した政治改革も政治資金をめぐる問題に端を発したものであり、そこでは政治資金規正法の改正により、政治資金の透明性を高め、その流れを政治家中心から政党中心に改める努力がなされた。同時に衆議院の選挙制度も抜本的に改正され、後援会依存の構造的に多額の政治資金を要するものからの脱却が図られた。さらに政党の財政を強化するために公費による政党助成制度も導入された。

この改革により、政治資金の透明性は向上したが、政治家中心の政治からの脱却は十分に実現したとはいえない。政治資金は、問題の企業献金こそ大幅に減少したが、さまざまな抜け道を活用して依然として政治家は多額の資金を集めており、その一方で政党財政は政党助成依存が高まり、いびつなものとなっている。また、政治資金をめぐるスキャンダルも依然として続発している。その意味では、政治資金制度のさらなる抜本的な改革が求められているといえる。

（岩井奉信）

第8章　圧力団体・住民運動

1　圧力団体の発生とその機能

1　圧力団体の発生

　圧力団体とは、キーの定義によれば、公共政策に影響を及ぼすために形成された私的な任意団体であって、自己の集団利益を促進するために政府に対して影響力を行使するものということになる。

　これら圧力団体は、当然のことながら社会構造の変化に対応する形で発生したと考えられる。それは主に、以下のようなものである。

①二〇世紀に入り工業化・都市化が進展するにつれ、利害の細分化と多元化が進行し、結果として集団間の対立が増加した。

②工業化・都市化にともない、利害が細分化された結果、地域の区分を基礎にした現代の選挙制度では、地域を越えた職業的利益を反映させることが困難になった。

③積極政治の展開により、政治が国民生活のあらゆる領域に関与するようになってきた。これは一面において、社会生活の諸領域において政府の統制が強化され、政治の決定が諸集団の利害に大きな影響を与えるという性質をもつ。こうしたなかで国民は、その政治過程に関心をもつようになり、積極的に圧力活動を展開するようになった。

④マス・デモクラシーの登場により、政党は大衆政党化した(第7章1参照)。そして組織は肥大化し、肥大した組織は硬直化し、必ずしも民意を十分に吸収することができなくなってきた。このため、社会的諸集団は、何らかの利益を達成するためには、政党に限られないルートで政策決定過程に影響力を行使する必要に迫られることとなった。

⑤大衆政党化した政党組織が硬直化し、内部の寡頭制化が進むと、政治献金や票の支援と引き替えに、少数の党幹部との政治的取引が容易になり、より効果的な圧力をかけることが可能になった。

こうした背景の下、現代政治において圧力団体はその存在感を増し、さまざまな場面で影響力を行使するに至っている。

２　圧力団体の機能

こうした圧力団体は、公共政策に影響を及ぼすという点では政党との類似性があるが、そのほかのいくつかの点では大きく異なっている。また、圧力団体の機能は、政党の機能と比較することによってより明らかになる側面があるため、まずこれを示す必要がある。

政党との差違は、次の通りである。

まず第一に、政権の獲得をめざすか否かという点である。政党はその性質上、政権をめざすのが当然であるが、圧力団体は政権をめざすことはない。

また第二に、政党が政権をめざす以上、その主義や主張を国民の前に示し、その実現に責任を負う必要があるのに対し、圧力団体にはそうした義務は存在しない。

そして第三に、政党は対立する国民の諸利益を調整し、包括的な政策に転換することがその役割であるが、圧力団体は自己の特殊利益のみを追求すればいいのであって、その政策は当然限定的なものとなる。

また、機能という側面に着目した場合、政党と圧力団体との相違はより明らかとなる。政党は、アーモンドらが利益集約機能として表した、多様な要求を調整して政策に転換する機能をその中心としている（第７章１参照）。すなわち政党とは、社会における個人や集団が表出するさまざまな要求や利害を調整し、その政治的資源の裏づけの下に一つの政策提案にまとめ上げていくことがその主たる機能ということになる。

一方、圧力団体は、利益表出機能、すなわち、むしろ社会に存在するさまざまな要求や紛争を政治過程のチャンネルに乗せて政治問題に転換していく機能が、その中心的な役割となっており、政党の機能とは大きく異なったものとなっている。

（真下英二）

2 圧力団体の理論

1 ベントレーの圧力団体論

圧力団体に関する学問的研究の先駆者は、ベントレーである。一九〇八年に『統治過程論』を著したベントレーは、ジャーナリストとして現実の政治を取材した経験から、アメリカ政治がさまざまな利益集団間の利害対立を連邦政府が調整するという形をとっていると考えた。そして、現実の政治現象は、このような社会学的観点から分析する必要があると唱えた。

同時にベントレーは、法律や制度のみによって政治現象を説明しようとする従来の制度論的政治学を「死せる政治学」として痛烈に批判し、政治現象を分析するためには、集団間の対立、抗争から利害調整に至るまでの現実の政治を研究するのでなければ意味がないとした。

こうしたベントレーの議論は、同年にウォーラスが『政治における人間性』で唱えた政治学の心理学的アプローチとともに、新しい政治学の出発点となるものであった。

ベントレーの圧力団体を中心とする政治過程論は、トルーマンによって受け継がれた。トルーマンの議論は、例えば圧力団体と利益団体とを同義語として用いるなど、ベントレーの議論とは多少の違いがある。

しかしながら、政治を諸集団の利害をめぐる抗争過程としてとらえ、しかもその抗争は多元的社会における自動調整メカニズムによって次第に均衡していくとする点において、おおむね一致している。

2 重複加入と潜在集団

こうした、ベントレー、トルーマンの圧力団体論は、多元的社会における集団間の力学でうまくバランスがとれるようにできているとする、いわゆる「均衡理論」にもとづいていた。これは、以下のような議論によるものである。

(1)利益が複雑に絡み合う産業社会では、ある問題について対立関係にある人が、別の問題では味方同士となることがある。なぜなら、こうした産業社会においては、人々は相互に利害の対立する複数の集団に、重複して加入することがあるからである。そしてその結果、個人が複数の利害対立にかかわることによって、集団的利害対立が調整されることとなるのである。ベントレーはこれを「集団のクリス・クロス」とよび、トルーマンは「重複メンバーシップ」という言葉を用いた。

(2)また、ある特定の集団の利益が過剰に代表されるような場合には、これを抑えるため、それまで圧力行動をしていなかった人々も行動を起こすようになる。このため、特定の集団のエゴは「世論」によって抑えられることとなるとされた。

つまり、未組織ではあるが利害をともにし、普段は表面に現れることはないような集団が存在し、その利益が強く脅かされるような場合には、そうした集団が政治の舞台に登場し、それが特定の集団の利益が過剰に代表されることを抑制する、というのである。

こうした集団を、ベントレーは「習慣背景」「潜在的集団活動」と呼び、トルーマンは「潜在集団」の顕在化と呼んだ。

3　圧力政治の転機

こうした理論的背景の下、圧力団体を中心とする、いわゆる圧力政治は、必ずしも否定的なものとは考えられず、民主政治に対してはむしろ積極的に機能するものとして楽観視されてきた。

しかしながら今日では、政府が圧力団体からの要求を拒否することが難しくなり、また、実際にそうした要求に応じることを繰り返してきたため、政策の一貫性が損なわれることとなった。

また、そうした状況が、市民にとっては少数の特殊かつ私的な利益にのみ特権を与えるかのようにみえるため、政府に対する人々の不信が生じ、政府の正当性が低下してきているといわれている。その意味で、圧力政治そのものが転機にさしかかっているともいえる。

（真下英二）

3 アメリカ社会と圧力団体

1 アメリカ社会の特徴

一般に産業社会では、社会経済的諸利益が多元的に対立・競合している。そしてとくにアメリカの場合、地理的に広大であり、また人種的にも宗教的にも多様であったため、利益の多元化はいっそう複雑さを増すこととなった。

しかし、利益の多元的対立や競合があるからといって、すぐにそれが圧力団体を生み出すわけではない。ある利益団体が、自己のもつ特殊利益を保護し増進するために、議会や政府、あるいは世論に働きかけて、政治的影響力を及ぼすようになったとき、それは圧力団体とよばれるようになる。

こうした圧力団体の活動が、とくにアメリカにおいて活発であった点については、相応の理由がある。それは、社会に存在する利害対立を政治化するための条件が、アメリカには十分そなわっていたからである。

第一には、政治的自由が幅広く保障されているという点である。これは、圧力団体を通じて自らの利益を実現させようという誘因を高めることとなった。

第二に、アメリカの政治社会構造が分権的性格をもっていたため、それほど大きくない圧力であっても一定の効果を生み出しやすく、それが圧力行動の誘因となっていたという点である。

2 アメリカの政党の特徴

第三の、そして最も大きな要因は、アメリカの政党の特質である。現在のアメリカの政党制は二大政党制であり、共和党と民主党が存在しているが、それらは地方分権的であり、党組織そのものが弱体で党規律もゆるく、また、党内リーダーシップも欠如している。国内の政党は、国レベルで活動しているというよりもむしろ地方政党の連合体という性格が強く、連邦レベルの政党は、実際にはないに等しい。

またこれらの政党は大統領選挙に際して活動するのみで、ほかの時期には名前だけの「幽霊政党」であるといわれることもある。

実際、議会では確かに、議員は共和党や民主党に所属することになるが、党議で議員を拘束するということはなく、議員は各自の判断で行動する。このため、利益集団が議員個々人に対して個別的に圧力を行使できる余地があるわけである。

3　ロビイスト

こうしたアメリカ特有の議会運営から生まれたものが、ロビイストである。ロビイストとは、圧力団体の代理人として、その団体にとって有利な法案の通過を促進せしめたり、逆に不利な法案を修正、あるいは否決せしめるために、議員に対してさまざまな形で働きかけを行う人のことである。

彼らロビイストには、政界や官界に対して人脈をもち、立法過程や立法技術に関する専門知識も豊富な、元議員や元公務員、元弁護士、新聞記者などの経歴をもつものが多い。そしてこのロビイストの活動を、ロビイングという。

今日では、アメリカにおけるロビイングは、アメリカ国内の圧力団体だけではなく、多国籍企業や海外の企業、あるいは外国の政府によっても行われている。

一方、日本やヨーロッパ諸国における議会運営は、まず、概して党議拘束が強く、また、政党単位で議会が運営されるのが普通である。そのため、議員個人が議会において独自の判断で行動することは少なく、アメリカにみられるような職業的ロビイストの活動は、まずみられない。

またロビイストは、顧客の利益を確保するため、議員や官僚に対して接待や情報提供、政治献金などを行うことがある。このような行動は、当然のことながら腐敗の温床となりやすい。そこで一九四六年、「連邦ロビイング規制法」が制定され、ロビイストの活動範囲を決めるほか、ロビイストの登録、収支報告の提出が義務づけられることとなった。

こうした規制を受けながらも、依然としてアメリカにおいては、ロビイングはその政治過程を特徴づけるものの一つになっていることは確かである。

（真下英二）

4　日本の圧力団体

1　日本の圧力団体の特徴

他の先進諸国と同様、もちろん日本にも圧力団体は存在する。日本における代表的な圧力団体としては、財界、労働組合、農協、医師会などがある。そして日本におけるこれら圧力団体の特徴としては、以下のような点があげられる。

①既存集団の丸抱え

日本の圧力団体の多くは、特定の利益を実現するという政策目的のために成員を組織するというよりも、既存の集団を動員する。つまり、ほかの目的で存在している既存の集団や、目的すらほとんど意識していないような集団を、圧力団体の組織として動員し、参加させるのである。

また、そもそもそうした組織における成員の自発性が低いため、それぞれの既存組織の成員は、丸ごと組織参加することになる。

②選挙活動の補完

日本の政党は、選挙活動を行おうにも政党組織が貧弱であるため、十分な動員をかけることができるとは言い難い。そこで、選挙活動に際しては圧力団体がこれを補完することとなる。そして、その一方で圧力団体は、これを通じて政党に対する影響力を確保することになる。

③圧力活動の目標が主に行政部を対象とする

行政部を対象とするロビイングが活発化しているのは、各国で共通にみられることであるが、日本の場合、伝統的に政策形成において行政部が主導権を握ってきたという背景が存在しているため、圧力団体の活動目標は、議会よりもむしろ行政部に向けられてきたといってよい。

とりわけ、財務省や経済産業省のような経済官庁は、補助金や許認可を通じて国民生活全般に強い影響力を行使しているため、圧力団体の活動にとって主要な目標となっている。

また、日本はアメリカのような政治的特質をもたないために、職業的なロビイストが発達していない

（本章3参照）。そのため、議員自体が行政部に対するロビイスト的役割を果たす側面があった。これは、高度の技術と専門性が要求される現代の政策立案が、日本においては官僚主導で行われていたため、こうしたロビイスト的活動は、行政官僚を対象とせざるをえなかったからにほかならない。

④組織内部の寡頭制化

日本の圧力団体は、下部組織や構成員が自発性に乏しく、組織全体の活動に無関心となる傾向が強いため、組織内部では一部少数の上層部による寡頭支配が進みやすい。とりわけ日本のような社会風土では、例えば労働組合一つをとってみても、その組織構造は、頂点に近ければ目的集団としての性格を保持しているが、底辺に近づくほど「つきあい」集団としての色彩を強め、寡頭制的性格をもちやすいとされている。

⑤官僚制と圧力団体指導者、政党の癒着

組織構成員の自発性が乏しいことの結果として組織の寡頭制化が進むと、一般の構成員は、組織上層部の活動に対して無関心となる。このため、組織全体としてのチェック機能が低下することにつながり、官僚制と圧力団体との間に癒着が生じやすくなる。そして官僚の「天下り」は、こうした関係を強化するものとなる。

2　鉄の三角形

一方、一時期を除き長期にわたって政権を担当してきた自民党には、数多くの官僚出身議員が存在する。このため、現職であれ退職者であれ、高級官僚を媒介とした官僚と圧力団体の結びつきがある。

さらには政権政党も加えた人的結合が非常に強固なものとなっており、「鉄の三角形」とよばれる密接な三角同盟が形成されている。そしてこの三角同盟が、日本の政治過程に強い影響力を及ぼしている。とりわけ、一九五五年以来自民党が安定的に政権を担当してきたという事実も、こういった関係を強化するのに役立ったといえる。

しかしながら、自民党単独政権としての「五五年体制」が崩壊したことにより、これらの関係には一定の変化が起こるのではないかとする議論も存在する。

（真下英二）

5　住民運動・市民運動

市民運動と住民運動は「通常の手順では解決しにくい公的な状況を変革しようとする非制度的な組織活動である社会運動」の一形態であり、制度化されているものではない。これによって恒常的な組織維持を目的とした通常の政党活動や企業活動などと区別される。また組織化された運動であるという点で、突発的な暴動や反乱と区別される。

1　住民運動と市民運動の相違

「住民運動」は一定地域の住民を主体として、主として具体的な生活環境をとりあげて、生活者としての共通の要求達成や問題解決を求めて住民組織を結成し、政府や自治体、企業などに対して働きかけをする運動である。

「市民運動」は職業や性、地域、階層、階級、年代などを越えた担い手が連帯して組織を結成し、一般の市民生活を営む上で必要な市民としての諸権利の確保、拡大、維持を図ろうとして、政府や自治体、企業などに対して働きかけをする運動である。

いずれも基本的には自己決定という共通の理念にもとづき、個人を運動の担い手として、非党派的組織を形成することが共通しており、両者は実質的に重なる場合が多く厳密な意味で使い分けられているわけではない。

あえて区別すれば、住民運動が主として具体的な生活環境をとりあげて、生活者としての諸権利を問う地域性の強い運動であるのに対し、市民運動は社会にとってより普遍的な諸権利を主張して、地域性にとらわれずに広範囲の人々が参加して運動を展開する点に、その違いを求めることができる。

2　公害と住民運動

日本は一九五〇年代半ばから一九七〇年代前半にかけて高度経済成長を達成し「経済大国」へ変身したが、他方で急速な経済開発は多くの人々の生命と健康を奪う深刻な公害を全国規模で発生させた。「住民運動」という言葉は、こうした社会的な背景の下で全国各地で噴出したさまざまな公害反対運動を受けて使用されるようになった。

その後、日照権、静穏(せいおん)権の確立や食品添加物や有害薬品の追放、ごみ処理問題など、地域を基盤とした新たな

「生活権」の確立・拡張をめざす運動が次々と提起されることによって「住民運動」という用語が社会的に定着した。

なお戦後確立された企業内労働組合（労組）は、六〇年代、七〇年代を通じて、こうした状況に対して立ち向かう社会性を失い、むしろ労組が企業擁護に立ち、住民運動と対立するケースさえ現れるようになり、多くの住民運動は具体的問題状況に対応できない労組や革新政党とは一線を画して、脱権威・脱既成組織の志向を一層強めていった。

3　市民運動の時代

市民運動のレベルでも、戦後体制確立期にみられた政党や労組などの既成の大組織主導による上部からの指示にもとづく大衆動員型の運動ではなく、「べ平連（ベトナムに平和を！市民連合）」に代表されるような、個々人の自発的な参加によって継続してゆく新たな形態の運動が六〇年代から七〇年代にかけて生まれた。

その後の原子力発電反対運動やエコロジー運動、フェミニズム運動などをみると、現代の市民運動は日常生活のなかで個々人がその行動様式や価値意識を変革してゆこうとしている点、家庭の主婦を中心として女性もイニシァチブをとるようになった点、政治を手段として地方自治に実践的、自主的にかかわりはじめた点などが特徴としてあげられる。

さらに、薬害エイズ問題における厚生省（現・厚生労働省）への責任追及や、八〇年代以降の情報公開条例（および情報公開法〔二〇〇一年施行〕）を活用した官官接待の実態解明など、広範な市民運動・住民運動の展開は旧来の日本型システムの改変を迫り、公的組織のありかたを変えてゆく影響力をもちはじめているといえる。

なお、公的な問題の解決へ向けて住民や市民が主体的にかかわってゆくことは民主主義の基本であり、住民運動や市民運動をそうした主体的なかかわりの一形態として肯定的に理解することは可能である。

しかし、解決のありかたをめぐって最終的な局面で利害にかかわる深刻な内部対立が生じたり、時間的、精神的、その他のコストをめぐって運動参加者の間で階層的なバイアスが生ずるなどの運動論上の問題や、住民運動や市民運動に対する社会的支援システム構築に関する理論的問題など、多くの課題が残されていることも忘れてはならない。

（田中康夫）

6　圧力政治の諸問題

圧力政治について近年、以下のように議論に変化が見られる。

1　統治能力の低下

社会が多元的であれば権力は分散し、より民主的な決定が可能になるというものが、従来の民主主義論の主張であった。しかし、リースマンが「政府が危機をコントロールするにあたって、拒否権行使集団に対してあまりにも無力である」と述べたように、多元主義の楽観性が批判されるようになってきている。

圧力団体は、言うまでもなく自己利益の追求を目指す存在だが、戦後、福祉国家化の進展にともない、その要求が高度化し、また、利害関係が複雑の度を増すと、従来の枠組みでは対応しきれない面が生じてきた。だが、それも経済が成長し、多くの余剰が生まれている間は、解決も可能であった。

しかし、低成長時代になると、分配されるべき分け前が減少し、利益をめぐる対立が一段と激化することとなり、解決されずに放置される諸課題が膨大となり、多くの不満が生じることとなってきた。

また、諸集団の対立が激化すると、圧力団体はそれぞれ組織を強固なものとするようになり、利害関係は硬直化し、調整がより困難となってきた。その結果、「課題の解決に必要な変化を導入する能力」（綿貫譲治（わたぬきじょうじ））が低下してきた。これが「民主主義の統治能力」（ガバナビリティ）の低下である。

強権的な手法が用いられる場合は別だが、民主主義を維持しながら、スムーズな政治的調整を行うのは困難になっているのである。

2　政治参加のパラドックス

マクファーソンらは、投票のみに限定されない積極的な政治参加を推進すべきだとして、「参加デモクラシー論」を唱えた（第4章サブ・テーマ10参照）。

市民の直接参加を促すことで、民主主義の機能を高めていこうとするものである。また、現代の福祉国家では、政治による価値配分で救済されるべきは、主に社会的弱者と考えられてきた。積極的参加により、選挙だけではカバーしきれない層に、救済の手が述べられるのではないかとの期待がもたれてきたのである。

しかし、投票以外の政治参加では、デモなどでは時間がとられるし、訴訟などでは金銭が必要となる。行政への働きかけでは、関連の専門知識が必要であり、なければ弁護士などの専門家に金銭で依頼しなければならない。このように、時間、労力、知識など、さまざまなコストがかかるため、積極的な政治活動に参加する人は、社会的に恵まれた層に偏る傾向が生じる面がある。

一般には、投票以外の政治参加によって社会的弱者が救済されることを期待する向きがあるが、実際には、積極的な政治参加をするにはコストがかかるため、最も救済を必要とする人々は救済されにくいという、期待と実態にズレが生じる。これを「政治参加のパラドックス（逆説）」ということがある。

圧力団体の力量においても、よく組織された圧力団体の要求は実現されやすいが、それ以外の集団や、未組織の人々の要求は取り上げられにくい傾向が生じる。わが国の労働組合（労組）を例にとると、最も恵まれた公務員の労組が、政治的発言力でも最も高く、次いで大企業の労組が恵まれている。そして、救済が求められてしかるべき中小企業の従業員は、労組が弱いか未組織で、政治的には放置されやすい面が否定できない。

3　ローウィの圧力団体自由主義への批判

このように、現代の民主主義諸国では、圧力政治に見られる問題点が無視できないものとなっているが、その点をさらに指摘したのがローウィである。彼は、多元的に圧力集団が存在し、自由に圧力活動を展開しているアメリカ政治を、「利益集団自由（放任）主義」の状態としてとらえ、その問題点を指摘した。

そこでは、利益集団間の調整をはたすべき政府が、自立的な力を失い、圧力集団の圧力に流されてしまっている、というのである。特殊な利益集団の利益が、「公共の利益」であるかのように正当化され、国民の政府に対する不信感が強まっている、とローウィは主張したのであるある。

（真下英二・加藤秀治郎）

サブ・テーマ　14

圧力団体の分類

一般に圧力団体は、集団の成立要因から、利害関係集団と態度集団に分けられることが多い。

利害関係集団は、職業的利益など、成員に共通する利益を基礎に形成される集団であり、特定の自己利益の実現に向けて圧力活動を展開するものである。

それに対して態度集団とは、特定の主義・主張（態度）を共有することで成立している集団で、自分たちの主義・主張を実現するために活動するものである。

ただ、態度集団の主義・主張は、政党とは異なり、政治全般には及ばず、環境問題など部分的なものにとどまることが多い。

この分類と近いものにロバート・マッケンジーの三類型がある。マッケンジーによると、圧力団体は「部分集団」、「促進集団」と、「その他の集団」に分類される。

部分集団は、経営者団体や教員組合のように、共通の経済的利益や職業に基づいて形成され、その利益の増大や集団の成員にさまざまなサービスを提供することを目的として活動する。組織が整備され、恒常的に圧力活動を展開することが多い。

促進集団は、態度集団とほぼ同義で、必ずしも共通の経済的・職業的利益を基盤とせず、自らの主義・主張を広めようと活動する集団である。動物愛護や刑務所改革といった、特定の運動を促進しようとする集団が例に挙げられている。

実際に圧力活動を行っている集団の多くは、この部分集団と促進集団であるが、公共政策に影響を及ぼそうとする集団には、これらに該当しない「その他の集団」もある。

例えば、ハイキング協会は、本来、非政治的な団体だが、国立公園の土地利用に関する法案が議会で審議されると、政治的に圧力活動を行う場合がある。集団の目的は非政治的だが、その目的に関係する政治問題が浮上してきた場合に圧力行動を行うことがあるので、マッケンジーはそれを「その他の集団」として、圧力団体に数えているのである。

切手収集家協会は非政治的団体だが、それでも時に郵政政策にからんで政治的要求をする場合があり、これも例に挙げられている。

マッケンジーの「その他の集団」と似たもので、多少異なる概念に、トルーマンらが唱えた「潜在集団」がある。潜在集団では、潜在的に利益を共通にしているものの、普段は集団の成員によってそれが意識されておらず、組織化されてもいない。活動の必要性が認識された時に顕在化してきて、初めて圧力活動を行う集団であり、その点でマッケンジーの「その他の集団」と異なる。

（水戸克典）

コラム 2

政治学での要注意の英単語 ②

ラスウェルとカプランによる『権力と社会』（芦書房、2013）は、「政治学定義集」とも呼ばれることがあるように、政治用語についての抽象的な説明が多くなされており、有益である。ここでまず、そこで触れられている例を一つ紹介する。

● balance, parity

バランスや均衡を意味する言葉はいろいろあり、単純でない。権力分立での「チェック・アンド・バランス」は、ほぼ「抑制と均衡」でよいが、国際政治では単純でない。

よく言われる「勢力均衡」は「バランス・オブ・パワー」であり、「パワー」の均衡を図る政策を言う。バランス（均衡）に配慮する政策ということである。

その先で「パワー・バランス」という場合は、力関係のような意味であり、二国や二グループの、均衡だけでなく、較差ある状態も含んでの力関係である。

ここでの「バランス」は、「天秤（てんびん）にかける」との意味に由来し、「収支バランス」などと同じで、均衡ではない。「ミリタリー・バランス」も同様だ。

そのような関係の場合には、バランスが均衡状態にある場合につき、パリティ（parity）という別の用語をあてて呼び分ける。較差も含めた関係（バランス）につき、均衡状態をパリティとし、誤解が生じないようにしている。

● deterrence

「抑止」を意味し、国際政治や安全保障で頻繁（ひんぱん）に使われる。相手国（またはグループ）に対し、自らが望まない行動を自制させる意味である。

講義のなかでは学生に、「試験での不正行為をさせない、自制させる」という意味、と説明する。好機があればやりかねない不正行為を、コストの高いものにすることで自制させるということだ。

広い意味においては、相手に「強制(coercion)」するのだが、何かをさせるというのではないので、日本語では「強制」に類する言葉では適切ではない。抑止に対して、相手に何かをさせるという場合については、「強要(compellence)」と言い分けられる。正確に理解しておきたい。

● left, right

次は、主に国内政治で使われる用語だが、ニュアンスの相違を意識しておく必要がある。「レフト－ライト」は文字通り、政治的立場の分類としての「左」「右」だが、「左翼」「右翼」としてしまうと、日本語では「極左」「極右」に近い意味となってしまう。

欧米での「左」「右」は、「中道左派」から「中道右派」にあたる、穏健な立場をいうことを意識しておいてよい。

1900年代以前なら、日本では「革新」「保守」という言葉が使われており、それに、レフト－ライトを当てはめることもあった。だが、現在では「革新」という言葉はあまり使われない。

わが国の主要政党も欧米に近くなっており、日本の政党についてレフト－ライトが言われている場合、単に「左」「右」とするか、「左派」「右派」くらいがよいだろう。

（加藤秀治郎・永山博之）

第9章　選挙制度

1　選挙制度の原則

1　投票参加の重要性

「国民による政治」という民主政治の理念を実現するためには、国民が政治に参加し、国民の多数の意向によって政治の方向が決められるような枠組みが必要であり、今日の巨大国家では代議制民主主義の形をとるのが普通である。

国民の参政権は、選挙権に限られてはいないが、選挙による政治参加は最も基本的なものであり、その意義は軽視されてはならない。ほかの政治参加の方法、例えば圧力団体や住民運動を通じての政治参加では、時間や費用や労力などの参加のコストがかかるため、それだけの余裕のある人に限定されることとなり、社会階層上のバイアス（偏り）が生じるからである。一人一票でコストのかからぬ投票参加には、一般性というメリットがあるのである。

2　選挙の基本原則

民主主義の理念に照らして「公正な競争」を実現するには、どのような条件が求められるのであろうか。

一九世紀を通じて議会制度が各国に広まり、選挙が実施され、一世紀以上に及ぶ数々の経験から、次のような基本原則が確立されるようになった。

第一は普通選挙である。近代の議会は初め、「財産と教養」のある市民階級（ブルジョワジー）の議会であったので、議員の選挙権は一定の財産所有や納税額など、経済条件によって制限されていた（制限選挙）。これに対し、労働者階級の勢力が増大するとともに、選挙権について経済的制限を廃止せよとの要求が高まり、経済的要件が否定されるに至った。これが普通選挙であり、初め男子普通選挙であったものが、男女同権の考えから婦人参政権が認められ、今日では男女普通選挙が一般的となっている。

第二は平等選挙である。「一人一票」、「一票一価」として、有権者の投票価値が等しくなければならないとするものである。だれもが同じ影響力を行使できるのはこの原則による。一票一価を逸脱すると、一票の格差という問題が生じ、一票の格差是正が課題となる。

第三は直接選挙である。選挙民が「選挙人」を選び、選挙人が議員を選ぶという間接選挙を否定するものである。アメリカ大統領選挙は形式的には一種の間接選挙だが、中間選挙人が二大政党の推す候補者のいずれに投票するかを事前に明確にしているため、直接選挙とほぼ変わりがないように作動している。

第四は秘密選挙である。誰に投票したかを知りえないようにする制度である。社会的弱者が強者に服従して投票したり、金銭による買収に屈して投票したりしないようにするためのものである。

これらに加えて、第五に「自由選挙」の原則があげられることがある。立候補の自由が抑制されたり、選挙運動に干渉が加えられることがあってはならないという原則である。この原則は通常、当然の前提として明記されないことがあるが、ナチス時代に選挙の自由を侵害された経験をもつドイツは戦後、憲法（基本法）にこの原則をあげ、強調している。

3　自由選挙と選挙競合

さて、その「自由選挙」だが、旧ソ連など共産諸国での選挙との対比で重視されねばならない。自由選挙の原則が確立されておらず、選挙競合が排除されている。

旧ソ連は各選挙区が定数一の小選挙区制をとっており、過半数を得たものが当選するとされていたが、立候補の自由がなく、通常の場合、立候補者は一人で、選挙は単なる信任投票であった。これは候補者を立てる権利が共産党組織などに限定されていたためである。

投票所では選挙立会人の前で投票するわけだが、賛成者は投票用紙に何もチェックせず、そのまま投票箱に入れるだけなのに対し、反対者は別に設けられた記入所で意に反する立候補者の名前を消さなければならなかった。このような行為の相違から誰が反対したかがわかるわけで、秘密選挙の原則に外れたものとなっていた。

（加藤秀治郎）

2 選挙制度の類型

1 選挙区

学問的にいう場合、選挙制度は、「多数代表制」と「比例代表制」の二つがあるとされる。

ただ一般には、これとは別の類型がよく用いられ、「小選挙区制」と「比例代表制」が対比されることが多い。これは、選挙区定数の違いによって、小選挙区と大選挙区を区分する方法を援用して、常識的に理解しやすいようにとの配慮からいわれているものである。

図表6　選挙制度の分類

代表制＼選挙区	小選挙区制	大選挙区制
多数代表制	イギリス、アメリカなど	（［完全］連記制）
比例代表制		ドイツ、イタリアなど

まず、一選挙区当たりの定数によって、一名の場合を小選挙区制、二名以上の場合を大選挙区制と分ける（図表6参照）。そして、大選挙区制のうちで、定数が三～五名と、そう多くない場合について、日本では「中選挙区制」と呼び習わしてきた（戦後の一時期を除き、一九二五年から一九九四年まで続いた制度）。しかし、これは程度の相違で、厳密には大選挙区制の一種である（本章4参照）。

2 多数代表制

まず多数代表制だが、代表的論者はバジョットである（本章3参照）。民主政治とは多数決の政治である、との民主主義観に立って、議会は世論の主要な傾向を概括的に反映すれば十分であるとの考えから、選挙母体の多数派の意思を代表するよう工夫された選挙制度である。

一選挙区から一人の代表を選出する小選挙区制はその典型であり、次点以下の候補に投じられた票はすべて死票となる。しかし、少数派にも次の選挙で勝つチャンスが与えられており、何ら民主主義に反するものではないとされる。これを採用している国には、イギリス、アメリカ、カナダ、オーストラリアなどがあるが、そう多くはない。

また、イギリスでは議院内閣制をとっているので、議会に「強力な多数派（ワーキング・マジョリティ）」をつくる必要があるとの観点が強調される。わずかな得票差を過大に議席差に反映するので、安定した政府与党の形成に適するといわれる。

以上のような制度のほかに、多数代表制にはフランス型の制度もある。アメリカ、イギリスの制度では相対多数でも当選とする制度だが、フランス型は絶対多数でなければ当選としないとする制度である。一回目の投票で決まらない場合、上位者で決選投票を行う。これは絶対多数代表制や二回投票制とよばれる（本章6参照）。この制度の下では、決選投票の場合に備えて、政党間の協力関係ができやすくなっているといわれる。

3　比例代表制

これに対して、個々の有権者の票をできるだけ生かし、有権者の政党支持の分布がそのまま議席比に反映されるように配慮したのが比例代表制である。ミルが強調するように、世論の分配は鏡のように議会に反映されねばならない、という民主主義観に立つものである（本章3参照）。

比例代表制は細部でいろいろ異なるが、実際に用いられているのは名簿式が多い。各政党の得票数に応じて議席が分配され、その政党の獲得した議席数の枠の分だけ、名簿の上位にある者から当選となる方式である。しかし、政党を選ぶことはできても候補者を選択できないことを不満とする立場から、ある程度候補者の選択も可能なように修正された制度が提案され、それを採用している国もある。ドイツ、イタリア、オランダ、ベルギー、スイス、スウェーデンなどが、いろいろ修正をほどこした比例代表制をとっている。

4　少数代表制

以上が主要な二類型であるが、日本の衆議院は従来、このいずれとも異なる制度をとっていた。一選挙区の定員が三～五名だから、大選挙区制の一種であるが、選挙区当たりの定員がそう多くないことから中選挙区制と一般によばれた。ここでは、比例代表制ほどのことはないが、少数派にも当選のチャンスがあるので、とくに「少数代表制」とよばれることもあり、先の多数代表制、比例代表制と併せて三類型とされることもあった。しかし、これは特殊日本的な類型にすぎない（本章7参照）。

（加藤秀治郎）

3 選挙制度の思想的背景

1 選挙制度と民主主義観

わが国では、選挙制度というと、すぐに「各選挙制度の利害得失」ということが語られるが、民主主義において尊重されなければならないものは何か、という議論を抜きに、各選挙制度の「長所」「短所」を語ることはできない。

選挙制度は、その寄って立つ民主主義の理念の相違から、多数代表制と比例代表制の二つの類型に分けられる。安定政権の創出をめざす、多数代表制（小選挙区制）は、バジョットの『イギリス憲政論』（一八六七年）で代表される。それに対して、世論を鏡のように議会へ反映することをめざす比例代表制は、ミルの『代議制統治論』（一八六一年）で代表される。

2 バジョットの多数代表制論

バジョットは、比例代表制が死票が少ないなど、「魅力をもっていること」を認めるが、比例代表制は「長所をすべて無にするような欠点をもっている」として批判する。

議院内閣制では「首相の選出」が最も重要な議会の機能だが、比例代表制はその「前提条件と相いれない」という。つまり、小党に分裂しては安定した政権基盤を生むという、議会の機能が果たしにくくなるという。

議院内閣制の下での議会で重要なことは、安定した多数派が形成され、政局の堅実な運営を可能にすることであり、その目的にかなうのは多数代表制だというのである。多数代表制のいわゆる「機能する多数派（ワーキング・マジョリティ）」の形成作用を重視する立場である。

3 ミルの比例代表制論

ミルは比例代表制を主張した。多数代表制では大政党の候補ばかりが当選し、「少数派はまったくといってよいほど代表されない」。

これでは、全国バラバラに分散している少数派は、一人も代表者をもてず、それでは「事実上、選挙権の剝奪」に等しいことだとミルはいうのである。

つまり、少数派をも含め、民意を鏡のように議会に反映させることが重要であり、それをめざす制度が比例代表制だというのである。多数決は、議会の内で行えばよいことであり、それ以前の選挙の段階で少数派をシャットアウトしてしまうのは、民主主義の観点からは問題であるとし、それを批判しているのである。

4　吉野作造の小選挙区制論

わが国では戦前に著名な二人の学者が、バジョットやミルに相当する議論を展開している。吉野作造（さくぞう）が小選挙区制を唱え、美濃部達吉（みのべたつきち）が比例代表制を主張しているのである。

民本主義（みんぽん）で知られる吉野作造（一八七八～一九三三）は、責任内閣の定着のためには、イギリス型の二大政党制がよく、そのためには小選挙区制を導入する必要がある、という立場であった。

「議院多数党をもって内閣を組織する」という「制度の完全な運用には二大政党の対立を必要条件とする」のであり、それには小選挙区制がよく、それ以外は問題にならないとしたのである。

5　美濃部達吉の比例代表制論

「天皇機関説」で知られる美濃部達吉（一八七三～一九四八）の理論展開もまた、注目される。美濃部が比例代表制を主張したのは、政党政治の発展のためであり、政策中心の選挙を促すために、投票は政党への投票とする、という比例代表制論であった。

すべての点で政策中心の選挙に反しているのが中選挙区制であるとして、美濃部は中選挙区制に対し、きわめて厳しい批判をしている。そして、比例代表制を唱えたのである。

これらの理論は、実際にそのとおりになるのかどうか、現実に照らしてチェックされなければならないのは確かである。しかし、このような原理的な議論を抜きにして、選挙制度を技術的に論じていてはならないのも確かであり、各選挙制度の政治思想的な背景は、もっと重要視されなければならない。

（加藤秀治郎）

4 多数代表制

選挙制度は、大まかに、多数代表制と比例代表制に分けられる。有権者の多数派の代表を議会に送る方式を「多数代表制」とよぶ。その反対に、少数派の代表をもそれなりに議会に代表させるべきだと考えるのが「比例代表制」である。今日では、多数代表制の代表的なものとして「小選挙区制」があげられる。多数代表制は、民意の集約に力点をおき、安定した与党(つくられた多数派)の形成を容易にする。

ここでは、「多数代表制」について概説する。

1 小選挙区制

小選挙区制とは、選挙区の単位が小さいもののことをいうのではなく、定数が一である選挙区を基本とした選挙制度のことである。選挙区の広さにはまったく関係がない。

小選挙区制は大選挙区制に対置されるべき概念であるが、大選挙区制自体は、定数二以上のすべての選挙制度のことを指している。したがって、わが国で「中選挙区制」(定数三~五)とよばれていた衆議院の旧選挙制度は、大選挙区制の一種である。中選挙区制は、より専門的には非移譲式単記(単記非移譲式)投票制(SNTV：single non-transferable vote)とよばれることがある。

普通、小選挙区制とよばれているのは、イギリス式の「小選挙区相対多数制」のことである。この制度の哲学は、選挙区で第一位となった候補者を、基本的にその得票にかかわりなく、当選者とするものである。そのため、イギリスでは、一着当選方式と称されることがある。イギリスで盛んな競馬になぞらえてのことである。

2 決選投票制

イギリス式の小選挙区相対多数制とは違って、候補者の当選に対して、有効投票数の過半数を必要とする方式がある。「決選投票制」がそれである。有名なのはフランスの小選挙区二回投票制である(本章6参照)。当選ラインを強調して、とくに「小選挙区絶対多数制」とよばれることがある。ヨーロッパ大陸では、比例代表制が考案されるまで、この制度が主流であった。

フランスでは、第一回投票で当選を決めるためには、絶対多数が必要である。しかし決選投票では、限られた候補者のなかの「相対多数」で当選できることになっている。そのため、より厳密にいえば、絶対・相対多数制である。フランスの場合、決選投票に進出するための要件は、有効投票数の八分の一（一二・五％）であるが、この基準は段階的に引き上げられてきた。二回投票制はハンガリーなど、民主化後の東欧でみられる。

比較政治学では、絶対多数制の例として、フランスの小選挙区二回投票制とオーストラリアの優先順位付連記投票制（小選挙区制）を取り上げることが普通である。オーストラリアでは、有権者は当選させたい順に、候補者に番号をつける。最初の集計で過半数を獲得した候補者がいない場合、下位の者から第二位票を再配分し、当選者が出るまでこれを続ける。

決選投票制には、小選挙区制だけでなく、リスト式も考えられる。フランス地方選挙などでみられるプレミアム式がそれである。リスト式二回投票制も、多数代表制に入れることができるが、国政レベルに適用するには、変則的すぎると考えられる。

3　完全連記式

選挙区の定数が複数であっても、その定数すべてに対して、有権者が投票できる形式を「完全連記式」とよぶ。現代政党デモクラシーにおいては、結果的に、同一勢力への投票だけが行われるため、イギリス式の小選挙区制（相対多数制）と同じ効果が得られる。多数代表制に含めてよいが、現実には、ほとんど採用されていない。

選挙区の全定数ではなく、一部に限って投票させる仕組みを「制限連記式」とよんでいる。

わが国では、戦後、第一回衆議院選挙のみ、制限連記式で選挙が行われたが、いくつかの選挙区では当選ラインに達せず、再投票が行われた。また、党派を超えて有名人に票を投じるなどマイナス面も目立ち、定着しなかった。共産党・革新系の当選者を抑制する目的もあり、第二回選挙から中選挙区制に復帰した。

（増田　正）

5 比例代表制

比例代表制とは、各政党が獲得した票数に応じて議席を配分する選挙制度である。有権者の多様な民意、例えば、有権者の政党支持の分布状況などが、そのまま議席に反映されるように配慮されている。

この制度の提唱者の一人であるJ・S・ミルは、著作『代議制統治論』において、メリットとして、(1)広い選挙区から最も良い指導者を選出することが可能となり「高度の知性と人格をもつ指導者」が選ばれる。(2)「少数者の諸集団は、当然有すべき大きさの力を有するようになる」と少数意見が尊重される制度上の長所を指摘している。つまり、比例代表制とは、「民意を鏡のように議会に反映させる」ことが可能な選挙制度といえる。

ミルがいうメリットのほかに、これまで一般的に指摘されてきた比例代表制の特徴をみてみると、まず、長所としては、①社会の諸集団の意思（集団の大小といった規模に関係なく）を議会に反映できる、②死票（落選した候補者に投票された票）を最小限に抑えることができる、③新しい政党、規模の小さい政党の出現が容易である、などがある。

短所としては、❶小さい政党が数多く議会に出現する（小党分立・議会において合意形成が困難になり、時間を有する可能性がある）、❷名簿式（後述）の場合、その決定者であることが多い政党幹部に権力が集中する、❸選挙・当選手続きが複雑である、などがこれまで指摘されている。

1　拘束名簿式・非拘束名簿式

比例代表制はわが国を含め、各国で広く採用されている選挙制度であるが、当選者を決定するまでの手続き方法には、「名簿式」や「委譲式」といった方法がある。わが国の参議院選挙および衆議院選挙の一部（小選挙区が三〇〇議席・比例区一八〇議席）において、実施されている方法は「名簿式」といわれるものであり、さらに、この方式は、「拘束名簿式」、「非拘束名簿式」の二つの種類に分かれる。

拘束名簿式とは、政党の作成した候補者名簿に当選順位が記載され、獲得議席数に応じて名簿の上位から当選者が決定される方式である。この場合、有権者は政党の選択しかできず、候補者を選ぶことはできない。

一方、非拘束名簿式とは、順位がつけられた名簿はなく、投票時に政党名のみならず候補者個人への投票が可能となっている制度である。わが国においても二〇〇〇年六月の公職選挙法改正により、参議院選挙の比例区において、それまでの拘束名簿式から非拘束名簿式に変更され、二〇〇一年七月に実施された参議院選挙（衆議院選挙の比例区は拘束名簿式）から採用されている。

有権者は政党名もしくは候補者のいずれかで投票し、政党内での当選者の決定は各候補者の得票数によってなされる。この方式では、個人名の投票もその候補の所属政党に投票したことになるので、知名度のある候補者が有利であり、タレント候補などに頼る傾向もみられる。

２　議席の配分方法（ドント式）

比例代表制において、各政党が獲得した票数を比例配分し、議席数を決定する方法には、ドント式、ヘアー式、サンラグ式などがある。

ここでは、わが国においても採用されている「ドント式」による議席配分方法をみてみることにする。

この方式はベルギーのドント博士が考案したもので、**図表7**にあるように、まず、各政党の得票数を、整数（1、2、3、……）で割っていく。そして、その商（答え）の大きい順に、あらかじめ決定されている定数までの議席を各政党に配分する方式である。

（梅村光久）

図表7　ドント式の議席配分法

例（11議席の配分）

得　票	A党 6,000票	B党 4,000票	C党 1,800票
1で割る	6,000①	4,000②	1,800⑥
2で割る	3,000③	2,000④	900
3で割る	2,000⑤	1,333⑧	600
4で割る	1,500⑦	1,000⑪	450
5で割る	1,200⑨	800	360
6で割る	1,000⑩	666	300
結　果	6議席	4議席	1議席

（注）数値の大きい順に、1番目の議席①から11番目の議席⑪まで配分される。

6 主要国の選挙制度

1 アメリカの選挙制度

アメリカの連邦議会議員選挙（上院・下院）で採用されている選挙制度は小選挙区制である。小選挙区制は第三党以下に不利な選挙制度であり、アメリカでは共和党、民主党以外の第三党以下の力が弱いため、上下両院とも第三党は議席をもっていない。また、下院では現職候補が圧倒的に有利な状況が続いている。これは、資金面や知名度で現職が有利な立場にあることによる。

大統領選挙の選挙制度は、間接選挙の形態をとる。ここではまず、国民は大統領選挙人を選出し、次に大統領選挙人が大統領を選出するというプロセスをたどる。大統領選挙人は州ごとに選出され、各州の選挙人数は上院議員数（二名）と下院議員数（人口に比例して各州に配分）を合計した数である。当選者の決定は合計五三八人の選挙人のうちの過半数、すなわち二七〇人以上の票を獲得することが必要とされる。

各州における選挙人の選出にあたっては、一般投票において最も多くの票を獲得した者がすべての選挙人を獲得するという勝者総取り方式である。そのため、必ずしも国民全体の一般投票で最も多くの支持を集めた候補者が当選するとは限らない。二〇〇〇年の大統領選挙では、一般投票で一位であったゴア（民主党）が、ブッシュ（共和党）に敗れるという逆転現象がみられた。

2 イギリスの選挙制度

イギリス下院議員の選挙制度も小選挙区制である。イギリスも労働党と保守党による二大政党制であるが、アメリカと違い、議会には第三党以下の政党が議席をもっている。これは、地域によっては第三党の自民党や地域政党が有権者の支持を得ているため、選挙で第一位の票を獲得しているからである。

第二次大戦後の総選挙結果を概観すると、第一党は常に得票率よりも議席数の方が高く、過剰代表されている。それに対して第三党は常に過少代表されており、小選挙区制は第一党には有利に、第三党には不利に作用している。また、二大政党の議席率の比は得票率の比の三乗に近くなるとする「三乗比の法則」も主張されてきたが、これも小選挙区制が第一党に有利に働くことを理論化したものである。

３　ドイツの選挙制度

ドイツで採用されている選挙制度は小選挙区比例代表併用制である。投票者は選挙区と比例区で合わせて二票を投じる（小選挙区では候補者名、比例区は政党名）。

各党の当選者数に関しては、比例代表制の得票率によって決定する一方、小選挙区で一位となった候補者は優先的に当選者となる。基本的には比例代表制の性格を色濃くもった制度といえる。

また、小党分立状況の出現を回避するために阻止条項を設定しており、政党が議席を獲得するためには、小選挙区で一位となった候補者が三名以上存在するか、比例区で五％以上の得票率をあげなければならない。

４　フランスの選挙制度

フランス国民議会議員選挙で採用されている選挙制度は、小選挙区二回投票制である。この制度は、第一回投票で過半数票を獲得した候補者が存在すれば、その候補者を当選とする。しかし、そのような候補者が存在しなければ、第二回投票を行い、このときの最多得票者が当選するという方式である。第二回投票で立候補できる者は第一回投票で一二・五％以上の得票率を得た者に限られる。実際には、第二回投票の際には政策的立場の近い政党が連合し、右派と左派の有力二候補間の争いとなることが多い。小選挙区二回投票制の下で勝利するためには、各党に他党との効果的な連合形成・維持の能力が要求される。裏返していえば、第一回投票の際には、各党がバラバラに戦っても問題がないため、二大政党化は起きにくく、多党制につながりやすい。

大統領選挙の選挙制度は二回投票制である。これは、第一回投票で過半数の票を得た候補者がいない場合、上位二名で決選投票を行うという制度である。そのため、第一回投票で最も多くの票を獲得した者が決選投票で敗れることもありうる。一九九五年の大統領選挙では第一回投票で一位となったジョスパン（社会党）が、決選投票ではシラク（共和国連合）に敗れている。

（井田正道）

7 日本の選挙制度

1 衆議院の選挙制度

(1) 小選挙区比例代表並立制

衆議院は小選挙区比例代表並立制だが、この制度は一九九四年に成立し、九六年の総選挙から採用されている。これは小選挙区制を主とし、それに比例代表制を組み合わせたものだが、比例代表制は旧中選挙区制からの激変緩和のためのものと説明される。定数は当初、小選挙区三〇〇人、比例代表二〇〇人であったが、二〇〇〇年以降削減され、二一年現在、小選挙区が二八九人、比例代表が一七六人、合計四六五人である。被選挙権は二五歳以上。任期は四年だが、解散がある。

比例代表では、全国を一一のブロックに分割し、それぞれのブロックごとに各党の得票に応じて議席数がドント式で比例配分される（本章5参照）。

比例代表選挙は拘束名簿式であるが、小選挙区の立候補者が比例代表の名簿にも登録して、重複立候補することができる。そして小選挙区選挙で落選した場合にも、名簿順位に応じて、比例代表で当選することが可能となっている。

また、重複立候補者については同一順位に並べることが可能であり、その場合は各候補者がそれぞれの小選挙区でどれだけ当選者に肉薄していたかによって、順位が決まる。正確には「惜敗率（せきはいりつ）」といい、その候補の得票数の、最多得票者の得票数に対する割合のことである。各党とも同一順位に多くの候補者を並べている。そのため、拘束名簿式でないかのような印象を与えるほどである。

(2) 中選挙区制と政治改革

現行制度は、一九九〇年代前半に行われた政治改革の一環として採用されたものである。それまでは、一九二五年の総選挙（納税条件を廃止した初の普通選挙。ただし男子のみ）から、第二次大戦後の一時期を除いて、中選挙区制が採用されていた。三から五の選挙区定数を、単記制で争う制度であり、少数派であっても当選が可能であることから「少数代表制」などとよばれることもあった。

しかし、民主主義の観点から考えると、理念は不明確であるといわざるをえない（本章2参照）。また、中選挙区制では大きな政党が政権を獲得するには、同一選挙区で複数の当選者を出さなければならず、同士討ちは避けられなかった。そのため、選挙は候補者によるサービス合戦の様相を呈し、政策以外での争いとなって、腐敗の温床となる傾向が強かった。

そこでさまざまな問題が生じ、次第に中選挙区制そのものに対する批判が高まっていった。このため、選挙制度を改める必要があるとの認識から、現行の小選挙区を中心とする制度が採用されることとなったのである。

２　参議院の選挙制度

（１）現行制度

参議院では、一九八三年から選挙区選挙と比例代表選挙とを組み合わせた方式を採用している。選挙区選挙は各都道府県を一つの選挙区として行われ、それぞれ一～四人が単記制で選出される。比例選挙は、全国を一単位として行われ、選挙区選挙との重複立候補はできない。

また、二〇〇一年の選挙からは、定数の削減が行われ、選挙区選挙が一五二から一四六へ、比例代表選挙は一〇〇から九六となり、合計二五二議席から二四二議席になった。一八年には定数が六増え、一九年の通常選挙から（後述のように半数ずつ三年ごとに改選されるため）二四五人となり、さらに二二年の通常選挙からは二四八人となる。

二〇〇一年には、比例区にも変更が加えられ、拘束名簿式から非拘束名簿式となった。これにより、従来は比例区の投票では政党名のみとされていたものが、政党名もしくは名簿上の個人名で投票することができるようになった。政党のなかでの順位は、個人名得票の多い順となっている。被選挙権は三〇歳以上で、任期は六年だが、三年ごとに半数ずつ改選される。

（２）全国区と比例代表制の導入

かつて参議院議員選挙では、現在の選挙区選挙（「地方区」とよばれていた）と並んで、「全国区」が採用されていた。地方区が地域代表的な要素を重視したのに対して、全国区は学識経験者や職能代表的議員を選出することがめざされていた。しかし、次第に組織への依存が高まり、選挙費用が増大したり、また、政治以外の分野で知名度が高い「タレント候補」の乱立を招いたりするなど、強い批判を浴びるようになった。このため一九八三年から、全国区に代えて比例代表制が導入されている。

（真下英二）

第10章　投票行動

1　投票行動の理論

1　コロンビア・グループ

有権者がどのように投票の意味を形成し、行動するかを「投票行動」という。この領域の研究は主にアメリカで発達してきた。

初めコロンビア大学のグループが、宗教、社会・経済的地位、居住地域など有権者の社会学的要因（社会的属性）と投票行動の関係を分析し、大きな成果を上げた。この研究は、一九四〇年の大統領選挙のときに、ラザースフェルドやベレルソンが行ったエリー調査に始まる。それは、プロテスタントで高い地位にある、郊外の裕福な家に住む人はまず共和党の候補に投票するのに対して、カトリックで貧しい都心のスラムに住む黒人が民主党へ入れる、というように分析していくのである。

この分析には、同じ調査対象者（サンプル）に、数回の面接をするパネル調査が用いられた。パネル調査が用いられたのは、投票がいつ、どのように決定されるのかを解明するためである。調査結果が示した事実は以下のようである。

(1)キャンペーンの始まる以前に投票意思が決定している投票者が全体の約半数を占め、選挙戦の終盤まで投票意思が固まらない者は少数でしかない。

(2)キャンペーン効果の内容としては、あらかじめもっている投票意図をより確固としたものにする補強効果が主であり、投票意図を変更させる改変効果は全体としてみて少ない。

(3)投票決定に影響する諸要因間の対立や非一貫性、つまり交差圧力（クロス・プレッシャー）を受ける者は、投票決定期が遅い傾向にある。

2 ミシガン・グループ

次いでキャンベルらミシガン大学のグループが、社会心理学的に分析を深めた。社会的属性からのみ投票行動を説明しようとしたコロンビア・グループを批判し、社会的属性と行動を媒介する心理的要因を重視していったのである（図表9参照）。同じような社会的属性の人々の間にも個人差があって、それだけではうまく説明できないからである。

ここでは、個々の有権者の政党との結びつきが、「政党帰属意識（パーティ・アイデンティフィケーション）」（政党支持態度）としてとらえられ、この要因を中心に投票行動が分析されている（第11章1参照）。日本でいう「支持政党」を精緻化（せいちか）したものといってよい。例えば、貧しい黒人の高齢者のなかに、予想外に共和党支持者が多いが、これは「黒人解放の父・リンカーン」の党が共和党だから、共和党に一体感を感じ、共和党の候補に入れるというパターンである。

キャンベルらはまた、政党帰属意識の発達過程に認められる特性を次のように捉えた。政党帰属意識は、未成年期における両親の影響を主要な源泉として形成され、その後生涯にわたって持続される傾向にある。また、成人後には投票経験を蓄積するにしたがってより強化される。

これらの内容を伴う理論はミシガン・モデルあるいは政党帰属意識モデルとよばれ、投票行動理論の古典的地位を占めるに至った。

（前田壽一）

図表8　投票行動のモデル

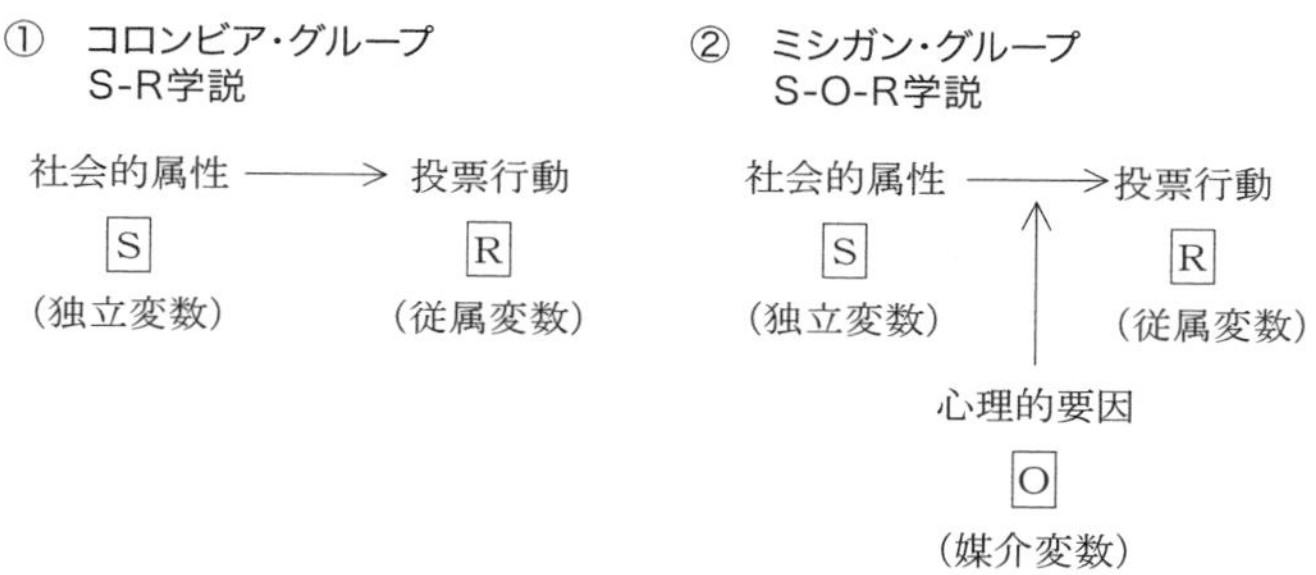

2　投票行動理論の新展開

1　争点投票モデル

ミシガン・モデル（本章1参照）において投票行動に対する政党帰属意識の重要性が指摘されたのち、アメリカ人の投票行動は顕著な変化をみせた。ナイ、ヴァーバ、ペトロシックは、投票行動の時系列的分析を行い、一九六〇年代中盤からアメリカ人の投票行動が政党を投票基準とする政党投票から、政策争点を投票の基準とする争点投票へと変化していることを指摘した。

政策争点とは、政治的問題のなかで、政党の間や候補者の間で意見の対立する問題をいう。一九五〇年代の世論調査データをもとにしたミシガン・グループの投票行動研究は、投票者を政党忠誠心の持ち主として描写しており、投票行動に及ぼす争点態度の影響を重視してはいなかった。

しかしながら、六〇年代中盤以降になると、そうした描写は修正を要するようになった。

その理由は第一に、有権者が政党離れをみせたことである。政党離れとしては、特定政党を強く支持する「強い支持者」の減少、無党派層の増大であり、また、民主党支持でありながら共和党に投票するなど逸脱投票の増大である。

第二に、投票行動における争点志向の増大である。具体的には、候補者評価の基準として、所属政党をあげる有権者が減少し、争点をあげる有権者が増大したことであり、争点態度と投票行動との一致率の増大がある。

しかしながら、争点投票は一九六〇年代のアメリカという時代状況の産物であり、ベトナム戦争や人種問題の噴出といった当時の新しい争点が国民の関心を喚起したことに起因するところが大きい。争点投票モデルはその後、業績投票モデルに吸収されていく。

2　業績投票モデル

ベトナム戦争や人種問題といったイシューが主要な争点ではなくなった一九七〇年代中盤になると、争点投票モデルも有効性を低下させる。

しかし、いったん脱政党化したアメリカの有権者は、五〇年代のような政党忠誠者に再び戻ることもなかった。そうした状況下で注目を集めたのが、フィオリーナが主張した業績投票モデルである。この理論によれば、投票行動は個々の政策争点にもとづいて行われるというよりも、現政権の業績を回顧し、それに対するラフな評価によって決定されると考える。

業績評価の内容として比較的重要性が高いのは、景気状況に現れる経済面での業績である。景気が上昇し現政権の業績に肯定的評価を下していれば、与党に投票し、景気が悪化し現政権の経済政策に否定的評価を下していれば野党に投票する。経済面が重視されるのは、アメリカの有権者は投票行動の際に外交問題よりも内政問題を重視する傾向があるからである。

また、過去の業績に対する評価は未来における業績期待を規定する。すなわち、過去の政権業績に対して肯定的な評価を下していれば、未来における高い業績期待につながりやすい。

ミシガン・モデルが政党帰属意識という長期的要因を重視し、争点投票モデルが争点態度といういわば短期的要因を重視したのに対して、業績評価モデルは政府業績という中期的要因を重視した理論であるということもできる。ただ、フィオリーナの業績投票モデルは、政党帰属意識モデル（ミシガン・モデル）と真っ向から対立するものではない。彼は政党帰属意識の重要性も認識しており、むしろ業績評価を政党帰属意識モデルに組み入れたのであった。

3　個人投票モデル

個人投票理論は、アメリカの下院選挙における投票行動の説明としてケイン、フェアジョン、フィオリーナが提唱した理論である。これは、現職候補者個人に対する業績評価が投票を決定するという理論である。

アメリカ下院選挙（第6章9参照）では、党派を問わず現職候補が断然有利な状況が続いているが、それは選挙活動と選挙民サービスに関して、現職が挑戦者に対して有利な立場にあることを示すものと考えられるのである。そのような状況が有権者に、現職に対する肯定的評価を抱かせ、さらには現職に対する業績期待にも結びついているとする。

（井田正道）

3 日本人の投票行動

1 政治的態度と投票行動

アメリカにおける投票行動研究の古典的位置を占めたミシガン・モデル（本章1参照）の中心的概念は政党帰属意識であった。わが国では政党支持態度という概念が政党帰属意識と近似の概念として存在する。日本人の投票行動においても政党支持態度の重要性は認識されており、投票行動に対する政党支持態度の規定力は強い。

ただ、日本人の政党支持態度は伝統的な二大政党制国家の下にあるアメリカやイギリスと比較すると安定性を欠いていることがわかっている。また、三宅一郎は日本人の政党支持がアメリカやイギリスのように一つの政党に対する固定的な支持というよりも、複数の政党について選択の可能性があることに注目し、「政党支持の幅」仮説を提示した。

さらに一九九〇年代には支持政党をもたない「無党派層」が増大し、近年ではその比率はおよそ五割に達している。このような脱政党時代においては有権者全体に占める無党派層の比重が高まり、選挙においては移り気な浮動層の割合が増加している。

アメリカでは一九五〇年代に有権者の四分の三が党派心を保有していたことを背景としてミシガン・モデルが構築されたが、六〇年代に入り無党派層が増大するにつれてミシガン・モデルの有効性が減退した。およそ五割が無党派層という近年のわが国の状況も投票行動に対する政党支持態度の規定力の減退を意味する。

一九九〇年代における無党派層の増大に関しては、あらゆる職業階層および年齢階層でみられる。国際的には冷戦構造の崩壊、国内的には自民党分裂と相次ぐ新党結成、そして連立政権の時代が到来したことによって、「五五年体制」のなかで培われてきた有権者に認知的不協和をもたらしたことが大きな原因である。

一九九三年の総選挙まで半世紀以上にわたって採用されてきた中選挙区制は政党中心の選挙というよりも、個人後援会を中心的主体とした候補者個人本位の選挙運動スタイルを発達させた。一九九四年に政党・政策本位の選挙を一つの目的として小選挙区比例代表並立制が採用され、政党重視の投票者が若干増加しているというデータも存在するものの、現在のところ小選挙区選挙においては人物本位の投票選択という側面が色濃く残っている。

政策争点が投票行動に及ぼす影響に関しては、長い間、争点が投票行動に及ぼす影響力は小さいと考えられてきた。なぜならば、わが国では選挙戦が候補者や政党の抱える定形・不定形の諸組織間の戦いという色彩が濃く、また業界利益や地元利益の誘導が当選のための重要な要因となっているからである。しかし、一九七〇年代後半以降の国政選挙では、政治倫理や税制改革が主要争点となると自民党が議席を減らすという結果がしばしばみられる。

アメリカでフィオリーナが提唱した業績投票理論は、わが国でも時として該当する。最近では、橋本(龍太郎)政権下で行われた一九九八年の参議院議員　選挙において、消費税率引き上げなどをきっかけとした景気悪化に対する否定的な業績評価が自民党敗北の原因となる。

2　社会的属性と投票行動

社会的属性と投票行動との関係では、職業、年齢の重要性が指摘できる。職業別の投票行動については、自民党は自営業者に強く、とりわけ農林漁業者に高い支持を得ている。他方、野党だが旧民主党で代表させると、被用者、とりわけ事務職や専門・技術職に比較的強い。ゆえに、自民党は農村部では圧倒的な強さを誇り、民主党は被用者の多い大都市部で強い。例えば、二〇〇三年総選挙における小選挙区での自民党の議席獲得率は大都市型選挙区では二九%に対して、農村型選挙区では七八%にも達した。逆に、民主党は大都市型選挙区では六二%の選挙区で議席を獲得したのに対して、農村型選挙区では一二%にすぎなかった(『毎日新聞』二〇〇三年一一月一一日)。

年齢に関しては、自民党は年齢が高いほど支持率が高い「高年型」のパターンを示す。それに対して民主党は二〇歳代から五〇歳代あたりの現役世代で比較的支持が高く、六〇歳以上の引退世代では弱い。自民党が高年型である原因は、加齢に伴う政治意識の保守化や老後において活動の主体が職場から地域に移行し、地域に根ざした個人後援会を発達させている自民党議員の支持者となるなどがあげられる。

(井田正道)

4 無党派層

無党派層とは、支持政党をもたない有権者層のことをいう。言い換えると「政党支持なし層」である。世論調査で、「あなたが支持する政党は？」などと問われて、「ない」と回答する有権者のことである。

近年の日本では、有権者の四割から五割程度が無党派層とされているが、無党派層は選挙においては、「浮動票」などとも称され、その動向は政治を大きく左右する重要な要素となっている。なお、世論調査の質問の仕方によって、「政党支持なし」と回答する割合はかなり違ってくることもあるので、無党派層の割合については、その点を留意する必要がある。

1　日本における無党派層の動向

一九六〇年代の後半まで、無党派層は、有権者の一割程度を占めるにすぎなかったが、七〇年代から九〇年代の初頭にかけて、二割から三割程度を占めるようになった。無党派層は増加傾向にあったものの、支持政党をもつ層にくらべれば、あくまで少数派であった。

しかし、無党派層は九〇年代になると急速に増加して、九〇年代の半ば以降は、五割前後を占めるようになってきている。九三年の政党再編以降、政党の離合集散が活発になり、また、基本政策を変更する政党も現れたことなどから、従来支持していた政党から離れていった有権者が増えたのである。

その後、政党再編は一段落しているが、一度政党から離れた有権者はなかなか戻らず、無党派層が五割前後を占める状況はいまだに続いている。

かつて無党派層は、政治への関心が低く、投票にも行かないような有権者が多いとされていたので、政治的にはさほど重要視されることはなかった。しかし最近では、無党派層のなかには、政治への関心も高く、投票に行く者も多くなっていると考えられるので、その動向が選挙の結果を大きく左右するようになってきている。

そのため、政党にとっては、自らの支持層を固めるだけでなく、無党派層からの支持を得ることが、選挙戦を制する重要なポイントになっている。例えば、二〇〇五年の「郵政民営化選挙」（第四四回衆議院議員総選挙）で自民党が大勝したのは、普段は民主党(当時)に投票する傾向が強かった無党派層のうち、小泉(純一郎)自民党に投票する者が多かったことが主たる要因とされている。

既存の支持層の利益と無党派層の期待とは時に衝突することもあり、どちらに重点をおくべきか、政党にとっては悩ましい問題になっている。

2　無党派層の類型と特徴

ここで、日本の無党派層を類型化しておこう。田中愛治(あいじ)によれば、日本の無党派層には「政治的無関心層」「政党拒否層」「脱政党層」の三つのタイプがある。

政治的無関心層とは、そもそも政治への関心が低く、投票に行くことも少ないような有権者のことである。一方、政党拒否層とは、政治への関心はあるものの、支持政党はもたないという有権者である。

そして、脱政党層は、かつては支持政党をもっていたものの、一九九三年の政党再編以降に政党支持を捨てた有権者である。最近の無党派層のうち、政治的無関心層が約三割、政党拒否層が約四割、脱政党層が約三割を占めるという。

次に、無党派層が比較的多い社会層を示しておこう(以下の数値は、統一地方選挙に際して実施されている「公益財団法人 明るい選挙推進協会」の世論調査結果による)。

まず、性別では男性にくらべて女性の方が無党派の割合が一〇ポイントほど高い。年齢では、若年層ほど無党派層は多いが、最近では三〇~五〇代でも無党派層が増えてきている。居住する都市の規模をみると、九〇年代の半ばまで、無党派層は大都市部で多く、町村部で少ないという傾向がみられていた。しかし最近では、町村部における無党派層が急増したため、都市規模による差異は、ほとんどみられなくなっている。

最後に無党派層の投票行動を整理しておこう。地方議会選挙における投票行動を、棄権、無所属候補へ投票、政党候補へ投票という三パターンに分けると、支持政党をもつ層は、政党候補への投票が七〇%以上、無所属候補への投票が約一〇%、棄権が約一〇%であったが、無党派層は、政党候補への投票が約二五%、無所属候補への投票が約二〇%、棄権が約三五%となっている。無党派層は、選挙において、政党との関係が深い候補を避ける傾向が強いことが明らかである。

(石上泰州)

5 合理的選択論

合理的選択論の本質は、複数の行動の選択の余地がある場合、人々は自分にとって効用が最大となると信じる選択をするという点にある。効用の評価はあくまで主観的なものであり、本人のもっている情報量の制約を受ける。ここでは投票参加（投票に行くか行かないか）の面に絞って合理的選択論に基づく解釈を提示したい。

投票参加という面では、合理的棄権という概念が成り立ちうる。ダウンズは、合理的有権者は投票から得られる効用がコストを上回るならば投票し、そうでなければ棄権することになると論じた。ここで問題なのは、投票参加のコストおよび効用の内容は何かという点である。コストには費用のみならず、時間と労力も含まれる。

1 投票にかかるコスト

ライカーとオードシュックは、次のモデル式を提示した。合理的な有権者なら、投票に行くか棄権するかにつき、どう考えるかをモデルにしたものである。

> R（期待効用）＝
> P（投票による結果が変わる確率）
> ×B（便益の差）
> －C（コスト）＋D（投票自体の効用）

投票に行くことで得られる効用（R）とコスト（C）を比べ、効用が大きければ投票するし、コストの方が大きければ棄権する、という考えをモデルにしたのである。

まずコスト（費用）である。投票自体にはコストがかからないのでゼロだが、車で行けば燃料費がかかる。また、時間も奪われる。投票所が遠ければ往復の時間がかかり、投票所が混んでいて待ち時間が長ければ、これもコストが大きくなる。労力もコストであり、天候や本人の体力が関係してくる。雨の場合は投票率が下がると言われるが、面倒になるとコストが大きくなるのである。体力の低下した高齢者も投票率が低いが、特に送迎がなければ、足は遠のくだろう。

より重要なのは、情報コストに近いもので、どう投票するかを決めるのが大変な場合、棄権に回りかねない。特定候補者の支持者なら簡単に決まる。支持政党のある人の方が、「支持なし」層より投票率が高いのは、投票意思の決定にコストがかからないからである。

2　投票から得られる効用

効用とは、自分の損得に関わることである。地元利益、職業利益につながると考える人に入れるのは、その候補者が当選すれば自分の得になるである。自分の考えに近い人に当選してもらいたいのも同様である。対立候補者が当選すると、損になると考える。これがモデルでいう便益の差（B）である。

多少複雑なのは、当選可能性が投票・棄権に関係するからである。接戦と予想されると、自分が投票すれば結果に影響を及ぼせると考えるから、投票に行く。しかし、まず当選の期待できない泡沫（ほうまつ）候補者だったり、逆に、どう転んでも当選が確実だと思ったりすれば、棄権につながる。これが、自分の投票により結果が変わる確率（P）である。

オードシュックらはさらに、「投票自体の効用」をモデルに加えている。市民として投票しなければならないと考える人は、投票義務感から投票で満足感が得られるだろう。そうでない人は、棄権しても何とも感じないだろう。これが投票自体の効用（D）の大小である。

投票による満足感のようなものを考えに入れないと、有権者の多くは合理的計算だけでは、棄権に傾くと考えられる面がある。つまり、投票で得られる効用よりも、投票に行くコストの方が高くなってしまう。そこで、この要因がモデルに入れられたことで、現実の投票率に対する説明力が上昇したと考えられている。

これらの要因の計算の結果が、投票した場合の利得（R）であり、これがプラスなら投票し、マイナスなら棄権する、というモデルとなっている。

日本では一九九五年の参院選で投票率が五割を切り、その後、投票コストを削減させる制度改革が次から次へと行われた。投票時間の延長、不在者投票要件の緩和、期日前投票制度の導入、共通投票所の導入などである。

他方で、外国に居住する在外邦人の国政選挙での投票権を認め、選挙権年齢を一八歳に引き下げた。在外邦人や一〇代には投票コストが高いので、これらは、全体への影響は微小だが、投票率を下げる要因となっている。また、選挙区などの関係で、個々の選挙につき有権者数が増大傾向にあり、これはP（投票による結果が変わる確率）の低下につながりやすい。

（井田正道）

サブ・テーマ　15

アナウンスメント効果

アナウンスメント効果とは、投票の前に候補者当落や政党の議席動向などについて予測が報じられることで、実際の投票行動に変化をもたらすことをいう。

優勢と報じられた候補者が勢いを増す「バンドワゴン効果（「勝ち馬」効果）」がよく知られている。

逆に、厳しい状況にあると報じられた候補者についても影響があると言われるが、単純ではない。同情をひいて票を伸ばす場合と、入れても無駄になるから入れないということで、減る場合の両方があると言われる。

どちらも、「アンダードック効果」といわれるが、同情を引いて増える場合を「判官贔屓（ほうがんびいき）」効果といい、無駄になるのを避けて減る場合については、「負け犬」効果と呼び分けられる。ただ、この二つについては、現状では十分に解明されているとは、言い難い。

このような各種のアナウンスメント効果については、理論上、矛盾するように思われるが、選挙制度や選挙の局面を考えれば、それぞれが成り立つと考えられる。

当選者が一人の小選挙区制では、自分の票をムダにしたくないと考える有権者は、「死票」を回避すべく優勢な候補者に入れるので、バンドワゴン効果が働く。負けそうな候補者は減るので、アンダードックの「負け犬」効果となる。

複雑なのは、同じ選挙区で複数の当選者が出る、旧中選挙区制のような制度の場合である。そこでは、同じ党から複数の候補者が出た場合、当選が確実視される候補者に入れるよりは、同じ党で当落を競っている候補者に入れる方が、支持政党の議席増につながると考えられる。情勢の厳しい候補者に票が流れるアンダードッグ効果（判官贔屓効果）が考えられるのである。

参議院の選挙区選挙でも、複数改選区では類似の現象が考えられるので、この現象は今日も続いていると考えられる。

また、政党の議席数についても、アナウンスメント効果が考えられる。ある政党の弱い支持者の中には、その党が勝ってほしいが、「勝ちすぎ」はいけないという判断をする人があり、そのような支持者は、「大勝」との予測報道がなされると、棄権したり、別の党の候補者に入れたりするといわれる。

新聞、テレビなどにおける「当落線上」「あともう一歩」「当選確実」のような報道は、投票参加や投票方向にも影響するばかりか、選挙における後援会組織や、その他支持基盤の士気にまで影響を及ぼすことは以前から指摘されてきた。

ただ、各種研究ではこの二つの効果が同時発生する可能性や有権者の投票行動における戦略的投票も指摘されている。近年、アナウンスメント効果は、マスコミ、インターネットにおける各種情報操作、フェイクニュースとともに指摘されることも多くなってきた。有権者のメディアリテラシー教育が不可欠である。

（佐々木孝夫）

コラム 3

政治学での要注意の英単語 ③

regime

レジームは、もともと政治体制を指す意味で使われていた言葉で、「権威主義体制（authoritarian regime）」のように「体制」と訳すことが多かった。しかし、国際関係論の分野では、国家間に成立している制度、規則、ルールのような意味で使われる。この場合はカナ書きで「レジーム」とする。例えば、「WTOは、国際貿易レジームのひとつである」というように使う。両者とも、秩序を成立させている仕組み、ルールの集合体ということでは同じ意味である（第15章サブ・テーマ22参照）。

institutionalism

20世紀前半までの政治学は、国家の基本的制度を叙述するもので、その内容はかなりの程度、憲法学などと重なっていた。このような政治学は「制度論」的政治学という。その後、政治システムの各部分が「実際にどのように動いているのか」を研究する「行動論／行動主義」的政治学が主流になると、制度はあまり注目されなくなった。

しかし、経済学の影響で、1990年代には、制度が人間行動や政治システムの動作に強い影響を与えていることが注目されるようになり、再び「制度」は政治学の中心的な研究対象となった。この場合は、「新制度論」（neo-institutionalism）という。

nation

翻訳が最も面倒な単語のひとつ。語義は「自分たちをネーションだと考える集団」のことだ（第２章サブ・テーマ8参照）。

ネーションとは、「自分たちが他の集団とは違う特別な集団であり、かつ、分かつことができない一体性をもつ集団」だという概念を意味する。このネーションは、文脈次第で「国民」（自分たちの国家をもっているネーション）とも、「国家」（統治機構をもっているネーション全体）とも、「民族」（自分たちの国家をもっていないネーション）とも訳せる。これらの意味から、「ネーションステート」（ネーションが作っている国家＝国民国家）などの派生語が生まれる。

どの訳語を使うかは文脈次第であり、原語では同じ言葉が、訳者の解釈により別の訳語を当てられる場合もある。ナチスの正式なドイツ語名は「国家社会主義ドイツ労働者党」（Nationalsozialistische Deutsche）のほか、冒頭部分が「民族社会主義」「国民社会主義」とも訳されている。

power

一般的には、「権力」と訳されることが多い。ダールは、「Aが、Bがしたくないことを、Bにさせること」だと考えたが、フーコーは、「人が特定の考え方や振る舞い方をするように仕向けること」だと考えた。この二つの考え方はかなり異なる。

また、これらのような、影響力、人間関係に働く力という意味ではなく、ナマの実力、つまり、暴力や軍事力に近い意味で使われることもある。この場合は、そのまま「力」とした方がよい。さらに、国際政治の文脈では「力をもつ国」＝「強国／大国」の意味で使われることもある。

（永山博之）

第11章　政治意識

1　政治意識・政治的態度

1　政治意識

政治意識は、「政治的な事柄に対する人々の心理的な態度や意見、選好」と定義できる。欧米の政治学で政治意識（コンシャスネス）という概念が使用されることはまれだが、日本語の「政治意識」は一般の言葉としても概ね（おおむ）定着し、かなり包括的かつ有用な概念であるためよく使われてきた。なお、学術的にしばしば使用される類似概念に、政治的態度・信念・価値観・見解などがあり、政治意識はこれらさまざまな政治的心理傾向の総体といってよい。

現在のところ、これら類似概念間の関係について一般的な共通了解はないが、理論的基底性と安定性の観点から以下の三種に整理できる。

①政治的意見（オピニオン）――比較的短期に変動しやすい、政治的問題に対する、その時々の人々の見解。例えば、消費税などの争点に対する賛否や首相に対する支持などである。

②政治的態度（アティチュード）――政治的対象に対する一定の安定的な心理傾向。例えば、後述する政党帰属意識（パーティ・アイデンティフィケーション）（以下、PID）や、社会集団帰属意識・争点態度・候補者評価などの投票行動を規定すると考えられてきた要因、政治一般に対する態度（政治的有効性感覚・政治的無関心など）である。なお、争点態度や候補者評価は、その非安定性から政治的意見と捉えることもできる。

③政治的価値観（バリュー）・政治的イデオロギー――政治的態度よりさらに基底的で変化し難いと考えられる心理的傾向で、一般には種々の政治的意見・態度が構造化し、一定の体系性を示している状態。例えば、「保守主義的価値観」などである。

以下では、政治意識の中心である②の政治的態度を検討し、③の政治的価値観は、別項（本章2参照）で検討する。

2　政治的態度

政治的態度概念の前提として、心理学における社会的態度概念があり、「精神的・神経的な準備状態であり、経験によって組織化され、関係するすべての対象や状況に対する個人の反応に直接的あるいは動的な影響を及ぼすもの」（オルポート）との定義が著名である。社会的態度は、長く社会心理学の中心概念であった。政治的態度は、社会的態度の政治的側面といえる。なお、この政治的態度の研究は、主として投票行動研究とともに発展してきた。

キャンベルらを中心とした初期のミシガン学派は「特定政党との心理的一体化から生じる当該政党への愛着感」と定義されるPIDを、アメリカにおける投票行動を規定する最重要の政治的態度変数とした。そして、人々は比較的若年時から、自己を共和党派（リパブリカン）・民主党派（デモクラッツ）・無党派（インディペンデント）のいずれかであると意識し、それがさまざまな政治的態度・行動の基盤になっているとした。日本では、「政党支持態度」という概念が重要な政治的態度変数として長く扱われた。一般に日本での政党支持態度は、アメリカのPIDと比較し、安定性が低い。なお、こうした党派心は先進国において概ね弱体化しつつある。

PIDを規定する要因として、また、さまざまな政治行動や他の政治的態度を規定する要因として、職業階級への帰属意識を含む社会集団帰属意識がある。

アメリカでは、さまざまな社会集団帰属意識（例えば、自分はアフリカ系アメリカ人である、というアイデンティティ意識）は、PIDに集約化される形で政治・投票行動と結びつくと分析される。

イギリスでは、主として職業に基づく労働者階級・中産階級への帰属意識が長く党派心や投票行動を規定する重要要因となってきた。欧州大陸諸国では言語・宗教・階級などの社会的亀裂（クリーヴィッジ）が重要な集団帰属意識として作用してきたとみられる。

争点態度・候補者評価は、時々の政策争点や（大統領・議会）候補者に対する認知・評価といった政治的態度であり、政治的意見として捉えられる場合も多い。これらは、投票行動研究と世論研究で、特にマスメディアの影響との関係でも、広範に研究がなされてきた。一九七〇年代以降、党派心や社会集団帰属意識が弱体化するなかで、こういった要因が投票行動などを規定する上でより重要になってきたという議論が提起された。

なお、社会心理学の新しい潮流を受ける形で、政治的態度を認知的スキーマの枠組みのなかで検討する試みも展開している。

（富崎　隆）

2 政治的価値観

1 政治的価値観

政治意識の一貫としての政治的価値観（ヴァリュー）、および類似概念としての政治的イデオロギー、政治的信念体系（ビリーフ）は、一般的に政治意識のなかでも、政治的意見や態度よりも基底的で、変化し難い心理的傾向と想定されている。つまり、個人のさまざまな政治的意見や態度の間に、ある程度の一貫性・体系性・安定性が存在する場合、そこに政治的意見・態度を規定するある種の基底的心理傾向つまり政治的価値観があると解釈するのである。

コンバースは、信念体系を「個人のさまざまな意見や態度がある種の規定関係によって結び合わされている状態」と定義している。また、ダウンズはイデオロギーを「よい社会、およびそのような社会を建設する主要手段に関する言葉によるイメージ」と定義している。

ただし、イデオロギーや価値観がさまざまな政治的意見や態度を規定する安定的なものであると仮定されているからといって、個々人が、例えば「自分は保守主義者だ」「私は自由主義者だ」などと意識することは、むしろ稀（まれ）である。人々の政治意識の一環としての政治的価値観・イデオロギーは、さまざまな質問調査の結果として大きくまとめられる心理的傾向として分析されることが多い。具体的には、さまざまな政治的意見・態度について因子分析などを行い、そこから抽出される次元を、ある種の価値観・イデオロギー尺度（しゃくど）であると解釈するのである。その意味では、政治的価値観はさまざまな政治的意見・態度の「束（たば）」であるといってもよい。

2 政治的価値観の実証的比較

人々の政治的価値観・イデオロギーを比較するとき、一般には左と右の軸上にいくつかの立場をおいて議論する。もちろん、その内容は時代や国によりさまざまに変化するが、通常、経済的・政治外交的・社会文化的左右軸に分類される。経済的左右軸では、一般に右派が資本主義・自由市場経済に肯定的で政府の経済介入を警戒し、小さな政府を指向するのに対し、左派は市場経済に否定的で再分配と計画経済を積極的に肯定し、大きな政府を指向する。政治外交的左右軸では、国家主権を重視し、外交安全保障の軍事的側面を肯定的にみる右派に対し、国際協調を重視し、外交安全保障の軍事的側面を否定的にみる左派が対峙（たいじ）する。社会文化的左右軸では、右派が家族、教会、王朝などの伝統社会がもってきた価値観を保持・復活することに肯定的であるのに対し、左派は伝統的価値観をむしろ拘束とみなし、一般にそれに否定的という特徴をもつ。

人々のイデオロギーを比較分析する際、こういった左右軸以外の重要な要素を考慮することを提起したものに、アイゼンクのイデオロギー図式がある。彼は、伝統的な左右対立軸である「保守的VS急進的」とは独立に、「硬い心VS柔い心」の対立軸が交差する二次元図式を提示した。そこでは、常識的な「右翼ー左翼」では、ファシスト・保守主義者・自由主義者・社会主義者・共産主義者の順に並ぶが、この二次元図式では、ファシストと共産主義者は、硬く、排他的な傾向（硬直的心性）という共通の心理的傾向をもち、それと最も対照的な柔軟な心性をもつ自由主義者を頂点に、全体としてV字型を構成するとした。また、左右の軸に沿ったイデオロギーの転換はあり得るが、硬直的心性から柔軟な心性への転換は生じがたいとした。それは、急進的共産主義者・極左から、ファシズムや急進的復古主義者・極右への現実にみられた「転向」をよく説明する。

ただし、価値観の対立軸も、時代により変化してきた。イングルハートは、豊かな先進民主主義社会で、新しい「脱物質主義的価値観（ポストマテリアリスティック・ヴァリュー）」をもつ若年層が増大しつつあるという仮説を提出した。彼は、脱工業化後の「豊かな社会」の下で成人し、全体戦争を経験せず、高い教育を受け、マスコミニュケーションの拡大するなか成長した先進諸国の若者たちが、経済的・身体的安全を求める旧世代の物質主義的価値観から離れ、帰属・評価・自己実現への欲求を重視する脱物質主義的価値観をもちつつあるとした。そして、そこに新しい価値観対立軸が生じつつあるとしたのである。

近年では、キッチェルトが欧州におけるイデオロギー対立図式を描写するのに、従来の「資本主義的政治VS社会主義的政治」の対立軸に加えて、新しい「リバタリアン政治VS権威主義的政治」の対立軸を加えた二次元図式によるイデオロギー図式を提示している。（富崎　隆）

3　アイデンティティ・ポリティクス

1　アイデンティティに基づいた政治観

アイデンティティ・ポリティクスとは、（利害関係ベースではなく）アイデンティティをベースに成立している集団が政治的結合の核になるようなパターンの政治をいう。

例えば、労働組合や企業は職業的利害で結びついているる。しかし、性別、宗教、民族、人種などをもとにしたつながりは、加入や退出が自由でなく、メンバーの自意識そのものに関わるつながりである。このようなつながりを軸にするアイデンティティ・ポリティクスは、自己が所属する集団と、それに属する自己への社会的承認を獲得するための政治である。

女性、宗教、民族、人種が集団形成の中心になるのは、それらが出入り自由ではなく、個人がそこに同調しやすい結びつきだからであり、自分たちが社会的に差別されていると思っている人々は相互に結びつきやすく、共同行動を起こしやすいからである。被害者意識は、人間を団結させやすいということである。

2　少数派のアイデンティティ政治——ポリティカル・コレクトネス

アイデンティティ・ポリティクスは、自分たちが差別されており、自分たちの集団が平等を獲得することは本来認められた権利を回復することであるという論法を取ることが多い。

一九六〇年代以後のアメリカ公民権運動（黒人が差別に抗して権利を獲得すると称する運動）や、一九六〇年代後半以降に展開したフェミニズム運動（女性の権利を回復すると称する運動）がこれである。

このような運動は、社会的承認を求める運動ではあるが、社会的利益のための運動でもある。少数派が「歴史的に受けた不利益」を是正すべきだという立場に立ち、彼らの社会的地位を改善するために、教育や職場で「少数派優遇措置」を正当化する政策を「アファーマティブ・アクション（積極的是正措置）」という。例えば黒人に、大学の入学者枠、奨学金受給枠、就職での採用枠などが提供される。社会的承認が、社会的利益供与と結びつく例である。

少数派が、自分たちの認識枠組みを社会レベルで主張する運動が、「ポリティカル・コレクトネス」である。これは、少数派に配慮した「正しい言葉遣い」が存在し、そうでない言葉遣いを公(おおやけ)の場ですることが「政治的に正しくない、不適切な行為」であるとして、そのような言葉遣いや態度を取り上げて糾弾しようとする運動である。

日本でも「障害者」ではなく「障がい者」としたり、美人コンテストを実施することに反対したりすることが行われている。「言葉を改めさせることで抑圧的意識を是正する」ことが、自由とどのような関係にあるのかということは微妙な問題である。差別是正が認識枠組みをめぐる社会闘争であることが、このような運動に反映している。

3 「少数派」の逆転

ここでいう少数派というのは数で劣っているということとは限らず、社会的に不利な立場におかれていることを言う。このことを逆転させれば、多数派とされていた側が、「実は不利な立場におかれているのはわれわれではないか」と認識すれば、逆のアイデンティティ政治というものが成り立つことになる。

二〇一六年のアメリカ大統領選挙で、低所得、低学歴、白人、男性にトランプ支持が多かった現象は、それらのカテゴリーに属する人々が、「少数派とされてきたグループこそ、自分たちを搾取して利益を得ているのであり、多数派として扱われてきた自分たちは、むしろ虐げられている」と考えるようになり、彼らがトランプを支持した結果だと考えられている。

このような少数派への反動現象は、アメリカだけでなく、ヨーロッパ（移民反対運動など）や日本（歴史認識問題など）でも起こっている。

経済的利害をめぐる争いとは異なり、アイデンティティ・ポリティクスは、中間的妥協が難しく、「イチかゼロか」になりやすい。

また、認識枠組みを攻撃することが紛争の基本的な戦略になるため、紛争の手法が苛烈になりがちである。個人の自由を基盤にした自由民主主義の社会を分極化する大きな流れのひとつである。

（永山博之）

サブ・テーマ　16

政治的無関心

政治的無関心については、さまざまな政治学者、社会学者が指摘しているが、ここでは有名なラスウェルとリースマンの類型を紹介する。

一般に政治的無関心とは、政治参加の意識が乏しく、政治行動の不活発な状態をいう。この政治行動には、投票行動だけでなく市民運動や住民運動なども含まれる。マスメディアの発達した今日では政治情報への接触での消極性も想定されている。

社会学者リースマンは政治的無関心について次のように大別した。

まず、「伝統型無関心」である。近代以前の社会では、政治は特権的な身分をもつような特定の少数者によって行われるもので、一般庶民は政治と関係がほとんどなく、政治に関心はなかった。つまり政治は社会的身分の高い者によって行われ、市民は選挙権をもたず参政もできない環境にあり、自然と無関心になってしまう。これに近いような政治的無関心を伝統型としたのである。

一方の「現代型無関心」は、政治に対して比較的豊富な情報や予備知識をもっているにもかかわらず、それが政治行動に結びついていないような状態をいう。このような状態は、まるで舞台の観劇をみるかのような観客型、傍観者型の態度をとる傾向が強く、冷淡な意識を保有しているともいえる。現代の日本社会においては、この現代型無関心の問題に直面しているとされる。投票率の低下、政治的デモなどの減少はその一例である。リースマンは「政治というものをかなりよく知りながらも、それを拒否するという無関心」「政治的な情報をもっていながら、それを受けつけようとしない無関心」「自分たちの政治的責任というものを知っていながら、それを果たさない無関心」と表現している。

また、政治学者ラスウエルは、政治的無関心について、次の三類型をあげている。

第一が、「脱政治的態度」である。「権力についての幻滅や、権力過程についての幻滅から」非政治的になる場合である。政治に関与した経験があるが、自己の期待を満たせず、政治的関心が低くなり、無関心になっている状態である。

第二が、「無政治的態度」である。芸術など、政治以外のことに関心を奪われ、政治と自分は無関係と考え、政治に関心を抱かなくなる状況である。

第三に、「反政治的態度」である。これは、自分の価値観からして政治を軽蔑するなど、政治への否定的な態度によるものである。自分が重視しているものが、政治と対立、矛盾すると考え、政治への関与を否定する状況から、政治と距離を置く姿勢といえる。ラスウェルは「例えばアナーキストの思考様式や宗教的神秘家の思考様式のように、自分の信奉する他の価値と政治的価値とが葛藤状態となると予測されるがゆえに」、政治に関わることをしない態度、と説明している。

（佐々木孝夫）

サブ・テーマ 17

社会的性格

社会的性格についてはフロムとリースマンによる理論が有名である。ある時代のある社会における個人は、パーソナリティーに似た部分をもっており、その共通した部分によって他の社会と識別できる特徴をもっているとされる。それが次世代間に伝達されてゆくという仮説である。

ここでは、米国の社会学者リースマンのものを紹介する。彼は『孤独な群集』（一九五〇）で、社会的性格に関する理論を提示した。その類型は、「伝統指向型」「内部指向型」「他人指向型」である。

彼のアプローチは、精神分析学や社会調査などを用いながら豊かな社会における社会的性格を明らかにしたものであった。

前近代の「伝統指向型」は、変化に乏しい社会の類型で、そのようななかで人々はほぼ絶対的に伝統に対する服従を世代間、家族内などで教え込まれる。また社会化の過程のなかで、慣習やルールに対する逸脱的行為をとらないように学習する。リースマンの研究からこの指向型について以下のように言及している。

「伝統指向型の人間は、他人たちから信号を受け取る。しかし、かれらの文化は単調である。だから、かれらは信号を受け取るにあたって、別段、複雑な受信装置を、必要としない」

近代に入ると「内部指向型」となる。伝統志向の社会では、慣習への服従を絶えず強制されていたが、近代社会では内面化された規範への服従へと変化していく。内部指向型の中心は、個人の生活が、一般化された目標である富、名誉、成功などによって導かれるものである。両親かその近親者を模範とし、目的を達するために苦悩しながらも前進しようとする。人生とは内なる声によって導かれるものであり、目的を達成することが大切であると、家族環境などからも教え込まれる。

現代社会は「他人指向型」である。「他人に関心を示すことで、思いやりや寛容の精神を育む。一方で道徳的な葛藤に関心をあまり示さない」と規定できる。具体的には、以下のように説明している。

①子どもは両親の感情的な緊張の場面に直接接触するために、他人とのかかわりにおける自己意識が高まる（核家族で小さな家）。

②親たちは自分たちが子どもたちよりも偉いのだという感覚をもち合わせていない（他人指向型の子どもは親たちよりも、物知りである）。

以上のようにリースマンは、他者指向型を変動する社会によって異なった性格タイプが生み出されたと考えた。また、リースマンは自律的、一貫的な内部指向型こそが複雑な現代社会のなかにあって重要であると考えていたが、いずれにしろ、大衆社会論としてもこの社会的性格論は多大な貢献をもたらした。なお、社会的性格については、フロム『自由からの逃走』（一九四一）、『正気の社会』（一九五五）の社会的性格も有名である。

（佐々木孝夫）

第12章　政治過程と政策過程

1　政治過程の発展

1　政治過程論

政治過程論は、二〇世紀初頭のアメリカの政治学者ベントレーに始まる。ベントレーは、『統治過程論』（一九〇八年）で、「アメリカ政治は利益集団間の利害の対立と相互作用、政府による調整の過程である」と述べ、政治社会における集団の作用について実証的に分析した。ベントレーは、政治現象、集団現象の実態を分析しなければならないと主張し、政治研究に社会学的な視点を導入したもので、ここから政治過程論が始まった。

これにより、政治社会における集団の作用についての本格的な分析が始められた。ベントレーの政治過程論は、一九世紀までの政治学が政治制度の形式的な研究（制度論的政治学）に終始していることに対する批判でもあった。ベントレーは制度論的政治学を「死せる政治学」とよび、現代政治学の先駆者となった。

しかし、ベントレーの政治過程論は長い間注目されなかった。彼の政治過程論が再発見・評価されたのは、トルーマンの『政治の過程』（一九五一年）によってである。

こうして、ベントレーによって始められ、トルーマンによって発展させられた政治過程論は、公共問題をめぐる利害の対立、調整、合意形成を分析するもので、集団や社会全体を扱うのでマクロ政治学ともいわれる。政党、世論、圧力団体、選挙・投票行動といった政治現象などが研究対象とされる。

2　政策過程論

二〇世紀以降の行政国家・福祉国家においては、私たちの生活は政治と深く結びついている。社会福祉、医療、年金、教育、税金、経済対策、雇用対策、人口問題、農業問題、資源エネルギー問題、地球環境など、あらゆる領域で政治の役割が求められている。これらの課題に対して政府の適切な政策的対応が迫られている。こうしたことを背景に、政策の形成、実施のありかたに関心が高まってきた。

アメリカでは、一九五〇年代に政策研究が始まり、六〇年代以降に政策科学、公共政策分析、政策分析といった政策を中心に研究する新しい分野が盛んになってきた。わが国でも、六〇年代に政策に注目した研究がみられたが、七〇年代に入ってから、より本格的な政策研究が活発になってきた。

このように政策が注目されるようになった理由には、人種問題、大学問題、オイルショックといった社会問題、いわゆる政策問題に対する関心の高まりと、それらの課題に対する適切な対応が迫られたことなどの背景がある。つまり、政治というものを、政策の視点からみつめ直すという関心と必要性が出てきたのである。

政治を、社会における公共政策の決定過程ととらえると、政治はまさに政策過程ということになる。つまり、政策という視点から政治過程を分析すると、政策過程なのである。今日、政策過程論は政治過程全体のなかでも、あるいは、政治学全体のなかでも、重要な地位を占めている。

政策過程論は、一連の政策過程を構成する各ステージとアクターとの関係・機能、政策の類型、政策過程の類型化（モデル）など（本章3参照）、どちらかというと政治過程論よりも、ミクロ的な視点からの分析に特徴がみられる。

政治過程論と政策過程論は類似の概念であるが、政治過程論はどちらかというとマクロ的な視点が強い。権力過程やダイナミックス（政治力学）というような分析は政治過程論といえる。政策過程を包含する概念である。

今までは、政策や政策過程という概念は行政学を中心に使用されてきたが、今日では政治学でも重要な概念である。

政治過程と政策過程は、内容的にかなり重なる部分があり、厳密に区別することは難しい。最近の傾向としては、政策過程の方が多く使われている。それは、現実の政治・行政だけでなく、学問としての政治学・行政学も政策を重視しているからにほかならない。

（中村昭雄）

2 コーポラティズム

1 コーポラティズムという用語

コーポラティズムは、かつては団体統合主義や団体協調主義などとよばれることもあったが、現在では、カタカナ表記である場合が多い。コーポラティズムは、一般的に、職能領域をほぼ独占的に代表する巨大な利益集団（労働組合、経営者団体、農業団体など）が、政府の政策過程に参加ないし包摂・編入されるような政治形態のことを指し示す。典型的には、政府・労組・経営者団体という政労使の三者協議制の形をとる。

コーポラティズム概念は、かつては、イタリア・ファシズム期やポルトガル・サラザール体制などの独裁型の政治体制に関連して用いられていた。だが、最近では、北欧諸国を典型例として、先進諸国における利益集団や、利益集団と政府との関係を比較分析するための理論的枠組みとしてネオ・コーポラティズムという用語が使われてきた。「ネオ」という修飾語がついているのは、独裁型の政治体制を指し示す概念とは区別する意味合いが込められている。

さらに、この独裁型のコーポラティズムとネオ・コーポラティズムとを対比させる形で、「国家コーポラティズム対社会コーポラティズム」といった構図で語られることもある。その場合、後者の「社会コーポラティズム」は、ネオ・コーポラティズムとしばしば同義である。ここでは、「ネオ」コーポラティズムに限定して、その特徴をまとめておこう。

2 ネオ・コーポラティズムの特徴

先進諸国のネオ・コーポラティズムの特徴を比較する上での諸指標は、大きく分けて二つの側面に分けられる。つまり、①利益代表ないし利益媒介としてのコーポラティズム、②政策過程の制度化としてのコーポラティズムである。

一般に、各指標の度合いが高ければ、その国はよりネオ・コーポラティズム度の高い国であるとみなされる。スウェーデンやデンマークなどの北欧諸国やオーストリアなどがその代表的な国々である。

(1) 利益代表や利益媒介としてのコーポラティズム

第一に、労組の組織率の高さがあげられる。この労働者の組織化の度合いは、労働者がどの程度、その職能団体に包摂されているかを表す。さらに近年では、それに関連して、労使間の協定や政労使間の合意事項がどの程度労働者側に拡張されるのかを示す適用範囲の広さも着目されている。

第二に、各労組の頂上組織であるナショナル・センターや全国的な経営者団体が、高い独占度や集中度や集権度などをもっていることである。これは、各職能団体とその頂上組織との相互関係を示しているが、それと同時に、そうした組織間の力関係のありかたによって、各集団の利益がどのように媒介され代表されているのかをも表している。個別の労組などの各種の職能団体が少数の頂上団体の傘下に入り、そして、各頂上団体が、傘下の組織に対して強い権限をもっている場合には、コーポラティズム化が進んでいるといえる。

第三に、利益集団間（とくにその頂上団体間）の調整度ないし団体交渉の集権化の高さがあげられる。つまり、そうした利益集団間の調整行為や協調行動が積極的になされ、賃金などの労働条件をめぐる団体交渉などの中央集権化が進んでいればいるほど、コーポラティズム度は高いとみなされる。

(2) 政策過程の制度化としてのコーポラティズム

さらにネオ・コーポラティズムでは、そうした有力な利益集団の代表は、政府の委員会や審議会などに参加する割合が高い。そして政策形成に関与するだけでなく、政策執行にもかかわる。この一連の政策過程において、利益集団の代表の参加・抱き込みが制度化されていることが、コーポラティズムの特徴である。

こうして政府は、主として職能団体の代表を政策過程の内部に包摂することで、政策の実効性を高めることをめざす。その典型例は、一九七〇年代の二度にわたる石油危機後のインフレ期の所得政策である。

国によって違いはあるものの、主要先進国の政府は、賃金上昇の抑制をめざして各種の委員会などに労働者代表を参加させた。そして政労使間での取引や交換を通じて三者間の協調体制の制度化を図ったのである。

（桐谷　仁）

3　政策過程

1　政策過程と政策ステージ

一般に、公共政策が形成され、決定され、実行され、フィードバックされていく一連のプロセスを「政策過程」という。

政策過程は、一般に五つのステージからなる循環過程と考えられている。

図表9　政策過程の五つのステージ

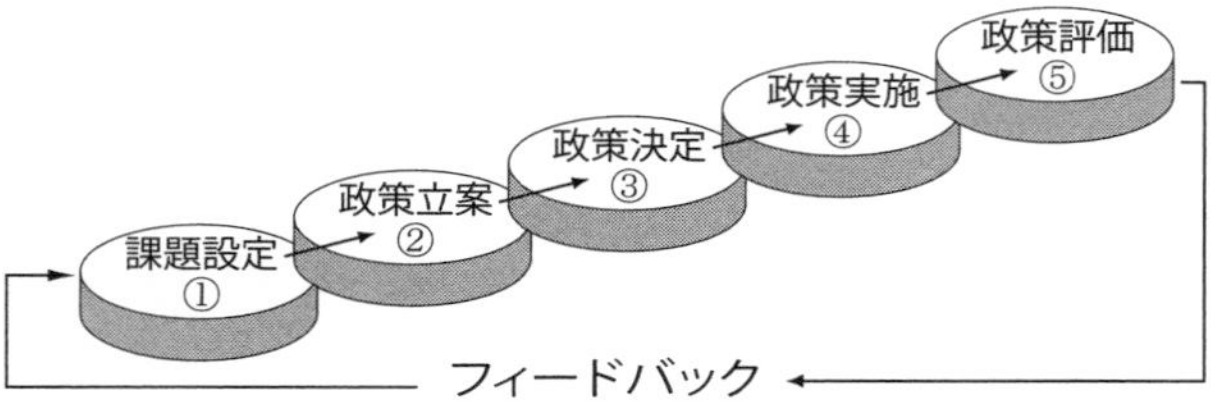

①課題設定――政策課題を形成する段階で、さまざまな社会問題のなかから政治の課題とすべきものを認知し、政治の舞台の課題としていき、政策の誕生を準備する。

②政策立案――その政策課題解決の行動や方策を考案する目的で、関連情報を収集・分析し、適切な政策原案を策定し、具体化する。

③政策決定――政策決定の権限を有する機関が政策原案を公式に審議し、その特定の解決策について、採用、承認、修正、拒否などを決定する。

④政策実施――決定された政策（法律など）を実施に移す。

⑤政策評価――実施された政策の効果を評価し、必要に応じて修正し、再び課題設定のステージにフィードバックする。

2　政策過程とアクター

政策過程にはさまざまな「アクター」が多元的に存在しているが、代表的なものを以下にあげる。

(1) 政党（与党、族議員）――わが国の政策過程では、「五五年体制」（第7章9参照）の下で長期にわたり政権を担当してきた自民党が中心的な役割を果たしてきた。自民党の政策立案機関は、政務調査会（政調会）

とその部会である。この政調会・部会を舞台に特定の政策分野で強力な影響力をもつ議員が族議員である。

(2)官僚――戦前戦後を通じて、官僚は政策過程で重要な役割を果たしてきた。官僚優位、官僚支配といわれるものである（本章4参照）。

(3)利益集団――財界、労働組合、日本医師会などの利益集団は、政府の決定に関心をもち、圧力行動をとり、それぞれの集団を有利に導こうと影響力を行使する。

(4)世論、マスコミ、選挙――世論、マスコミ、選挙の結果が、政策過程に重要な影響を及ぼすことがある。

(5)内閣、審議会、地方政府、裁判所――首相のリーダーシップ、審議会の答申、裁判所の判決などが、政策過程に影響を及ぼすことがある。

(6)外圧――わが国の政策決定が外国からの圧力で、変更、決定されることがある。

そのほかに、最近ではNPO（民間非営利組織）などが、政策過程で重要な役割を果たしている。

3　政策ステージとアクター

政策ステージとアクターとの関係には、次のような特徴がみられる。

課題設定のステージでは、通常は官僚主導だが、そのほかに首相、内閣、与党、審議会、裁判所の判決、外圧など、さまざまなアクターが多元的に存在する。

政策立案ステージでは、専門的・技術的知識、情報などを圧倒的に有する官僚が主導的な役割を果たす。政策決定のステージでは、国会が舞台となるので政党、議員が中心となる。政策実施のステージでは、まさに行政活動なので、行政機関、官僚が中核となる。

政党、官僚、利益集団といったアクターが、政策過程のなかで、どのような影響力をもっているのか、あるいは行使するのかということは、それぞれの政策類型と政策のステージによって決まるのである。したがって政策過程（政治過程）一般を、官僚主導とか政党主導というように単純化してしまうことは、危険である。

（中村昭雄）

4 現代日本の政策過程

現代（戦後）日本の政策過程の理論モデルはいくつかあるが、その代表的なモデルとして二つあげることができる。一つは、辻清明（つじきよあき）らに代表される官僚制優位論であり、もう一つは、七〇年代に登場する多元主義理論である。その代表的なものは政党優位論である。

1 官僚制優位論

近代日本は官僚システムを有効に活用し、急速な発展を遂げてきた。明治政府から戦後に至るまでのあらゆる政策は、中央政府による集権的な管理と指導の下に展開された。いわゆる中央集権型行政システムであるが、その強力な担い手が官僚であり、「官僚政治」の色彩を濃くしてきた。

第二次大戦後は、ほかの政治指導者が公職追放にあうなか、占領政策を遂行する必要上、官僚だけが追放を免れた。その後、追放された政治家に代わって、官僚出身者が政界に進出するようになり、官僚の政治的役割はさらに強化された。

辻清明は『日本官僚制の研究』で、明治以来の日本の官僚制は戦後も温存され、政策決定過程で強い影響力をもつものとしてとらえ、官僚制が権力の中心に位置しているとした。この官僚制優位論は、戦前から六〇年代末までわが国の官僚制論の通説となっていた。辻の官僚制優位論は、戦前と同じ特徴が戦後も続いているとするので、「戦前戦後連続論」ともいわれる。

このような官僚制を中心に据えた中央集権型行政システムが、戦前も戦後も日本の発展に大きく貢献したことは否定できない。しかし、一九八〇年代の半ばになると、さまざまなゆがみが現れ、地方分権が推進されるようになった。

2 政党優位論

このような官僚制優位論は、七〇年代に検討を迫られた。例えば、村松岐夫（みちお）は『戦後日本の官僚制』で、辻の官僚制優位論を修正・批判し、政党優位論を展開した。

村松は、「五五年体制」の下、自民党の長期政権化などによって、自民党の政治家も次第に政策能力を身につけ、政策決定過程で大きな影響力をもつようになり、従来の一元的な官僚制優位論では説明できないほど、政策過程も多元的になってきたとする。

しかし、このことは、官僚の影響力がまったく低下したとか、政党が全面的に影響力を行使している、ということではない。今日の政策過程をみると、依然として、官僚が予算編成や政策立案過程で重要な役割を発揮し相対的な官僚支配が継続している（本章3、第25章4参照）。政党（自民党）の影響力が増すようになってきたというのは、相対的にということであるので、注意しなければならない。

3　立法過程

政策は法律という形で現れることが多い。そこでわが国の立法過程の特徴をみておこう。

わが国では、法案は政府提出法案と議員提出法案の二種類がある。前者を政府立法、後者を議員立法という。**図表10**は、第一回国会（一九四七年）から第一五六回国会（二〇〇三年）までの、政府立法と議員立法の提出件数と成立件数を示したものである。

ここからわかることは、わが国の立法過程の特徴として、外国に比べて政府立法がきわめて多いことがあげられる。提出件数でも成立件数でも政府提出法案が圧倒的に多く、議員立法は少ない。立法過程において政府主導の傾向がきわめて強いことがわかる。

このことは、わが国の立法過程が官僚主導で進められていることであり、政策立案過程が終始官僚主導で進められているということである。ただ、最近の傾向として、議員立法が増えていることも指摘しておこう。

例えば、「臓器移植法」（一九九七年）、「特定非営利活動促進法」（通称「NPO法」、一九九八年）、「児童買春・児童ポルノ処罰法」（一九九九年制定、二〇一四年改正。正式名称「児童買春、児童ポルノに係る行為等の規制及び処罰並びに児童の保護等に関する法律」）、「DV防止法」（二〇〇一年制定、二〇一四年改正。正式名称「配偶者からの暴力の防止及び被害者の保護等に関する法律」）などは、議員立法で成立した法律である。

（中村昭雄）

図表10　政府立法・議員立法の提出件数と成立件数

	提出件数	成立件数	成立率
政府立法	8538	7556	88.5%
議員立法（衆議院）	3122	1123	36.0%
議員立法（参議院）	1114	178	16.0%
合　計	12774	8857	69.3%

第13章　現代社会の政治

1　大衆社会

近代民主主義は、合理的・理性的存在である「市民」の存在を前提としていたが、工業の発展と民主化の進展は非合理的存在である「大衆」を生み出し、民主主義の基礎が大きく揺さぶられることとなった。

1　市民

近代西欧において登場した民主主義は、当初はすべての成人を対象とするものではなかった。投票権は、一定の税金を納めた者のみに与えられた。具体的には、地方名望家、裕福な商工業者などであった。

「市民」とは、これらの存在を前提とし、教養と財産あるものが合理的・理性的判断を下す者として仮定された。

2　群集

しかし、一九世紀後半に民主化が進み、参政権の対象が労働者階級にまで拡張されると、参政権の適格性が問題となり、「群集」、「大衆」という語によりその否定的側面が論じられることとなった。

ル・ボンは、人々は一人でいるときと集団で集合したときには異なった性質や心理的特徴をもつ。そのような「群集」は、衝動的であり、暗示を受けやすく、誇張性や偏狭性がその特色としてあげられる、とした。

3　大衆

やがて人々を「大衆」として分析する論が登場する。「大衆」は「群集」と明確に区別されない場合もあるが、「市民」あるいは良識をもつ集団としての「公衆」とは反対概念として明確に区別される。

工業化が進むと、人々は農業社会に存在した共同体の関係から解き放たれた。会社や工場で働く人々はかつては明確だった自己の存在意義、共同体の仲間を失い、他人との関係が希薄になり、ばらばらの個人の集まりとなり、孤独と不安を抱える存在となった。こうして生まれた大衆は、他人との同一化を求めるようになる。

4　大衆社会と政治

工業化は同時に、大量生産・大量消費の社会、マスメディアによる一方的な情報発信とその受け手としての大衆という関係を生み出した。他人との同一化を求めて他人と同じような行動・生活習慣、情報を求める大衆は、与えられる情報に操作されやすい存在となった。

第一次世界大戦後のファシズムの台頭には、このような大衆の特質の利用があったといわれる。ヒトラーは大衆に対する宣伝を重視し、初期はドイツ敗戦のショックと不況による不安をあおり、大衆の支持により議会に議席を獲得する作戦をとった。

全体主義は、個人という存在を認めず、全体のなかに個を溶解しようとする。理性よりは感情に訴え、強力なカリスマ、そして国家や民族などに自己を同一化することを強制する。このような特徴は、個人という顔のない大衆と結びつきやすい側面があったといえる。『自由からの逃走』（一九四一年）においてフロムは、近代に入って共同体からの自由を得た大衆は、同時に孤独となり、やがてその自由の重さに耐えかねてそこから逃走しようとした、と分析する。

第二次世界大戦後は、ファシズムを生んだ土壌としての大衆社会が分析され、そのようなマイナスをどのように克服していくかが問われている。

大衆の問題が論じられた当時は、労働者階級の教育程度、識字率も高いとはいえず、現在と同列に論じるわけにはいかない。また、現在は無党派層の登場など新たな問題も出現している。しかし、これまで記してきたような大衆社会の負の側面も消失・克服したとはいえない。そして、それは参政権をすべての成人に与えた民主主義体制においては、重要な問題点として提起され続けられるであろう。

（川口英俊）

2 大衆社会の政治

共産主義、ファシズムなどの大衆運動が発生する諸条件、すなわち大衆社会を理論的に解明しようとしたのが、コーンハウザーである。

著書『大衆社会の政治』（一九五九年）のなかで、これまでの大衆社会論には、二つの見方があると提示した。一つは、貴族主義的な立場からのもので、エリートが大衆によって侵食されるのではないかというものである。もう一つは、大衆民主主義の立場からのもので、自立性を失い、アトム化した大衆が、エリートによって操作されてしまうのではないかというものである。

彼は、これら二つの見方を総合し、大衆社会を「エリートが非エリートの影響を受けやすく、非エリートがエリートによる動員に操作されやすい社会制度である」と定義した。

1 大衆社会の理論と構造

また、大衆社会の構造を理論的に分析するために、「エリートへの接近可能性」と「非エリートの操縦可能性」という変数を用いた。

前者は、非エリートがエリートになれる可能性（機会）が、非エリートにどれくらい民主的に開かれているかという問題である。

後者は、文字どおり、エリートが非エリートを操縦する可能性が高いのか、低いのかを意味している。

これら二つの変数をかけあわせることによって、**図表11**のごとく、社会を四つに類型化した。非エリートの操縦可能性とエリートへの接近可能性がともに低い社会を「共同体的社会」、非エリートの操縦可能性が高く、エリートへの接近可能性が

図表11

エリートへの接近可能性 ＼ 非エリートの操縦可能性	低い	高い
低い	共同体的社会	全体主義社会
高い	多元的社会	大衆社会

図表12

中間集団の包括性 ＼ 中間集団の強さ	強い	弱い
包括的	共同体的社会	全体主義社会
非包括的	多元的社会	大衆社会

低い社会を「全体主義社会」、非エリートの操縦可能性が低く、エリートへの接近可能性が高い社会を「多元的社会」、非エリートの操縦可能性とエリートへの接近可能性がともに高い社会を「大衆社会」と規定し、四つの社会類型を比較することによって、大衆社会の特色を浮き彫りにしようとした。

いうまでもなく、これらの類型はモデルであり、現実の社会は、これらの混合型で、どれかに類似していると考えてよい。さらに、「大衆社会」が「全体主義社会」に変貌する危険性を危惧し、アメリカのような多元的社会に向かうことが望ましいという前提がある。そのような社会では、独立集団が多元的に存在し、競争が行われる結果、自由主義的民主主義の社会的基盤が育成され、非エリートが操縦されにくくなるからである。

他方、大衆社会では、エリートに接近しやすく、非エリートが操縦されやすいのは、国家と家族の間に介在するさまざま中間集団（独立集団）が欠落しているからであると指摘し、「中間集団の強さ」と「中間集団の包括性」という変数を交差させることによって、四つの社会類型に対応する独立集団の特色を明らかにしようとした。

前者は、文字どおり、国家と家族の間に存在するあらゆる集団が自律的であるかどうかということであり、後者は、中間集団が社会の成員の全生活領域をどの程度まで包括するかという問題であり、大衆社会は、中間集団に自律性がなく、個人を包括する程度も低い社会であると論じている（図表12）。

コミュニティ活動への参加の効用を指摘しており、後年のパットナムの「社会資本」を想起させるものがある。

2　大衆運動の発生要因と社会階層

なお、大衆運動の社会的発生原因に言及しているが、既成の権威や共同体が急激に崩壊したり、大規模な失業（経済危機）、軍事的敗北に直面すると、大衆運動が発生しやすく、社会的絆が欠如した下層階級を直撃するが、無所属のインテリ、境界的な中産階級、孤独な労働者も、ナチズムなどの大衆運動の虜になってしまうという。

社会心理学者フロムが『自由からの逃走』（本章1参照）のなかで、ナチズムの台頭を精神分析学的に解明したが、それとほぼ同じ問題意識が流れている。

（荒木義修）

3　マルクス主義の階級支配論

1　階級とは何か

階級は政治体制とその変動を理解する上で重要な概念であるが、必ずしも一義的な定義がなされてはいない。一般的には、経済・政治などの社会諸領域での不平等にもとづいて形成された上下関係であり、相互に対立する支配＝従属関係に組み込まれた人々の集団を指す。

広義には前近代的な「身分」も階級にほかならないが、「身分」が地位・職業の世襲性、生活様式の特殊性などの結果として形成されるのに対して、「身分」と区別された狭義の階級は法的・政治的平等が実現されながら、他方では社会的分業の発達と私的所有の成立後に実質的な社会経済的不平等が顕在化した近代市民社会以後の現実から抽象された概念である。

マルクス主義の立場では、階級は、特定の歴史的発展段階にある社会的生産体系において、生産手段の所有・非所有によって、地位、資格、機能、所得源泉、所得額などの点で相互に区別され、かつ相互に対立する社会集団を意味する。

生産手段の所有者が非所有者の剰余労働を取得することで、両者間には搾取（さくしゅ）関係が成立する。搾取者は、その取得のためには被搾取者の意思を自己の意思に従属させる支配関係が不可欠であり、かくして、搾取＝被搾取（富の分配の不平等）の経済的関係と、支配＝被支配（権力の分配の不平等）の政治的関係の重合の上に立つ異質的・敵対的な階級が形成される。

この集合的差別状態に根ざす階級は、意識にかかわりない客観的存在（＝「即自的階級」）であるが、他方で階級は、階級間に存在する越え難い断層についての自覚を基盤に、利害の同一性によって連帯し、共通利害を実現するために運動する集団でもある。ここでの階級は、利害対立をめぐる〈経済闘争〉から、国家権力の奪取を目的とする〈政治闘争〉に至る階級闘争を展開する、一定の意識性と組織性を備えた集団（＝「対自的階級」）として存在する。このようにマルクス主義の階級概念は、近代資本制社会の自立的再生産機構において占める地位や役割によって理論的に規定される点に特徴がある。

2 階級支配と国家

社会を構成する諸階級のうち、特定の階級が政治権力を掌握して、社会全体のためにではなく、自らの階級利害のために、その権力を行使し、他の諸階級を支配する状況を「階級支配」という。「階級支配」の目標は、国家の法律制度や権力機構、イデオロギー装置などを用いて、被支配階級の抵抗を未然に防止し、体制内に編入して、現行秩序の維持を通じて、支配階級の権力的地位を確保することにおかれる。

国家の抑圧機構としての性格を「階級国家」として、厳密な社会科学的規定を与えたのは、マルクスとエンゲルスである。マルクス主義によれば、国家とは、社会における基本的生産関係（＝「土台」）に照応した「上部構造」であり、社会の一定の発展段階で生産力の増大に伴って現れる階級分裂と対立の所産にほかならない。

国家は階級間の対立や闘争の過程から派生し、敵対的階級の抵抗を抑圧して、支配階級の特権や搾取を維持・強化するための支配機構（暴力装置）にほかならない。資本主義国家は最後の階級国家であり、「社会主義国家」は階級対立が止揚される「共産主義社会」への過渡的段階であり、「プロレタリアート独裁」は無階級社会実現への過渡期的な国家権力である。

マルクス主義の階級国家概念は国家の階級的基礎を明らかにし、とくに近代国家が表現する「普遍性」の虚構を暴こうとする。他方、エンゲルスには、灌漑（かんがい）など共同体の共通利益と外敵からの防御のために国家形成がなされたという見地もみられ、国家の〈階級的機能〉と〈公共的機能〉との関連をどう摑（つか）むかが一つの争点となってきた。

産業社会の発展に伴って福祉国家あるいは行政国家として国家の機能が積極化し、「国家消滅」の兆候が現れてこない現代にあっては、「国家道具説」「プロレタリア独裁」「国家の死滅」などの伝統的なテーゼはマルクス主義内外から批判にさらされ、プーランザスらのネオ・マルクス主義の潮流からは、国家を経済的土台の反映とみる経済決定論に対しては国家の「相対的自律性」論、国家＝道具説に対しては「国家＝関係」説、また国家死滅論に対しては「国家の社会への再吸収」論といった方向が示され、国家の規定をめぐる国際的論争が展開されている。

（佐治孝夫）

4 エリート理論

1 「支配階級」と「エリート」

マルクス主義では、「支配階級」とは生産手段を所有し生産物を専有して、しかも、そこから派生する物質的利害対立に基づく敵対的矛盾の下に、被支配階級を支配するために国家権力を掌握する階級である。また、階層理論のいう「支配階級」とは、統計的に分類された上位集団を指し、富、権力、威信、文化などの社会的価値配分のピラミッドにおいて優越的な階層を指す。

「エリート」は、社会において優越的な地位を占める少数者を指すが、社会科学の文脈では、マルクス主義と階層理論の「支配階級」とは異なり、「エリートと大衆」という対概念として用いられる。「エリート」の優越の根拠は社会的資源の独占、意思決定機能の独占、少数者の属性など、理論によって異なる。その地位が権力に依拠する場合が「パワー・エリート」（政治エリート）である。

2 古典的エリート理論

資本制と科学技術の発達によって、市民社会の「公衆」は二極分解し、一方では、政府、政党、軍部、企業、労働組合、「情報産業」、少数の意志決定者、管理者層、テクノクラシーを、他方では「自由からの逃走」に動機づけられた「孤独な群衆」を生んだ。

パレート、モスカ、ミヘルス等の古典的なエリート理論は、この大衆社会化の進行と共に、マルクス主義の階級理論に対抗しつつ登場した。エリート理論は、おおむね次のような仮説や前提から構成されている。

(1) 民主制であれ独裁制であれ、政治社会には常に少数の支配層と多数の大衆が存在し、この「エリート――大衆」の支配構造は変わらない（「少数支配の法則」）。ミヘルスのいう「寡頭制（かとうせい）の鉄則」はその極端な定式である。

(2) 人間の組織は指導・意思決定が不可欠であり、他方、個人の資質、資格、属性の差異は常に不均等である以上、エリートと大衆の分化は避けがたい。

(3) エリートは、その権力を普遍的な道徳的原則・正当化神話でイデオロギー的に武装する。モスカの「政治的フォーミュラ」、パレートの「派生体」がその例である。

(4) 階級闘争や革命ではなく「エリートの周流」により社会変化と再均衡が達成される。エリートの没落、興隆、交替、補充、追放等の現象は、歴史的・社会的に循環して生起する。例えば、パレートの狐型とライオン型の統治エリートの周流論。

こうしてエリート理論では、「エリートと大衆」という対抗の構造は、恒久不変という結論が導かれる。マルクス主義の階級闘争論では、被支配階級の主体的な自己組織化と変革主体への転換による支配階級の打倒が説かれるが、古典的エリート理論では、大衆はもっぱらエリートに動員・教化される操作客体にすぎない。

エリート理論は実証的立場から展開されたが、イデオロギー的には反民主主義、反社会主義的なものとして機能した。

3　現代のエリート理論

その後、エリート理論の中心はアメリカに移り、ラスウェル、バーナム、ミルズらによって広められ、現代政治学において市民権を獲得する。

ラスウェルは、諸価値を最大限に獲得する者をエリートとよび、それは社会のあらゆる組織体、意思決定の諸段階に恒常的に存在すると主張し、バーナムは、生産と分配の手段を統制する人々が支配階級から経営者階級へと変貌していることを指摘した。

また、ミルズは、マルクス主義に対して、その支配階級概念は政治に自律性を与えていない、階級概念は社会の一元的な経済規定性を重視する結果をもたらすと批判して、「パワー・エリート」という概念を対置した。

ミルズによれば、経済・軍事・政治の三つの自律的な制度秩序（官僚制組織）の頂点に立ち、融合して「支配的地位を占めている人々」である「パワー・エリート」が、原子化した無力な「大衆」に対して全能の支配力を行使するのが現代大衆社会である。ミルズは、現代アメリカ社会の政治的現実のうちに、権力と地位が国家体制に組み入れられ、政治構造が集権化する傾向を読みとろうとしたのである。

（佐治孝夫）

5 現代社会の権力構造

1 権力構造とは何か

「権力構造」は、狭義には政策決定にかかわるリーダーシップの構造とそのメカニズムに対して用いられる。しばしば支配構造と同義的に、あるいは互換的に取り扱われているが、しかし本来は、ハンターの定義にもみられるように、「政策形成の利害にかかわる目的達成のために、統治機関を動かしている支配的な政策決定集団の構造」を指し、概念上明確に区別される必要がある。

ただ今日では、必ずしもそうした限定された意味に限られることなく、広義に、権力によって、社会的諸関係を構成する多様な集団・階層が関連づけられ、あるいは配置されている状態、言い換えれば、権力関係の相対的に安定したパターンを指すことが多い。また時には経済的権力構造、社会的権力構造などといった使われ方をする場合もあるが、一般的には、政治的権力構造を指す。

権力構造は、社会的分業の発達に伴って分化し組織化され、重層的な構造を形成する。したがって、国家、地域などの各レベルで相対的に自律的な権力構造が成り立ち、またこれまでの権力構造分析も、これらの各レベルにおいて、さまざまな方法および仮説と理論を展開してきた。

例えば経済・軍部・政府の三つの制度的領域の頂点にそびえたつ巨大な権力機構と底辺の大衆に広がる政治的空洞化のうちに、「権力エリート」の一元化・集権化された構造を仮定するミルズ、あるいは、大衆社会における権力の中間水準にあって、自己の利益を要求し、それに反することに抵抗し、限定された範囲内でのみ権力的に行動する「拒否権行使集団」からの圧力による権力の多元化・分散化を説くリースマンなどは、その代表的な例といえよう。

2 地域権力構造——エリート論と多元論

地域権力構造の分析が正面きって行われたのは一九五〇年代からであり、ハンターの実証的分析『コミュニティの権力構造』（一九五三年）を嚆矢（こうし）とする。そこで彼が提示した仮説は、経済エリートを中心とした一枚岩的な政策決定集団を頂点としたピラミッド型権力構造が存在し、これに対して一般市民は抵抗力をもたないというものであった。

この仮説は「権力構造の成層化理論」（＝「権力エリート論」）とよばれているが、当時の大衆社会論を背景として広範な影響を及ぼした。また、彼が調査に使用した「声価アプローチ」は、リーダーの構成を分析する上で高い評価を受けるとともに、逆に多くの批判にさらされ、その仮説とともに以後長年にわたる論争を引き起こすこととなった。

支配エリートによって構成される一枚岩的権力構造に反対して、複数のリーダーシップ間での権力の拡散、ないし多元的な諸集団への分散によってもたらされる多元的権力構造の存在を説く「権力多元論」とよばれる立場が、ダールをはじめとする研究者によって主張され、そこでは「政策決定アプローチ」によってリーダーシップ（支配階級）内部の多元的構成が示された。ダールの『誰が支配するか』（一九六一年）はその代表的な著作であり、歴史的にコミュニティの権力構造が寡頭制から多元的なリーダーシップに移行してきていることを実証的に証明しようとした。

こうして始まったエリート論と多元論の論争は、一九五〇年代から六〇年代にかけて、そのアプローチの是非をめぐって、また実証結果の比較と類型化をめぐって激しく展開され、この比較研究はアメリカからヨーロッパへと国際化し、その影響は日本にも及んだ。

だが、論争は両者の間では決着がつかず、アメリカにおいても一九七〇年代初めには手詰まり状態になり、日本でも研究が停滞した。地域権力構造の膨大な量の調査結果が集積されたままにされた。

しかしながら、その後七〇年代中期からアメリカにおいて両派の交流が進み、権力、意思決定などの基礎理論の再考、分析方法の高度の洗練化、そして新しい分析視点の提起が現れ、一九八〇年代以降、この研究領域への関心が再び高まってきている。

現代の政治機構のもつデモクラシーの擬制の背後に隠され、そこで密かに営まれている権力の実相を、政策決定をめぐるリーダーシップと、その過程にかかわるメカニズムの両面から解明する権力構造分析の意義は、今日、再び確認されねばならない。

（佐治孝夫）

6 格差拡大と政治

1 格差拡大と政治的影響

かつて日本は「一億総中流」と言われたように、社会的格差が少ない国であるという認識が、日本社会に広く拡散していた。現在も世界レベルでは日本が、格差が小さい国であることは事実である。

しかし、日本においても社会的格差は少しずつ増大している。格差拡大の背景は、第一に産業構造の変化による非正規雇用者の増大、第二はデフレの長期化による所得の伸び悩み、第三は教育支出の低減による子供の教育格差の拡大などがある。

これらの格差拡大が、政治に及ぼす影響は何だろうか。

第一に、政治的意見の分極化がある。社会的格差は、社会的意見の分布と相関がある。所得によって、税率や福祉政策における政治的意見が決まるので、所得格差が拡大すると、政治的意見も分極化する。中道よりの政策は支持を集めにくくなり、高所得者、または低所得者に極端に振れた政策が支持を集めやすくなる。日本でも、諸外国でも、新自由主義（ネオ・リベラリズム）と呼ばれる市場競争促進政策が採用される事例は増えている。そうした政策は高所得者に有利であるため、それに対する激しい反発を生んでいる。

第二に、政治参加の可能性が格差の影響を受けることがあげられる。低所得層は社会的連帯に加入する機会が少ない。非正規雇用者が労働組合に加入する機会は低く、非正規雇用者の割合が高くなると、組合の力は弱まる。非正規雇用者は、基本的には政治参加からあぶれていく層になる。

第三に、社会的格差が教育に及ぶようになると、低所得層の子供は低所得層になり、高所得層の子供は高所得層になるという格差固定化が起こる。そうなると、社会階層を移動する可能性は下がり、高所得者、低所得者が固定化する。このような状態が出現すれば、政治的意見も階層ごとに固定されることになる。既得権益が攻撃される「ねたみの政治」が出現する。人々の不満を利用して、わかりやすい攻撃対象を設定して単一争点化を図る戦術が多用されるようになる。

2　格差拡大とポピュリズム政治

このような格差拡大は、前述のように世界レベルで起こっている問題である。従って、その政治的影響も世界レベルで存在する。

「ワシントン・コンセンサス」という、規制緩和、自由化政策（新自由主義と同義）が先進国、特にアメリカ（レーガン）、イギリス（サッチャー）、日本（中曽根康弘）で採用されたのは一九八〇年代であった。この路線は、それ以後も継続され、先進国や新興国に拡大している。

特に最近先進国で起こっている現象、アメリカのトランプ政権成立（二〇一六）、イギリスの国民投票でのEU（欧州連合）離脱決定（二〇一六）は、いずれも格差拡大への反発の結果であり、勝利したのが右派ポピュリズムだったことが特徴である。

アメリカでも、イギリスでも、右派に結集したのは、地方、低所得者、男性であった。いずれも、格差拡大によって「負け組」側に立たされ、今後も取り返しはきかない状況で不満を募らせている人々であり、このような人々が「見捨てられている」自分たちに注目してくれる候補者や政党に引きつけられたことが、トランプ大統領誕生とイギリスのEU離脱を生んだ重要な要因となった。

日本での第二次安倍（晋三）政権の長期政権化（二〇一二～二〇）も、このような現象の一部といえる。日本において安倍政権は衆議院選三回、参院選三回で与党過半数を獲得するという、現行の衆議院の選挙制度の下では例のない長期政権を実現したが、この結果をもたらした重要な理由の一つは、低投票率である。潜在的な野党支持者が投票に行っていないから、与党が勝ったのである。

また、各種世論調査によると、共産党などの左派政党は、四〇代以下の有権者からは、もはや「改革的、リベラル」とは見られておらず、改革的イメージで見られているのは、むしろ自民党や、日本維新の会であることが明らかにされている。この理由は、左派の主張する再分配政策が、若年層からは既得権益擁護と捉えられており、自分たちの窮境を救う政策ではないと考えられていることの結果である。格差拡大は、政党支持の構造を変えているのである。

（永山博之）

サブ・テーマ 18

コロナ危機と世界政治

二〇一九年からの新型コロナウイルスの世界的流行は、世界の政治状況に対して破壊的な影響を及ぼしている。

第一の影響は経済である。二〇二〇年の各国経済成長率は、一〇%以上減少すると見込まれており、二〇二〇年四月のアメリカの失業率は一四・七%に上った。一九二九年の世界恐慌以来の数字であり、今回の危機は実質、世界恐慌と同レベルのものと考えてよい。企業倒産、失業の激増は社会生活の経済的基盤を破壊し、人々の心理的安定も失われる。

第二の影響は、病気の流行による恐怖の拡大である。病気は目には見えず、ウイルスに感染したかどうかを知ることも簡単ではない。日本国内においても、他の県からの来訪を嫌がる感情が広まった。外国から来る客に対してはなおさらである。

また、病気の拡大を阻止するためであれば、どのような措置でも正当化されるという考え方も拡大している。ウイルス拡大は非常事態であり、私権制限や国家による情報統制のような措置でも、病気蔓延（まんえん）を防ぐためのものであれば許される。ウイルス拡大を防止する国際的な協力は、限定的にしか行われていない。

第三の影響は、移動の途絶である。感染拡大に伴い、多くの国が外国人の入国差し止め、または厳格な審査を課すようになった。国境を越えての移動は実質的にできなくなった。

これらの状態で、何が起こっているだろうか。最優先は人命である。経済的ダメージを回復することよりも、自分の命が優先する。コロナウイルスの致死率が低いこと、死亡者の大半が高齢者であることは、病気への恐怖を緩和することに役立っていない。恐怖がすべてを支配するのである。コロナ感染拡大を抑制できる政府がよい政府であり、抑制ができない政府は必要ない。

明確な政策を取れる政府、リーダーシップを示せる政府が生き残り、そうでない政府は退陣させられる。強権的な政府が支持を集める場合もある。手続き的正統性はそれほど重視されなくなるかもしれない。

社会的分極化は激しくなる。恐慌では経済的に破綻する人々が激増する。余裕がなくなれば反対派に対する寛容度も低くなる。中間的な意見は支持を集められなくなるので、極端な主張をする政党に支持が集まることになる。

国際協力も行えなくなる。現にコロナウイルス対策についての国際協調はほとんどできていない。既存の国際協調枠組みの大半は機能しなくなり、自国の安全とそのための同盟関係が優先される。

アメリカと中国の対立はすでに決定的になっており、この対立に国際社会の多くの国が引きずられることになる。コロナ危機は、第二次大戦後の政治において決定的な分水嶺（ぶんすいれい）になるだろう。

（永山博之）

コラム 4　公務員試験での「政治学」

大卒者を対象とする公務員試験では、おおむね無難な出題がなされてきたが、ときに問題含みの出題も見られないではなかった。少し紹介してみる。

同一問題を避けようとすると、新しい分野からの出題となるのは、ある程度、仕方がない。困るのは、文句がつけられないよう、自分の詳しい特殊な分野から出題して平気な学者がいることである。そのままでは受験生がかわいそうだ。

一般論としては、新しい分野が増えるのに、古い分野が消えていくわけではないので、出題項目がただ増えていく傾向がある。これは困った傾向で、「多元的国家論」など、もう減ってもよいように思われるのだが、どうだろうか。

新しい出題分野については、一時的に終りかねない項目は避ける慎重さが望まれる。かつて「ネットワーク型政党」などが、出題者の好みのためか、出題されたことがある。その後、学説として広がりをもっているとは言い難く、反省材料にしてもらいたいものである。

それとは少し違うが、出題者の政治的な傾向が前面に出ているのではないかと懸念される出題も散見される。

例としては、「中国が複数政党制である」、と言いたいらしい困った出題がそうだ。定番のサルトーリの類型では一党制であり、ヘゲモニー政党制でもないのだが……（第7章２参照）。

ケアレス・ミスもあって、へたをすると正答がなくなりかねないケースもある。

例えば、「沈黙の螺旋（らせん）理論」を唱えたドイツの女性研究者ノエル＝ノイマン（Elisabeth Noelle-Neumann）は、その全体が姓だから省略できないのだが、「ノイマンは……」という文での出題があった。大学入試なら、誤りが分かった時点で、受験生全員を正答とする、などの措置がとられるが、公務員試験ではどうなのであろうか。

また、1960~70年代に日本に紹介された学説からの出題が多いのも、公務員試験の目立つ特徴だ。「政治的無関心」の定番のような出題にラスウェルの類型（無政治的、反政治的、脱政治的態度）があるが、ラスウェル本人の記述は実にあっさりしたものだ。邦訳『権力と社会』（芦書房、2013）でいうと、184頁のわずかひとページにあるだけだ。その後の無関心の研究はないとでもいうのだろうか（第11章サブ・テーマ16参照）。

学問的にいちばん問題だと思われるのは、学説が分かれているにもかかわらず、一方の説を正解とする出題が見られることだ。ラスウェルの権力概念は頻出問題だったが、正答とされてきた実体概念説には、学界では早くから異論が出されていた。だが、一方の立場での出題が永く続いてきた。

翻訳が出てみれば、日本では少数説だった関係概念説に近い記述が多いし、何よりも審判役のフリードリッヒの記述まで残っているから、もう少し別の判断があってしかるべきであったろう。

実体概念、関係概念はフリードリッヒの二分法であり、彼自身が「ラスウェルは関係概念」と述べているのだ（詳しくは、第1章サブ・テーマ4参照）。

（加藤秀治郎）

第14章 政治的コミュニケーション

1 世論

1 世論の概念

世論は、一般に以下のように考えられている。何らかの解決を必要とされる問題につき、その国の国民が表明した意見である。地域社会など、いろいろな手段レベルでも住民の世論が考えられる。

表明した意見とは、「外に対して出した意見」であって、心のなかで思っているだけでは世論とはならない。民主国家では、世論は最大限尊重されなければならないとされる。いかなる為政者も、世論に反して政策を長期的に遂行することは難しい。しかし、だからこそ、世論はさまざまな情報操作によって時の為政者に利用され、正確な状況認識を欠いたまま暴走する危険性を有している。

世論は、常に誰かによって操作される危険性があるものと考えた時、以下の定義は意味をもつ。

明治時代の辞書、エフ(F)・ブリンクリー『和英大辞典』(一八九六年初版)では、「輿論 = Public Opinion/世論 = Popular sentiments」と記載され、争点に対し集団構成員の討議や熟慮などを経た「輿論（ヨロン）」と、一時的な情緒的判断や漠然としたイメージというものに近い「世論（セロン）」は区別されていた。

2 擬似環境

リップマンは一九二二年、"Public Opinion"(邦題は『世論』)を出版し、第一次大戦中に行われた検閲と情報操作の問題を取り上げ、新聞報道がつくり上げる現実は、必ずしも客観的現実とは同一のものではないことを強調した。

リップマンが重視した点は、新聞というマスメディアがつくり上げた現実のようなものが、そのまま読者の頭のなかでは、正確な客観的現実として印象づけられるということである。彼はこの人々の「頭のなかの映像」を「疑似環境」とよび、「世論」がマスメディアの手によって特定の方向に誘導される危険性を指摘した。

例えば、外国の主要メディアが、戦争時に一部の軍人が行った人権抑圧行為や蛮行を繰り返し報道することで、その国の視聴者の「頭のなか」には、漠然としたものであっても、そのような蛮行を行った国の国民性や文化イメージが形成されることがある。これが疑似環境である。

3　ステレオタイプ

リップマンの考えの主要点は以下のようなことである。

①ニュース報道機関のなかに真実を報道する責任に対して組織的曖昧性があること。

②取材・記事作成・編集のすべての過程で検閲が行われ、特定の考え方を宣伝するための装置として利用される可能性があること。

③人々は、情報を帰属集団のなかで確立されている固定的・画一的な基準やイメージから情緒的に評価しがちなため、その内容と対立する実証的証拠を冷静に受け入れることに抵抗を示しがちであること。

このようにして形成される固定的・画一的イメージは「ステレオタイプ（固定観念）」と名づけられ、社会心理学上のキー概念となった。

もし新聞報道に特定の立場だけを多く取り上げるという偏りがあり、不公平さを修正する責任部局もなく、読者もその偏りを冷静に判断する主体的パーソナリティーや知識を欠いていると、報道は人々のなかに形成された疑似環境と「ステレオタイプ」を通して「世論」を操作する装置となりうるのである。

われわれを取り巻く現実の環境は、巨大かつ複雑で移ろいやすいため、真実を直接知ることは困難に近い。そのため私たちは、真実としての環境に直接反応するのではなくて、頭のなかにつくり出した表象である疑似環境やステレオタイプにもとづいて判断行動する。ここにマスメディアが「デモクラシーの危機」を生じさせる危険性を彼は読み取っていた。

マスメディアの世論形成に果たす役割は重大かつ危険性をも併せもつ「双刃の剣」と、リップマンは考えたのである。

（小川恒夫）

2 マスコミの機能

1 マスコミの機能

マスコミュニケーション（マスコミ）の社会的機能について、ラザースフェルドやマートンは、次の三つの機能をあげた。

第一は、「地位付与の機能」である。この機能は、人物や政策、組織などがマスメディアで取り上げられると、注目を浴びることによって社会的立場が引き上げられ、重要な人または出来事として、受け手に印象づけられることをいう。よくテレビなどでみかける有名人を地位の高い人と考えるようになることである。

第二は、「社会的規範の強制」である。この機能は、マスメディアなどによって報道されることにより初めて、違反や事件などが社会的認知されるようなことを意味している。マスメディアの流す情報は大量で、われわれにとってそのすべてを理解することは不可能である。社会的に重要な問題は一体何か、ニュースとして流すべき情報は何で、どの優先順位で流せばよいのかを、送り手であるマスメディアは検討しながら情報を送っている。そして、マスメディアは例えば、病院の医療過誤問題、公的機関の不正や公金横領疑惑についての番組を報道し、社会的制裁が加えられる過程を受け手にも認知させる。その結果、人々に社会的ルールについて再認識してもらう。

第三は、「麻酔的逆作用」である（「麻酔的逆機能」ともよばれる）。この機能は社会的規範のような顕在的な効果とは異なり、潜在的な効果である。マスメディアは日々大量の情報を流し続ける。そのすべてを理解し、自分の情報源としてすべて活用している人は皆無である。それ以上に毎日報道される事件、事故など社会的諸問題についての情報に対して、われわれは無関心になってしまう。また、報道すればするほど、社会的行動を起こそうとする気が生じてこない。マスメディアの報道をみるだけで行動したかのような気分になってしまうのである。このような状況を「麻酔的逆機能」とよんだ。

2 ラスウェルの学説

ラスウェルは、コミュニケーションの行為について説明するためには、以下の問いに即して考えるのがよいとした。

「誰が、何を、誰に、どのようなメディアを用いて発し、どのような効果が生じるのか」

また、ラスウェルは構造機能論の三類型を提示している。第一は「環境の監視」である。最近のマスコミの報道をみて分かるが、政治家や公務員などの公的権力をもったものに対して厳しい追求を行うことがある。このようなエリートの暴走を止めるためにもマスコミは重要な機能を果たす。これを環境の監視を呼んだ。これは、社会システムの内外に起きた事態や変化をシステムの成員に伝える機能といえる。

第二に、「環境への反応にあたっての社会的調整」である。複雑な現代社会では、国民の要求を国会での政策決定過程に反映させるための公聴活動や決定された内容を成員に説明し納得させる広報活動などのようなコミュニケーションルートが不可欠である。マスコミはこのような機能をもち、社会システムがある程度のまとまりをもち、環境に反応する場合に重要な媒介機能を果たす。

第三に、「社会的遺産の世代的伝達」である。これは、既存価値や規範の再認識、再確認を行い、個人を社会化する機能である。

このように、ラスウェルは、マスメディアを情報の伝達者とみなす簡潔な伝達モデルを提唱した。このモデルでは、送り手がコミュニケーション過程の中心となり、その結果は受け手に与える効果であると仮定する。効果は送り手から受け手にダイレクトに流れ、受け手から送り手への影響は無視をされる。つまり、このモデルの中心は送り手であり、送り手の意図した効果があったのか、または意図しかなかった結果が現れたのかという点にある。受け手、送り手の相互間の影響については考慮されていない。

システムモデルのコミュニケーション理論への応用という点では、コミュニケーションをプロセスとして説明可能であり、単純な線形効果概念以上の理論的枠組みを提示できた。ただし、機械論的、非人間的、因果関係の把握が困難であるという限界も指摘された。

以上のように、ラスウエルは、第二次大戦後のシステム論の台頭とともにコミュニケーション理論に対して多大な貢献をもたらした。

（佐々木孝夫）

3　コミュニケーションの二段階の流れ

1　『ピープルズ・チョイス』

投票行動においてマスコミの影響力は一体どの程度なのかという問題意識の下で、「コミュニケーションの流れ」研究の代表的研究が生まれた。なかでもラザースフェルドらによる『ピープルズ・チョイス（The People's Choice）』（一九四四年）は、非常に影響力のある仮説を提起した。彼らの研究では、同一の対象者に何回か同様の調査を行う調査方法（パネル調査）が用いられた。

この調査の目的は、一九四〇年大統領選挙において投票意図の変更、投票意図変更者の特性、投票意図変更理由、投票意図変更に対する宣伝効果などを解明することであった。分析の結果、投票意図変更の類型化を行ったところ、投票意図を変えた有権者（移行・改変型）は一〇%以下であった。初めは、マスメディアの強い影響力を予想していたが、結果はその逆であった。

図表13　コミュニケーションの流れ

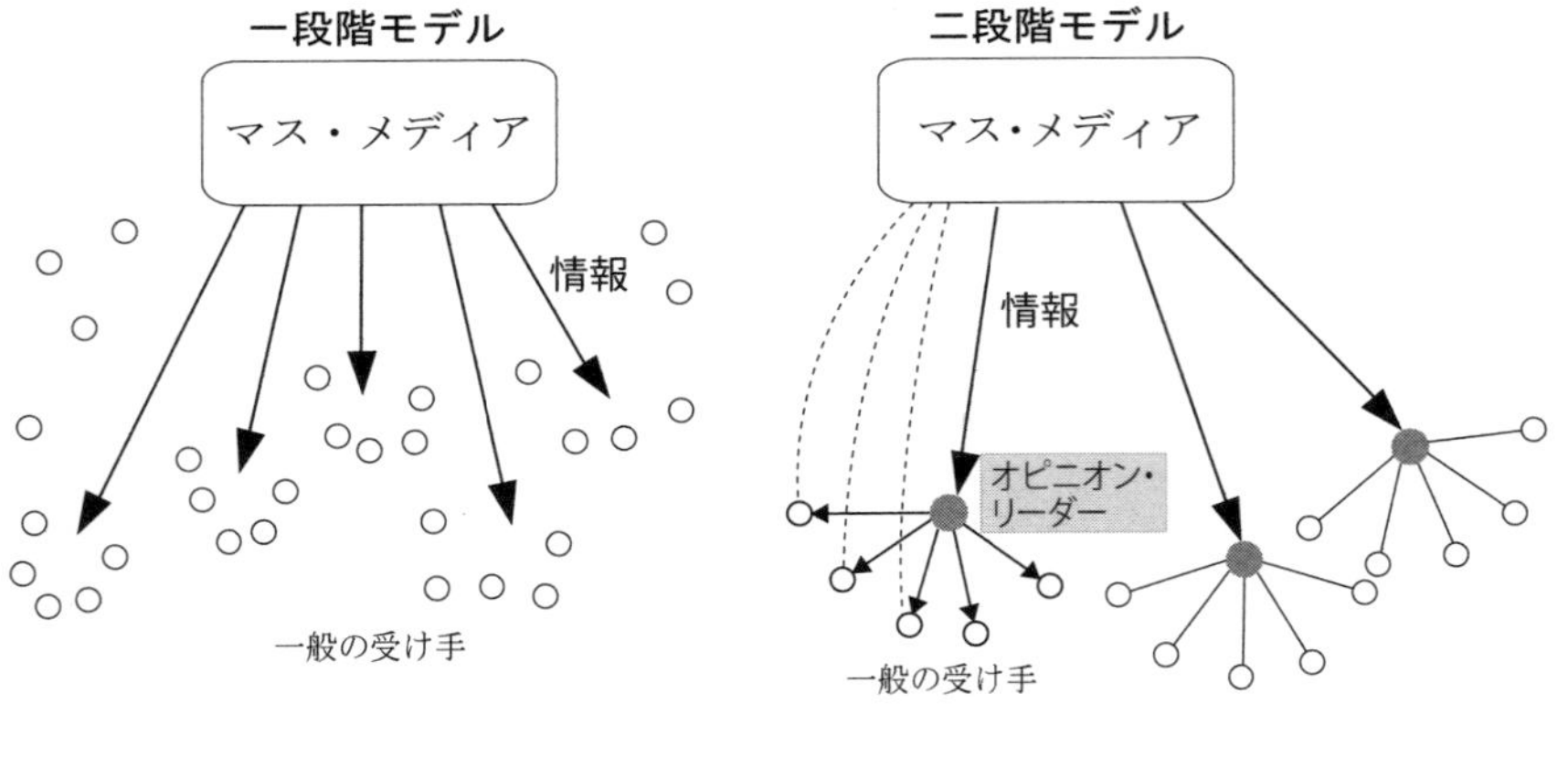

詳細な実証分析を重ねた結果、次のいくつかの仮説が提示された。

①政治的先有傾向仮説、②選択的接触仮説、③マスコミュニケーションの効果、④個人的影響の優位性、⑤オピニオン・リーダー、⑥コミュニケーションの二段階の流れである。

具体的には、政治的先有傾向、つまり社会的属性や過去の経験、記憶などにより人はあらかじめ態度、意見、関心をもっている。選挙への関心が高かったり低かったり、なかにはすでに投票意図が固まっている有権者もいると考えた。

また、選択的接触、つまり自分の考えに近い政党の情報に多く接触する傾向がみられ、投票行動の際にはマスメディアの情報が補強的効果をもつと考えた。

2 「二段階の流れ」仮説

この研究で明らかになった「オピニオン・リーダー」とは、新聞・ラジオ・テレビなどへの接触が比較的多く、マスメディア以外の情報ソースを一般人より多くもっている人のことで、社交性も比較的高く、影響を受ける者との関係は水平的な関係にある、とされた。

マスメディアから送られた情報は、ダイレクトに受け手に伝えられるというよりも、オピニオン・リーダーにまず伝わる。そして、口伝えで人々に伝えられ、その過程において、マスメディアの影響力が生まれる、との仮説を提示した。調査結果ではマスコミュニケーションよりも個人的影響力が優位にあるとの結果になっており、オピニオン・リーダーが存在するだけでなく、人々の意思決定へのその影響力が重視されることになった。

この「二段階の流れ」仮説はその後、ほかの社会科学の研究領域にも広まり、大きな影響を及ぼした。その後、ラザースフェルドとカッツは共著『パーソナル・インフルエンス』で『ピープルズ・チョイス』モデルを検証し、同仮説が支持されることを明らかにした。

しかし、この仮説には批判も多く、コミュニケーションは多くの段階を踏み、さまざまな方向へ流れると考えられてきた。また、新強力効果仮説(「新効果論」本章4参照)の提唱によって仮説の再検討が求められている。

(佐々木孝夫)

4 マスメディアの新効果論

マスコミュニケーションの効果研究の流れのなかで、一九二〇年代に始まる強力効果仮説、それを受けた実証研究の積み重ねによって明らかにされた限定効果仮説に続いて、七〇年代に入ると強力効果仮説を再評価しようとする「新効果論」の動きがみられるようになった。

こうした動きには、社会状況の変化やテレビの普及率が上昇するといったマスメディア環境の変化や、強力効果仮説、限定効果仮説ともに、効果を態度変容中心に求めていたという方法論的な問題なども指摘された。そして、この新効果論に位置づけられるのが、「議題設定機能」仮説と「沈黙の螺旋(らせん)理論」仮説である。

1 「議題設定機能」仮説

マコームス（M.McCombs／「マックーム」とも）とショウ（D. L. Shaw）が提唱した「議題設定(agenda-setting)（アジェンダ設定）機能」仮説は、マスメディアは、現在の争点が何であるかという有権者の認知レベルに影響を与えているとするものである。

具体的な分析としては、一九六八年のアメリカ大統領選挙に際し、有権者の争点認知、候補者の公約（争点設定）、マスメディアの争点設定の三つの関係をみた。調査から明らかにされた有権者の考える争点（争点認知）の順位は、内容分析から明らかにされた候補者の訴えている公約（争点設定）順位よりも、同様に内容分析から導き出されたマスメディアが顕出している争点順位（争点設定）との相関が高かったというものである。

このことから、争点が何かという有権者の認知は、選挙の当事者である候補者ではなくてマスメディアによって影響を受けているとしたのである。すなわち、選挙の争点はマスメディアによって決められているとした。また、このことは選挙の争点に限定されるものではなく、さまざまな社会的な争点についても同様のことがいえるとしたのである。

こうしたマスメディアによる争点の設定は、単に認知レベルの影響にとどまるものではない。例えば、政治倫理などに代表されるような争点は、争点として取り上げられること自体がある政党にとってマイナスに働き、選挙における支持や得票を減少させられることもありえる。したがって「議題設定機能」による影響は、認知レベルにとどまらず、場合によっては態度レベル、行動レベルにまで影響を及ぼすことが想定されるのである。

2　「沈黙の螺旋理論」仮説

一九六五年のドイツ連邦議会選挙でみられた「どたん場のなだれ現象」などから示唆を得て、ノエル＝ノイマンは、個々の社会環境の調査を行って世論形成過程の経験的実証を試みた。

ノエル＝ノイマンの基本的な考え方は、以下のようなものである。

人々は、自らが孤立したり、他者と違った立場にいることを表明することを嫌ったり、あるいはそのようになることを恐れたりする。こうした孤立への恐怖を源泉として、人々は自分の社会環境を観察したり、ある考えに対する賛成あるいは反対の世論の分布状況を知る。意見の強さや、その世論を形成させる問題がどれだけ身近な問題なのか、また、提案や意見表明のチャンスがあるかどうかなどを評価し、どのようなときに孤立していくのかを理解しようとする。そして、優勢な（あるいは将来優勢になるであろう）意見と自分の意見が同じものであるかどうかを確認するのである。

もし、自分の意見と社会において優勢な意見が同じであるならば、その人の自信は高まり、孤立の危険を考えずに自分の意見を表明することができるようになる。しかし、逆にその人が、自分の意見が優勢ではないと認知したとき、彼は自らの意見を公表することによって自分が孤立してしまうのを恐れて自身の意見を公（おおやけ）にしようとはしない。

このように、人々が自分の意見を周囲の状況から判断して、積極的に主張したり、逆に沈黙したりすることによって優勢な世論を螺旋状にどんどんつくり上げていく過程を、ノエル＝ノイマンは「沈黙の螺旋理論」として発表した（第13章「コラム4参照）。

このプロセスのなかで、周囲の状況が人々の態度・行動を決定する要因になる。そして、この状況認識に大きな影響をもつのが、マスメディアである。したがって、このマスメディアの影響は、直接的には人々の認知レベルに対するものではあるが、この認知は態度や行動レベルにつながっていくものである。このように、世論形成のなかで、人々の観察や判断それを通じた態度や行動にマスメディアが大きな影響を与えるとしたのである。

（岩渕美克）

サブ・テーマ　19

マスコミの効果

マスコミの効果について、主要なメディアの変化とともに多くの理論仮説が提示されてきた。かつての中心的メディアはラジオであり、ついでテレビとなった。現在ではネットに移ってきている。

その効果についての学説は、三つの時期に分けられ、初期の強力説から限定効果説へ、そして新強力効果説に変化してきたと、されている。

マスメディアの効果研究は、政治的プロパガンダ研究から始まった。ファシズムが台頭した経緯について、アメリカなどで研究がなされ、政治宣伝が重視された。マスメディアは国民総動員体制下のナショナリズム意識を高める最たるメディアであった。メディアと受け手の関係は直接的で一方的なものと考えられた。また、新聞学、宣伝学、政治的プロパガンダ研究へと研究者の関心も移った。

一般にマスコミの効果研究は、大きく三期に分けられる。第一期は二〇世紀初めから一九三〇年代末の「強力効果説」の時代である。弾丸理論または弾丸モデルと呼ばれる。

第二期は一九四〇年代から六〇年代までの「限定効果説」の時代である。主な仮説としては、ラザースフェルドとカッツによるコミュニケーションの二段階の流れ仮説、説得コミュニケーション研究などがある。クラッパーの一般化も同期における研究成果である。

第三期は、一九六〇年代以降に登場してきた「新強力効果説」の時代である。主な仮説としては、議題設定機能仮説、沈黙の螺旋（らせん）仮説などが挙げられる。第一期ほどに強力とするものではないが、第二期よりは強力としている。

クラッパーは、マス・コミュニケーションによる説得の効果を、次のように定式化した。

①まだその問題について何らの態度も有してない人に対して、特定の意見や態度をつくり出す「創造」の効果。

②既存の態度を強化する「補強」の効果。

③態度の改変までには至らないが、既存の態度の強さを弱める「減殺」の効果。

④既存の意見や態度を変更させる「改変」の効果。

⑤何らの効果も起こさない「無効果」。

この五つが考えられるとした。

クラッパーは、実際には効果の多くは「補強」にとどまり、「改変」にいたるケースは少ないと一般化した。

この補強効果が生まれやすい理由は、第一に受け手の選択的接触にあり、第二にマスメディアの情報の性格にある。

前者は、自分の立場に近い情報を受け入れやすい受け手は、それに対立する情報には接触をしない傾向にあるため情報がフィルターに濾過（ろか）されてしまうことを示す。

後者は、マスメディアも一企業である以上、企業利益の最大化をめざして行動している。そのため、マスメディアの情報も万人受けするような多数派のものになりがちであることを示す。これらの状況を考慮に入れた実証的な研究によってこの仮説は支持されることとなった。

（佐々木孝夫）

サブ・テーマ　20

SNSとエコーチェンバー現象

エコーチェンバー（echo chamber）とは、音楽録音のために残響が多くなるように設計された部屋である。これを転じて、自分の意見や似たような意見ばかりが繰り返され、同じ意見で埋め尽くされた空間が社会に出現することを「エコーチェンバー現象」という。

SNS（social networking service）が社会に出現する前は、このような現象は主に組織内部や共同体の中で現れるものだった。

例えば、オウム真理教のようなカルト教団の内部では、教祖の見解、「悪行を働いた人を殺すことは、その人の魂を救済することになる」といった意見が、教団内に浸透する。教祖の見解が社会的に異常なものであっても、構成員が当初、そのような見解を受け入れることができなくても、教祖の意見は教団内では絶対であり、反論は許されない。周囲の人々も教祖と同じ考えをもつようになるので、教団にとどまろうとするのであれば、自分も教祖の意見を受け入れざるを得なくなるのである。

SNS（TwitterやFacebookが代表的だが、特にFacebook）では、ある種の同質性をもった人々がコミュニティをつくる。このコミュニティが社会的意見を交換するようなものである場合、コミュニティに留まろうとすると、そこで主流になっている意見に自分が合わせなければならない。

日本は自分の政治的意見をあまり表に出そうとしない社会だが、アメリカ、ヨーロッパ社会では、積極的に政治的な意見を表出するので、SNSのコミュニティを維持しようとすれば、同じ意見をもっている人同士で集団をつくらざるを得ない。また、日本でも社会的活動をベースにしているコミュニティ（ボランティアでのつながりなど）では、社会的意見を出さないわけにはいかない。

そのような場では、主流の意見と大きく違う意見をもつ人は、コミュニティから出なければいけないことになる。そこに留まろうと思う人は、沈黙するか自分の意見を変えなければならなくなる（社会心理学でいう「沈黙の螺旋(らせん)」理論（本章4参照））。主流派の意見は、逆に集団内で反覆されるので、弱い意見しかもっていなかった人にも浸透する。

現実社会からネット社会への移行が始まり、ネットワークベースのコミュニティが広がると、このような現象も広がった。二〇一六年アメリカ大統領選挙における、共和党（トランプ）対民主党（ヒラリー・クリントン）の対立は、この現象が社会に非常に大きな影響を与えることを示した。敵陣営の言うことは嘘ばかり、味方陣営の言うことしか信じられない、このコミュニティで流れていることだけが真実だという考え方が、アメリカ社会全体に拡大したからである。

このような現象の別の一面を「フィルター・バブル（filter bubble）」ともいい、別項の「フェイクニュース」（本章サブ・テーマ21参照）も、この現象を基盤として成り立っている。社会的合意や意見の中庸性といった概念は掘り崩されつつある。

（永山博之）

サブ・テーマ 21

フェイクニュース

　フェイクニュースとは、事実ではない嘘（うそ）(フェイク)がニュースとして流通する現象のことである。となると、なぜ嘘がニュースとして流れるのか、誰も嘘であることを指摘して訂正しないのかということが問題になる。

　まず多くのフェイクニュースは、自然発生的な噂（うわさ）ではなく、意図して流される情報操作、または広告であることを隠して流される宣伝であることを認識する必要がある。情報を見た人を混乱させて政治的結果を動かすため、広告収入を上げようとして閲覧数を増やすため、意図的に嘘を流通させる組織や個人が存在する。

　二〇一六年六月にイギリスで行われたEU(欧州連合)離脱を決める国民投票では、英国独立党のファラージ党首がEUへの拠出金を二倍以上過大に発言し、この発言が投票直前に離脱派を増加させた。

　二〇一六年一一月のアメリカ大統領選挙では、民主党のヒラリー・クリントンに対して、「児童買春に関与している」「イスラム過激派のISに武器を売却している」などのフェイクニュースが流され、逆に共和党のトランプに対しては、「ローマ教皇がトランプを支持している」というトランプを有利にするフェイクニュースが流された。フランスやドイツの選挙でも、選挙結果を操作しようとするフェイクニュースが流されている。

　このようなフェイクニュースには、ロシアの諜報機関の関与があったとされる。フェイクニュースを流して、選挙プロセスを混乱させ、民主主義の制度への信頼を破壊することがその重要な目的であったと指摘されているのである。

　フェイクニュースは、それを意図的に流すだけでなく、相手陣営や対立的なメディアの流すメッセージをフェイクニュースだと断定することで敵の信頼性を破壊するための「道具」としても使われる。トランプ大統領（当時）は、自分を批判するCNNなどの報道をフェイクニュースと断定している。

　SNS（本章サブ・テーマ20参照）やメッセージング・アプリ(LINE（ライン）など)の多用がこのような現象に貢献していることは疑いない。だがそれだけではなく、新聞、テレビなどのニュースメディア自体の党派性が強くなっていること、ニュースメディアの信頼性が低下していること、社会全体で意見の両極化が進み、論敵の意見を受け入れる余地がなくなっていることも重要である。

　こうしたことをつくり出す素地になっているのは、社会における「格差拡大」（第13章6参照）と、社会的合意の崩壊によるアイデンティティの重要性の増大である（第11章3参照）。

　フェイクに対する事実確認（ファクトチェック）は、フェイクニュースには限定的な効果しかもたない。それよりも、「問題は、事実が何かではなく、真実はどこにあるかにある」として、事実かどうかは問題ではないという態度すら登場している（ポスト・トゥルース）。われわれはもはや、事実があやふやな社会に住んでいるのである。

（永山博之）

コラム 5

政治学での要注意の英単語 ④

positive と negative

どちらも馴染み（なじ）の英単語で、カタカナでも使われるが、いつでも「積極－消極」「肯定的－否定的」で通せるわけではない。こういう時は、知っている単語でも辞書を引き直し、近い訳語を探すようにしたいものだ。

わが国では、自衛隊をめぐる憲法問題でやや特殊な意味が出てくる。自衛隊は法的に外国の軍隊のような扱いを受けておらず、変則的になっている。軍隊よりも警察に近い規定になっているのだ。

そこで警察と軍隊の相違につき、「ポジティヴ・リスト」「ネガティヴ・リスト」という言葉が出てくるのだが、定訳もなく理解が著しく困難になっている。

警察は一般の行政機関であり、国内法で「○○してよい」という形で活動が規定され、それ以外はダメとされている。許される活動が列挙されているのであり、これがポジティヴ・リストだ。

それに対し一般に軍隊は、国際法などで「○○してはならない」と、許されない活動が規定され、それ以外は原則的に制限がない。ところが自衛隊は、警察予備隊から始まったので（1950年）、警察と同じポジ・リストであり、このままでよいのか、と議論されているのである。

この場合のポジ・ネガは、積極・消極、肯定・否定では理解できない。大きな辞書を丹念にチェックすると、ネガの方に「禁止的」があり、その延長上で考えると、理解できる。つまり、警察は「許可事項列挙型」、軍隊は「禁止事項列挙型」のリストというあたりが妥当か。

positivism

左のようにポジ・ネガは難しいが、少し違う意味の用例も出てくる。クラウゼヴィッツ『戦争論』に「軍事についてポジティヴな理論を目指しても不可能だ」という文章が出てくるが、「積極的な理論」ではまったく分からない。

ポジティヴィズム（実証主義）という言葉に近い用法であり、「実証的な理論」くらいの意味であろう。

or

ポジ・ネガの例は、知っている単語でも、どこかおかしいと思ったら、辞書を引こう、という話につながる。特に政治学に限らないが、アンドとオアの「オア」はなかなかの難物である。

時代を遡（さかのぼ）ると多く見られるが、タイトルとサブタイトルをつなぐ時に、orを入れて示す用法がある。注意してみると、オペラのタイトルにこの用法がある。「ないしは」とか「言い換えると」という意味に近い用法だろうが、知っていないと英語に通じた大家も間違える。

実例を挙げる。ある参考文献リストに英文の論文名を、「『絶対』戦争から『全面的』戦争へ、或いはクラウゼヴィッツからルーデンドルフへ」と訳してあった。この「或（あ）いは」には誰もがひっかかるだろう。

原語は「or」で、タイトルとサブタイトルをつなぐ用法である。「『絶対』戦争から『全体』戦争へ――クラウゼヴィッツからルーデンドルフへ」とでも訳してほしかったところである。

（加藤秀治郎）

第15章　国際政治

1　国家主権と近代国際社会の誕生

現在のドイツやスイス、オランダ、北イタリア周辺地域は、中世には神聖ローマ帝国の一部を成し、そこではローマ教皇の宗教的権威と神聖ローマ皇帝の世俗的支配の下にキリスト教的普遍世界の実現と拡大が模索された。

しかし現実には、神聖ローマ皇帝の権威と実効的支配は、ドイツなど帝国の一部に及んでいたにすぎず、そのドイツでもやがて各諸侯は中央集権的な領邦を形成し、皇帝の支配に反抗するようになった。また、教皇と教会の搾取に苦しむ農民や中産階級もローマ教皇の支配に反発を強めていった。

1　宗教改革とドイツ三十年戦争

一五世紀のドイツでは、世俗化し腐敗したローマ・カトリック教会（旧教派）に対して、ルターらが宗教改革を開始した。彼ら新教派は教皇と教会制度を批判し、聖書中心主義の信仰を主張、教皇の至高性を主張する旧教側と対立が深まった。さらに、皇帝に反発する諸侯らが新教側を支持したため、宗教改革は政治上の問題へと発展した。

その後、皇帝による調停も功を奏さず、一七世紀初頭には「新教派同盟」と「旧教派同盟」に分裂し対立を深めた。前者にはフランス、イギリス、オランダなどが、後者にはスペインとローマ教皇が支援して、両派の対立は国際的な戦争に発展する危険性があった。

こうした状況下、一六一八年にドイツ中部ボヘミア新教徒の反乱を旧教派のローマ皇帝とスペインが弾圧したのを機に、ドイツ三十年戦争は始まった。その後、戦況は周辺諸国の干渉によって政治的な色彩を強め、大規模で長期的な戦争に発展し、多くの犠牲者と国土の荒廃をもたらしたのである。

2　主権国家の成立と近代国際社会の誕生

中世最大にして最後の宗教戦争を終結させたウェスト

ファリア会議（一六四八年）では、神聖ローマ帝国の一部でありカルバン派の新教派が多く存在したスイスの独立や、旧教国・スペインの支配下にあった新教国・オランダの独立も承認され、また、ドイツ国内で新教派は旧教派と同等の立場を獲得、各諸侯の信教の自由も承認された。

とくに各諸侯は、皇帝が独占していた裁判権、徴税権、外交権などを譲渡させ、自らの支配地域では事実上の主権（立法権、裁判権、徴税権など）が認められた点は重要である。さらに、対外的には皇帝の支配から独立した「事実上の国家」として外交権をも行使できるようになった。その後、国際法の整備に伴い、国家間関係では主権の不可侵性や対等性、内政不干渉などの原則が適用されるようになった。

この会議の結果、神聖ローマ帝国は名目上生き残るが、ローマ・カトリック教会の普遍的権威や皇帝権は完全に有名無実化した。ドイツは多くの小国家や都市に分割され、国内統一は著しく遅れた。一方、国家は領土内のあらゆる個人や集団に対して最高・絶対の支配権をもつという「国家主権」の概念が承認され、以降西欧諸国に適用されるようになった。ここに主権国家を基礎単位とする近代的な西欧国際社会の基盤が誕生したのである。

3　国際法の誕生と勢力均衡政策

ドイツ三十年戦争の悲惨な結末は、戦時に守られるべき正義の必要性を痛感させた。戦争中、「国際法の父」グロティウスは『戦争と平和の法』を著し、平和な国際関係構築のためには自然法にもとづく国際法秩序構築の大切さを指摘、以後、国家主権を基礎に国家関係を相互に規制する近代的国際法が整備されてゆく。

一方、一七～一八世紀にかけて西欧の主権国家は、国内では中央集権化と経済統合を推進し、対外的には政治・経済的利益を求めて戦争や植民地争奪戦をくり広げ、常備軍と官僚制度を整備していった。各国が自国の独立と繁栄という国家利益を追求してゆくなか、もし自国の安全に脅威となる国家の出現が予想された場合、他国と同盟関係を結び軍事力を強化し、この潜在敵国との力の均衡を保つことで、互いに攻撃しにくい状態をつくるという勢力均衡政策が実践されるようになる。

このようにウェストファリア会議以降、国家主権、国際法そして勢力均衡政策など近代国際社会の基礎をなす概念や政策が徐々に築かれていったのである。

（高杉忠明）

2 国際政治理論の類型

1 国際政治理論とは

国際政治を説明する理論として、最も重要なものはリアリズム、リベラリズムの二つである。

それに加えて補助的な重要性をもつのは、マルキシズムとコンストラクティヴィズムの二つの考え方である。

国際政治理論は、中央政府が存在せず、各国がバラバラに決定を行う国際社会において、どのような要因が国際社会に起こる出来事を決めるのかということを説明しようとする。

その際、各国が「バラバラである」程度をどう見積もるのか、「バラバラな国家が協力できる範囲」をどの程度だと考えるのか、国際社会を構成する主体として、国家とそれ以外の組織や個人をどの程度重要だとみているのか、といったことが理論によって異なる。

国際政治に複数の理論が存在するのは、現在、将来の国際社会がどのような状態にあるのか、どのような方向に向かっているのか、について、見解が分かれていることの結果なのである。

2 リアリズムとリベラリズム

リアリズム（現実主義）という考え方によれば、そうしたバラバラな状態では国際社会を構成する諸国家の役割が重要であり、諸国家が自国の利益（国益）を実現しようとして、相互に争うのが国際政治の基本的なありかただと考える。国家は自国の安全や独立性を守ってくれる究極的な存在は自国以外にはないと考えるので、他国を基本的に信用することができない。

したがって、法や制度が国際社会で果たす役割は限定的なものでしかないという立場をとる。また、法や制度の役割が限定されているため、国際社会の出来事を決める主要な要因は「力」であるとする。国際社会とは、諸国家が力を媒介にして、国益を追求する闘技場だと考えるのである。

次に、リベラリズム（自由主義）という考え方によれば、基本的に国家は重要であるが、国際機関、企業、NGO（非政府組織）、個人といったものも国家に準じる重要性をもつと考える国家やほかの組織、個人は確かに自己の利益を追求するが、その際に法や制度が存在し、重要な機能を果たすから、国家間、組織間の対立はそれだけ緩和されるのだと考える。国家は自己の安全や利益を自国の力だけに頼るのではなく、法や制度の信頼性に頼ることができるので、その分厳しく対立しなくても済むようになるとする。

国家間、組織間の関係に「力」は確かに重要だが、その「力」の実体は場合によっては変わりうるものであり、むき出しの「実力」＝軍事力の重要性はリアリズムの立場がいうほど大きくはないとも考える。リベラリズムからみると、国際社会は複数の国家が自立的に行動する社会ではあるが、法や制度を介して安定的な関係を築くことが可能であるような社会なのである。

3　諸理論の関係

以上の二つの主要な考え方のほかに、マルキシズム（マルクス主義）は、国際政治において国家を超える資本（企業）の役割を重視しており、国際政治を動かすものは実は世界市場における対立関係なのだと考える。

一方、コンストラクティヴィズム（構築主義）は、リアリズム、リベラリズム、マルキシズムの各々の立場が主張する枠組みが形成される途中の過程がどのようなものかを知ることが大切だと考える。

リアリズムなどの立場は人間が国際社会をみるときの枠組みであって、その枠組みは長期的には変わる可能性があると考えるのである。

これらの理論（国際政治の理論は、「国際政治に対する基本的な見方」だと考えてよい）は、社会や人間の基本的な性格について、異なる考え方があることの反映である。それぞれの理論で説明しやすい時代や対象があり、単一の理論で国際政治のすべての現象を説明するのは難しい。重要なことはこうした考え方を同じ現象に適用してみることである。

「この現象はリアリズム、リベラリズムのどちらで説明できるのか、それはなぜか、その結論はほかの現象の解釈にどういう影響をもつか」という疑問をもつことで、国際政治の出来事を、より広く体系的に理解できるようになる。国際政治の理論の必要性はそこにある。

（永山博之）

3　勢力均衡と覇権安定論

1　勢力均衡

近代欧州の国際関係は力の均衡（バランス・オブ・パワー）であった。各国は権謀術数を駆使して国益を追求し、同盟などによって巧みに関係を調整し、力の均衡を維持していこうとした。

概念的には、一八世紀の経験主義哲学者ヒュームや、二〇世紀初頭の国際法学者ヴァッテルが、勢力均衡の重要性を説いた。第二次大戦後の現実主義者の代表モーゲンソーは「数ヵ国の間でパワーがほぼ平等に配分されている状態」と定義した。力の均衡論は国際関係論では「パワー論」のなかで論じられ、リアリスト的アプローチの代表とみられている。

歴史的には、力の均衡は古い概念で、現実主義の歴史家ツキディデス（トゥキュディデス）が詳細に検討した古代ギリシアの都市国家の関係にまで遡（さかのぼ）る。しかし、システムとして理解されるようになるのは、ルネッサンス期のイタリア都市国家においてであった。一五世紀後半、フィレンツェのグイチャルディーニは、ヴェネチアの単独支配を避けて勢力均衡によって安定が維持できることを主張した。

一六四八年、三十年戦争終結後の欧州で主権国家体系が形成されてから、ウィーン体制を経て第一次大戦に至るまで多くの主権国家の合従連衡（がっしょうれんこう）（同盟関係）による均衡が機能した。その代表的なものは、一八世紀初めのオーストリア・スペインの両ハプスブルク家の覇権をめぐって結成されたイギリス・フランス・ロシアなどの複雑な同盟関係や、二〇世紀初めの三国同盟対三国協商の構造などであった。その意味では、第一次大戦は勢力均衡体制の破綻だった。

勢力均衡がうまく機能してきた歴史的な特殊条件は、

①圧倒的に優勢な主権国家が存在せず、三つ以上あるいは五つ以上の奇数の同等のパワー（列強）の存在。

②パワー間の致命的な衝突を回避するための国際環境（個別に植民地拡大が可能）。

③科学技術で大きな格差や不均衡が存在しなかったこと。

④指導層に共通の価値観・了解があり、目標・手段が等質的だったこと。

⑤外交がナショナリズムやイデオロギーなどの国内的影響を受けなかったこと。

⑥強大な国力を背景にしたイギリスが力のバランサーとなったこと。

などであった。

第二次大戦後の米ソ両超大国が対抗した二極構造をどうみるかについては、見解は必ずしも一致してはいない。二極構造は、歴史的な原則からすると、不安定な条件であったはずだが、結果的には冷戦終結までの四五年間「長い平和」を維持した。

2　覇権安定論

この勢力均衡安定論に対抗する議論が、突出した大国主導による平和をめざす覇権安定論である。

覇権（ヘゲモニー）の語源はギリシア語の「先導」「支配」などであるが、七〇年代に入ると国際政治学の論争テーマとなった。背景には、EC（のちのEU）や日本の経済・テクノロジー面での台頭と、その一方で、ドルの暴落やベトナム戦争の失敗という「米国の平和（パックス・アメリカーナ）」の凋落（ちょうらく）があった。

このことを政治的アプローチから歴史的に分析したのがモデルスキーの覇権サイクル論である。モデルスキーによると、世界は百年サイクルで大戦を境に覇権国が誕生する。覇権国とは時代の牽引車として制度やルールづくりに最も影響力をもつ国のことである。歴史上、それはポルトガル、スペイン、イギリス、アメリカだった。

ギルピンの覇権安定論によると、国際政治経済の安定・秩序に不可欠の「国際的公共財」（自由貿易体制・安定的な国際通貨制度・国際安全保障など）を世界にもたらすのが覇権国である。そして世界には、自由主義市場を確保するためにアメリカの覇権が不可欠だとされる。

これに対して、コヘインは国際政治経済の安定の存続には覇権は不可欠ではないとする。つまり、覇権時代に形成された国際制度によるルールや規範は国家間の協調や国家行動の規制を自然と実現させていく。アメリカ覇権時代の産物であるGATT（ガット）（WTOの前身）やIMF（国際通貨基金）体制は、アメリカとは無関係に機能している。

覇権論はもともとリアリストのパワー論の系譜に属するものであるが、コヘインの議論では軍事的パワーの意味が薄くなり、リベラリスト的な非軍事的な平和安定論になっている。冷戦終結後、一極支配（覇権）を強める米国であるが、イラク戦争をめぐってフランスは多極化構造による安定を主張した。これはアメリカ・EU・中国・インドなど各地域大国やグループによる世界的規模での勢力均衡論であるといえよう。

（渡邊啓貴）

4　戦後の国際政治

1　冷戦と二極化

第二次大戦が終わるとまもなく、戦争中は同盟国であったアメリカとソ連（ソビエト社会主義共和国連邦）の関係は悪化しはじめた。

アメリカは、西ヨーロッパの民主制をとる同盟国を束ねて、ソ連の進出に対抗するための軍事同盟「北大西洋条約機構（NATO（ナトー）：North Atlantic Treaty Organization）」を一九四九年に結成した。ソ連も、東ヨーロッパの社会主義体制をとる同盟国（実質的にはソ連がコントロールする「衛星国」）を束ねて「ワルシャワ条約機構」という軍事同盟を五五年につくった。

アジアでは、日本、韓国、台湾、フィリピンなどがアメリカ側に、中国、北朝鮮、北ベトナムなどがソ連側についた。米ソを中心とした二極化構造の下での対立関係、いわゆる「冷戦（Cold War）」が始まったのである。

対立の最も厳しかった地域はヨーロッパである。米ソと同盟国は軍隊の主力をヨーロッパ中央部に集中させた。だがヨーロッパで戦争が起これば核兵器を使用する第三次大戦に発展する危険性が大きく、実際の戦争はヨーロッパ以外の地域で起こった。朝鮮戦争（一九五〇～五三年）、インドシナ戦争（一九四六～五四年）などである。対立の最高潮は六二年のキューバ危機であった。キューバにもち込まれたソ連の核ミサイルをめぐって、米ソ両国の関係は核戦争の一歩手前にまで至ったのである。

2　第三世界と南北関係

一方、第二次大戦が各地域のナショナリズムを高揚させた結果、ヨーロッパ諸国の植民地となっていた地域で独立運動が活発になった。アジア、アフリカ地域を中心に六〇年代末までにアジアで二〇以上、アフリカで四〇以上の独立国が誕生した。これら諸国は、米ソの東西二大陣営から距離をおき、「第三世界」を形成して独自の立場をとった。

五五年にバンドン会議（アジア、アフリカ会議）が開かれ、アジア、アフリカなど二九カ国の代表が集まって、植民地主義に反対する「平和一〇原則」を採択した。

彼らにとっては、米ソの東西対立に巻き込まれることは自国の独立性をそこなうものであり、東西両陣営から中立的な立場をとることは社会、経済的に遅れた自国に大きな援助を引きつけることになると期待していたのである。

3　デタントと多極化

キューバ危機の後、米ソ関係はやや好転し「デタント（緊張緩和）」状態が始まった。一方、戦争で疲弊していた西ヨーロッパ諸国と日本が急速に復興して発言権を強め、中国はイデオロギーや領土問題をめぐってソ連と対立を始めた。米ソの二極に集中していた力が、ほかの国にも拡散しはじめたのである。この現象を多極化という。

アメリカはインドシナ戦争の後、ベトナムに介入してベトナム戦争（一九六〇～七五年）を引き起こし、国力を消耗して疲弊していった。この状態を立て直すため、アメリカは従来敵視していた中国との関係を改善し（一九七三年）、ソ連の力を相対的に弱めようとした。二極対立は拡散し、複雑さを増していった。

4　新冷戦と冷戦の終わり

一九七九年にソ連がアフガニスタンに侵攻したことでデタントは終わった。アメリカは軍事力の大増強を開始し、米ソ関係は再び悪化した。これを「新冷戦」という。八〇年代前半を通じて米ソ対立は厳しくなったが、八五年にソ連共産党書記長にゴルバチョフがついてから、対立は急速に弱まった。ソ連が自国の社会経済的停滞を建て直すため、アメリカ、西側陣営との関係改善を図ったからである。八九年に東西二極対立の象徴だった「ベルリンの壁」が崩され、米ソ首脳がマルタ島で会談して冷戦の終わりを宣言した。

一方、東西対立が終わったことで、第三世界という概念の存在意義もなくなった。第三世界は急速に経済発展を遂げた東アジアやラテンアメリカの一部の国と、停滞状態から抜け出せないアフリカ諸国などに分裂し、実質的に解体した。だが最も発展が遅れた国（最貧国）の問題は解決されておらず、冷戦後も世界における不安定の重要な要因として残っている。

（永山博之）

5 国際機構

1　第二次大戦後の国際秩序と国際機構

第二次大戦で枢軸側（ドイツ、イタリア、日本など）の敗北が濃厚になった頃、アメリカは戦後の新たな国際秩序を構想していた。大戦の原因が国際連盟の失敗と大恐慌にあるとみていたアメリカは、国際連盟を改組して新たな安全保障機構と国際経済機構をつくろうとした。

この新たな安全保障機構が国際連合（国連：United Nations）であり、国際経済機構が「国際通貨基金（ＩＭＦ：International Monetary Fun）」および「関税と貿易に関する一般協定（ＧＡＴＴ：General Agreement on Tariffs and Trade）」である。

国連（一九四五年創設、日本は五六年に加盟）は、前身の国際連盟が加盟国間の対立で機能不全に陥ったことを教訓として、大国支配の原理にもとづく「安全保障理事会」（安保理）を最も重要な機関として設置した。

安保理は、「連合国」（United Nations）のうちの主要五大国（アメリカ、ソ連、イギリス、フランス、中国）を「常任理事国」とし、安保理の決議は、常任理事国のうち一国でも反対すれば成立しないということにした（安保理における常任理事国の「拒否権」という）。

安保理は、侵略行為を認定し、加盟国が国連に提供する軍隊を指揮して、侵略国を罰することができる権限をもつ。国連は、五大国を中心とした「国連軍」により、世界平和を守る仕組みとして成立したのである（第16章4参照）。

ＩＭＦおよびＧＡＴＴは、それぞれ金融と貿易のための仕組みである。国際取引で一時的に支払い手段が不足した国に対して、それを貸し付ける機関がＩＭＦであり、いわば国際市場の銀行である。

ＧＡＴＴ（その後改組され、ＷＴＯ〔世界貿易機関：World Trade Organization〕となった）は、各国が貿易において自由に自国の市場を他国に開放することを取り決める仕組みである。

それぞれ、第二次大戦前に各国が自国の市場を閉鎖して不況を脱出しようとしたような事態を再び引き起こさないための、また、各国の関税をお互いに引き下げて、国際間の取引を拡大していくためのものである。

2　国連の変質

国連ができてまもなく、米ソを中心とする「冷戦」が始まったため（本章4参照）、国連が前提としていた安全保障の構想は実質的に機能しなくなった。

安全保障理事会（安保理）は米ソによる拒否権の応酬で何も決められなくなり、国連に対して軍隊を提供する国もなかった。国連の役割は、侵略への懲罰よりも戦争が起こったときに解決策を話し合うための場に変わっていった。

図表14　国際連合の組織

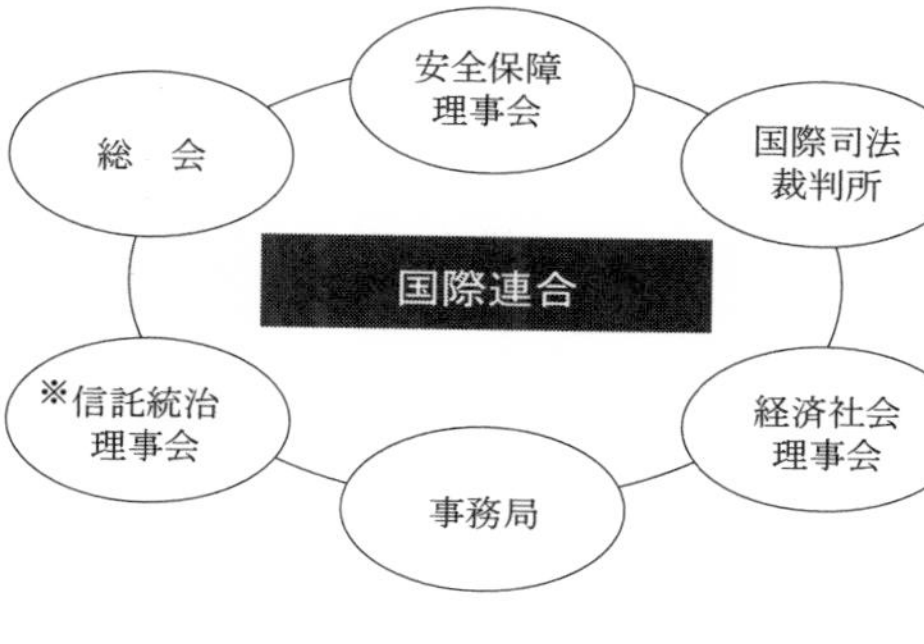

※「もともと国連憲章によって設立され、国連加盟7カ国の施政下に置かれた11の信託統治地域の施政を国際的に監督し、かつ適切な措置を取ってこれらの地域が自治もしくは独立に向けた準備ができるようにすることを目的とした。この作業は49年間続いた。（中略）その後の1994年11月1日、国連の最後の信託統治地域であったパラオが独立したことを受けて、信託統治理事会はその作業を停止した。」
（「国連広報センター」Webページより）

そして、安保理のほか、全加盟国が話し合いをする場である総会や国連の裏方である事務局なども、それなりに重要な役割を発揮するようになった。

国連が国際社会において果たしてきた機能は、安全と平和の確保よりも、むしろ人権擁護、開発援助、環境保護といった面で発揮されてきた。米ソの対立にあまり影響を受けない分野だったからである。

国連には、このような問題に対応するための専門機関がおかれ、「国連貿易開発会議（UNCTAD〔アンクタッド〕：United Nations Conference on Trade and Development）」、「国連難民高等弁務官事務所（UNHCR：The Office of the United Nations High Commissioner for Refugees）」などはそれぞれの分野で重要な貢献を行っている。

国際機構は、国家とどのような関係にあるのか。国際機構は国家が資金を出し、権限を与えて活動させる機関だから、基本的には国家の意思に従属する。

しかし、諸国家の意志が統一されなかったときは、どうなるのか。その場合は、国際機構は有効な活動ができなくなることが多いが、国際機構があることで国家間の意思が調整されやすくなるという側面にも注意するべきである。

（永山博之）

6 国際経済と国際政治

1 国際経済の政治的意味

国際政治とは、国際社会における国家や他の主体の決定にかかわる現象のことである。では、国家や他の主体は何をめざして決定や行動を行うのか。

それは「安全」と「富」の追求だと考えられている。「安全」の追求は主に戦争に関係する。これに対して「富」の追求は通商に関係する。ここでは、通商が国際政治においてどういう意味をもっているのかを考えてみたい。

われわれが富を追求する場は「市場」である。市場でカネやモノをやりとりすることによって、われわれは富を手にする。しかし、その市場には取引のルールがあり、取引の場所や取り扱うモノやカネの種類を決めなければいけない。これを決めるのが「政治」なのである。

われわれは普通店に売っているモノを、カネを払わずにもち去ったりはしない。それはそうした行為を禁じるルールがあり、違反者は罰を与えられることになっているからである。

では、国際社会において、日本の水産企業がベトナムでエビを養殖するとき、その利益は誰の手にわたるのか、アメリカの石油企業がイラクの油田採掘権をどうやって取得できるのか。そのような取引の枠組みとルールを決める場合、それは国際政治がかかわる問題になるのである。

2 グローバリゼーションと反発

グローバリゼーションとは、国境を越える市場が大規模に成立し、取引が国境を越えて行われることがあたりまえになるような状態をいう。

そうしたことが起こる理由は、国境など関係なく、安いところからモノやカネを手に入れることが富を追求するための効率的な方法だからである。日本でつくれば一パック二五〇円かかるシイタケが、中国から買ってきたほうが消費者に一〇〇円で済むのなら、中国でつくれば一〇〇円で済むのなら、中国から買ってきたほうが消費者に多く買ってもらえる。あらゆるモノやカネにこのことが成り立つのなら、富を追求するためにはグローバリゼーションを進めることが近道だということになる。

しかし、グローバリゼーションに反対する人々も少なくない。中国でシイタケをつくるほうが安いから中国から買うのだということになると、日本でシイタケを栽培している農家は収入を失う。農家の人たちはその地域で選出される国会議員に働きかけて、シイタケ輸入の数量を制限したり、高額の関税を課したりすることを要求するだろう。

また、日本の農業生産が減少することで、もし日本に食料が輸入できないような事態が起これば日本の安全そのものが脅かされることになる（このような考え方を食料安全保障という）と考える人もいる。この立場をとる人々は、日本の「食糧自給率」を引き下げないように、農業を保護すべきだというだろう。

また、シイタケを中国で栽培する農家で働く人々が長時間、低賃金で働いていることを問題視する人々もいるかもしれない。この立場をとる人々は、日本にシイタケを輸入する場合、原産国の農業労働者の労働条件を一定水準に保障することを条件とすべきだというだろう。

このように、「安いところから買う」ことを不利益だ、あるいは、社会的に望ましくないと考える人々がいる以上、「ではどのような取引のルールを決めればよいのか」をめぐって政治的な争いが起きる。これが、国際経済が政治とかかわるということの具体的な意味である。

3　国家と富の追求

国家は、ある領域に住む、一定の資格を備えた人々（国民）によって成り立っている。そのなかには国際的な市場競争で有利になる人々と不利になる人々がいる。

しかし、その両方の人々は民主制の下では政治家を選ぶ際には同じ一票をもつ。国家は選挙を通じて表明されるので、両者の利害を調整していかなければならない。

国家は、自国民の富が他国民の富に優越することを望むだろう。しかし、自国民の富を最大化することが、自国民の誰にとっても利益になるとは限らない。

そこで、自国内の利害対立と、外国との利害対立をともに調整しながら自国民の富の拡大を図るという複雑な作業が、国際経済をめぐる政治の目的となるのである。

（永山博之）

7　国際政治と日本

1　日本外交の再出発

第二次大戦に敗北した日本は、アメリカを中心とする連合国の占領下におかれた。一九五一年に日本はサンフランシスコ講和条約を締結し、翌年独立を果たしたが、東西冷戦がはじまっている状況で(本章4参照)、ソ連と同盟国は講和条約に参加せず、中国も内戦で北京と台北に分裂し講和条約に加わらなかった。日本はアメリカと手を握り、その傘下に入ることで独立を果たした。

日本の外交政策は、第二次大戦以前の、軍事力中心、大陸進出、アジアにおける覇権の確立という政策から一八〇度方針を転換した。すなわち、

①軍事力は比較的小規模な自衛隊を保持するにとどめ、アメリカとの同盟関係によって安全保障を図る

②経済発展を国力の基盤として重視する経済立国をめざす

③日本国外の植民地はすべて放棄させられ、中国の権益も消滅した状態で、アメリカその他の国々との貿易によって国の発展を図る

④アジアにおける覇権の追求を放棄し、対等な一員としてアジア諸国とゆるやかな協力関係を模索する

以上が、日本外交の基本路線になっていった。

2　戦後外交の課題

独立後の最初の課題としたのは、講和条約で積み残された課題の解決である。ソ連とは北方四島(択捉島、国後島、色丹島、歯舞群島)の帰属をめぐって紛争があったが、領土問題を棚上げし、日ソ共同宣言(一九五六年)により戦争状態を終結させ、関係を改善した。このことで、ソ連は日本の国連加盟への反対をとりやめ、日本は一九五六年に国連加盟を果たした。中国との関係は、アメリカに同調して台北の中華民国を中国の正統政権として承認し、五二年に日華平和条約を締結した。北京の中華人民共和国との関係は積み残しの課題となった。

植民地状態から新たに独立したアジア諸国との関係は、おおよそ五〇年代に賠償協定を伴って平和条約を締結することで解決された。韓国との関係改善は長引き、六五年の日韓基本条約締結によってようやく関係が正常化された。北朝鮮との関係は積み残しとなった。

経済発展を推進するためには、日本が国際経済体制の

一員として、それに組み込まれることが必要であった。五二年には、国際通貨基金、世界銀行に加盟、五五年には「関税と貿易に関する一般協定（GATT：本章5参照）」に加盟した。アメリカが自国市場を開放したことを利用して、日本経済は順調に発展し、六四年には〝先進国クラブ〟とされる「経済協力開発機構（OECD：Organisation for Economic Co-operation and Development）」にも加盟した。

日本の順調な経済発展は、同盟国であるアメリカにとっても歓迎すべきことだったが、六〇年代後半からアメリカ経済が疲弊を始めたことで、日本に対してアメリカの経済問題解決に協力するように圧力がかけられた。日米間の経済摩擦が大きな政策課題として浮上したのである。アメリカとの関係は六〇年の安保（安全保障条約）改定、六八年の沖縄返還などにより引き続き良好だったが、経済摩擦は日米関係の障害として、両国政府にとって悩みの種となった。

日本は、北京の中華人民共和国との関係改善に及び腰だった。しかし、七一年にアメリカが北京政府との関係改善を電撃的に発表したこと（ニクソン・ショック）で、日本は北京との関係改善を本格的に追求するようになり、それは七二年の日中共同声明となって結実した。これにより日本は、北京政府を中国の正統政権として承認し、七八年には、日中平和友好条約を締結し、関係を強化した。

対米関係では断続的に経済摩擦が発生し続けた。さらにアメリカは日本の発展に伴い、安全保障における責任分担の強化を求めてきた。日米関係は公式に「同盟」と呼ばれ、八〇年代を通じて、関係強化が進められた。

3　冷戦後の日本外交——新しい課題

冷戦の終結は日本外交にとっても衝撃となった。九〇〜九一年の湾岸危機で日本が資金拠出以外の協力をできず、批判の対象となったことは、日本外交の大きな挫折だった。以後、日本は国際社会の秩序形成に、より積極的に協力する「国際貢献」の方法を模索していく。

日米安保再定義という形で、日米関係の建て直しを図る一方、国際的・地域的枠組みを通じて、アジア諸国との関係強化をめざす方針が進められた。しかし、北朝鮮問題、イラク戦争、中国の台頭と歴史問題での摩擦など、日本外交にとっての挑戦が次々にやってきた。日本はアメリカとの一層の協力強化によってこれらの問題を乗り切ろうとしているが、解決の展望はまだみえない。（永山博之）

8 米中覇権戦争

1 米中対立の紛争化

アメリカ合衆国と中華人民共和国との間の関係は、二〇一八年から二〇二〇年の時期に、もはや修復不可能な対立状態に至った。両国の関係は、一時的な摩擦というレベルではなく、もはや長期的な闘争の一環となっていると考えるべきである。

このような米中対立状態がなぜもたらされたのか、今後この対立は何を軸にして行われるのかについて、説明する。

米中間の関係が決定的に悪化することになったのは、二〇一八年七月から、アメリカが中国からの輸入品に高関税をかけることを一方的に発表してからである。その後、米中が高関税の掛け合いに至り、米中関税紛争が起こっている状態になっている。

この高関税政策をアメリカが中国に対してかけたことは、当初はアメリカの衰退産業を中国の安い輸入品から守るための国内産業保護政策だとみられていた。しかし、アメリカが関税引き上げだけでなく、ファーフェイ（華為）、ZTE（中興通訊（つうしん））などの中国の大手電子メーカーを狙い撃ちで制裁し、アメリカ政府調達から締め出し、同盟国にも同調を働きかけるに至って、この紛争は、単なるトランプ政権（二〇一七〜二一年）の国内優先政策ではなく、アメリカによる「中国潰（つぶ）し」の号砲であるという見方が広がってきた。

アメリカの高関税政策が、中国からの大半の輸入品に及んでいることは、アメリカの目的が中国の経済成長の速度を落とすことにあることを示す。またファーウェイ、ZTEに対する制裁は、アメリカが最も重視しているのは、中国の情報技術の発展がアメリカ企業のそれをしのぎ、次世代情報技術の核心部分を中国企業に握られることに対する拒否であることを意味する。

米中貿易紛争は、単に貿易だけではなく、アメリカが中国の経済成長と技術進歩を脅威として潰しにかかってきたことを意味する。

2 経済発展がもたらした変化

米中関係がこのような事態に至るまでには長い経緯があった。一九七一年のニクソン・ショックはアメリカがそれまでの対中敵視政策を改め、中国と協商関係に入ることを意味した。アメリカはソ連に対抗するため、中国を取り込もうとしたのである。

一九八〇年代末、冷戦がソ連敗北の状態で終わってから も、米中関係は引き続き良好に推移した。一方中国は、一九七〇年代後半から改革開放路線を採用し、経済を開放して早い経済成長を図る政策を採るようになった。

中国が順調に経済発展を遂げるようになると、中国はアメリカの製品の販売先で、かつアメリカに安く消費財を供給し、多額の米国債を保有して、アメリカの対外債務引き受けにも貢献できる存在になった。中国の共産党支配は問題ではなく、いずれは政治的にも開放されて漸進的に民主化され、アメリカの仲間になるという楽観的な見方が存在したのである。

このような考え方は、天安門事件（一九八九年）や、台湾総統選挙に対するミサイルを使った威嚇（いかく）行為（一九九六年）によって揺らいでいたが、二〇一〇年代には次第に維持できなくなってきた。

3　覇権闘争としての米中対立

中国の経済成長は、成長率がやや鈍化した後も、七%程度の速度を保ち、三%以下の成長率であるアメリカ（このスピードでも先進国の中では十分に速い）とどんどん差を詰めてきた。

オバマ政権（二〇〇九～一七年）は、中国に対してアメリカへの対抗政策をやめ、アメリカの基準に合わせた経済政策、外交政策を採るように誘導しようとしたが、中国はこれに応えなかった。

さらに、次世代通信規格（5G）について、中国は自国規格を世界標準規格にしようとする政策を鮮明にした。アメリカなどに対するサイバー攻撃その他を使った技術窃取（せっしゅ）を続け、台湾や南シナ海問題で強硬な態度を取り、「一帯一路」と称する中国勢力圏に対する東南アジア、中央アジア、中東アフリカ諸国の取り込みを図った。

アメリカは、中国のこのような政策は自由貿易と戦後世界秩序への挑戦だとみなした。アメリカは、自国に挑戦するライバルの出現を許さないのである。

米中紛争は、このような意味で覇権を争う「闘争」（武力行使に至るかどうかは現時点では不明）であり、中途半端に終わる見通しはない段階に至っている。

（永山博之）

サブ・テーマ 22

国際社会とレジーム

国際社会には中央政府が存在せず、国家がバラバラに行動するだけなので、国際社会の性格は無政府的（アナーキー）だというのが、国際政治における伝統的な考え方であった。

これに対して、中央政府のような強力な秩序維持の主体はないものの、国際社会には一種の秩序が存在し、国際社会はある種の安定的な状態にあるという考え方がある。

このような国際社会に秩序をもたらす制度、ルールのことを「レジーム（regime）」と呼ぶ。レジームには、条約などの国際法、国連（本章5参照）などの国際機構、人権の尊重のような、国際社会がほぼ一致して尊重するべきだとみなす原則や、規範のようなものがある。

つまりレジームとは、さまざまな法、制度、規則、慣習、国際社会の一致した期待を含むのである。

こうした事情により、レジームについて、一般に使われる「体制」の訳語はなじまず、そのままカタカナ表記されることが普通である（第10章コラム3参照）。

レジームの例として、「世界貿易機関（WTO：本章5参照）」を取り上げよう。

WTOは、国際貿易を対象とするレジームであり、一九九五年に設立された。WTOの設立協定（マラケシュ協定）には、貿易に関する基本ルール（貿易の無差別、数量制限の禁止、公正な競争）、WTOの機構、貿易ルールに関する交渉の場の提供、そして、貿易に関する紛争解決手段などが含まれる。

つまり、レジームは、基本的な目的、それを達成するためのルール、ルールについての交渉や決定のための制度、紛争が起こった場合の解決手段などを定めており、国際社会における共通の利益を推進することに貢献する。

レジームは貿易のほか、金融、環境、人権、コミュニケーション、安全保障など、さまざまな領域に存在する。

このようにレジームが、国際社会の無政府性を緩和し、秩序をつくることで共通の利益を推進することを重視する立場があるのに対し、レジームの力による強制という性質を重視する立場もある。

この立場からは、レジームは共通の利益を推進するというよりは、「国際社会で秩序を形成する主導的な立場にある大国の利益を守るため」に存在するとされる。

核兵器の拡散を防止するレジームである「核（兵器）不拡散条約（核拡散防止条約）」（Treaty on the Non-Proliferation of Nuclear Weapons：NPT／一九七〇年発効、日本は一九七六年批准）は、加盟国を核兵器保有が認められる核保有国（米、露、英、仏、中の五カ国）と、それ以外の非核保有国とに差別化する。

レジームは国際社会に秩序をもたらすが、その秩序が誰の利益になるかについては異なった立場がある。

（永山博之）

サブ・テーマ 23

冷戦後の国際政治

「冷戦」が終わったのは、一九八八〜八九年頃であると考えられる(本章4参照)。その後、東欧革命、ソ連崩壊により、東欧社会主義圏は解体し、超大国としてはアメリカだけが残った。

冷戦後の国際政治は、三つの視点からみることができる。

第一は、唯一の超大国として残ったアメリカの覇権の動向である。アメリカの覇権の存在を象徴したのが、九〇〜九一年の湾岸危機である。イラクによるクウェート侵攻に対して、アメリカは国連でイラク制裁決議案をまとめ、さらにアメリカ主導の多国籍軍を組織して武力でクウェートを解放し、イラクを屈服させた。

しかし、アメリカの突出した力は、アメリカが同盟国やその他の国々の意向を無視して、単独で行動することを可能にした。湾岸戦争後もアメリカを挑発し続けたイラクに対して、アメリカは国連安保理事会でのフランス、ドイツ、ロシアなどの反対を無視し、イギリスと共同して二〇〇三年、イラクに侵攻、フセイン政権を打倒した(イラク戦争)。

しかし、イラク軍が敗北し、フセイン体制が倒れた後のイラクは部族、宗教間の対立で事実上内戦状態となり、アメリカは一〇万人を超える駐留軍をイラクに残して治安の回復に当たらざるを得ない状態である。アメリカの単独行動主義は結果として成功しているとはいえない。

冷戦後の国際政治への第二の視点は多極化の進展である。ヨーロッパ諸国は欧州連合(EU)の統合を強化し、社会主義体制後の東欧諸国、バルト諸国などが新たに加盟して、ヨーロッパ全域を覆う二七カ国(二〇二〇年に、イギリスが脱退)からなる国家連合として国際政治における重要性を強めている。

また、中国は九〇年代以降の改革開放政策の定着により、年率一〇%前後にのぼる急速な経済成長を続けて急速に発展し、国内総生産で一四兆七〇〇〇億ドル(二〇二〇年)、アメリカに次ぐ世界第二位の経済大国となった。これをテコにして軍事力の強化、政治的発言力の強化を進めている(本章8参照)。

しかしヨーロッパ、中国の台頭は、未だアメリカの超大国としての地位を脅かすものとはなっていないことにも注意が必要である。

第三の視点は、平和と安全への脅威が大きくなっていることである。二〇〇一年のアメリカに対するテロ攻撃をブッシュ大統領は「新しい戦争」と呼んだように、テロリズムの脅威は、従来の国家間戦争ではない形で国際社会の安全を脅かしている。旧ユーゴスラビア、ルワンダ、ソマリアなどで起こった宗教、民族間の対立に基づく地域紛争も不安定の重要な要素である。また北朝鮮、イランが核武装への動きをみせているように、大量破壊兵器の拡散も懸念されている。

テロ、地域紛争、大量破壊兵器拡散は、それらが結びつくと国際社会の秩序を大きく動揺させることになりかねない。

(永山博之)

サブ・テーマ 24

ハイブリッド戦争

ハイブリッド戦争とは、軍隊による戦闘ばかりではなく、宣伝活動、世論操作、破壊工作、浸透工作などのさまざまな手段を組み合わせて行う敵に対する広い意味での戦いをいう。

この戦争では、軍による物理的攻撃（制服を着た兵士によるものとは限らない）は全体の戦いの一部でしかなく、しかも敵軍を物理的に破壊すること（クラウゼヴィッツが示した戦争の目標）は、二次的な目標でしかない。目標は敵または第三国の市民や政治家であり、目的は彼らの意思や心を恐怖や憎悪によって拘束することである。

このように考えれば、戦争といっても国家が軍事組織をもって行う大規模な戦闘行為ではなく、犯罪やテロとあまり違いはないものであり、（かつての意味での）戦争を、その一部として含む政治活動全体が「ハイブリッド戦争」である。クラウゼヴィッツのいう「政治は血を流さない戦争」という言葉を現代に合わせてアレンジしたものだともいえる。

ハイブリッド戦争の最近の代表例は、二〇一四年のロシアによるウクライナ介入である。ウクライナのヤヌコーヴィチ大統領がロシアとの密接な関係を非難され、大規模なデモによって逃亡を余儀なくされたことから起こった政変は、ロシアにとってウクライナを失う危険が眼前に迫ったことを意味した。これに対してロシアは、ウクライナ領のクリミア半島やロシアに近い東ウクライナに、正規軍でない装いをしたロシア軍を派遣し、住民を宣伝、扇動工作によって引き込んだ。

クリミア半島では、現地にロシアが立てた傀儡（かいらい）権力を利用して住民投票を行い、ウクライナからの独立とロシアへの併合を可決させた。東ウクライナは形式的にはウクライナに留まっているが、実質的にキエフ（首都）政府ではなく親ロシア派勢力の支配下にある。

ロシアの目的は、領土的野心というよりは、ウクライナを混乱させて恒常的な戦時下におくことにより、NATO（ナトー）（本章4参照）やEUにウクライナが加盟することを阻止することだと指摘されている（小泉悠「ウクライナ危機にみるロシアの介入戦略」『国際問題』No.658）。

このような状況は、ウクライナを明確な戦争でもなく、平時でもない恒常的な紛争状態に置いている。ロシアとウクライナの関係は、戦争でも平和でもない曖昧なものである。従って、そのようなウクライナはNATOやEUに加盟することもできず（戦争中の国を同盟に入れることは、ロシアと戦争状態になる可能性がある）、米欧側はウクライナ側について紛争に介入することは困難である。

ウクライナの政情は常に不安定な状態になり、宣伝扇動工作に対して弱くなる。ロシアはこのような状態を維持することにより、自国をも戦争でも平和でもない曖昧な状態におくことになる。

先進国の民主政治はこのような状態に対して脆弱（ぜいじゃく）である。ハイブリッド戦争は不安定を戦略的に作り出して利用するのである。

（永山博之）

コラム6 政治学での要注意の英単語 ⑤

● occupation

第二次大戦後、日本では（GHQによる）長期の占領が続いたので、「占領」という言葉に独特のイメージが抱かれやすいが、一般の用法は、単純な意味である。一国の全部か一部が外国の支配下に置かれることで、期間は問わない。戦後日本のように長期的で、制度的に整った占領ばかりとは限らない。

● objective

「対象」が最も一般的かもしれないが、それでは分からない用法に、目標や目標物がある。軍事用語ではこちらが多い。専門用語集には、3つの意味が列挙してある。①「目的を達成するために具体的に行うべき事項」、②「部隊が占領または到達すべき地域」、③射撃等の「対象物」の3つである。（金森國臣編『新訂 最新軍事用語集　英和対訳』日外アソシエイツ、2019）

● critical

なんでも「危機的」と訳す向きがあるが、それではいけない。有名な概念に critical election があるが、「危機的選挙」では何のことかわからない。

語源は「岐路」に関係する言葉であり、時間的に使われると、「時期が分かれる」という意味になる。選挙との関連でこの言葉が出てくる時は、時代の転機を示す選挙の意味である。アメリカの場合が有名だが、「共和党の時代」「民主党の時代」を分かつ、勢力交代期の選挙という意味であり、「時期を画する選挙」くらいに訳さないと、分からない。

● working majority

大きな英和辞典にはそのまま「（過半数を制するのに）有効な多数」と出ている。その周辺の「効果的な」とか、「（計画実行に）有効な」を確認すると、政権を運営していくのに十分な多数という意味であり、ぎりぎりの過半数よりは少し多い数となる。

ついでながら「マジョリティ」も過半数でよいことを確認しておこう。51％でもよいのか、となるが、それでよいのである。逆の「マイノリティ」も50％未満の意味の時もある。人口の45％を占めるマイノリティというような時、日本人が抵抗を感じるのは、相対的な議論に馴染（なじ）みすぎているためかもしれない。

● justice

「正義」と訳されても日本語ではピンとこない。理解するためにも工夫が必要だ。反対語の「不正」ならイメージがわく。「不正でない状態」というように理解しておけばよいだろうか。

● absence

自由の定義に「拘束の不在」というように出てくるが、不在ではピンとこない。「拘束がないこと」くらいに訳してもいいのではないか。

● plurality と majority

さらに難しくなるが、plurality と majority について注釈を加える。小選挙区制で「相対多数」でよいとするイギリス、アメリカに対し、フランスは「絶対多数」を原則とする。英米は「プルーラリティ・システム　plurality system」であり、フランスは「マジョリティ・システム majority system」という。比例代表制など、別の制度に対し、相対多数と絶対多数を一括していう場合は「プルーラリティ・システム」という。

（加藤秀治郎）

第16章　安全保障

1　安全保障の類型

1　安全保障に関する法的枠組み

第二次大戦後、そうした悲惨な戦禍を避けるために、それまで国家の自由に任されていた戦争に対して、枠をはめなければならないという考え方が強まってきた。すでに一九二八年のいわゆる「不戦条約」で戦争は違法とされていたが、この規範をより強めたものが、国際連合憲章（国連憲章：一九四五年発効）に定められた戦争に対する法的規制である。

国連憲章は第六章において、国際紛争を平和的に解決すべき義務を定めている。国際紛争を武力で解決することは違法である。だが、現実にこの義務に従わない国家が出てきたらどうするのか。つまり、侵略戦争が行われた場合、国連憲章第七章は加盟国の「集団的措置」をもってこれに対抗すると定める。

つまり、加盟国は平時に国連に対して自国軍の一部を提供し、侵略が行われた場合には安全保障理事会（安保理（あんぽり））がこの軍隊を指揮して、侵略行為に対抗することが定められている。このように国際社会が共同して侵略者に対抗するやりかたを「集団安全保障」とよぶ（本章4参照）。

一方、このような集団安全保障が完全に機能する保証がない以上、国家が自力で防衛する権利（自衛権）が留保される。自衛権には、自国が攻撃された場合に実力で自国を守る権利（個別的自衛権）と他国が攻撃された場合に他国防衛に参加する権利（集団的自衛権：本章3参照）がともに含まれる。

個別的、集団的自衛は安保理が必要な措置をとるまでの間に限り認められ、各国は、それについて安保理に報告しなければならないとされている（国連憲章第五一条）。

2　現実の安全保障の枠組み

このように法的には、国際紛争はまず平和的解決が図られるべきで、たとえ侵略行為が行われても集団安全保障でこれを解決し、補助的手段として各国の自衛権が認められていることになっている。

しかし、第二次大戦後の現実の国際政治においてこうした法的枠組みはあまり有効でなかった。つまり、紛争の平和的解決が行われないケースが非常に多く（ある論者によれば、一九四五年以後の武力行使は四〇〇以上にも及ぶという）、国連の集団安全保障も事実上ほとんど機能していない。結果として各国が自衛権を行使して自国の安全を守っているが、実際には自衛を名目として国際紛争を武力で解決しようとする行為が後を絶たないのである。

この理由は、国際社会の基本構造に由来する。国連の集団安全保障は国際社会、少なくとも安保理の五大国（「常任理事国」＝中国、フランス、ロシア、イギリス、アメリカ）が侵略を罰する共通の意思をもつことを前提とする。

しかし、利益を異にする国家が何を侵略とし、どの行為を罰するべきかについて見解の一致に至ることは非常に困難である。国連憲章に書かれていることをどのように解釈すべきかについて大国の見解が異なる以上、その規定を実際に執行することはできない。

冷戦期には、米ソを中心とする東西対立によって国連は実質的に機能しなかった。冷戦が終わり、イラクのクウェート侵略に安保理が中心となった多国籍軍が武力で対応した湾岸戦争（一九九一年）で、一時的に集団安全保障が復権するかと思われたが、そうした期待はすぐに消え去った。

3　安全保障についての模索

集団安全保障がうまく機能しない一方、安全保障を確実にするさまざまな手段が模索されている。紛争を未然に防ごうとする予防外交、武力紛争がいったん終わった後、再発を防ごうとする試みである平和維持活動などである。

日本では、憲法第九条が日本の安全保障政策に課している制約をどう解釈するかをめぐって、激しい論争が行われている。現在の政府の考えは、「個別的自衛権の行使と平和維持活動への参加は認められるが、集団的自衛権の行使、国連の集団安全保障措置への参加は憲法上認められない」というものであるが、その妥当性をめぐって国論は大きく割れている。

日本がどのような手段を使ってそれをどこまで行使すれば、日本と国際社会の安全に貢献できるのか、議論の決着はまだついていない。

（永山博之）

2　個別的安全保障と同盟

1　伝統的な安全保障の仕組み

個別的安全保障と同盟は、伝統的な安全保障の方法である。つまり自国の力で自国を守ること、他国を仲間に引き入れて自国を守ることをいう。

第一次世界大戦が終わり、戦争の発生を国際的に規制する法や制度が発展していくなかで「集団安全保障」（本章4参照）という新しい安全保障の方式ができたために、それまであった伝統的な方式をあえて「個別的安全保障」という名前でよぶようになった。

国際社会には正当な武力行使を独占する中央政府が存在しないから、各国は基本的に自力で自己の安全を守らなければならない。つまり、自国を守るための軍隊をもたなければならない。また、すべての国が同じ規模の国民や富をもっているわけではないから、各国ごとの力の差が生まれる。自国だけでは他国に対抗できないとなれば、他国を仲間として共同でお互いを守ることになる。

2　同盟

実は集団安全保障の仕組み（国際連盟、国際連合）ができたのちも、このような伝統的な安全保障の仕組みはなくなるどころか、相変わらず安全保障の中心的なやりかたであり続けている。

その理由は、第二次大戦後の米ソ冷戦などの個別の歴史的な事情もあるが、基本的には伝統的な安全保障の仕組みが、より信頼性があり、確実であると各国が考えたからである。

同盟は他国を仲間とすることである。正式な条約が同盟の基盤となることもあるが、条約関係になくても同盟は成立する。アメリカとイスラエルの関係がそうである。また、条約があれば同盟関係が存在するとは限らない。条約は破られることがあるし、明白な条約違反がなくても国家間関係が悪化すれば実質的な同盟関係はなくなってしまう。一九五〇年に中ソ友好同盟相互援助条約が結ばれた。この条約が効力を失ったのは一九八〇年だが、中ソの同盟関係はすでに一九五〇年代末には消滅していたと考えられる。

同盟とは、結局「仲間であろうとする意思を同盟の双方がもち続けること」によって初めて成り立つ。イラク戦争（二〇〇三～二〇一一年）で、イギリスがアメリカに与（くみ）して参戦し、日本が米英側を支持したのは、アメリカとの同盟関係を確実にするためにそれが必要だと考えたからである。逆に、アメリカに反対したドイツ・フランスと、アメリカとの同盟関係は深刻な打撃を受けた。もちろんそうした独仏の判断の裏には、アメリカに賛成することが自国の長期的利害にかなうかどうかについての判断があった。

同盟も、自国の国益に対する計算の上に初めて成立するのである。国家間の仲間関係は感情的なものではなく、国益の共通性の上に成り立つものである。

3　第二次大戦後の同盟

第二次大戦後の世界は、アメリカと西ヨーロッパ諸国などからなる北大西洋条約機構（NATO（ナトー））と、ソ連と東ヨーロッパ諸国からなるワルシャワ条約機構に分かれて対立した（第15章4参照）。

アジアでは、アメリカと日本、韓国、フィリピンあるいはソ連と中国、北朝鮮というように、各国が個々に同盟を結ぶ二国間同盟が一般的な形態であった。

だが、一九八〇年代末に冷戦が終わったことで、同盟関係には大きな変化が起きた。ワルシャワ条約機構は解体し、ソ連、中国と北朝鮮の同盟関係も事実上なくなった。また、それまで社会主義陣営に対抗することを主な目的にしていた、NATOや日米同盟のような西側諸国の同盟関係が、その存在意義を問われるようになった。「敵がいないのに、同盟をまだ維持する必要があるだろうか」という問題である。

NATOは東ヨーロッパ諸国を新メンバーとして迎え、ソ連を引き継いだロシアをパートナーとする新しい仕組みに変わろうとしているが、前述のイラク戦争はその結束に大きな打撃となった。アジアでもアメリカとフィリピンの同盟関係は動揺し、米韓同盟も北朝鮮危機によって大きなしみを経験している。

日本は日米同盟を堅持するとしているが、沖縄の米軍基地問題など、同盟の安定性を揺るがすような出来事は少なくない。

（永山博之）

3 集団的自衛権

集団的自衛権とは、「他の国家が武力攻撃を受けた場合、これと密接な関係にある国家が被攻撃国を援助し、共同してその防衛にあたる権利」のことである。

自国が直接攻撃されていない場合でも、同盟国への攻撃に対して共同防衛を行う権利であり、国際法上、どの国家も保有している権利だと考えられている。もちろん日本も保有している権利である。

しかし、日本では、集団的自衛権は国際法上保有している権利であっても、憲法上行使することができないと解釈されてきた。このような憲法解釈は、自衛隊創設期の一九五〇年代前半の政府国会答弁に現れているが、一九八一年の政府答弁書において固まった。

日本国憲法第九条は、日本が自衛権を有していることを認めているが、自衛権の行使は日本を防衛するための必要最小限度にとどまるべきであり、集団的自衛権はその限度を超えているから憲法上行使できないという解釈が、これである。

このような自衛権行使に強い制限を課す憲法解釈は、特に冷戦後になると、日本の安全保障政策にとって、足かせになってきた。

冷戦期には、日本の主敵はソ連であり、ソ連が日本を攻撃する場合は、世界戦争規模の大戦争以外にはないと考えられていた。この場合は、日本防衛とアメリカ軍への協力は矛盾せず、同時に行われるはずであり、日本が自国防衛のみに自衛隊の活動を制限しても大きな問題にはならない。

しかし、冷戦後はソ連による大規模攻撃の可能性が低くなった代わりに、北朝鮮による朝鮮半島での武力紛争、中国による尖閣（せんかく）諸島での武力行使の可能性、一九九一年の湾岸戦争における多国籍軍の武力行使、二〇〇一年の九・一一テロに対するアフガニスタンにおける多国籍軍の武力行使、二〇〇三年のイラクに対する多国籍軍の武力行使など、多様な形での戦争または戦争の可能性が現実化してきた。

日本は、湾岸戦争において武力行使への参加を拒否して資金供与に限定した協力しか行えず、国際社会における評価を低下させた。しかしその後、テロ事件後のアフガニスタンやイラクにおいては、「武力行使と一体化しない」という条件をつけながらも、自衛隊を派遣して多国籍軍に対する補給活動や、復興支援任務を行ってきた。

このような活動は日本国内では「武力行使そのものではなく、集団的自衛権の行使ではない」と説明されていたが、国際的には実質的に多国籍軍への参加であり、集団的自衛権の行使に等しい活動だと見られていることに注意する必要がある。

さらに、ミサイル防衛への日本の参加や、NWC（ネットワーク中心の戦い）の発展に見られる技術の変化により、自衛隊のネットワークと、アメリカやその他の国のネットワークを直接接続する状態が、戦時はもちろん平時から必要になってきている。自衛権行使を厳格に制限する憲法解釈は大きな問題を生み出している。

二〇一四年になり、第二次安倍（晋三）内閣が、集団的自衛権についての従来の憲法解釈を変更している。「日本の安全を守るため、必要最小限度の自衛権行使は認められ、その中には集団的自衛権も含まれる」という解釈を取る方針を示したのである。

これは戦後日本の安全保障政策における大きな転機であり、この政策転換が日本外交や防衛法制、自衛隊の活動などの、具体的政策にどのように反映されるのか注目される。

（永山博之）

図表15　安全保障の類型

3類型	2分法	自衛権	例
個別的安全保障	個別的安全保障	個別的自衛権	江戸時代までの日本
対抗的安全保障（同盟・勢力均衡）		集団的自衛権	NATO ワルシャワ条約機構 三国同盟（独伊墺） 三国協商（英仏露）
集団安全保障	集団安全保障		国際連合 欧州安全保障協力機構 国際連盟

4　集団安全保障

1　集団安全保障とは

集団安全保障は、自国の軍隊や他国との同盟によって自国の安全を守ろうとする伝統的な方式とは異なり、国際社会に法と組織をつくって「侵略国」を罰することを通じて、戦争の発生を防止しようとする仕組みのことである。

伝統的な方式が、自国や同盟国の力を通じて自国に対する戦争を抑止しようとするのに対し、集団安全保障は、国際社会全体の力を結集して戦争が起こること自体を抑止しようとする。集団安全保障の利点と欠点は、こうした基本的な特質からきている。

2　第一次大戦と国際連盟

集団安全保障の構想を初めて現実の世界に実現したのは、アメリカのウィルソン大統領である。ウィルソンは第一次大戦という未曾有（みぞう）の大規模な戦争が起こったのは、伝統的な安全保障のやりかた自体に重大な欠陥があるからだと考えた。そこでウィルソンは、国際社会に恒久的な平和を実現するためには新しいやりかたが必要だと考え、ヴェルサイユ講和条約（一九一九年）で「国際連盟」を設立する構想を明らかにし、これを実現した。

国際連盟はその規約のなかで、戦争の開始に一定の手続きを義務づけ、この手続きに従わない戦争は加盟国すべてに対する戦争とみなすことを定めた。この仕組みによって侵略を防止できるとウィルソンは考えていた。

しかし、当のアメリカは上院の反対で連盟に加入できなかったばかりか、一九三〇年代に大恐慌の影響で国際情勢が不安定になったとき、三一年の日本による中国東北部への侵攻（満州事変）や、三五年のイタリアによるエチオピア侵攻が起こり、これに対して連盟は実効的な対策を何もとることができなかった。連盟の権威は失われ、やがて第二次大戦が起こるのである。

3　第二次大戦と国際連合

第二次大戦は第一次大戦を上回る大戦争になったが、アメリカのルーズベルト大統領は、失敗した国際連盟に代わる新たな集団安全保障の仕組みをつくることが平和の実現に不可欠だと考えた。こうして国際連合（国連）が創設された。国連は、連盟が全会一致原則で身動きがとれなくなったことを踏まえて、大国一致の原理にもとづく安全保障理事会をおき、これが加盟国の提供する軍隊を組織して侵略国を制裁することになった（第15章5参照）。

国連は、第二次大戦で日本やドイツなどの枢軸側諸国と戦った「連合国」の同盟を基礎として成立したため、連合国の団結を確保できれば今後の侵略を防ぐことができると考えたのである。

しかし、国連創設後、米ソ冷戦が始まり、大国一致の原理にもとづく安全保障理事会は身動きがとれなくなった。結局冷戦が終わるまで、国連は加盟国の軍隊を組織して侵略国を罰するという本来の役割をほとんど果たすことができなかったのである（第15章サブ・テーマ23参照）。

4　冷戦以後の国際社会と集団安全保障

米ソ冷戦（第15章4参照）が八〇年代末に終わった後、突如、イラクのクウェート侵攻をきっかけに湾岸戦争が起こった。

湾岸戦争では、アメリカを中心とした連合軍が国連安全保障理事会（安保理）の決議にもとづいてイラクに制裁を加えるという形式がとられたため、国連中心の集団安全保障が本来の機能を果たすという期待が一部に生まれた。しかし、その後の現実は集団安全保障がそうした期待に応えられなかったことを示している。

イラク戦争では新たな安保理決議が必要だとするフランス、ロシア、ドイツの反対を無視して、アメリカとイギリスによる武力行使が行われた。国際連盟の場合も国際連合の場合も、集団安全保障は、国際社会、とくに大国が侵略を罰するという共通の意思をもつことを前提として初めて成り立つ。しかし、何が侵略なのか、侵略に対する適切な対応とは何かといった問題について、大国間で見解の一致が成立することは非常に難しい。

集団安全保障は、国家の主権を基本的に認める前提で、その一部を制約することで平和を守ろうとする。しかし、実際には、国家は主権の制約を簡単に受け入れようとはしないことが多いのであり、それが集団安全保障が直面する困難な問題なのである。

（永山博之）

5 日本の安全保障

1　日本の安全保障政策

第二次大戦に敗北した後、日本は、アメリカを中心とする連合国の占領下におかれた。そのため、米ソの冷戦（第15章4参照）が始まってからは、日本はアメリカ側（西側陣営）に属することになった。アメリカが日本に受け入れさせた憲法には、その第九条に戦争放棄と戦力不保持がうたわれている。

しかし、一九五〇年朝鮮戦争が起こり、日本に駐留する米軍が朝鮮に出撃すると、アメリカは従来の方針を転換して、日本に軍隊を組織させることにした。こうして警察予備隊が設置され、今日の自衛隊に発展することになる。

しかしながら、政策方針を転換したにもかかわらず、日本国憲法の条文を改正して軍事力の保持を明文で認める手続きは踏まれなかったので、憲法第九条を、自衛隊という軍事力の存在と整合的に解釈することができるのかどうかが、日本の国内政治上の大問題となっていったのである。

一九五一年にサンフランシスコ講和条約が締結され、日本は占領状態を脱して独立を回復することになった。だが、冷戦の下で日本がもつ軍事力は、敵対するソ連や中国の力に対して十分でないとみられていた。しかし、日本政府は軍事力増強に必要な財政負担の増加を回避した。アメリカはソ連、中国に対抗するため、日本における軍事基地を引き続き利用することを望んだ。

そこで、独立回復後も米軍を日本に駐留させ、日本の安全保障に貢献させる方針がとられることになった。その結果、講和条約と同時に日米安全保障条約が締結された。これ以後、アメリカとの同盟関係を基盤として、日本は必要最小限の軍事力を保持するという政策が、日本の安全保障政策の基本方針となったのである。

2　安全保障政策における制約

こうして、アメリカとの同盟を基盤に日本の安全を確保する方針がとられたが、日本政府は複雑な問題を抱えていた。

第一は、国内世論の不一致である。憲法改正が行われない状態で軍事力を保持する選択が行われたために、日本の軍事力保持や日米同盟に対する国内的な支持が弱かった。そのため、日本政府にとって安全保障問題は政治的に世論の支持を得にくい危険な問題となり、政府はこの問題を既成事実の積み重ねで処理する方向に傾いた。

第二は、対米関係である。アメリカは日本に対して、防衛のコストをより多く分担するようたびたび要求し、その要求は日本の経済発展が進むにつれてさらに強まった。しかし、日本政府は国内世論の理解が得られないことなどを理由に、この要求になるべく応じない方針をとった。国内には日米同盟の維持を説得の理由に使い、アメリカには国内世論を説得の理由に使う態度をとったのである。

第三に、国連の位置づけである。日本政府は外交の基本方針に国連中心主義を掲げたが、国連の活動に積極的に参加したわけではなかった。国連に対する日本政府の態度は常にあいまいであった。

3　冷戦後の安全保障政策

一九九〇年の湾岸戦争で安全保障政策は大きく動揺した。政治的混乱から、自衛隊を国連決議にもとづく連合軍に参加させることができず、その代償として一四〇億ドルの資金を拠出したが、日本の負担に対する国際的評価はきわめて低かった。これまでの方針では国際社会の変化に対応できないと考えた日本政府は、以後、「積極的な国際貢献」を掲げて、軍事力を国際貢献の手段として使う方針に転じた。

しかし、問題はまだ残っている。その中心的な争点の一つが「集団的自衛権」（本章3参照）の行使をめぐる問題である。自国の力で自国を守るだけでなく、同盟を通じて相互に国を守るやりかたは伝統的な安全保障のやりかたであり、国連憲章（本章1参照）でも認められている。しかし、日本政府は、これまで同盟を通じて他国を守ることは憲法第九条の制約によってできないのだと解釈してきた。この憲法解釈が軍事力を国際貢献の手段として活用する政策の大きな障害物となっている。

今までの争点をぼかして既成事実を積み重ねるやりかたは次第に困難になっているが、この問題を正面から政治的争点として取り上げることは政府にはなお危険だとみられている。

いずれにせよ、日本の従来の安全保障政策を本当に変えるのかどうか、重大な転換点が迫っているのである。

（永山博之）

サブ・テーマ 25

安全保障の新しい概念

冷戦は、米ソを中心として、国家が二つの陣営のいずれかに集まり、相互の戦争の危険が高まっていた時期だった（第15章4参照）。

そのような時期における安全保障とは、相手陣営のもつ軍事力から自国を防衛することであり、とくに核兵器が存在する状況の下では、自国が十分な軍事力を保有することにより、敵陣営の攻撃の意図を未然にくじくこと（抑止）が安全保障の中心的な手段であると考えられていた。

冷戦終結による状況の変化で安全保障についての考え方も変わった。ソ連や社会主義陣営というわかりやすく明白な脅威がなくなった代わりに、さまざまな脅威が登場し、安全保障概念もそれに応じて拡散しているのである。

第一は、協調的安全保障である。これは相手側が「脅威」と呼べるほど敵対的ではなく、かといって同盟を結べるほど友好的でもない、不確定な関係であることを前提とする概念である。

この考え方によれば、相互の継続的な対話、信頼醸成措置といった「紛争を抑えるための相互協力」によって紛争を未然に防ぐことが安全保障の主要な手段となる。ヨーロッパにおける欧州安全保障協力機構（ＯＳＣＥ：Organization for Security and Co-operation in Europe）は、その例である。

第二は、人間の安全保障である。これは安全を守るべき対象を国家というよりは個々の人間とする考え方で、脅威は他国の軍事力だけではなく、貧困や飢餓、環境破壊、病気、人権侵害など多様な形態をとると考えられる。

安全保障の手段もそれにあわせて多様な形態をとることになり、軍備管理や軍縮、開発援助、公衆衛生、環境保護、人権保障などを含む。この考え方では、個人の安全を国家が保護できない場合は、外国が直接介入することもありうるとされる。

第三は、テロリズムなどの非対称の脅威に対する安全保障である。二〇〇一年に起きたアメリカに対する九・一一テロ事件は、小さな組織が強大な軍事力をもつアメリカの中枢部を攻撃し、数千人の死傷者を生じさせる力をもつことを示した（第15章サブ・テーマ23参照）。

テロ組織に対しては抑止も有効ではない。アメリカは、テロ組織の根拠地をたたくことが必要だとして、アフガニスタンに二〇〇一年に侵攻し、タリバン政権を倒した。また、大量破壊兵器とテロ組織が結びつくことを警戒し、北朝鮮やイランに圧力をかけ、二〇〇三年にイラクに侵攻した。

しかし、そうした方法がテロに対抗する有効な方法かどうかには疑問も出されている。

（永山博之）

コラム 7

政治学での要注意の英単語 ⑥

● order

政治学でorderというなら、馴染(なじ)みの「秩序」でよいではないか、と思われるかもしれない。law and orderなど「法と秩序」でピッタリだ。しかし、「体制」「慣例」など、もう少し幅の広い用法があることに留意しておかないと、理解できない場合も多い。

● institution

これも同じような言葉である。「制度」とばかり訳していると、静態的なニュアンスになってしまうが、ずっと幅の広い用法が少なくない。制度化された「慣行」「慣例」くらいは辞書にあるが、日本語でいう「制度」に限定されない意味でも使われる。何度も繰り返され、定着した「慣行」のようなものも、インスティテューションなのであり、この用法を頭に置いておきたいものだ。

● ignorance

ロールズの正義論での「無知のヴェール」については別項（第2章サブ・テーマ5参照）に譲る。日本語の「無知」は否定的ニュアンスが強く、直訳していると、ほとんど意味の取れないことがある。ただ、「不知」の訳語もあって、中性的な用法もあるのだ。経済学者ダウンズの政治論にこれが出てくる。rational ignoranceというが、コストをかけて政治の情報を入手しても、実質的な見返りが少ないので、知ろうとしないのが合理的だというケースが多いとの指摘だ。「合理性に基づき知ろうとしないこと」である。意訳すると「合理性による無関心」とでもなるか。

● constituency

「選挙区」と機械的に訳されるケースが多いが、意味の通らない場合がある。「有権者」「支持者」の場合もある。特殊な用法には、比例代表制を「任意にconstituencyを形成する制度」とする説明がそれである。2%で1人を政党に配分とか、10万票で議員1人当選というような比例代表制は、全国どこに住んでいる有権者も任意に選挙母体を形成できる制度というわけで、この場合は「議員選出母体」とでも訳せよう。

● referendumと plebicite

「住民投票」、「国民投票」を意味する言葉にはこの2つがあって、いろいろ説明されている。政治学でよく知られているのはフランスの用法の説明であり、「プレビシット」につき、政治指導者の大衆操作の面を強調するものとしている。しかし、英語の用法は実に多様であって、断定的なことは言い難い。

● values

ヴァリューは経済関係では実に多くの意味があるが、政治関連では「価値」が基本的である。ただ、デモクラシーズと同様に、単複で訳し分ける必要があり、複数の場合は「価値観」で落ち着くケースが多い。

● agent

カタカナ書きでも使われ、広義の代行業者の意味が多いようだが、政治学ではそれとは別の用法が多い。第1は、政治的社会化の文脈で、家族、仲間、マス・メディアなど、社会化を担う行為体（アクター）をいう。「担い手」との訳語が多い。第2は、国際政治でスパイなど工作員をいうのに使われる。カタカナで「エージェント」ともいわれるが、前後の文脈から分かる場合が多い。

（加藤秀治郎）

第17章　政治学の発展

1　伝統的政治学

1　古代・中世の政治学

政治学の成立は古代ギリシアにまで遡（さかのぼ）る。とくにプラトンやアリストテレスは、重要な影響を及ぼした。

衆愚政治に陥ったギリシアの民主政治をつぶさにみたプラトンは哲学に通じ、国家・社会を誤りなく洞察できる人物が統治者となり、政治の任にあたらないと禍（わざわい）はやまないとして、「哲人王」支配の思想を説いた。

「政治学の父」ともよばれるアリストテレスは、いかなる国家の形態が最善か、どのような政策をとるのがよいのかを総合的に論じた。一人の支配、少数者の支配、多数者の支配のそれぞれにつき、公共善にかなうものか否かで、よい形態と堕落した形態を分けた（図表16参照）。そこではデモクラシーという言葉は、多数者支配の堕落した形態にあてられている。

中世になるとアウグスティヌス、トマス・アクィナスらが神学的な政治学を展開した。神の統一的秩序のなかに国家を限定的に位置づけるものであり、「神学の侍女」の地位にあった。

2　近代の政治学

近代に入ると、マキャヴェリが君主はいかに国家を統治すべきかを説き、ホッブズが国家権力が生みだされる理論を構成して、それぞれ近代政治学と近代政治思想の開祖とされた。

市民革命の後は、どのような政治制度にすべきか、法律学的な考

図表16　アリストテレスの政体論

	一人の支配	少数者の支配	多数者の支配
良い統治	王　制	貴族制	国（ポリテイア）制
悪い統治	僭主制	寡頭制	民主（デモクラティア）制

察が重ねられるようになった。

ただ、古代からこの時期までの政治学は、政治についての経験科学的認識の学問というよりも、思弁的に理想的政治の全体像を描いたり、それを規範的に正当化したり、そのための制度を工夫するものであった。そのため、現状肯定的で体制擁護のイデオロギーとなったり、逆に現実批判の抵抗の学問であったりしたが、総じて知的直感を基盤とするものに終始していた。

その結果、哲学者、神学者、法学者、歴史家、文学者など多方面の知性によって、政治の考察が推進されたが、政治学の自立性と独立性は得られないでいた。この課題の解決は、「現代政治学」を待たねばならなかった。

3　近代の政治理論

『君主論』(一五三二年)を著したマキャヴェリが、近代の政治学の開祖といわれるのは、政治的思考を神学や倫理学から解放し、現実的な政治認識に道を開いたからである(第2章1参照)。政治がそれ自身の法則性をもつ自立的世界であるとの認識がなされたわけであり、これにより独立の学問としての政治学の地位が確立されたといえよう。

また、近代の政治思想に重要な影響を及ぼしたものに、「近代的自然法」の理論がある。自然法の概念は古くからあり、「伝統的自然法」は歴史的に相対的な実定法を超える永遠・普遍の法で、中世にはキリスト教理念を人間社会の規範として説くものとなっていた。既存の秩序の正当化に用いられる傾向が強かったのである。

近代に入るとグロティウスが神学的前提に依拠しない形で自然法理論を展開し、「自然法の父」とよばれた(『戦争と平和の法』で国際法の必要を説き、「国際法の祖」ともいわれる)。これが近代自然法で、人間の普遍的な自然的本性から理論的に引き出されるとされる。そこにはルネッサンス、宗教改革、自然科学の影響が窺(うかが)える。

ホッブズはここから、すべての人間がもつ「自然権」という概念を引き出し、「自己保存」の自然権を守るため、自然法に導かれながら「契約」によって国家が設立されるとした。さらにロックが自然権を擁護するための抵抗権を説き、市民革命の原理に発展させた。伝統的自然法は「規範」として作用したのに対して、近代的自然法は「権利」の要求に転換されているのである。

(加藤秀治郎)

2 現代政治学

1 伝統的政治学から現代政治学へ

近代の政治学、政治理論は、以前のものと異なるものを含んでいたが、哲学的、歴史学的な色彩を残していた。そして市民革命の後は、専ら政治制度の学となっていた。それまでの政治哲学、政治思想史、政治史、外交史に加えて、政治制度論、政治機構論など法律学的な研究領域が発達したわけだが、従来のものとなお共通の特徴があり、両者を合わせて「伝統的政治学」と総称される。ところが二〇世紀に入ると、大きく異なるアプローチが台頭してくる。「現代政治学」がそれである。

伝統的政治学は、哲学者、歴史学者、法学者などの寄与を受けて発展してきたが、それは、政治学が専門の学としての地位を確立しえていないということでもあった。

これに対して、現代の複雑な政治現象を経験科学的な方法でもって分析し、知識の累積的発展を図ろうというのが現代政治学である。政治学の独立性と自律性をめざす動きである。

2 現代政治学の特徴

現代政治学には、一般に次のような特徴がある。

①「科学としての政治学」をめざし、価値判断と経験的説明を混同しない。

②実証的に政治の現実を分析し、生のデータを重視する。

③政治行動の観察、記録、分析は化学的方法に即して行う。数量化が可能なものは数量化する。

④研究は理論と関連づけて体系的に行う。理論に導かれない研究は無益であり、データに支えられない理論は不毛なのである。

⑤社会心理学、社会学、文化人類学、統計学、数学などの隣接諸科学との関連を重視する（伝統的政治学の場合は、哲学、歴史学、法学などとの関係が強かった）。

3 ウォーラスとベントレー

現代政治学は、期せずして一九〇八年に出版された二冊の書物に始まる。一つは、アメリカのベントレーの

『統治過程論』であり、政治を諸集団間の対立と相互作用、政府による調整の過程ととらえるものである。政治研究に社会学的な視角を導入したもので、ここから「政治過程論」が始まった。

もう一つはイギリスのウォーラスの『政治における人間性』であり、政治学の制度論が、人間性を十分にとらえないでいることを批判し、人間の非合理的行動をも含めて政治を分析すべきだとした。心理学的なアプローチが必要なことを説き「政治行動論」の先駆となった。

ベントレーも、制度論的政治学を「死せる政治学」と呼んで厳しく告発したが、ウォーラスの批判もまた厳しかった。政治学は、市民が自己の利害に沿って合理的に行動するものとの仮定（「主知主義的」仮定）を無前提において、現実にそぐわない倫理を展開していると、批判したのである。そして、複雑な人間心理をそのままとらえて、政治行動を研究していかなければならないとした。

このように、ベントレーとウォーラスによって、現代政治学の二つの中核的領域が開拓された。

ウォーラスに始まる政治行動論は、政治現象を人間行動という観点からとらえるもので、ミクロ政治学ともいわれる。政治行動を、個人のパーソナリティー、イデオロギー、価値観、態度を基礎に分析していくものであり、集合的レベルでは、政治文化、世論が扱われる。政治的社会化、投票行動などの研究も含まれる。

ベントレーによって始められ、トルーマンによって発展させられた政治過程論は、利害の対立、調整、合意形成を分析するもので、集団や社会全体を扱うのでマクロ政治学ともいわれる。圧力団体・政党・選挙・立法・行政・司法過程などが対象とされる。

4　シカゴ学派の登場

現代政治学は、一九二〇年代からアメリカで急速に発展していく。中心はシカゴ大学で、メリアムの下にラスウェル、キー、アーモンドらが育っていった。これを「シカゴ学派」といい、その立場は、行動科学的政治学とか行動論的政治学とよばれる。

第二次大戦後は、行動科学的政治学の影響が広まり、「政治学における行動科学革命」といわれるほどになる。

（加藤秀治郎）

3 政治学の新動向

1 数理政治学

行動科学的政治学、行動論的政治学は多様な発展をみせているが、そこにおいては隣接諸科学からの刺激も重要な影響を及ぼしている。

例えば、経済学者ダウンズの『民主主義の経済理論』や、経済学者オルソンの『集合行為の理論』がそうである。これらは政治行動を数理的なモデルで説明しようとするものであり、そこからは、きわめて抽象度の高い数理政治学の研究などが進められている。

ダウンズは、有権者がどの政党に投票すれば、自分の考え方や利益から判断して最も得か（効用が大きいか）を考えて投票するものと仮定する。また、政党・候補者も、世論の分布状況から判断して、より多くの票を獲得できるようなところに、自分の立場を変えていくものとする。

例えば、中道的な有権者の多い国で、左右両派の候補者二人が争っている場合、どちらも多くの票を求めて中道寄りになるということである。ダウンズはこのように、経済的行動に準じた形で、有権者や政党の行動を分析している。

一方、オルソンは、個人が集団のなかで行動する場合の損得の問題を論じた。例えば、労働組合に加入していなくても、労組の活動で賃上げが実現されると、非組合員の賃金も上がる。その場合には、組合費も負担せず、活動もしないで、昇給という利得だけをめざす人が出てくる。費用も労力も負担せず、便益だけを受ける「ただ乗り（フリーライド）」である。

そのような個人や集団をフリーライダーというが、その発生のメカニズムをオルソンは明快に説いているのである。

しかし、誰もがフリーライダーになろうとすると、結局はサービスそのものも提供されなくなる面もある。彼はこのような問題を経済学的な観点から巧みに論じたのである。

2　コミュニケーションの理論

またドイッチュは、数学者ウィーナーが提唱したサイバネティクスを政治学に導入した。

サイバネティクスとは、通信・自動制御などの工学的問題を体系的に説明する理論であるが、彼は政治システムが、周囲からフィードバック情報を受け取り、行動を軌道修正していくという観点から、政治を分析する理論を開発した。

3　脱行動科学革命

行動科学的政治学は、政治学界で次第に主導権を確立していくが、それにつれて学界内部から厳しい批判も出されるようになった。

一九六〇年代には、「脱(ポスト)行動科学革命」（行動論以後の革命）が説かれるようになった。現状分析を主とする行動科学的な方法だけでは、現在の体制の擁護につながりやすい、という批判が出てきたのである。

このように現状分析の限界を自覚して、市民や社会の要請に応える「意味のある学問」をめざそうという動きが、一部に出てきた。イーストンなど、行動科学的政治学者のなかにも、その批判を受けとめ、研究姿勢を再検討する学者も現れた。

現在は、このような批判を受けとめたうえで、軌道をやや修正して、行動科学的政治学が発展しているとみてよいだろう。

しかし、全体としては脱行動科学革命というほどの大変革が生じることはなかったといってよく、次のような点に痕跡をとどめているだけである。

一つは、行動科学的政治学が全体的展望を欠いているとの批判が契機となって、アメリカの政治学界で、ウェーバーのような総合的な社会科学の再評価が生まれたことである。もう一つは、行動科学的政治学の影響を受けながらも、伝統的政治学のよき遺産を継承しているヨーロッパ政治学を見直そうという気運が出ていることである。

（加藤秀治郎）

サブ・テーマ 26

進化政治学

進化政治学とは、進化論を社会科学の領域に応用した学問分野である。進化論を社会科学に応用するとはどういうことか？　ダーウィンが『種の起源（原）』(On the Origin of Species)で明らかにしたように、変異は自然選択を繰り返すことによって選択的に残り、それが生物の性質を変えていく。このことを人間の政治行動に応用しようとするのが進化政治学である。

現生人類の歴史において非常に大きな変化は約一万一千年前、農業が始まった時に起こった。定住、社会的役割分化、国家形成などの変化は、いずれも農業をきっかけとして始まった。

しかし、ヒトの性質を決める遺伝子は、この農業社会の始まり以来、ほとんど変化していないと考えられる。まず一万一千年は、遺伝子が変化するための時間としてはやや短い。また、この一万一千年の間にヒトの生活環境や社会環境を大きく変える出来事が非常に多く起こった。進化が生物の性質を変えるためには、環境の変化が一定期間、定常的に続くことが必要だが、ヒトの環境はあまりにも早く変わりすぎており（その理由は、ヒトが自然環境や社会環境を改変できるため）、進化を起こすことができない。

つまり、ヒトの遺伝子は一万一千年前、農業社会が始まる前の狩猟採集社会のままなのであり、ヒトの遺伝的な性質も変わっていないと考えられる。

このような過去の環境には適応的であった遺伝的性質が、現在の社会で作用するとどのようなことが起こるのか。これが、進化政治学（および進化論の影響を受けた他の進化社会科学）が明らかにしようとすることである。

進化政治学は、人間の利他性や道徳心、道徳心の中核にある正義の観念は、どのように組み合わされているのか、人間の攻撃性、攻撃性がどのような状況で発揮されるのか、そして、社会的差別（人間に対する態度や取り扱いがカテゴリーごとに異なること）や仲間同士の団結性、また、一般には政治的イデオロギーだと考えられている保守主義と自由主義の起源（第2章5参照）などを説明しようとする。

この説明を、人間の遺伝的性質（および、それが形成された時点での自然環境とそれに適応的な人間の行動様式）から行おうとするのが、進化政治学が社会科学に対して行う貢献である。このような説明により、人間の基本的な行動様式を形成している概念（利己性と利他性、集団形成、正義と道徳、攻撃性など）が、なぜ今のような形で存在しているのかを、整合的に理解することができる。

遺伝的な性質に基づいて個別の社会的行動を説明することは、正当化できないという批判がある。もちろん遺伝的性質のみが人間の行動を決めるわけではなく、遺伝と人間の自然、社会環境の相互作用で行動が決まる。しかし、これまで社会科学は、制度や文化のような後天的要因だけが人間行動を決めると考えていたのではないか。人間の遺伝的性質を重視することは、人間行動の新しい解釈を導くのである。

（永山博之）

コラム
8

翻訳書の選択

政治学・行政学の読書では、翻訳書のお世話になることが多いだろう。その点につき、少しアドバイスを書いておこう。

まず、自分がある程度読める外国語の場合、原書を図書館で借り出して横におき、部分的にでも参照できれば、随分と読書の質が向上する。挑戦してみてもらいたい。

だが、バイリンガルででもなければ、読むスピードは違うだろうから、訳書があるなら活用しない手はない。一種類しかない場合は選択の余地はないが、複数の訳書がある場合、どうしたらよいか。一般論として述べておこう。

第１は、全訳か抄訳（部分訳）かだ。わが国では全訳をありがたがる傾向があるが、全訳に挑戦するか否かは、先に進んでから判断すればよいとの考えもある。

全訳志向は岩波文庫に代表されるが、別の系譜として、中央公論社（現・中央公論新社）がかつて刊行した『世界の名著』（正編66、別巻15）のように、部分訳で構わないので、多くの著作に触れてもらいたい、とする立場もある。ダイジェスト文化の発達したアメリカなどでは、重要な部分を集めた学術出版物（リーディングス）も盛んだ。

重要部分を少しかじって、必要なら全訳へ、ということを考えてよい。つまり、選ぶ際には、全訳かどうか、部分訳ならどういう部分を選んでいるか、チェックしたい。

第２は、中身に関係した話である。

まず、教員（特に中高年）が薦めたり、引用したりする訳書は古いことがあるので、チェックしたい。古典などは複数の訳書がある場合があるので、調べよう。

複数の訳書がある場合だが、残念ながら、そのものズバリの助言は得にくい。学閥や人脈などがからみ、専門家の間で遠慮が働きやすいからである。

同じ訳者が訳し直している場合は、まず新しい方が良いだろう。別の訳者の場合、新しいほど旧い訳書を参照できるので条件は良い。だが、結果は訳者次第であり、保証の限りではない。

また、多少読みにくくとも、原文に忠実を良しとする方針の出版社もある。関係代名詞はそうと分かるように訳すとか、複数は「諸」をつけるなど、不自然な日本文も翻訳として認める立場だ。

逆に、読みやすい日本文を重視する出版社もある。光文社古典新訳文庫などがそうである。

以上のようなことからすると、訳書が複数ある場合は、まず図書館などで借り出して、最初の部分でも少し読み比べ、良さそうなものを自分で選ぶのが大事だ。

翻訳は、クラシック音楽でいうならば、作曲者（原著者）の作品を演奏することに相当する。聴衆たる読者は、あれこれ好みで選べるわけで、自分にあったものを選べばよい。ただ、音楽で１曲聴くのと違って、１冊の訳書を読んでみるのは大変な作業だから、感触を得てから読む、ということでよいのではないか。

政治学にも“積んどく名著”がたくさんある。そうならない工夫をしたいもので、老婆心（ろうばしん）ながら紹介してみた。

（加藤秀治郎）

第18章　比較政治学の理論

1　ポリアーキー

1　デモクラシーとポリアーキー

どの程度、デモクラシーが浸透しているかを測定する一つの理論として、アメリカの政治学者であるダールは「ポリアーキー」という概念を示した。ポリアーキーとは、一般的な「デモクラシー」という表現ではなく、「完全ではないが、比較的民主化された体制」という意味をもつ。

そもそも、デモクラシーの条件としては、言論・結社の自由、自由で公正な選挙、公職者による政策コントロールなど多数あるが、現実にすべての条件を満たすデモクラシーを達成している国や社会をみつけることは困難である。したがって、ダールは、現実のさまざまな国の政治体制や組織の体制が、理論上のデモクラシーに対して、どの程度近づいているか（接近度）、また、達成されているか（達成度）を測定できる基準を設定し、「ポリアーキー」という言葉で表現することで、理論上のデモクラシーと区別している。

ダールは、デモクラシーの理想について「政府決定に対するコントロールが市民間に共有され、いかなる市民の選好もほかのいかなる市民の選好よりも大きいウェイトをしめることのないような状態」を達成することとしている。さらには、デモクラシーとは「すべての市民の選好に対して政府が政治的に公平に責任をもって応えるという特性をもった政治体系」と説明している。

そして、デモクラシーであるためには三つの機会、すなわち、

①要求を形成する機会（言論・結社の自由）、
②市民や政府に対して要求を表現する機会（平等な選挙権・被選挙権、自由で公正な選挙）、
③政府が国民の要求を平等に取り扱う機会（選挙によって選出された公職者による政策コントロール）

が必要であるとしている。

こうしたデモクラシー（理念型）の機会をどの程度、達成しているかを測定できる「モノサシ」を設定することで、現実の国の状態を分析することを試みている）。

2　ダールの「モノサシ」

デモクラシーにどの程度接近しているかを測定するために、二つの指標（モノサシ）をあげている。

一つは「自由化」（公的異議申し立て）であり、測定する社会や政治体制において、どれだけ言論・集会・結社の自由を認め、体制批判を含め自由な異議を唱えることが可能であるかという指標である。

もう一つは「包括性」（参加）という指標であり、どの程度人々が政治に参加・関与できるかを示すものである。例えば、普通選挙（選挙権が一定の年齢に達した一般国民に広く与えられる。社会的身分や財産、学歴、性格などによる制限がない）が実施されているかという点などが、この指標になってくる。

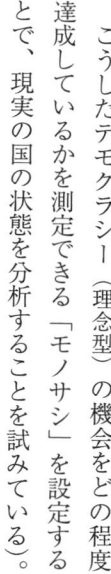

図表17　自由化、包括性、民主化

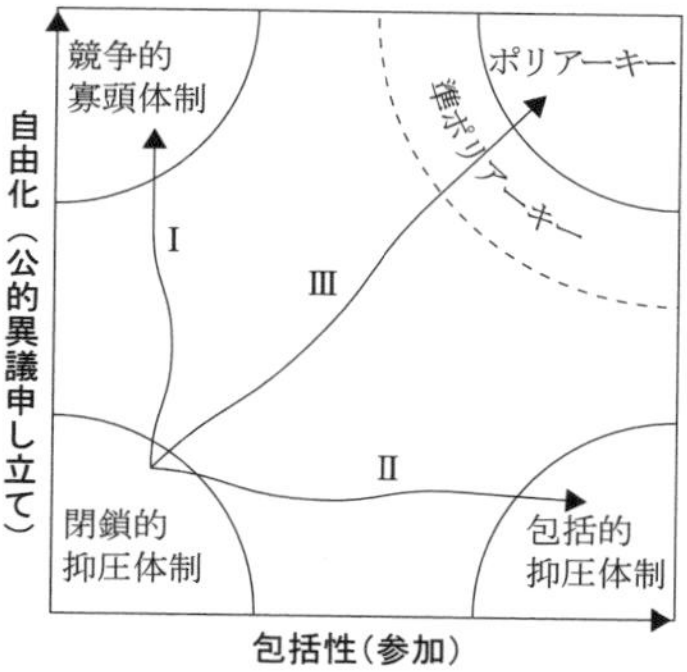

（出典：ダール『ポリアーキー』三一書房、1981年、p.11を参考に作成）

3　四つの体制

この二つの指標を組み合わせてみると図表18のようになり、「自由化」と「包括性」が両方とも高いものを「ポリアーキー」と表現した。さらに、両方とも低い状態を「閉鎖的抑圧体制」、自由化は高いが包括性が低い体制を「競争的寡頭体制」、逆に包括性は高いが自由化が低いものを「包括的抑圧体制」とそれぞれ分類を行った。

ダールが示したこの「モノサシ」によると、現在のわが国の政治体制は「ポリアーキー」に分類される。しかし、男女の普通選挙が実施された一九四五年以前は、制限選挙（国税の納税額や性別による制限）であったため、最初の総選挙の際などは、国民に占める有権者の割合はわずか一・一%にしかすぎなかった。この当時の状況は「包括性」がきわめて低いということになり、ポリアーキーとはいえない。

（梅村光久）

2　権威主義体制

1　権威主義体制の支配形態

一般に「権威主義体制」は、非民主主義的な政治体制の意味で用いられるが、厳密には、民主主義体制と全体主義体制の中間領域に位置する政治体制を指す。

スペインの政治学者リンスは、フランコ体制を例に、民主主義体制における政治参加の制度的保証や複数政党制は認められないが、全体主義体制におけるイデオロギー的独裁政党とその下での強制的大衆動員はなく、限られた範囲では政治的多元主義が許された体制として権威主義体制を定義した。

権威主義体制の統治形態には、一党独裁から軍事支配までさまざまな変差がある。共通する特徴としては、以下の三点が指摘される。

①「限定された多元主義」――多数の個人や団体が自由に活動できる民主主義体制とも、単一の独裁政党以外の政党や市民の自律的団体が抑圧・禁止される全体主義体制とも異なり、国家によって認可された複数の個人や団体が、許容範囲で政治参加を認められている。

②「メンタリティ」――思想の自由が認められる民主主義体制とも、単一の体系的官許イデオロギーによる宣伝・教化が行われる全体主義体制とも違って、保守主義的で、伝統主義とも結びつく感情的思考や心情様式、つまり不定形な「メンタリティ」によって、体制が支えられる。

③「低度の政治動員」――国民の自発的政治参加に依拠する民主主義体制とも、広範かつ徹底した政治動員が行われる全体主義体制とも異なり、限られた政治動員と民衆の非政治化（無関心）に依存する。

その後、権威主義体制の概念は、第三世界諸国における強権政治、とくにラテンアメリカの軍事政権や東アジア・東南アジアにおける「開発独裁」などを説明する概念としても用いられるようになった。

2　第三世界の開発独裁

「開発独裁」とは、一九六〇年代以降登場した、発展途上諸国における国家主導型経済開発と強権政治による政治的安定化を目標とする体制である。

とくに、第二次大戦後の東アジア、東南アジアでは、インドのインディラ・ガンディー、韓国の朴正熙(パクチョンヒ)、タイのサリット、フィリピンのマルコス、さらに、インドネシアのスハルトなど、強権的指導者の下で工業化が進められたため、これらの体制を総称して「開発独裁」とよぶことが多い。

「開発独裁」には、第三世界の多様性を反映する政治、経済、社会、文化などの諸条件によって、一党独裁、「軍部＝官僚」ブロック支配、軍部支配などいくつもの形態がある。

その共通の特徴としては、

(1) 議会制民主主義が形式的に採用されながら、現実には作動していない。政治的自由が制限され、翼賛的政党が跋扈(ばっこ)し、情報操作、選挙干渉が当然のように行われ、議会は国家意思を形式的に追認する場でしかない。

(2) 軍事クーデタによって権力を掌握した軍部がテクノクラートと結びつき、貧富の差を拡大させる工業化や経済政策が推進され、外資・民族資本・国家のブロックが強化される。

(3) 国内治安体制が強化され、仮借(かしゃく)のない暴力的弾圧が展開される。政敵だけでなく不満・不平分子に対しても、直接暴力の行使による反対派の抑圧を目的とする「恐怖政治」が常態化する。

しかし、「開発独裁」は決して安定した政治体制ではなかった。正当性が経済成長に依拠するために、経済危機が進むと政治的安定が損なわれ、一九九八年のスハルト退陣のような政権崩壊に至った。また、経済成長が実現した場合も、都市中間層の民主化要求にさらされ、九三年におけるタイ軍政の崩壊のような危機が発生した。

実際、七〇年代後期からラテンアメリカで、また八〇年代以後は東・東南アジアでも、民主政治への移行が続いたため、権威主義体制を採用する諸国の数は減った。しかし、アフリカのスーダンや東南アジアのミャンマーなどには権威主義体制がいまだ健在である。

また、市場経済への移行過程にある旧ソ連・東欧のポスト共産主義諸国は、権威主義体制の民主化と、民主主義体制の定着が現在の政治課題であると指摘されることも多い。

（佐治孝夫）

3 政治文化

1 政治文化と政治的社会化

それぞれの社会では、一般的に共通の価値観、行動様式、生活様式がみられる。これを、社会学や文化人類学などの学問用語では「文化」という。日常の用語では、学問や芸術などを文化というが、学問的にはそれだけではなく、もっと広い意味で使われる。このような一般の文化の政治的側面を「政治文化」という。「政治社会の構成員に一般的にみられる政治的価値観、行動様式」ということである。

「政治意識」（第11章1参照）が、個人の態度、行動を主に扱っているのに対して、「政治文化」は、各国の社会レベル（ときには集団のレベル）についていうものである。いわば「国民的性格（ナショナル・キャラクター）」の政治的側面を分析するために導入された概念なのである。

政治は長老や有力者の行うことだとして、一般庶民は政治になんらの関心も示さないような伝統的社会もあれば、すべての成員が政治に積極的に参加していくべきだと考える民主主義的政治文化の社会もある。

この概念が重要なのは、同じような政治制度を採用している国でも、政治文化の相違によって、実際の運用が大きく異なっている場合があるからである。また同じイデオロギーでも、導入された国の文化によって変質させられて流布したりするためである。

例えば、同じ議会政治でも「和」を尊重する日本文化のなかでは、できるだけ多数決が回避され、全会一致が好まれるといったことである。

前の世代のもつ政治的価値観、態度、行動様式は、政治的社会化を通じてのちの世代に継承されていく。その意味で政治的社会化は、その社会の政治文化を伝達、継承するものといえよう。政治的社会化を「政治文化への誘導プロセス」（アーモンド）とした定義はこれを強調したものである。

2 政治文化の類型

政治文化の類型としては、アーモンドとヴァーバのものが代表的である。彼らは次の三つの類型をたてた。

図表18　政治文化の類型

	例	関　心
未分化型	発展途上国	なし（入力、出力とも）
臣民型	戦前の日独	出力のみ。入力については消極的
参加型	英　・　米	入力、出力ともに関心

（注）理解しやすいように、単純化してある。

①未分化型

政治的、経済的、宗教的役割が混合状態にあり、専門化した政治的役割がいまだ分化されていない型である。発展途上国などにみられる。

②臣民型

政府の権威を明確に意識しているものの、積極的な参加者と考えることはなく、受動的にアウトプット（政府の下す決定）にのみ関心が向いている型である。日本やドイツは、戦前はこれに近かったとされる。

③参加型

政治システムのアウトプット（要求・支持）だけでなく、インプットにも関心が向き、政治システムのなかで活動しようとする型である。アメリカやイギリスがこの型に近い。

3　政治文化の現実と変容

この三つの類型は、理論的に純粋なものとして考えられており、現実にはこれらの中間的な型が存在しているとされる。

アーモンドらは、民主主義の安定にとって適合的な政治文化は、参加型に近いものだが、それが伝統性や受動性と均衡を保っているような場合だとし、それを「市民文化」とよんでいる。

また、政治文化は固定的なものではなく、世代交代や社会変動に伴って変化していく。それを文化変容といい、これも類型を使うとうまく説明できる。

例えば、類型のなかで日本は、戦前には「臣民型」であったものが、戦後、次第に「参加型」に向かってきているとされるのである。ドイツについてもほぼ同様にいわれる。

（加藤秀治郎）

第2部

行政学

public administration

第19章　行政国家と官僚制

1　「行政」の概念

1　行政の範囲

(1) 行政の活動と民間の活動

「行政とは何であるのか」をめぐる論点の第一は、行政の活動と民間の活動との境界にかかわる問題である。社会における諸々の活動を行政(公)の活動と民間(私)の活動とに大別したとき、行政はどこまでの役割を担うべきか、あるいは担っているのか、という問題である。

こうした意味での行政の活動の範囲は時代により、国により異なっている。例えば、日本における電話事業は、一九八五年までは日本電信電話公社という国営企業によって担われていたが、現在は原則としてNTTをはじめとする民間企業の活動に委ねられるようになっている。

各々の事業を政府の活動とするか、それとも民間の活動に委ねるかという判断は、最終的にはその時々の政府が政治的に行うものである。ただし、そこには以下に示すような時代の潮流となる考え方があり、各々の政府はそれに影響を受けてきたといえる。

(2) 安上がりの政府・職能国家・福祉国家

まず、資本主義が発達し始めると、その担い手である市民階級（ブルジョアジー）はより自由な経済活動を営める社会を望んだ。彼らは行政の活動は自由な経済活動を抑制し、資本主義の発展を妨げるものと受け止めていたので、行政の活動は必要最小限のものに限られるべきだと考えた（安上がりの政府）。

しかし、産業革命に伴って急速に都市化が進行すると、貧困問題や衛生問題をはじめとする放置できない社会問題が発生し、これへの対応を行政が主導的に担うことが期待されるようになった。また、深刻化する労働問題や公害問題といった自由な経済活動の弊害を行政が是正することも期待されるようになった。行政は社会の改善のために積極的、能動的な役割を果たすべきだと考えられるようになったのである（職能国家）。

さらに、普通選挙制の導入などを通じて大衆民主主義が定着すると、国家が国民の生存権を保障することを標榜（ひょうぼう）するようになった（福祉国家）。

こうした国々では、生活保護や公的医療をはじめとする低所得層向けの政策が拡充され、また、国民生活の安定を図るために不況対策やインフレ対策といった経済政策が積極的に実施されるようになった。そのため、福祉国家を標榜する国々は行政活動の範囲をさらに広げ、その分、多額の税収を必要とするようになり、「大きな政府」となっていった。

(3) 福祉国家の見直し

第二次大戦後、先進諸国は経済成長に伴う豊富な税収に支えられて福祉国家の道を歩んできたが、一九七〇年代の後半になると経済の低迷によって財政危機に直面し、この路線を見直さざるをえない状況においこまれていった。

そして、アメリカやイギリス、日本などでは、「大きな政府」から「小さな政府」への転換というかけ声のもと、行政活動の範囲を縮小することをめざした行政改革が進められていった。こうした政策の一環として、国営企業の民営化、規制の撤廃、緩和などが図られた。日本を含め、今日でもこうした潮流は基本的に引き継がれているといえる。

2　政府内の役割分担

「行政とは何であるのか」をめぐる論点の第二は、政府内の役割分担にかかわる問題である。通常、政府の統治権は立法・行政・司法の三権に分けられるが、そこにおいて行政の果たすべき役割や、行政の位置づけが問われることになる。

日本でとくに問題となるのは、政治（立法）と行政との関係である。そこには、国民の代表機関である国会（立法権）が内閣（行政権）に優越すべきとする民主主義の原理を強調する考え方と、国会と内閣は相互に抑制均衡の関係におかれるべきという権力分立の原理を強調する考え方とがある。前者の考えに立てば、行政の役割はより受動的なものとなり、後者の考えに立てば、行政の役割はより能動的なものとなる。

（石上泰州）

2 行政国家

1　消極国家から積極国家への変貌

一九世紀中葉以降、都市化や産業化に伴う社会問題への対応を余儀なくされた各国は、それまでの自由放任主義にもとづく消極国家から、社会保険制度や産業保護策などの実施により、幅広い行政サービスを国民に提供する積極国家への変貌を経験した。

(1)　夜警国家

消極国家観の下では、国家は国民の生活を維持するため、外敵の侵入防止と国内の治安維持、つまりは、国防と警察のみにかかわっていれば良いとされていた。市場原理と表裏の関係にある自由放任主義は、資本主義経済の進展した一九世紀のイギリスにおいて開花し、政府の果たすべき役割は、警察官による夜の市街の巡回に尽きるといった国家観を生んだ。ドイツの国家社会主義者であるラッサールは、このような国家のことを「夜警国家」とよび、揶揄(やゆ)したとされる。

(2)　福祉国家の登場

しかし、二〇世紀に入ると、西欧諸国を中心に、国家・政府は、良好な国民生活を助長し、国民の福祉の向上を図るべきだとする、積極国家観が台頭する。このとき、二度の大戦と世界恐慌による国民生活の荒廃が契機となり、市場原理を基調とする資本主義体制は修正を迫られていた。旧ソ連を中心とする社会主義国との体制間競争がこれに加わると、西側各国政府は、もはや富の格差を放置できなくなり、広範にわたる行政サービスを提供するようになっていった。

例えば、第一次大戦後、ドイツのワイマール共和国憲法では、生存権や生活権による社会保障制度の充実がうたわれたが、これはやがて、最低限度の生活を国民に保障することを国家の責務とする、憲法上の権利概念として定着してゆくことになる。その後、このような憲法思想は、各国に急速に普及してゆき、イギリスでは、いわゆる「ベヴァリッジ報告」(一九四二年)において、最低生活水準をナショナル・ミニマムとする社会保険の基礎が形づくられた。また、スウェーデンやノルウェーといった北欧諸国では、雇用、介護、年金、教育などの領域において、政府による手厚い行政サービスが、国民の階層や職能の区別を越えて、各層に広く提供されるようになっていった(本章9参照)。

以上のような国家観の変化に伴い、国民生活に対する政府介入はもはや必要悪ではなく、むしろ不可欠なものとして理解されるようになった。こうして、近代国家から現代国家への移行は、「福祉国家」の登場をみることとなったのである。

2　政府介入の増大と行政国家の台頭

福祉国家における行政サービスの拡充という現象は、その業務を支えるため、財政規模と公務員数の増大を招くとともに、これまでの政府の権能に質的変化をもたらした。国民各層の生存権を保障すべく、所得の再分配を行うことが政府の当然の責務とされ、景気変動による不況に対処するために、市場経済に積極的に介入することが求められたのである。これにより、福祉国家における政府は、生活保護、社会保障、医療、公衆衛生、教育、住宅といった各種領域において、幅広い社会政策を実施するようになる。同時に、政府は、ケインズ経済学に依拠した金融・財政政策を実施し、公共支出の拡大による完全雇用の実現や、金利引き上げによるインフレ阻止などを目的とした、景気回復策を行うようになった。

このような、現代的な状況下では、国民の福祉の向上を目的としているとはいえ、市民生活のさまざまな課題の解決において、事実上、行政府が決定権を独占する状況が生じた。その結果、国民大衆への行政サービスの拡充に伴い、行政による管理・統制社会の進行が不可避となり、福祉国家を標榜(ひょうぼう)する各国では、政府権限の行使において、行政権を担う官僚機構が他の政府部門に優位する現象がみられた。二〇世紀以降、このような状況に達した国家を「行政国家」とよぶ。

いまや、高度の専門性・技術性を有する官僚機構は、実質的な政策立案機能を担うなど、立法府である議会との関係においても、決定権の面で優越的な地位にあるとされる。そのため、権力分立制のたてまえにもかかわらず、立法・予算からその執行に至る政治権力の中枢は、行政によって掌握されたとの見方もある。　(青木一益)

3 行政国家の問題点

1　行政国家化現象

二〇世紀以降の現代国家では、国民福祉の一層の向上が目的とされ、議会が対応すべき政策課題が著しく増大した。同時に、問題解決に必要とされる知識や情報は、従来になく高度・複雑化し、社会情勢の変化に応じた柔軟かつ迅速な対応が求められるようになった。

このような、政策課題の量的・質的な変化に応じて、政党による議決権行使を前提とした議会の立法作用には、機能的な限界が顕在化した。議会の制定する法律は、普遍かつ一般的適用を基本原則とするため、刻々と変化する個々の社会問題や、それに応じた具体的解決策を提示することが、ますます困難となったからである。これに伴い、政府部内では、職務遂行上、専門性・技術性に優れる行政府の役割が強化され、官僚機構が有する権限が、議会に与えられた立法権に優位する状況が生じた。現代国家特有のこのような状況を行政国家化現象とよぶ。

2　官僚政治の台頭とその問題点

(1) 委任立法への依存

行政国家化現象の進展により、政策課題の処理は、その大半が、議会が制定する法律の委任規定を通じて、内閣を中心とする行政府に委ねられる。そのため、現代国家における立法には、政策の方向性や目的といった大枠のみを法律のなかで定め、規制対象や執行の基準・手続きなどの具体的な部分については、行政府が定める政・省令などにより規定されるものが多い。

このように、たてまえ上、法律を補完する目的で定められる「委任立法」が増大することにより、議会のもつ立法権の一部は行政府に移譲されてゆく。これに伴い、迅速・柔軟な懸案処理を可能にするための裁量性が、広範にわたり官僚機構に与えられると、行政府が有する権限はさらに強化された。なかでも、キャリアとよばれる高級官僚は、職務を通じて個別政策課題に精通することにより、専門的知識・技術を組織的に蓄積しうる立場にあり、彼らの存在は、現代社会に生起する政策課題の解決において、もはや欠くことのできないものとなった。

（2）議会政治の危機と行政統制の必要性

こうして、現代国家においては、各種領域において、広範にわたる裁量権を有する官僚が、政・省令や通達など、議会における立法手続を必要としないインフォーマルな行政手法を駆使して、政策課題の実質的解決にあたるようになる。いまや、行政府は、立法や予算編成はおろか、法の適用や執行過程の中核を担う存在となり、選挙による洗礼を受けない官僚が、政策決定をめぐる主要な権限を独占したともいわれる。

そこでは、本来であれば立法作用の主導権を担うはずの議会は、官僚が立案・策定し内閣により提出される法案を、形式かつ事後的に追認するだけの機関になったとの指摘もみられる。いまや、委任立法や裁量行政に依存した政策運用は常態化し、官僚が政治のイニシアティブを握るいわゆる官僚政治の台頭が、現代国家に不可避の特徴とみなされる傾向にある。

しかし、このような状態は、立法、司法、行政が権力を分け合い、相互の抑制と均衡を図りつつ、政府権限が行使されるべきだとする、権力分立制の考え方にそぐわないものである。また、それは、議会による行政の統制により、市民の自由と権利を擁護するとした、議会政治の本旨（ほんし）からも逸脱した状態ということができよう。

さらに、行政国家の進展は、縦割り行政やセクショナリズム（割拠主義）などの官僚制に特有の弊害や、政府の肥大化および不効率な政策運営といった深刻な問題を顕在化させた。また、政府は、許認可などの規制プログラムを通じて、市民生活や市場経済に深く介入するようになるが、そこで行われる官僚の判断や決定自体に重大な誤りがみられるなど、いわゆる「政府の失敗」とよばれる問題も指摘された。

このような、官僚政治の弊害を取り除くためには、議会政治が本来の目的とする、立法府の行政府に対する優越的地位を回復する必要があるとされる。そのためには、立憲主義にもとづく法の支配の原則に立ち返り、裁量的権限行使に裏打ちされ、肥大化の一途（いっと）をたどる行政権を、いま一度、議会の統制下におくことが求められる。このように、立法におけるイニシアティブを議会がいかにして取り戻すかが、行政国家化を不可避とする現代国家が解決すべき根本問題だといえよう。

（青木一益）

4　行政改革とNPM

1　行政改革の必要性

(1) オイル・ショックによる国家財政の危機

一九七〇年代、福祉国家観にもとづき、市場経済への介入を深めていた各国政府は、オイルショックを契機とした高度経済成長期の終焉(しゅうえん)により、国家財政の逼迫(ひっぱく)という問題に直面した。従来のような安定した税収を期待できない各国政府は、膨張した財政支出を維持するために、赤字公債の発行を余儀なくされた。

一方、国民は、これまでの行政サービスが途絶えることにも、それを維持するための増税策にも、こぞって反対の意思を示した。同時に、一般大衆からの政治的支持の喪失をおそれた各政党も、相矛盾(あいむじゅん)する国民各層の要望を受け入れざるをえなくなっていた。こうして、国民からの借金に頼り、国民福祉の維持・向上に努めた各国政府は、財政破綻という深刻な状況に陥っていった。

(2) 福祉国家への疑問

国家財政の危機的状況の下、これまで主流であった福祉国家の考え方に、根本的な疑問が呈されるようになった。「大きな政府」により、福祉や補助金に対する依存体質が国民の間に広がり、肥大化した行財政そのものが、市場経済の活力を殺(そ)ぐ原因になっているとされたのである。

また、政府は、「市場の失敗」を根拠に、許認可や参入制限などの規制を設けたが、それにより保護を受ける業種には既得権益が生じ、競争原理が働かなくなるといった弊害が生じているとされた。そこでは、市場への政府の過度な介入により、事業活動における経営改善のための自発性が疎外される、モラル・ハザード(倫理の欠如)などの問題が顕在化していたのである。

2　新たな政府像とNPM

(1) 小さな政府論による行政改革

先進各国では、このような福祉国家の見直し作業を通じて、政府部門の簡素化・効率化をめざす行政改革の断行が不可欠だと考えられるようになった。いまや、経済・社会の停滞感は「市場の失敗」にではなく、「政府の失敗」にこそ、その原因があるとみなされたのである。例えば、一九七九年に誕生したイギリスのサッチャー政権は、保守的なハイエクなどの政治哲学を受け入れ、市場経済の発展に欠かせない技術革新や起業家精神がないがしろにされているのは、政府による過剰な介入が原因であるとした。この、いわゆる経済的自由主義にもとづく「小さな政府」論は、アメリカのレーガン政権やわが国の中曽根(なかそね)政権にも引き継がれ、その理念の下、航空・運輸などの業界規制の緩和や、通信市場の開放による民営化など、一連の行財政改革が行われた(本章5参照)。

(2) 公共部門における経営改革

このような、一九八〇年代以降の行政改革は、規制緩和や民営化などを促進し、市場メカニズムを最大限活用しようとした点に特徴がある。NPM(New Public Management)とは、これらの目的の実現のため、行政運営や官僚機構の組織管理に、民間企業にみられる革新的な経営理念や、業績・成果主義などを取り入れるべきだとする考え方である。したがってNPMは、公共部門に関する経営理論ということもできる。

一九八〇年代半ば以降、NPMは、イギリスやニュージーランドなどのアングロ・サクソン系諸国で活用され、その後、スウェーデンやノルウェーなどの北欧諸国や、オランダやフランスといった大陸系諸国へも広がりをみせた。これらの国では、民間企業経営の視点から、国民を消費活動における顧客とみなし、行政機構をいわば構造的に改革する必要性がうたわれた。政府による財政負担を増やさずに、行政サービスや公共部門の活性化を図ることがめざされたのである。そこでは、行政部門の効率化を図るために、民間資本の活用策（PFI）や行政サービスの民間委託などの手法が導入された。

加えて、近年のNPM論のなかには、地域住民やNPO(非営利団体)による参加や協働による行政運営により、市民社会による統治が実現するとして、より直接民主主義的な改革手法を重視する立場をみることもできる。そこでは、行政の肥大化を不可避としつつも、公的部門における政治的機能を、市民による参加・協働により補完することが企図されている(第25章サブ・テーマ35参照)。

(青木一益)

5　臨調と行革審——日本の行政改革1

社会環境の変化に対応して行政機構や行政組織を変革する行政改革をめぐって、わが国では第二次大戦前から戦後まもない頃まで「行政整理」と表現されていた。その主たる契機は戦後処理や財政難への対応であった。

しかし、包括的な行政制度の変革が指向された、一九六二年設置の第一次臨時行政調査会以降は、新たな行政需要の創出や財政構造の変革に対応する意味もあって、「行政改革」と表現が統一的に使用されるようになった。八〇年代以降は、財政構造改革や規制改革、地方分権改革との連関を視野に入れ、第二次臨時行政調査会や臨時行政改革推進審議会、行政改革会議などを通じて行政改革が精力的に進められてきた。

1　第一次臨時行政調査会（第一次臨調）

アメリカのフーバー委員会を雛形として、池田（勇人）内閣の下で一九六二年に設置された第一次臨時行政調査会は、経済界、労働界、学界、官界などから選ばれた七人の委員と二一人の専門委員などにより構成された。設置法に基づく審議会で、委員長には佐藤喜一郎三井銀行（現・三井住友銀行）会長が就いた。経済成長により変貌する日本社会の実情を念頭に答申がまとめられた。総論に続き、各論では内閣機能や中央省庁、行政事務配分の改革をはじめ、首都行政や消費者行政、科学技術行政など各政策分野に踏み込んだ改革案が提示された。

第一次臨調の特徴は、首相のリーダーシップや内閣機能の強化、拡充が追求されたほか、大蔵省から内閣府への予算編成権の移管や中央・地方関係の機能分担がうたわれたことである。より効率的な行政運営が模索されたため、「機関委任事務」については積極的に活用する方向がめざされていた。しかし、実現したのは、内閣官房長官を国務大臣にしたことや一部の部局を統廃合したことにとどまった。

ただし、第一次臨調の答申後、一九六〇年代の後半には、のちに重要な行政管理の手法となる仕組みが次々と確立される。スクラップ・アンド・ビルド方式（機構の新設は同等の機構の廃止を条件とする）の原則の確立（六七年）、一省庁一局削減の実施（六八年）、定員削減計画の開始（六八年）と総定員法の制定（六九年）などである。

2　第二次臨時行政調査会（第二次臨調）

第二次臨時行政調査会は、経団連（日本経済団体連合会）の土光敏夫会長をトップに据え、一九八一年に設置法に基づき発足した。委員は九人で、経済界と労働界から多くの代表を迎えた。第一次臨調とは性格を異にし、「増税なき財政再建」をスローガンに一貫して「小さな政府」がめざされた。七〇年代以降の経済の減速化にともなう税収の落ち込みを反映して歳入欠陥が生じたため、歳出の削減が至上命題となった。イギリスのサッチャーイズム、アメリカのレーガノミクスといった世界的な新保守主義の潮流にのった中曽根康弘首相の強力なリーダーシップの下で、改革は加速された。

しかし、改革は官僚の抵抗もあって十分には進まず、三公社の民営化（JR、NTT、JT）や補助金の整理など一応の成果がみられたが、本丸の「霞が関」（中央省庁）の統廃合は、総務庁（行政管理庁と総理府本庁とを統合、総務省の前身）の設置にとどまり先送りされた。

3　臨時行政改革推進審議会（行革審）とその後

第二臨調が最終答申を提出して解散し一九八三年に、臨時行政改革推進審議会（第一次）が設置法に基づき発足した。行革審は、第二臨調の各答申に基づく行政改革の推進と監視を目的として、九三年まで三次にわたり継続して設置されたが、一貫して規制緩和の推進を主要な行政改革の課題として掲げ、許認可の整理合理化を進めた。また、九一年の答申に基づき、九五年には行政手続法が制定された。

第三次行革審の解散後の九四年には、一層の行政改革の推進のため内閣に内閣総理大臣を本部長とする行政改革推進本部が閣議決定により設置され、あわせて行政改革の推進と監視体制整備のため設置法に基づき行政改革委員会が置かれた。そして、九五年には地方分権推進法が制定され、これに基づき地方分権推進委員会が設置された。さらに、六六年には行政改革会議が政令に基づき設置された。

ここにおいて、三つの委員会が並立することとなり、「官から民へ」の規制緩和、「国から地方へ」の地方分権、そして、行政改革の本丸である「霞が関」再編が行政改革の主要なテーマとなった。

（笠原英彦）

6　行政改革会議以降——日本の行政改革2

臨調・行革審（本章5参照）路線の後を受けて行政改革委員会、地方分権推進委員会、行政改革会議という三つの委員会が同時並行して日本の行政改革を推進することとなった。行政改革会議（橋本行革）により大括りの中央省庁の再編と内閣機能の強化などが成し遂げられた。行政改革会議以降は、さらに小泉内閣による構造改革においては道路関係四公団の分割民営化と郵政民営化が大きな焦点となった。

1　行政改革会議

一九九七年に橋本龍太郎内閣（在任一九九六〜九八）の下で設置された行政改革会議は、橋本首相を会長として活発な議論の下、一府二二省庁を一府一二省庁に再組織する省庁再編（第23章2参照）、内閣機能の強化、公務員制度改革、民営化や独立行政法人化により政府機構をスリム化するアウトソーシング（行政減量）を骨子とする最終報告をまとめた。その結果、内閣府の創設により経済財政政策や総合科学技術政策、防災対策などの面で政府が主導権を発揮し、総合調整機能の強化が図られた。

この行政改革会議は、①法律ではなく政令に基づく機関として設置されたこと、②報告を受け取る側の総理自身が報告を提出する側の会長を務めたこと、という二点において、従来の臨調とは異なる位置づけの組織であった。また、最終報告では、「事務・事業の民営化、民間委譲を行うとともに、それが困難な事務・事業であっても政府の企画立案機能と実施機能の分離という基本的な考え方に立って、実施機能については、外局（実施庁）制度及び独立行政法人制度を活用し、その自立的、効率的な運営の徹底を図る」として、とりわけ規制行政や補助行政の見直しを進める必要性が強調された。

行政改革会議の報告を受けて、政府は今後国が行政上果たすべき役割を見直し、これまでの行政による民間活動や地方行政への過度の関与を改め、規制の緩和や補助金の整理を徹底して進める方針を示した。

2　小泉構造改革

二〇〇一年に登場した小泉純一郎内閣（在任〜〇六）

は、「聖域なき構造改革」、「官から民へ」という二つのスローガンを掲げて行財政改革を推進した。とりわけ、郵政民営化は小泉総理の長年の持論であり、小泉構造改革の「本丸」であった。また、郵政民営化は、郵便貯金や簡易保険を原資とする財政投融資制度の改革に直結することから、小泉内閣は、この融資先である特殊法人改革を積極的に進めた。

まず、道路関係四公団(日本道路公団、首都高速道路公団、阪神高速道路公団、本州四国連絡橋公団)改革については、その資産と債務を引き継ぐ独立行政法人の日本高速道路保有・債務返済機構と特殊会社として高速道路の建設と管理を行う六つの高速道路株式会社(道路公団は東日本高速道路会社等に三分割)に分割民営化された。

次に、郵政事業については、二〇〇一年の中央省庁再編時に、総務省の外局である郵政事業庁となり、〇三年からは、特殊法人としての日本郵政公社に再編されていた。そこで、小泉内閣は、経済財政諮問会議を活用するなど、官邸主導で郵政民営化の準備を進め、郵政公社を分割民営化する郵政民営化法案を、〇五年の通常国会に提出した。

しかし、この法案は、衆議院では可決されたものの、参議院では否決されたことから、小泉首相は衆議院の解散総選挙に打って出た(郵政解散)。その結果、自民党の圧勝により、同年十月に郵政民営化法案が可決成立した。

こうして、郵政公社は〇七年に、持ち株会社である日本郵政株式会社と、四つの事業会社(郵政事業会社、郵便局会社、ゆうちょ銀行、かんぽ生命保険)に分割民営化された。国は日本郵政の三分の一以上の株式を保有し、日本郵政が四つの事業会社の株式を一〇〇%保有するが、一七年までにすべて売却して完全民営化することとなった。

その後、政権交代などの影響で紆余曲折(うよきょくせつ)を経ることになる。一二年には改正郵政民営化法が成立して、郵政事業会社と郵便局会社とを合併することに加え、ゆうちょ銀行とかんぽ生命保険の株式の完全売却期限を撤廃(てっぱい)して、努力目標とすることが決定された。

さらに、自民・公明連立政権下の一四年末には、特殊会社の日本郵政、および、ゆうちょ銀行とかんぽ生命三社の株式が売却されることが決定した。郵政民営化は、その時々の政治状況の影響を強く受けつつ、行きつ戻りつの展開を示しているように見受けられる。（笠原英彦）

7 ウェーバーの官僚制論

1 合法的支配

官僚制という言葉は、一八世紀末、革命前後のフランスにおいて使われるようになったとされる。その後、しばしば多義的に用いられてきたこの概念を明確に規定し、特質を整理したのが、ドイツの社会学者ウェーバーである。

ウェーバーは官僚制を、「家産官僚制」と「近代官僚制」とに区分した。どちらもピラミッド型の構造をもつ組織であることに変わりはないが、家産官僚制は古代の帝政や中世の封建制の下での主従関係を基礎としたものであり、近代官僚制は自由意思による契約関係を基礎としたものであるという違いを強調した。

同時にウェーバーは、支配者が、被支配者から服従を調達し、支配を正当化する根拠として、(1)伝統的支配、(2)カリスマ的支配、(3)合法的支配の三つの類型を示した。(1)伝統的支配とは過去から受け入れられてきた威信による支配であり、(2)カリスマ的支配とは指導者個人のリーダーシップによる支配であり、(3)合法的支配とは法的権限による支配である。

そしてウェーバーは、近代官僚制こそが合法的支配の最も典型的な形態であるとして位置づけ、近代官僚制が備えるべき特質として次に述べる諸原則を列挙した。これらの諸原則は、現代の行政官僚制が備えるべき要件にもなっているといえる。

2 近代官僚制の諸原則

①規則による規律

官僚制の活動は、客観的に定められた規則に従って実施される。職員は規則に忠実であらねばならない。

②明確な権限

官僚制の活動は、分業体制の下、客観的に定められた規則にもとづく権限の範囲内で行われる。

③ピラミッド型構造（指揮命令系統の一元化）

官僚制はピラミッド型の階層構造に編成されており、上下の指揮命令系統は一元化されている。部下にとって命令に服すべき直属の上司は一人である。

④公私の分離

官僚制の公的な活動は職員の私的な生活とは明確に分離されており、業務に必要な資材はすべて職場において支給される。

⑤文書主義

官僚制の活動はすべて文書を通じて行われ、また文書に記録される。

⑥任命制

官僚制の人事は選挙制ではなく、任命制によって行われる。官僚制の指揮命令を確実なものとするためには、上司が部下の人事権をもつことが必要となる。

⑦契約制

官僚制の上下関係は身分によるものではなく、契約によるものであるので、職務を離れたところでは上司と部下に上下関係はない。また、職員は自由に辞職（契約を解約）できる。

⑧資格任用制

職員の採用は公開の試験によって行うなど、職員の人事は専門的な学識や能力を基準に行われる。情実人事や縁故採用、猟官制は認められない。

⑨定額俸給制

官僚制の職員は職務の種類などに応じて定額の俸給を受け、退職後には年金の支給を受ける。いずれも職務に専念できる経済基盤を保障するためのものである。

⑩専業制

官僚制の職員は職務に専念するため専業でなければならず、兼業や副業は原則として禁止される。

3　官僚制化論

ウェーバーは、行政組織のみがこうした特質を備えているとしたわけではなく、官僚制は近代社会における組織全般にみられる現象であるとした。工業生産の機械化や分業化などが進む近代化の過程において、社会組織一般が官僚制化していると論じたのである。

それは官僚制組織が、ほかの組織形態にくらべて技術的に卓越した特性をもっているからであり、完成された官僚制組織においては、業務が迅速かつ統一的、安定的に処理されるとともに、個人的な感情や非合理的な判断が排され、客観的で予測可能性の高い組織活動が確保されることになるという。

（石上泰州）

8 官僚制の逆機能

1 官僚制の逆機能

ウェーバーは、近代官僚制こそが技術的に優れた組織形態であるとして、その合理的な側面を強調した。これに対してアメリカの社会学者マートンらは、官僚制には深刻な機能障害（逆機能）もあるとして、その非合理的な側面を指摘している。

ここで官僚制の逆機能とは、通常、批判的な意味をこめて「官僚主義」と称されているような行動様式を指す。これは「お役所仕事」ともほぼ同義と考えてよく、杓子定規で融通のきかない対応、個別事情を斟酌しない画一的な対応、不親切で人間味に欠ける態度、尊大な態度、煩雑な手続き、非効率性などがその例である。

こうした行動様式は、官僚制組織の職員が無能であったり、資質に欠けるがゆえに生ずるというわけではない。むしろ、職員が近代官僚制の諸原則に忠実であろうとするところに起因している場合が多い。例えば、規則や手続きを遵守しようとする態度が、規則や手続きそのものを絶対視するような態度へと転化するなど、本来は「手段」にすぎない規則や手続きが「目的」に転じてしまうのである。これを「目的の転移」または「目標の置換」などとよんでいる。

2 逆機能の諸相

(1) 形式主義・画一主義

「規則ですからダメです」
「特別な事情があるのだから何とかしてくれ」
「とにかく規則ですからダメなものはダメです」

このやりとりにみられるように、官僚制の仕事ぶりに対しては、前述したように、融通がきかないとか、形式的で杓子定規な対応であるとか、個々の事情を斟酌しない画一的な対応であるといった批判がしばしば投げかけられる。こうした行動様式は形式主義、画一主義などとよばれる。

しかし、近代官僚制においては、恣意や情実、えこひいきなどを排した公平無私かつ平等な取り扱いが行われるように、法令をはじめとする規則に照らして厳格に業務が処理されるべきとされている。融通がききすぎる対応というのは、官僚制に必要以上の裁量が与えられていることを意味し、法治主義の原則と相容(あいい)れないといえる。

とはいえ少なくとも、規則を取り巻く環境が変化して規則が時代遅れになっているような場合には、機械的に規則を適用するのではなく、規則を弾力的に解釈して変化に対応させるなり、すみやかに規則を変更する手続きを開始するなりの努力が必要である。

(2) 繁文縟礼

役所への許可申請などでは、膨大な書類の作成と煩雑な手続きに悩まされるのが通例であり、もう少し簡素化することができないものかという批判も少なくない。このように、規則や手続きなどが細々(こまごま)としていて煩(わずら)わしいことを意味する言葉が、繁文縟礼(はんぶんじょくれい)である。

確かに官僚制には煩雑な手続きと膨大な書類がつきものであるが、官僚制においては、担当する職員によって対応にバラつきが生じないように事務処理の手続きが詳細に定められており、また正確な記録を残すという観点などから一連の手続きはすべて文書によるものとされている。よって煩雑な手続きと膨大な書類は、官僚制がいい加減な仕事をしないための防波堤という意味合いがある。

とはいえ、不必要な書類や手続きは極力簡素化するなど、顧客の立場に立った仕組みづくりに努めるべきである。

(3) セクショナリズム

セクショナリズムは「割拠主義」などと訳される。組織全体の利益よりも自分の所属する部局の利益を優先したり、自分の担当以外の仕事には一切関心を示そうとしないような行動様式を指す。

「省あって国なし」「局あって省なし」などの言葉があるように、日本の行政におけるセクショナリズム（縦割り行政）は強固であり、それに対する批判も根強い（第23章3参照）。

また、部局間にまたがるような案件が生じた場合、なるべく自分の担当ではないことを主張し、「たらいまわし」にして面倒な仕事から逃れようとすることも少なくない。こうしたセクショナリズムは、近代官僚制が求める分業体制の下では、程度の差はあれ逃れることはできないが、その弊害を抑制するべく、部局間の調整を綿密にするなり、上位の部局が適切な指導を行えるよう体制を整えるなりの努力が必要である。

（石上泰州）

9　福祉レジーム論

1　エスピン＝アンデルセン

福祉国家的な政策は、スウェーデンなど北欧諸国で進められていたが、第二次大戦中のイギリスでの「ベヴァリッジ報告」（経済学者ベヴァリッジに由来。正式名称は「Social Insurance and Allied Services〔社会保険と関連サービス〕」）で理論化された。

学術的に福祉国家論をみると、まずウェレンスキーが経済水準の向上と共に福祉国家化が進むとの説を唱えた。経済要因を重視する、この収斂（しゅうれん）理論に対し、異議を唱えたのが、エスピン＝アンデルセンである。

彼は二つの指標から、福祉国家の「レジーム」（第10章コラム3参照）を分けた。第一の指標は「階層化」であり、福祉サービスの給付が階層や職種で分かれている程度をいう。例えば、中小企業従事者とは別に、公務員に優遇された福祉制度が設けられ、年金も多い、という国がみられるが、この場合、「階層化が高い」という。

2　脱商品化

第二の指標「脱商品化」は、少し難しい。労働者は雇用されないことには収入がとだえるが、マルクスはこれを〈労働者にとって、労働力は売らざるをえない商品だ〉とした。労働力が商品となっているというのであり、「脱商品化」は、マルクスのこの用法を思い出してもらうと分かりやすい。

自分の労働力を、安価な商品として売る必要に迫られているか否かである。生活のため有無を言わずに働かなければならない状態をいうものだ。その状態を脱していれば、「脱商品化」が高いことになる。

福祉国家化が進んだ北欧諸国では、国民に一定の「市民的権利・地位」が保障され、病気や失業で仕事を離れることがあっても、生活を維持できるようになってきていた。この場合、「脱商品化が高い」ことになる。

逆に、公的福祉が乏しく、失業保険の給付額が少なかったり、受給資格が厳格で受取りにくかったりすると、「脱商品化は低い」ことになる。

3 福祉の三つのレジーム

この「階層化」と「脱商品化」の二つの指標から、北欧などの「社会民主主義型」、アメリカの「自由主義型」、ドイツなどの「保守主義型」の三つのレジームが分けられる。

①社会民主主義型――北欧では、社会民主主義勢力により福祉のレジームが推進されたので、これを「社会民主主義型」という。一般にイメージされる福祉国家の典型である。

②自由主義型――アメリカ型は、自由市場経済による福祉の供給という意味で「自由主義型」という。企業が有料の保険で福祉を提供するものであり、経済に特化した意味での自由主義型である。

③保守主義型――ドイツでは一九世紀、社会主義の台頭を恐れた保守政治家ビスマルクが社会保障に着手した。そのことなどにちなみ、欧州大陸型の福祉レジームは「保守主義型」と呼ばれている。スタート地点に注目した呼称である。

（加秀秀治郎）

図表19　福祉レジームの3類型

福祉レジーム	社会民主主義型	自由主義型	保守主義型
代表的な国	スウェーデン	アメリカ	ドイツ
国家群	スカンジナヴィア諸国	アングロサクソン諸国	大陸欧州諸国
脱商品化	高い（手厚い福祉給付）	低い（乏しい公的福祉）	中位（中間的）
階層化	低い（国民全体が均一な制度）所得により給付に相違はあるが、普遍的に給付がなされている	高い（階層・職種でマチマチ）個人責任を強調。各自が保険に加入。給付は加入の状況により左右される	中位（中間的）一部は古くから始まっており、階層・職種により差が残る
サービス提供主体	政府　福祉は政府に委ねられ、市場（企業）によるものは少ない。福祉における家族への依存を断っている	市場（企業）中心「小さな政府」を指向しており、国家による扶助は低所得者に限定。市場で企業がサービスを提供	家族　一家の稼ぎ手を中心とする社会保険制度となっており、家族への依存が残っている
主な政治勢力	福祉国家を主導した社会民主主義勢力が強い	政府の介入を嫌い、自由経済を好むとの意味での経済的自由主義が強い	カトリック勢力が強く、家族の紐帯の維持に熱心

サブ・テーマ 27

主要国の行政改革

行政改革（行革）は、一九八〇年代以降の日本において、主要な政治的テーマの一つであり続けている。

七〇年代後半から経済が低成長期に入るや、それまでの自然増収を背景とした右肩上がりの財政運営は、大幅な見直しを迫られた。そして、財政再建のための行政改革が第二臨調を拠点として展開されていった。その後も、「橋本行革」（本章6参照）をはじめ、行政改革が政権の最重要課題であったことは少なくない。

財政危機から脱するため、減量経営をめざした行政改革を推進していく状況は、日本に限らず、先進諸国においてほぼ共通してみられる傾向である。

なかでも各国のいわばお手本となっていたのが、イギリスのサッチャー政権（在任一九七九～一九九〇）による改革であった。サッチャー政権は、国営企業の民営化や規制緩和を通じて、政府の活動範囲を大胆に縮小していった。

サッチャー保守党政権が敷いた路線は、後継のメージャー政権を経て、労働党のブレア政権（在任一九九七～二〇〇七）にも基本的に引き継がれた。その間、民営化、規制緩和といった市場メカニズムの活用策に加えて、行政活動における企画業務と実施業務を分離し、実施業務を担う組織を「エージェンシー」（日本では類似の組織を「独立行政法人」と称している。第23章2参照）として、行政本体から分離するという改革も行われていった。さらに、行政活動の世界に、業績評価のシステムを本格的に定着させるという試みも進められていった。

こうした市場メカニズムの活用、企画と実施の分離、業績評価システムの導入といった改革は、オーストラリアやニュージーランドにも波及していった。なかでもニュージーランドは、例えば、約九万人いた公務員を、エージェンシー化などによって約三万人に削減するなど、徹底した行政改革を推進して、世界の注目を集めた。

イギリスに始まったこのような新しい改革の潮流は「NPM（New Public Management）」（新公共管理）と呼ばれている。日本も含め、先進諸国では程度の差はあれ、NPMを意識した行政改革を進めていると考えてよい。最近の日本の地方自治体で流行している数々の改革手法の多くは、NPMを念頭においた取り組みである（第25章サブ・テーマ35参照）。

OECD（経済協力開発機構）は、加盟国における行政改革の状況をまとめているが（『世界の行政改革』）、これによれば、「過去二〇年間、政府は公共部門を経営する方法に大きな修正を加えてきている。多くのOECD諸国の行政が、より効率的に、より透明で顧客志向に、より柔軟に、そしてより業績中心主義になった」としている。

主要先進国は、各国それぞれの実情にあわせた行政改革に取り組んでいるが、そこでは、効率性、透明性、顧客志向等々といったキーワードが強く意識されているといえるだろう。

（石上泰州）

サブ・テーマ 28

日本の行政学

日本に行政学の講座がおかれたのは東京大学の政治学科で、ドイツ人の国法学者ラートゲンが担当した。講義内容も、官房学の色彩が強かった。また行政学の講座がおかれたのは、一八八二（明治一五）年から一八九〇（明治二三）年までのわずかな期間にとどまった。

復活したのは一九二一（大正一〇）年のことである。東京大学と京都大学に行政学の講座がおかれ、蠟山政道（東大）と田村徳治（京大）が担当した。気鋭の政治学者であった蠟山は、マッキーヴァー、ラスキ、ケインズらの成果を吸収しながら、行政への接近方法を「改良主義的な機能主義」へと収斂させていった。

対して、行政法学から出発した田村は、法律学との違いに力点をおきつつ、新カント派などの影響の下、厳格な概念規定を駆使しながら「理論行政学」への探究を開始した。先達者、開拓者ともいえる二人により、日本の行政学は新しい学問としての歩みを始めることとなった。

東大の蠟山は、一九三九（昭和一四）年に、同僚の河合栄治郎への言論抑圧に抗議し、若くして辞職した。辻清明が、蠟山の後を受けたが、「戦時下の鎖国状況のなかで勉強を始め、つづいて占領期を迎えるという」極めて困難な研究環境にあった。辻は、当時アメリカで急速に進展していたディモック、ガウス、ホワイトなどの行政理論を摂取し、アメリカ行政学の紹介に努めた。同時に、わが国の明治以来の官僚主導の国家運営が、第二次大戦後のGHQ（連合国軍最高司令官総司令部）の統治下でも温存されたとする歴史認識に基づく日本固有の「政治と行政との関係」に強い問題関心をもっていた。これが、『日本官僚制の研究』へと結実した。

他方で、田村も蠟山に先立つ一九三三（昭和八）年に同僚の滝川幸辰の刑法学説に端を発する「京大事件」で辞職している。田村の指導を受け、第二世代の行政学を担ったのが長浜政寿、吉富重夫である。とりわけ長浜は、社会の利害関係に起因する政治的対立の調停者として行政を理解すべきことを主張した。

第三世代による戦後行政学の特質を、西尾勝は、次のように指摘する。①歴史意識の強さ、②官僚制研究への傾斜、③地方制度研究への傾斜、④体制構造分析の指向、という四つの特徴をもつ独特の行政研究を深化させたことである。

他方で村松岐夫は、外国の理論研究の比重の大きさと「日本の行政の問題への応用的な解決への責務」という日本の行政学の関心、研究課題や研究方法の分散傾向、を指摘している。

その後、日本の行政研究も大きく展開している。諸外国との比較による日本行政の実証研究の蓄積が進んでいる。また、一九九〇年代以降の中央省庁の再編や地方分権改革が進展する中で、公共政策研究の比重が増している。

従来は旧帝国大学や有力私立大学の法学部におかれていた行政学の講座も、政策系学部にもおかれるようになった。NPM（第25章サブ・テーマ35参照）や公共経営といった新たな研究関心とともに、成熟した市民社会にふさわしい行政学を模索する機運が醸成されつつある。（桑原英明）

第20章　行政学の形成と発展

1　行政学の形成

わが国の行政学の起源は、ドイツ官房学およびシュタイン行政学と、アメリカ行政学に求めることができる。第二次大戦後のわが国の行政学は、その多くをアメリカ行政学に負ってきた。他方、官房学やシュタイン行政学は、明治憲法制定期に注目されたが、その後は行政法学が重視されて衰退していった。

ドイツにおいても事態は同様であった。君主の統治技術に関する学問である官房学は、一七世紀から一八世紀前半にかけての絶対君主制の下で隆盛をきわめた。しかし、一九世紀の初頭に絶対君主制が崩壊すると、君主の政治権力ではなく、法律による統治を説いた公法学が、官房学に代わって統治に関する学問の主流となったのである。

1　官房学

(1) 前期官房学

一七世紀前半の「三十年戦争」以後のドイツでは、各領邦君主は絶対君主制の確立をめざし、国土復興と殖産興業政策を競った(第15章1参照)。その際、君主の利益の維持増大と領民の産業育成を図る、絶対主義的な国家経営が求められた。このため君主の下には、殖産興業と君主財産の合理的使用をめぐる統治技術に関する多くの献策がなされた。そのなかには現在の財政学、経済学、政治学、行政学などが含まれており、これらの重商主義的な実践的学問を総称して官房学とよぶ。

官房学では、行政は「公共の福祉」のために存在すると主張し、君主による臣民の生活への規制(この規制を「警察(ポリツァイ)」という)を正当化した。この時期の代表的論者として、ベッヒャーやゼッケンドルフ、オッセなどがあげられる。

（2）後期官房学

やがて、一八世紀初頭にハレ大学とフランクフルト大学に官房学講座が設置され、官房学は官僚養成のための学問としての性格を強めていった。この時期を境に、官房学は前期官房学と後期官房学に分類されている。

前期官房学は経済政策学・財政学・警察学に分化し、国家の統治技術の部分を取り出した後期官房学は「警察学」として自立化していった。なかでもドイツのユスティは、独自の警察学の体系を樹立しようと試みたことから「行政学の父」と称されている。このほか、オーストリアのゾンネンフェルスやベルクらが名高い。

2　ドイツ公法学

一九世紀に入りドイツ国内で近代国家建設への胎動が始まると、ドイツでは官房学が衰退し代わって公法学が台頭した。ドイツ公法学がめざしたのは、議会によって制定された法にもとづく行政であった（法治行政原理）。

一九世紀前半にドイツ公法学の始祖モールは、官房学や警察学の説いた君主による恣意的な警察（＝行政）権の行使を批判した。一九世紀後半になると、公法学はシュタイン行政学の影響を受けて、国家と社会の相互関係を考察するようになり、ゲルバーやグナイスト、実質的始祖のラーバントらが活躍し、マイヤーがこれを体系化し近代公法学が確立される。

3　シュタイン行政学

シュタインは市民社会を意識し、国家の役割としての行政を検討、独自の行政学理論を構築した。国家の役割を考察する上で、社会を知る必要性を説き、国家と社会を対立するものとしてとらえた。

さらに、官房学の根本概念であった「警察」を「憲政」と「行政」の二概念に分化し、社会による国家の統制を「憲政」、国家による社会の統制を「行政」とした。市民が国家意思を形成する「憲政」のみならず、「活動する憲政」として「行政」の重要性をも指摘し、「憲政」と「行政」の双方が優位を占める二重の関係を設定した。

シュタインは、「行政」に対する「憲政」の優位のみを形式的に説いた公法学を批判し、「憲政」に対する「行政」の優位を認めることにより、形式的憲政を克服する機会を設定したのである。

（進邦徹夫）

2 アメリカ行政学の形成

現代行政学はアメリカ行政学であるといわれることがある。行政学が、独自の文化を築いてきたアメリカにおいて形成されたため、きわめてアメリカ的な学問であるといわれる所以(ゆえん)である。ヨーロッパでは官房学、シュタイン行政学といった形で行政に対し関心が払われていたが（本章1参照）、アメリカ行政学は、こうした学問からは自立的に形成されたのである。

1　アメリカの行政と猟官制

一八〇一年に第三代大統領に就任したジェファーソンは、自らと同様の政治信条を有する人々を官職に採用した。ここにアメリカ猟官制（スポイルズ・システム）の端緒が開かれることになる。

第七代大統領ジャクソンは、連邦公務員の採用に際し、大統領選挙への貢献度に従って行うのが民主的であるとした。ジェファーソンが政治信条を重視したのに対して、ジャクソンは選挙に対する貢献度を重視したのである。現在、彼の考える民主主義は「ジャクソニアン・デモクラシー」として知られている。猟官制はジャクソンの貢献によって普及することになった。猟官制とは一種の「コネ」採用の意味でもあるのである。

類似のシステムはアメリカのみならず、イギリスにおいても採用されていた。イギリスではこれを「情実任用制（パトロネージ・システム）」という。ただこのイギリスの情実任用は、議会が君主から公務員の人事権を奪うことがめざされてのことであったが、アメリカの猟官制は、欧州のような巨大官僚制機構の発生を防止するという意図が込められていたという違いがある。

2　資格任用制の採用

一見民主的なシステムにみえた猟官制は、現実のアメリカ行政においてさまざまな逆機能をもたらしていた。同制度によって採用された公務員は、職務時間中に政党活動を行い、自らの職権によって党費を集めることも珍しくなかった。そして一八八一年の選挙において勝利した第二〇代ガーフィールド大統領の論功行賞が失敗すると、事態は公務員制度の改革へと向かうことになる。

このとき大統領選挙に勝利したガーフィールドは従前どおり、選挙に貢献した人物への論功行賞を行わなければならなかった。ところが、このときの選挙で自らの貢献を自認し、フランス領事としてパリに勤務できることを疑わなかった一人の青年は、自らの想いが果たせないことがわかると、大統領暗殺を実行したのである。

こうした事態を踏まえ、さらに翌年の中間選挙で共和党が敗北したこともあり、議会は一気に公務員制度の見直しを議論しはじめ、連邦公務員法の制定にこぎつけるのである。このとき、共和党議員ペンドルトンから法案が提出され、「資格任用制（メリット・システム）」、すなわち試験の成績結果によって公務員を採用する制度が、一八八三年にアメリカにおいて採用されることになるのである。この採用の契機となった法を同議員の名をとって、ペンドルトン法という（第22章1参照）。

資格任用制の採用といっても、それは各国の事情を反映する。日本の公務員に関しては、政権交代が起こっても、一般公務員の更迭はなされないのが通例であるが、アメリカにおいては、現在でも政権交代が起こると、かなりの規模で公務員が入れ替わるといわれている。

資格任用制とひと口にいっても、それは比較の問題であり、アメリカでは現在もなお、日本と比較すれば猟官制的色彩が濃厚であるといえよう。そして、資格任用制を徹底させるためには、採用時のみならず、昇進に際しても試験の成績にもとづいて決定されなければならないことを意味するということにも注意しておいてもよいかもしれない。

3　行政改革と行政研究

こうした現実の行政腐敗を背景として、学問的にも行政を観察する必要性が提起されることになり、のちに第二八代大統領となるウィルソンは、ペンドルトン法制定の四年後、「行政の研究」という論文を発表し、政治から切り離された行政研究の必要性を提起するのである。ここにアメリカ行政学は産声を上げることになる。

以後、アメリカ行政学は、ウィルソンの研究を嚆矢(こうし)とし、精緻化させる一方、批判的検討を加え、また、経営学の影響も受けながら、形成されていくことになるのである。

（小島和貴）

3　政治・行政二分論

アメリカ行政学は、行政理論と組織論という二つの潮流から構成されている。

すなわち、行政理論は政治・行政二分論→行政管理論→政治・行政融合論、組織論は古典的組織論→人間関係論→現代組織論と展開してきた経緯があり、このことから政治・行政二分論は、アメリカ行政学における行政理論の嚆矢(こうし)を成す考え方、あるいは一つのパラダイムとして理解できる。

そしてこの考え方は、ウィルソンによって立ち上げられ、さらにグッドナウによって押し進められたのである。

1　ウィルソンの行政理論

行政学が誕生した一九世紀後半のアメリカは、猟官制による公務員任用制度によってもたらされた政治腐敗に苦しんでいた(本章2参照)。一方で、都市化の進展などの社会背景の変化や公務員が頻繁に入れ替わる非連続性が非難されもしていた。そこで一八八三年にはペンドルトン法が成立し、公務員任用方法として成績を基準に採用する資格任用制（メリット・システム）が採用されることとなるのである。同法が成立した四年後、学問的にも行政研究の必要性を訴えたのが、一八八七年に発表されるウィルソンの「行政の研究」という論文である。

ウィルソンは、第二八代大統領となり、国際連盟の創設に努めることになるが、そもそもはプリンストン、ヴァージニア、ジョンズホプキンスの各大学に学び、プリンストン大学の学長になるなど、学者としての経歴をもつ人でもある。

ウィルソンは先の論文において、行政の領域は政治の領域の外に存在するものと主張し、行政は政治の決定したことを具体的に遂行する役割を果たすとした。すなわち、ここでいう政治とは政党政治と考えられ、彼は行政を政党政治の影響から隔離し、当時叫ばれていた政治改革の一環として、アメリカに近代官僚制を創り出そうとしたのである。

2　グッドナウの行政理論

政治・行政二分論を独自の問題意識から展開したのが

グッドナウである。グッドナウは初代アメリカ政治学会の会長を務め、当時の政治改革運動に対して多くの発言をした人物としても知られるなど、ウィルソン同様、政治学の素養をもっていた。アメリカ行政学が政治学から分化したといわれる所以（ゆえん）である。彼の代表的業績が一九〇〇年に出版された『政治と行政――統治に関する研究』である。

ウィルソンが行政の領域を「政治固有の領域外」にある「ビジネス」の領域であるとし、能率の最大化とコストの最小化に関心を注いだのに対し、グッドナウは、政治と行政との関係のありかたに注目した。そして、政治とは「国家意思の表現」であり、行政とは「国家意思の執行」であるという理解を示すのである。

3　政治・行政二分論の変容

二〇世紀に入ると、行政学は経営学の影響を受けるようになる。とりわけ大きな影響力をもったのがテイラーの科学的管理法である(第21章3参照)。先のウィルソンやグッドナウの展開した行政学と、この科学的管理法を融合する形で登場してくるのが行政管理論である。この考え方はホワイトやウィロビー、さらには、ギューリック(第21章1参照)といった論者によって展開されることになる。なお、科学的管理法は、組織論の系譜でいうところの古典的組織論の形成にも貢献した。

テイラーの科学的管理法は政府系企業においては採用が見送られることになったが、行政の領域においては実際に採用しようとする試みがなされた。すなわち、第二七代タフト大統領によって指導された「節約と能率に関する大統領委員会」では、行政管理論の知見も参考にされ、「節約」と「能率」をキーワードに、行政の効率化がめざされたのである。

かくして政治・行政二分論は新たな段階に入り、この後、政治・行政融合論(本章4参照)の登場により批判を受けることになる。ただし、アップルビーなどが提起した政治・行政融合論でいう政治は、政策過程を指すものと考えられており、政治・行政二分論で指摘された政党政治ではないため、直接的な批判にはあたらないとの指摘もある。

（小島和貴）

4 政治・行政融合論

一九二九年、歴史的にも有名な世界大恐慌がアメリカ社会を震撼させた。この未曾有の大不況に第三二代大統領として対策にあたったのがルーズベルトであった。

ルーズベルトは、ニューディール政策の一環として失業者の社会的救済を行うため、テネシーヴァレー開発計画などをうち立てた。これまで失業は、個人の問題として国家は関与しないことが基本的に支持されてきたが、もはや従来の政策では混乱は収拾できなかった。ここに福祉国家の途が模索されはじめたのである(第19章2参照)。

行政学では、この時期を職能国家の時代とすることもある。従前の夜警国家の下では国家の機能は必要最低限でよいとされてきたが、国家が社会に積極的に関与しはじめると、国家の機能は肥大化し、複雑化の様相を呈することになる。

このとき、行政のありかたも、これまでとは違った形で要求されるようになる。そして、政治・行政二分論を基調とした行政学のありかたにも、一九四〇年代に入ると批判的検討が加えられはじめ、ここに政治・行政融合論が登場してくるのである。

1 アップルビーの批判

アップルビーは、ニューディール期に行政官として、自らも政策形成にかかわった経験から、『政策と行政』(一九四九年)を著し、これまでのアメリカ行政学の基調をなしてきた政治とは切り離された行政固有の領域を設定する分析枠組みの限界を指摘し、批判した。そして行政とは政策形成であり、一連の政治過程の一つであるとし、政治と行政の連続性を指摘したのである。

この後、「正統派の行政学」あるいは「オーソドキシーの行政学」の時代を支えたギューリックによって政治・行政二分論の限界が認められるに至ると、アメリカ行政学は政治・行政融合論の時代を迎えるのである。

2 サイモンの批判

サイモンは「行政の諺」(一九四六年)を著し、これまでの行政学は管理や組織の一般原理を導くことに努めてきたが、そこで明らかになったものは行政の一面の原理にすぎず、相互の原理においては、諺のごとく相矛盾(あい)するものであるとして批判した。なお、サイモンはアメリカ行政学における組織論の発展に寄与したことでも知られている。

3 ダールの批判

ダールは、「行政の科学――三つの問題」（一九四七年）を著し、これまでの行政学の方法論に対し、理論的に批判を加えた。すなわち、①価値中立的立場から議論されてきた行政学もその規範性を排除することができず、②行政分析の際、合理的な存在として人間を設定することとの限界から、人間の非合理性をも考慮する必要があり、③行政領域を行政固有の領域として設定することの限界から、社会的比較の視点が求められる、として批判を行ったのである。

4 ワルドーの批判

ワルドーは、『行政国家――アメリカ行政学の政治理論的研究』（一九四八年）を著し、能率はそれ自体問われるべき価値ではないとし、能率という純粋概念の追求の限界を指摘するなかで、必要なのは何のための能率であるのかを問う必要性を提起した。

能率観にはこれまで「機械的能率」と「社会的能率」が指摘されてきた。前者では、最少の経費・労力などにおいて最大の効果をあげるという客観的能率がめざされるのに対して、後者では、行政サービスなどの民主制・満足度といった規範的能率が強調される。そしてワルドーは、能率の客観的側面と規範的側面に注目し議論するのである。このワルドーの能率観は、二元的能率観に立つものであるとして説明されることもある。

5 政治・行政融合論以後

政治・行政融合論は、アップルビー、サイモン、ダール、ワルドーといった代表的論者の議論からも明らかなとおり、従来の行政学批判として提出されてきた側面をもつ。そしてこれ以後、アメリカ行政学は、隣接諸科学の影響を受け、「一体性の危機」が指摘されることになるのである。

（小島和貴）

第21章 行政理論

1 技術的行政学

1 技術的行政学と行政管理論

一九世紀以降、とりわけ行政権の果たすべき役割が拡大を続けるなかで、一九世紀末頃からアメリカにおいて、ウィルソンやウィロビーの研究によって、「技術的行政学」が確立していった。

技術的行政学とは、政治と行政と分離し、行政とは政治が形成した意思を、あくまで技術的に遂行する過程であり、また同時に行政とは経営の領域に属するものとみなすものである。こうした考え方にもとづいていたため、技術的行政学においては行政の遂行は、いかなる方法と条件下で効率性を発揮できるかという「能率」が問題となる。

これは、「科学的管理法」（本章3参照）の影響を強く受け、「行政管理論」という観点から、発展していったものである。

科学的管理法にもとづいて、私企業の経営と行政管理を同様に論じるこの視角は、行政における能率と効果の測定という問題を提起したという点で、非常に大きな意義があった。

2 ギューリックの行政管理論

一九三七年、ルーズベルト大統領によって設置された「行政管理に関する大統領委員会」に参加したギューリックは、行政管理の責任者として重要な七つの機能をあげた（本章6参照）。

それは、計画（**P**lanning）、組織（**O**rganizing）、人事（**S**taffing）、指揮（**D**irecting）、調整（**Co**-ordinating）、報告（**R**eporting）、予算（**B**udgeting）である。

これらの頭文字をとって「ＰＯＳＤＣｏＲＢ（ポスドコルブ）」とよばれるこの理論は、言い方を換えるならば、行政管理とは、計画、組織、人事、指揮命令、調整、報告、財務という七つの機能的要素に集約されるものであり、同時に行政における最高責任者の遂行すべき役割であるということになる。

こうした考えの下では、主要な機能の遂行責任者としての行政管理責任者のありかたによって、組織そのものが左右されるという前提に立つことになる。したがって、組織の運営とは、組織内のコミュニケーションと統制のネットワークをいかにして構築するかという問題であるということになる。

また、組織の構成員は、管理責任者の命令に従い、与えられた仕事を一定の手続きや規則に従って忠実に遂行することが求められる。この意味で、行政管理の問題とはすなわち、組織運営の問題であるとする考え方も生じてくる。

3　技術的行政学に対する批判

こうした技術的行政学は、一方において行政における技術的合理性を提唱し、同時に行政管理の問題を明らかにしているという点で、非常に大きな意義をもっているといえる。

しかしながら、いわば人間を経済的合理性にもとづく機械であるかのような前提をおき、行政における技術的能率性を最大限重視していたため、以下のようないくつかの批判にさらされることとなる。

①行政目的を実現するための、行政手段の合理性のみを追求したところで、目的そのものの合理性が達成されるわけではない。

②行政の有効性を保障するためには、顧客としての市民の満足度を最大化させることこそが問題である。

とくに、二〇世紀に入り、行政国家化現象が進み（第19章3参照）、ニューディール政策などのように行政権の拡大によって、政治的領域と交錯する場面が次第に多くみられるようになると、もはや行政は、政治と完全に分離された技術的過程とはよべず、むしろ政治と不可分の関係にあるとの認識が広がっていった。こうした背景の下、技術的行政学に代わって新たに機能的行政学（本章2参照）が誕生することとなったのである。

（真下英二）

2 機能的行政学

1 技術的行政学への批判と機能的行政学

政治と行政との分離をその基本的な考え方とし、行政における技術的合理性の追求を一つの目標としていた技術的行政学であったが（本章1参照）、アメリカがニューディール政策や、第二次大戦を経験するにつれ、技術的合理性の追求のみによって、必ずしも行政の効率性が確保されるわけではないことが明らかになった。

つまり、それだけでは、機械的な意味での合理性は確保できたとしても、目的の合理性を達成できるわけではなかったのである。こうした批判にさらされるようになると、これに応える形で機能的行政学が登場する。

グッドナウらにその萌芽がみられるこの考え方は、行政を政治との相関関係のなかでとらえようとする考え方である。いわば、政治と行政とは融合的な関係にあり、両者は決して分離できるものではなく、連続した関係にあるということである。

2 機能的行政学における「目的と価値」

機能的行政学は、現代行政を社会の公共事務管理として把える。これは、政府は単に正統性を主張するだけではなく、政府の活動としての公共事務管理が妥当であることも証明する必要があるという、新しい民主主義観が前提となっている。

つまり、政府の役割とは、単に社会の安定を維持することだけにとどまらず、いかにして社会の福祉を増進し、社会的公正を確保していくかが求められるようになっていったのである。

したがって、行政管理は十分な「社会的効果」を保障するものでなければならなくなってくる。もはや行政は、手段と方法の処理という面での効率性を重視するのではなく、「目的と価値」を決定するという意味で、その意義が認められるようになったということである。

3 機能的行政学の特徴

辻清明（つじきよあき）は、機能的行政学の特徴を以下のように整理している。

①行政の能率は、機械的あるいは功利的な意味としてではなく、社会的能率または規範的能率という視点から把握されなければならない。

②行政の有効性は、組織を専門的権限の体系、すなわち定型組織（フォーマル組織）として考えるだけではなく、目的への共感と構成員間のコミュニケーションを重視した非定型組織（インフォーマル組織）の人間関係として理解することから生じる。

③行政権の裁量権拡大と委任立法の増加によって、行政は、あらゆる段階で政策の決定に参加する。したがって、行政は社会の発展との間に、常に適応的変化を試みる必要がある。

④現代における行政責任は、立法部に対する外在的責任のみでは十分ではなく、行政部自体の指導性の拡大に即応して、直接、行政そのものに対する内在的責任の意味をもつものでなければならない。

⑤行政の変化は、実質的に伝統的な統治機構の自己修正をも要請する。

ここにおいて、従来唱えられてきた技術的行政学に対する根本的な見直しが行われ、行政とは社会的効用を保証する「機能」としての役割を求められるようになっていったのである。

4　機能的行政学の展開

こうした特徴をもつ機能的行政学は、バーナードやサイモンに代表される、意思決定のパターンの分析やコミュニケーション分析を通じて行政組織の行動を説明しようとする行動論的アプローチや、ガウスやリッグスに代表される、外的諸条件の変化と行政との相互作用について議論を行おうとする環境論的アプローチ、そして、ドロアのように公共選択の観点から合理的意思決定の分析に焦点をあてる、政策科学的アプローチなどのように、多彩な展開をみせることとなった。

（真下英二）

3 科学的管理法

1 アメリカ行政学の発展と科学的管理法

アメリカ行政学に強い影響を与えた科学的管理法は、テイラーによって唱えられたものである。この考え方は、もとは私企業において科学的なアプローチにもとづいて業務の能率を向上させるという側面で発展していたものである。

そして、これが行政管理の分野に導入されることによって、行政効率の向上が図られることとなった。つまり、政府活動における行政の管理過程は、たとえ目的が異なったとしても、私企業における経営のそれと本質的に変わることはないと考えられたのである。

2 時間研究と動作研究

この議論の根幹は、二つの研究から成っている。すなわち、時間当たりどれだけの仕事をするのが標準的かについて研究する「時間研究」、そして、労働者の生産活動における標準的な動作のありかたについて研究する「動作研究」である。

これらの労働に関する科学的な研究を通じ、従来は個人的、経験的に行われてきた作業方法に代わる合理的基準を発見し、この基準にもとづく作業の標準化を図ることができる。それにより、

(1)未経験な者でも容易に作業を行うことができる
(2)最小の労力と時間で最大の効果があがる
(3)課業管理が可能となり、能率に応じた賃金の決定が可能になる

とされた。

3 標準化・統制・協同

また科学的管理法の基礎原理は、以下の三つの要素から成り立っている。

①標準化（standardization）
行動の指針となるように作業や事務を特定し、その行動指針を作成すること。

②統制（control）
標準化された仕事を組織の構成員に割り当てる際、各構成員がそれぞれの職務を責任をもって行うことができるよう制御（せいぎょ）すること。

③協同（cooperation）
組織における共通の目的、個々の責務とその相互関係について把握し、さらにその統制の条件を整えること。

いわば科学的管理法とは、「標準化」によって作業や事務の特定とその指針の一本化を行うことである。そして、最小の労働と費用により最大の生産効果と利潤を上げるため、労働工程を細分化し、計画的に配置し、それを構成員がその職務をまっとうできるように「管理統制」する一方で、「協同化」を実現して、組織の共通目的と個々の責務を明確化してそれらの条件を整えるものであるといってよい。

4　科学的管理法への批判

確かに科学的管理法を行政管理に適用する考え方は、その後のアメリカ行政学に強い影響を与えた。しかしその一方で、経営管理を行政管理に適用することについては、例えば、仮に能率については数量的に測定可能であったとしても、行政の質を測定してこれを評価することは困難であるとするなど、いくつかの批判があったことも事実である。

さらに、作業の専門分化、機械的な標準化と統制、あるいは協同を求める科学的管理法は、人間をいわば機械の部品の一つであるかのようにとらえる傾向が強い。そのためここでは、人間の感情的な側面は捨象（しゃしょう）されることとなる。

また、仕事が細分化され、専門化されるということは、いうなれば組織の構成員にとっては、組織全体のなかにおける自分の仕事の意義や責任を自覚する機会を乏しくさせることにつながる。このため組織の構成員は、問題意識をもって活動する一個の人間ではなく、命令を機械的に処理するための、単なる機関と化してしまう。

この意味で科学的管理法は、組織を管理する責任者にのみ人間的な主体性を認め、その一方で、組織の構成員に対しては自己疎外を要求するという側面もまた見出（みいだ）されることとなったのである。

（真下英二）

4 人間関係論

1 科学的管理法への批判

科学的管理法による行政管理は、人間を機械の部品のような存在としてとらえ、目的達成のために合理的に設計された方法で、組織の構成員としての人間の行動を、組織的に統制することをめざしていた（本章3参照）。

こうした考え方は、一方において業務の効率化が期待されるという側面をもっており、一九世紀から二〇世紀にかけて、広く受け入れられていた。

しかしながら、こうした管理のありかたは、結局のところ科学的合理性という意味での組織の能率のみに着眼することとなり、組織内における人間のありかたを無視することとなった。このために、科学的管理法では、期待されたほどの能率はあがっていないのではないかとする批判がみられるようになった。

すなわち、こうした科学的管理法にみられる人間とは、あくまで合理的経済的関心のみによって行動が規定される存在であり、社会の一員としての人間という観点は希薄であった。このため、人間を取り巻くさまざまな社会的諸条件については、ほとんど無視されてきたというのである。

2 ホーソン実験

こうしたなか、メイヨーらは、「ホーソン実験」とよばれる一連の実験を行った（二〇世紀前半、アメリカ中西部イリノイ州ホーソンにあったウェスタン・エレクトリック社の大型工場で行われた）。

これは、工場内における作業員の心理的、社会的要因に着眼し、これらが作業の能率などにどのような影響を与えるかについて調査したものである。

一九二四年から数年間にわたって継続的に続けられたこの実験により、作業員の個性や社会関係が、たとえ業務の合理化が容易な生産過程における単純作業であっても、その成果に影響を与えることが証明された。とりわけ、個人の経歴と工場内における人間関係、とくにインフォーマルな組織の影響が強いことが明らかとなったのである。

すなわち、能率という観点からしても、人間的要素を無視することができないということであり、合理性を追求するために人間的要素を排除してきた科学的管理法の非合理性というパラドックスともいえる点が、ある意味で証明されたともいえる。

3　フォーマルな組織とインフォーマルな組織

そもそも人間関係には、組織体の目的達成のために形成されたフォーマルな（公式の）組織にもとづく関係と、自主的あるいは自然発生的に形成されるインフォーマルな（非公式の）組織にもとづく関係とが存在する。

この両者はいずれも、組織体における正規の部分であるから、管理論のなかではこれらをともに考察する必要がある。とりわけインフォーマルな関係は、ホーソン実験にみられるように、しばしば組織の能率を上げるものと考えられている。

もちろん実際には、そういったインフォーマルな組織の、どのような側面が能率の向上に役立ち、あるいは逆に能率を低下させる要因になるのか、これを見極める必要がある。したがって、組織管理上、組織の構成員の人間関係を把握し、構成員間に存在する問題点を把握し除去し、構成員の安定感、一体感、満足感を高め、より組織の目的に適合した人間関係を形成することが求められることになる。

こうした観点から、行政管理においても、組織における人間的要素を見過ごすことはできないとされるようになった。すなわち、行政管理の能率をより向上させるためには、リーダーシップやコミュニケーション、あるいは決定に対する構成員の参加など、人間関係を重視する必要があるとする立場である。

このメイヨーの人間関係論は、組織内における人間関係の特性を分析するという点において、従来の行政学に新しい視角を与えることとなった。そしてさらに、これは行動科学の基礎を築くに至るのである。

（真下英二）

5 協働システム

1 協働システム

人間関係論がインフォーマルな組織の重要性に着目したのに対し、バーナードはフォーマルな組織についての考察を行った。

バーナードの組織論の特徴は、協働システムという一つの複合体をその中心においている点である。

協働システムとは、「少なくとも一つの明確な目的のために二人以上の人々が協働する」というある種の相互依存関係にある「物的、生物的、個人的、社会的要素の複合体」のことである。そしてこのシステムの中で組織とは、「意識的に調整された活動や諸力のシステム」であって、この協働システムの中核に含まれるものである。

バーナードの組織論においては、組織内の構成員は、自らの目的や選択能力を有しているという点に前提をおく。このため、組織の目的達成と構成員個人の満足という、双方向からの視点に立った組織論が可能となっている。

2 組織の成立

組織が成立するための条件として、バーナードは、「目的」、「貢献意欲」、「伝達」の三つをあげている。「目的」とは組織の構成員が目指す共通の目的である。「貢献意欲」とは、自己の活動を組織のために提供しようとする意欲のことである。

そして「伝達」とは、組織の構成員が「目的」の存在とその内容を知り、さらに「貢献意欲」を相互に認識するコミュニケーションのことである。

言い換えるならば、組織が成立するためには、共通の目的があり、その目的のために自己の活動を提供しようとする意欲があり、さらにそのためのコミュニケーションが成立していることが必要だということである。

3 組織の均衡と組織の存続

バーナードは、「組織の均衡」が維持されることで、組織が存続するとしている。

ここでいう均衡とは、組織の構成員の「貢献」と、構成員に対する「誘因」との均衡のことである。個人の貢献によりもたらされた成果を原資として構成員に対する誘因の配分が行われ、これが均衡するとき、結果として組織は存続するのである。

その上でバーナードは、組織均衡を成立させるためには、「有効性」と「能率」との双方が必要であると論じている。「有効性」とは組織の目的の達成度のことであり、「能率」とは組織の構成員の個人的動機の満足度のことである。組織が有効であれば、外的環境に適応しその目的を達成できる。

一方、能率が確保されれば構成員の協働意欲につながり、「貢献」と「誘因」が均衡する、つまり組織は存続することができると論じているのである。

4 管理機能

こうした組織論を前提に、バーナードは管理機能についても触れている。

バーナードは、管理機能とは「第一に伝達体系を提供し、第二に不可欠な努力の確保を促進し、第三に目的を定式化し、規定することである」と定義している。

そしてバーナードは、以上のような組織成立の三要素を満たし、さらに組織存続の条件である「有効性」と「能率」の均衡を達成することを、管理者の基本職能としている。

その一方でバーナードは、組織の存続は、最終的にはリーダーシップの良否、ひいては道徳性の高さに依存するとしている。「科学的管理法」(本章3参照)においては、人間的要素は組織目標達成についての阻害要因と考えられていたため、個人を規則によって強制的に統制することが意図されていた。

これに対してバーナードの協働システム論は、一方で多様な個性をもつ人間を前提としつつも，組織目的を達成していくモデルを提示している。

ここでは、命令と権限によって強制的に人間を統制するのではなく、命令や権限を受け入れるための心理的枠組みを構成員に提供していくことが意図されているのである。

(真下英二)

6 総括管理機能

1 POSDCoRB

「POSDCoRB（ポスドコルブ）」とは、行政管理の最高責任者たる執行長官の職務を構成する七つの機能の、アルファベットの頭文字を取ってギューリックが作成した造語である（本章1参照）。一九三七年に、ルーズベルト大統領によって設置された「行政管理に関する大統領委員会」（通称ブラウンロー委員会）で提言され、後の大統領府が創設される契機となった。

Pは企画（Planning）、Oは組織化（Organizing）、Sは職員人事（Staffing）、Dは指揮監督（Directing）、Coは調整（Coordinating）、Rは報告（Reporting）、Bは予算作成（Budgeting）を意味する。

2 POSDCORBの行政実務への影響

POSDCoRBで、ギューリックが示した行政トップの職責は、大統領、知事、市長等の職務分析から導き出されたものであった。

この造語を用いることによって、ギューリックが意図したのは、行政のトップには、本来それだけ多くの総括管理機能が求められるので、たとえ有能な人材でも、なかなか一人ですべてを行うことはできない。よってトップに代わって総括管理を行う機関が必要であることを世に訴えることであった。

その結果アメリカにおいては、中央レベルでは大統領府が創設され、また地方レベルでは市会・市支配人制が根付いた。

創設された大統領府には、人事、予算、企画等の諸機関が包括された。これにより大統領の負担は減り、一方で政府の総括管理機能は整備充実した。

一方、市会・市支配人制（カウンシル・マネージャー・システム）は、議会が全権を掌握し、行政実務の専門家として市支配人（シティーマネージャー）を雇い、執行にあたらせるものである。この制度では、議会は立法機能だけではなく、執行に対する最終的な統制権も併せてもつ。そして、議員のうちの一人が首長となり、議長を兼ねる。一方、議会により選任された支配人は、行政運営の全般的な権限を付与され、議会に対して責任を負う制度である。

市会・市支配人制の下では、政治と行政の分離が徹底され、市政を素人に任せることで生じる混乱を避けることができる。行政実務に高度な専門的知識が求められる現代にあっては、実務にまったく精通していない人材が首長となると、行政運営に混乱が生じる危険性がある。

この制度では、ＰＯＳＤＣｏＲＢといった総括管理を、行政実務の専門家である市支配人が市長に代わって行うことで、そのような混乱を回避することが期待されている。

3　POSDCoRBと古典的組織論

ギューリックは、古典的組織論の代表的論者であった。古典的組織論では、①命令系統の一元化、②統制の範囲、③同質性による分業、この三点が組織編成の三原理として重要視された。

①命令系統の一元化とは、命令を下す組織のトップは一人でなければならないという原理である。
②統制の範囲とは、トップが統制できる範囲は無限ではなく、適正規模があるとする原理である。
③同質性による分業とは、業務を同じ目的、同じ作業方法、同じサービスの対象、同じ管轄区域といった同質性で分業させるという原理である。

また、古典的組織論が提唱したのが、「ライン・スタッフ」理論であった。これは、プロイセン軍の参謀本部に始まる、軍隊組織の参謀制度から影響を受けたもので、ライン系統の組織のトップの補佐をするスタッフによる別系統の組織をつくるべきだとする理論である（第23章４参照）。

命令系統の一元化の原理を最も重要視して、組織編制の三原理に忠実に組織づくりを行うと、必然的にピラミッド型の階層制組織ができる。それが、ライン系統組織である。スタッフ系組織は、ラインのトップに直結した別組織である。よって、原則スタッフは、トップに対して助言・勧告はできても、ラインに対して命令はできない。

ＰＯＳＤＣｏＲＢは、このライン・スタッフ理論を応用したものである。つまり、ラインのトップに求められる総括管理機能がＰＯＳＤＣｏＲＢで、それを一人で処理しきれないので、代わりに総括管理を行う機関、ライン・スタッフ理論でいえばスタッフ系統組織の位置付けに近い機関の必要性を訴えたのである。

（永田尚三）

7 行政責任

1 行政統制と行政責任

行政の活動は、国民の意思に沿ったものでなくてはならない。民主主義においては、行政を議会が統制をする役割を担っている。

しかし、行政国家化現象（第19章3参照）とともに、行政の組織や活動が拡大し、行政官の裁量権が広範化するなかで、議会のみで行政を統制するのは困難になってしまった。そのような状況を背景に、一九三〇年代のアメリカから出てきた議論が、行政責任論である。

行政責任論とは、行政部が自らの活動について、国民にその正当性や実施の理由を説明する必要があるとする考え方である。

2 内在的責任論と外在的責任論

行政責任論で最も有名な分類が、(1)内在的責任と(2)外在的責任である。行政責任論のはしりとなった、ファイナーとフリードリッヒの論争から出てきた考え方である。

この論争は、議会による行政統制が空洞化した時代に、いかにして行政の暴走を防ぐかという共通の問題意識の下、行政内部の倫理観と議会による統制の、どちらに重きをおくかという議論であった。

内在的責任論者のフリードリッヒは、行政内部における自立的統制こそが望ましいと考えた。そして責任ある行政官に求められる責任として、「機能的責任」と「政治的責任」という概念を提示した。彼によると、行政官には特定分野の技術的・科学的知識に精通して、同僚間の相互評価等で、一定の技術的水準を保つ責任（機能的責任）と、また民衆の要求の変化や社会的ニーズの把握に努める責任（政治的責任）がある。

一方、外在的責任論者のファイナーは、行政を担当する行政官の倫理観だけに期待するのでは、行政官の暴走と新たな専制主義を招くとして、フリードリッヒの内在的責任論を強く批判した。そして行政の民主的統制の観点から、代理人たる行政が自己の任務について、選挙によって選ばれた議会に対して説明する責任の重要性を主張した。

3　サマーズの行政責任論

サマーズもまた、行政責任論を展開している。サマーズによれば、国民の代理人である行政は、国民と国民を代表する議会に対して責任をもつ。

行政官は国民を主人とする奉仕者なので、契約上の責任であって、1一般的履行義務、2自由裁量権、3説明責任の三点が必ず含まれていなければならない。

4　ギルバートの行政統制との関係

このように、行政責任論は、行政をどのように統制するべきかという問題意識から出てきた側面が強く、行政統制論と密接な関係にある。

ギルバートは行政統制を、統制が制度化されているか否かによって①制度的、②非制度的に、そして統制主体が外在的か否かによって③外在的、④内在的に分類した。そして、①②と③④をクロスさせると、

〔Ⅰ〕制度的外在的統制（裁判所、議会、会計検査院）

〔Ⅱ〕制度的内在的統制（大臣による執行管理、上司からの命令）

〔Ⅲ〕非制度的外在的統制（専門家集団の評価・批判、利益集団による圧力、マスメディアによる批判）

〔Ⅳ〕非制度的内在的統制（同僚職員の批判、行政官の自律規律）

の四類型が考えられる（第24章1参照）。

このギルバートの四類型をみると、ファイナーとフリードリッヒの論争が、その後の行政統制論の一面をとらえて、議論をしていたことが分かる。

つまり、フリードリッヒの内在的責任論は、〔Ⅳ〕の非制度的内在的統制を、また、ファイナーの外在的責任論は、〔Ⅰ〕の制度的外在的統制にあてはまる。要するに、どちらも必要なことで、どちらか片方だけという話では無いのである。

5　行政責任の今後

近年、公共社会の運営方法として、ガバナンスが注目されている。ガバナンスでは、外部監査を重視する。

今後、国民に説明する責任や、その理念の制度的な表れである情報公開制度や外部監査制度のさらなる充実が不可欠であろう。

（永田尚三）

8 満足化モデル

伝統的な行政学の関心は、主に行政管理の側面に向けられていた。それに対してサイモンの理論は、組織の意思決定に光をあて、行政学に大きな影響を与えた（第20章4参照）。

人間や組織の意思決定を理論的に取り扱う場合に、従来の社会科学、とくに理論経済学は、人間の合理的行動を仮定し、最適な意思決定が行われるという議論を展開していた。いわゆる「最適化モデル」とよばれるものである。それに対して、サイモンは「制限された合理性」という概念を示し、「満足化モデル」を提示した。

1　完全合理性と最適化モデル

サイモンによれば、組織とは「協働行為の体系」であり、行政もまた、その一つである。組織は、組織の目的を達成するために、意思決定を行う。問題は、どのような戦略で行政の意思決定が行われるのか、というところにある。

意思決定とは、ある目的に対して複数の手段の選択肢のなかから、最も望ましい一つを選択するという、合目的的な行動である。このとき、意思決定が合理的に行われるとする、経済学が前提としているいわゆる「経済人」のような合理的意思決定モデルは、おおよそ以下のような仮定をおいている。

①意思決定者は、目的に対する手段について、完全に知っている。

②意思決定者は、ある案を選択することによって得られる結果について、完全に知っている。

③意思決定者は、すべての案を序列化することができる。そのうえで、意思決定者は自らの効用を最も高い水準で満足させるような選択を行う（最適化を行う）。

このような完全合理性の仮定は、サイモンらによって非現実的なものとして批判された。完全合理性の仮定が成り立つためには、人間が、自らを取り巻く複雑な環境を正しく認識し、これらに対する情報を完全にもち、すべての選択肢が生み出す結果について確定し、その内容を評価して順位づけをするという、一連の作業を行う能力を備えている必要がある。

これは、現実の人間の能力の限界を明らかに超えているであろう。したがって、人間の認識能力、情報処理能力を考えるならば、完全合理性を仮定した最適化モデルは、意思決定モデルとして、多くの問題点をもつことになる。

2　制限された合理性と満足化モデル

それに対して、サイモンが示したのは、制限された合理性の概念である。制限された合理性とは、人間の能力の限界を認め、完全合理性のような無制限の能力を仮定しないということである。

サイモンのモデルによると、意思決定者は、目的や代替案の選択肢を認識可能な範囲に限定して、その特定の範囲のなかで、十分に満足できる基準を探し出し、最適化ではなく満足化の基準を満たすと考えられる「十分に良い」選択肢を選び出す。

つまり、限定された範囲のなかでの最適化を図るのである。そして、例外的な場合にのみ、最適な選択が行われると考える。これが満足化モデルとよばれるものである。

3　満足化モデルと政策決定

このように制限された合理性を仮定した満足化モデルは、政策決定においても万能な政策決定者を仮定しないという点で、現実の政策決定に対する説明力が高いということができる。

行政の政策決定は、組織のなかにおけるさまざまな影響や制約を受けた、政策決定者（行政官）の合目的な意思決定である。政策決定者は、政策に関する断片的な情報しかもちえないし、また限られた知識しかもたない。このような条件下で、政策決定者は順応性や記憶、習慣などを生かして、十分に満足できる基準を探り出し、その基準を達成できる政策代替案を選ぶことになる。

政策決定者は、十分に満足できる基準を満たす政策代替案がみつかるまでは探索を続け、そのような代替案がみつかったならば、それ以上の探索は行わない。満足化の基準を満たす政策代替案が容易にみつからない場合には、基準を下げることによって政策決定がなされることになる。

（佐藤公俊）

9 インクリメンタリズム

人間の完全合理性を仮定した政策決定モデルに対して、合理性の限界を仮定して提唱された、代表的な政策決定モデルに、リンドブロムのインクリメンタリズムがある。

1 合理的政策決定モデルに対する批判

インクリメンタリズム（incrementalism）は、「増分主義」あるいは「漸増（ぜんぞう）主義」と訳される。その特徴を明らかにするために、初めに合理的政策決定モデルに対する批判の要点を確認しておく。

合理的政策決定モデルにおける政策決定は、おおよそ次のようなプロセスをたどる。政策決定者は、すべての政策代替案について考慮し、政策代替案から得られる結果について確定し、すべての政策代替案の選択肢を序列化し相互に比較を行う。そのうえで、自らの効用を最も高い水準で満足させる選択を行う。

しかしながら、リンドブロムの考えによると、このような包括的な政策決定は非現実的である。すべての選択肢を検討することや、政策代替案のもたらす結果を確定し検討することは、人間の能力を超えているであろう。また、政策決定に必要なすべての情報をもつことも不可能である。費用も労働力も十分ではない。政策目標が常に明確であるとも限らない。

これらの条件を考えると、合理的政策決定モデルが想定しているような政策決定は、現実には不可能である。

2 インクリメンタリズムによる政策決定

合理的政策決定モデル対して、インクリメンタリズムのモデルにおいては、政策決定者はあらゆる政策の可能性を包括的に検討するのではなく、現在行われている政策を前提とする。このモデルにおける政策決定者の戦略の概要は、リンドブロムらによると次のとおりである。

①現在の政策と、追加的に（小さく）異なる政策代替案に限定して検討する（したがって、限られた数の政策代替案についてのみ検討すればよい）。

②政策のもたらす結果のすべてについて検討するのではなく、考慮すべき範囲を限定し、重要なものだけについて検討する。

③目的をあらかじめ決定するのではなく、政策代替案と目的を相互に調整する。
④新しい情報を獲得しながら、目的や政策代替案を変えてゆく。
⑤問題の分析と評価を一回に限り行うのではなく、連続的に行う。
⑥現状の改善をめざす方向で、問題の分析と評価を行う。

このモデルにおいて、新たに決定される政策は、現在の政策の延長線上に位置づけられるものとなる。またその変化は、過去の政策の修正という小さなものにとどまることになる。

このような政策決定方式のメリットは、いくつか考えられる。

例えば、新しい政策を行う際には、その政策がもたらす結果についての不確実性は大きくなるが、増分的な変化であるならば、失敗の可能性を小さくすることが可能となる。また、現在の政策からかけ離れた政策が決定されることはないため、失敗した場合でも修正が容易である。さらに、過去の政策の継続は、政策決定における混乱を引き起こす可能性を小さくする。それに加えて増分的な変化のみを伴う政策は、政治的な合意の可能性を高くすると考えられる。

3　現実妥当性と問題点

以上のようなインクリメンタリズムのモデルは、現実の政策決定に対する説明力が高いといえる。政策あるいは政策決定には、継続性と安定性が求められる側面があり、インクリメンタリズムのモデルが適合するのは、妥当なところである。

しかしながら、インクリメンタリズムのモデルに対してはさまざまな指摘がなされている。

例えば、リンドブロムが保守主義的な政策決定を肯定したということではないにせよ、インクリメンタリズムによる政策決定は、現状肯定的な性格をもつことになるという批判がある。また、現状維持からかけ離れた政策の決定について、インクリメンタリズムのモデルは説明が低いのではないか、という問題もある。

（佐藤公俊）

サブ・テーマ　29

ゴミ缶モデル

ゴミ缶モデル（garbage can model）は、コーエン、マーチ、オルセンが提唱した、不確実性を強調した政策決定のモデルである。

ゴミ缶モデルは、組織を「組織化された無秩序」（organized anarchies）と捉える。「組織化された無秩序」とは、組織における次の三つの不確実性によって表わされる。

(1)「不確実な選好」（problematic preference）

「不確実な選好」とは、組織あるいは政策決定への参加者は、明確な選好をもっているわけではない、ということである。

合理的選択理論において我々は予め明確な選好をもち、選択肢について完全な（場合によっては限定的な）知識をもち、自らの効用を最大化する行動を取ると考えてきた。

それに対しゴミ缶モデルは、組織あるいは政策決定への参加者は政策決定過程のゲームを繰り広げながら自らの選好を発見したり、あるいは発見できないままに行動するというモデルである。

(2)「不明確な技術」（unclear technology）

「不明確な技術」とは、政策決定を行う組織や参加者は、必ずしも解決すべき問題、解、決定のシステムの全体像など、政策決定に必要な技術をもっているわけでも理解しているわけでもない、ということである。

政策目的を明確にもっているわけではなく、また手段の選択も技術合理的にできるわけではないので、組織や参加者はいかなる選択がどのような政策を作り出すかについては不明確なまま試行錯誤を繰り返す。

(3)「流動的な参加」（fluid participation）

「流動的な参加」とは、組織において、政策決定への参加者は固定的・安定的なわけではなく、流動的・不安定的であるということを示す。

参加者が政策決定に関与する程度は常に一定であるとは限らない。その程度は時間とともに変化する可能性がある。また、ある問題に対しても、同一のアクターが同じように関与するとは限らない。政策決定にいかなるアクターが参加するのかといったことは不確実である。

以上のような三つの不確実性によって特徴付けられるゴミ缶モデルにおいて、「組織」、「政策決定への参加者」、「解決すべき問題」、「解」は無秩序に混ざり合い、ゴミ缶＝選択機会の中に無造作に放り込まれている、と考えられる。

政策決定は、ゴミ缶の中に入っているこれらの諸要素（ゴミ）の偶発的な結びつきによって起こる。ポイントは参加者、問題、解は合理的に最適な形で結びつくのではなく混ざり具合や処理の具合などによって、偶然によって結びつく、という点である。

したがって、政策の決定は最適解の探索ではない。政策決定過程も産出される政策の合理性も不確実なものとなるのである。

（佐藤公俊）

サブ・テーマ 30

アリソンのモデル

グレアム・アリソンは『決定の本質』（邦訳一九七七）において、一九六二年一〇月に起こったキューバ危機における政府の外交政策決定過程を分析した。

アメリカが海上封鎖を決定するまでの七日間の政策過程を取り上げたこの研究は、焦点を当てるレベルが異なる三つのモデルを分析概念として用いるという野心的な試みであり、アリソンは政策過程研究に大きな一石を投じた。

第一モデルは「合理的行為者モデル」で、これは政府を単一の合理的行為者とみなす伝統的なモデルである。アリソンはこのモデルを「目的によっては、政府の行動とは、単一の合理的な決定作成者──中枢で統制され、完全な情報を有し、価値の極大化をはかる決定作成者──が選択した行為である」と要約する（八一頁）。

これはいわば国家の擬人化であり、もっとも単純に政策過程を抽象化するものである。この伝統的なモデルに対して、「政策過程における組織と政治的行為者」に焦点を当てる分析枠組みとして提示されたのが第二、第三のモデルである。

第二モデルは「組織過程モデル」で、このモデルは法律（議会）や行政を中心とした組織の相互作用から政策決定を説明するものであり、よりミクロな視点を取り入れたものである。このモデルでは、政策は政府が決定するのではなく、政府を構成する各組織がルーティンで決定したことの結果として形成される。「政府の行動は、……意識的な選択というよりも、行動の標準的形式に従って機能している大きな組織の出力である」（八一頁）。

第三モデルは「政府内（官僚）政治モデル」である。これは誰がどのような地位にあり、権限や影響力をもち、それらの人々の間でどのような交渉が行われたか、という点に焦点を当て政策決定を分析するモデルである。「行為者は単一ではなく、多数のプレイヤーから成っており、これらのプレイヤーは一つの戦略的問題に焦点を当てるのではなく……また、首尾一貫した戦略目的をもって行動するのではなくて、国家的、組織的、個人的目標に対する異なった概念に従って行動する」とされる（一六七頁）。

このモデルは政治過程におけるプレイヤー間の「競争的」ゲームに焦点を当てており、決定を組織的出力とみなす第二モデルよりもよりミクロな視点から政策決定を「かけひきゲームの結果」とみなすのである。

これらレベルの異なるの三つのモデルを用いたアリソンの分析は、同じ政治現象を分析しても結果として異なる見解がもたらされることを示した。これは分析者がいかなる分析概念を採用するかによって、重要な説明変数が異なってくること、そして得られる知見や含意も変わってくることを示している。その意味でこれらのモデルはそれぞれ部分的な、そして、相互補完的な分析概念といえる。

アリソンの試みは多くの批判や論争を産んだが、今日においても政策過程分析における重要な研究であり続けている。

（佐藤公俊）

サブ・テーマ　31

プリンシパル・エージェント理論

プリンシパル・エージェント理論（principal＝agent theory）は、新制度学派経済学など理論経済学の影響を受け、コーポレート・ガバナンスなど経営学の分野で発達したアプローチである。政治学においてもその影響を受け、事実解明的なアプローチとして用いている。

プリンシパル（本人）とは、自らのもつ資源を有効に用いて、自らの利益を最大化しようとするアクターである。ただし、プリンシパルは利益を最大化するため必要となる手段、例えば、知識や技術を常に十分にもっているとは限らない。手段をもたない場合には、自分の代わりに自らの効用を最大化してくれる仕事をする者を求めることになる。

エージェント（代理人）とは、プリンシパルの利益追求のための仕事を代行する者である。エージェントはプリンシパルが提示した条件に合意し契約を結んだならば、委任された仕事を契約にしたがい完遂（かんすい）することになる。企業組織では、株主がプリンシパル、経営者がエージェントとなる。また、経営者がプリンシパル、従業員がエージェントという関係を見つけることもできる。

政治におけるプリンシパル・エージェント関係は、基本モデルを「プリンシパル＝市民」、「エージェント＝政治家」と考えることができる。市民は、自己の生存のために経済活動に時間を割かねばならず、そのため正統性をもつ代理人を選挙により選任し政策形成を任せる。しかしながら政治家は、選挙され正統性を有したエージェントであるが、法律や技術など政策の知識をもち合わせているとは限らない。その場合、政策形成を自分たちの代わりに行うエージェントを求めることになる。これが官僚である。

したがって、政治においても、「プリンシパル＝政治家」、「エージェント＝官僚」という関係（二重の委任）を見つけることができる。

プリンシパル・エージェント関係における問題として、エージェントが常に契約通りの仕事に取り組むとは限らない、ということがある。したがって、プリンシパルがエージェントをコントロールすることができなければ、エージェントは十分な成果を上げない、あるいは、自己の利益の追求をする（機会主義的行動をとる）可能性がある。その際に発生するプリンシパルとエージェントとの間の期待の溝を、エージェンシー・スラック（agency slack）という。これがいわゆるエージェンシー問題である。

市民は、政治家、そして、政治家のエージェントであるところの行政機関を監視しなくてはならないのである。既存のマス・メディアのみならず、さまざまなメディアが発達し、情報公開法（第24章４参照）や、公文書管理法（第24章サブ・テーマ33参照）が施行された今日において、市民はいよいよその意識を高める必要がある。

（佐藤公俊）

コラム9 公務員試験での「行政学」

公務員試験での行政学や政治学は、どの単元から勉強しても大丈夫だという説明を目にすることが多い。たしかに、両科目とも、試験問題を概観すると、研究者の業績や専門用語の内容を問う問題の比重が、比較的高いように見受けられる。

さらに行政学は、政治学と比べても、「全体としての体系性に乏しい」ため、一層このことが当てはまるかも知れない。ただ、そうはいっても、やみくもに学者の名前や専門用語を暗記しているだけで試験問題が解けるわけではない。選択式の問題では、正確な知識が問われていることが重要である。

例えば、ウェーバーの「官僚制論」（第19章7参照）や、マートンの「官僚制の逆機能」（同章8参照）は、試験の頻出分野として知られているが、平成28(2016)年度の国家一般の問題では、これらに加えて、真渕勝（まぶちまさる）の日本の官僚像に関する選択肢が入っている。この選択肢自体は誤りであるが、戦後日本の官僚について、官僚主導から「官僚と政治家との共同作業」へと移行したことを理解していれば、国士型官僚や吏員型官僚という専門用語は知らなくとも、その日本語の意味するところから容易に正解にたどり着ける。各単元の基礎用語と「流れ」の双方を正確に理解しておくことである。

また、上記の官僚制の問題のように、単元横断的な理解を問う設問が多いことにも注意を払っておきたい。行政学を勉強していて気づくことであるが、例えば行政理論の展開についても、政治・行政二分論、行政管理論から政治・行政融合論、行政責任論への移行は、より統合化された視点を提供していることである。

この点は、政治学とはやや異なるかも知れない。将来、行政職員としてさまざまな政策課題に対処することを見越して、試験問題でも「鳥瞰（ちょうかん）する」能力が問われている、というのは考え過ぎであろうか。

さらに、行政学では「時事的な内容」が問われている点も重要である。第一次と第二次の臨調（第19章5参照）だけではなく、小泉構造改革に至る行政改革（同章6参照）や、近年の規制改革、地方分権改革、公務員制度改革、あるいは、公文書管理法（第24章サブ・テーマ33参照）の内容を問う選択肢や、日本の行政組織の再編などに関する設問である。

これは、近年の行政を取り巻く環境が大きく変化しており、これにともなって、随時必要な法改正や法律の制定など、行政制度の再編が行われていることと無関係ではない。常日頃から、国会で成立した法案の概要や行政組織と政策の変遷への目配（めくば）りが欠かせない、といえる。

上記の理由により、一般論としては、新しい出題分野が増えることになるが、これに対して、古い分野が順番に消えていくわけではない。このため、全体としては出題範囲が増えることになる。これは教える側にとっても学生にとっても、とても困ったことといえる。例えば、行政学の学説史の官房学（第20章1参照）などは、そろそろ無くしても良いのではないかと考えるが、いかがであろうか。

ともあれ、公務員試験での政治学・行政学、とりわけ行政学は、どこからでも一通り勉強しておけば、高得点が期待される科目であることには変わりはない。

複眼思考で学ぶことにより、行政学の世界を広げていただきたい。（桑原英明）

第22章　行政の機構と制度

1　任用制

1　資格任用制

メリット・システムなどと訳されるこの制度の下では、公務員の採用・昇進などの人事はその任務遂行に必要とされる資格・専門的能力にもとづいて行われる。したがって官職への任用にあたっては、筆記試験など客観的基準による選考が行われ、情実による任用は排除される。公務員は政治的に中立な存在であるべきで、特定の政治勢力と結びついた人物はふさわしくないという考え方にもとづく任用制度である。

その利点としては、①官僚が専門知識、客観的能力をもち専門化・技術化した行政運営に対応することができる、②特定の政治勢力に基盤をおかない、政治的に中立的で公平な行政運営が行われる、③選挙結果や政権交代にかかわらず継続的な行政運営が行われ、効率的で長期的視点に立った政策が実施される、などの点があげられる。

一方、その欠点としては、❶民意が行政運営に反映されにくい、❷閉鎖的・特権的な官僚団を生む危険性がある、などの点が指摘されている。

2　情実任用制

公務員への採用、官職への任命が能力ではなく私情・党派などにもとづく情実によって行われる任用制度である。一九世紀中葉までのイギリスや、アメリカにおけるスポイルズ・システム（猟官制）がその例である。

この任用制度の下では、選挙で勝利した政党や政治家によって指名された人物が官職に任用される。その利点は、幅広い分野から多様な人材が任用されるので、選挙で示された民意を強く反映し官僚機構に対する民主的統制を可能にする点である。

一方、その欠点としては、(1)任用にとくに資格が必要とされず行政運営に必要な専門能力を欠く人物が公務員となる可能性がある、(2)選挙のたびに大幅な更迭（こうてつ）人事が行われ、前政権下での行政との整合性が欠け非効率な行政事務となる可能性がある、(3)特定の政治勢力と提携し政党化した官僚が登場しやすく、官職が選挙運動や政治献金の代償として利用され、政治腐敗や恣意的な行政運営を招く危険性がある、などの点が指摘されている。

3　イギリスの議院内閣制の確立と任用制度

絶対君主制の時代のイギリスでは、国王から統治を委任された官僚が行政運営を行っていた。その後立憲君主制の時代になると議会は立法権を獲得したものの、国王の影響下にある官僚機構を十分統制するだけの能力はまだなかった。しかし次第に政党が議会内で勢力を増して議院内閣制が確立されるようになると、政党を基盤とする内閣は、国王派官僚を排除し自らの支持者に官職を与えるという情実任用による官僚機構への民主的統制を図った。

だが、情実任用の濫用は政治腐敗の温床となるなど、その弊害が指摘されたため、情実任用の弊害の排除などを提言した一八五三年のノースコート・トレヴェリアン報告を受け、イギリスでは資格任用制度と政治的中立性を柱とする近代的公務員制度が確立された。

4　アメリカの大統領制の展開と任用制度

大統領制のアメリカでは、選挙の勝者や政権党が選挙運動や資金提供への代償として、支持者に官職（spoil＝獲物、戦利品）を与えるという猟官制が主流となった時期があった。とくに第七代大統領ジャクソンは従来の閉鎖的な官僚機構を批判して大幅な更迭人事を行い、学歴や行政能力よりも自らの選挙戦への貢献度に応じた任用を行った。

この猟官制による任用は当初官僚機構への民主的統制手段として機能したとされるが、その濫用により官職が選挙運動や資金提供への見返りとして利用されるという点も指摘された。

このため前述のイギリス公務員制度改革に続いて、アメリカでも任用制改革の機運が高まり、一八八三年の連邦公務員法（ペンドルトン法）成立により資格任用制度が導入された（第20章2参照）。だが、議院内閣制に比べ行政と立法のかかわりが薄い大統領制の下では、行政機構の民主的統制という見地から大統領を補佐するための政治的任命によるスタッフが必要とされ、資格任用の範囲は官僚機構の一部にとどめられた。

（福澤真一）

2 日本の公務員制

公務員は、大別して国家公務員と地方公務員に分類される。さらに国家公務員は、大臣や大使、裁判官、防衛庁職員などの特別職と、給与法の適用される一般職に分類される。ここでは、とくに国家公務員一般職に限定して、その史的展開と現状について説明しよう。

1 官吏制度

明治政府は、近代国家建設のため、徴士・貢士の制を定めて各藩士や才能のある人材を登用したが、基本的には藩閥勢力の情実任用であった。

一八八七（明治二〇）年、文官試験試補及見習規則が制定され、試験による採用が始まった。しかし、帝国大学卒業生は無試験採用だったため、私学からの批判が強まり、一八九三（明治二六）年に文官任用令、文官試験規則が制定され特権は廃止された。

試験による採用が行われたのは、高等官と判任官とよばれる官吏（＝公務員）で、さらに高等官は、親任官（大臣級）・勅任官（次官・局長級）・奏任官（課長級以下）に分けられた。当初は奏任官のみが試験により選抜され、親任官・勅任官は自由任用であったが、一八九九（明治三二）年に文官任用令が改正され、勅任官も高等文官試験に合格することが条件となった。ここに、明治国家の官吏制は一応の完成をみた。

一八九〇（明治二三）年に制定された大日本帝国憲法では、官吏の任免権は天皇に属すると規定（第一〇条）しており、明治国家の官吏は、「天皇の官吏」とよばれた（以後官吏制はすべて勅令によって定められた）。

しかし、大正期に政党内閣が組まれるようになると、官吏の政治任用や更迭人事が横行し、自由任用の枠をめぐる政党と官僚の勢力争いが激化し、官吏制は必ずしも安定的とはいえなかった。

2 中央人事行政機関

（1）戦後公務員制度改革

第二次大戦後、日本国憲法の制定（一九四六年公布、翌年施行）によって、「天皇の官吏」は「全体の奉仕者」である公務員とされ、国家公務員法の規定に従うこととなった。

戦後、公務員制度改革に強い指導力を発揮したのは、アメリカから派遣されたフーバー顧問団であった。フーバー（アメリカ・カナダ人事行政委員会院長、GHQ民政局公務員課長）は、公務員の労働基本権を制限し、それと引き換えに、給与や労働条件に関して勧告する権限をもつ人事院の設置を求めたのである。

（2）人事院の設置

フーバーは、各省のセクショナリズムの温床が各省の独立した人事行政にあると考え、強力な中央人事行政機関を設置し、「職階制」（身分でなく職位を基礎に人員配置を行う）の導入と定着を図ろうと試みた（本章6参照）。

一九四八（昭和二三）年に創設された人事院は、人事官三人からなる合議体であり、準立法権（人事院規則制定権）や準司法権をもつなど、広範な権限が付与された。

強力な中央人事行政機関としての人事院は、職階制にもとづく資格任用制を前提としていた。しかし職階制は定着せず、わが国が独立し、GHQ（連合国軍最高司令官総司令部）の後見が無くなると、人事院はその存立を問われるまでになってしまった。

3　職階制

職階制は、職務の種類・複雑さ・責任度などによって分類した職位を設定し、これを基礎とした公務員体系を構築する目的で導入された。一九五〇（昭和二五）年には職階法が制定されたが、職階制の策定や導入をめぐって大きな壁に直面することになった。それは、日本の雇用慣行であった。

職階制のモデルは、アメリカ型の雇用慣行にある。アメリカでは、官民を問わず、職場の移動は比較的容易である（開放型人事）。採用や昇進においては、即戦力が期待され、プロフェッショナル養成の人事であるといえる。

一方、わが国の雇用慣行は従来、年功序列と終身雇用であり、官民の職場の移動は難しかった（閉鎖型人事）。採用や昇進の基準は、学歴や職種に応じ、勤務年数と評定であり、ジェネラリスト養成の人事である。

このような日米の雇用慣行の相違が、日本への職階制の定着を阻む大きな要因となった。現在も職階制は導入されていないが、これに代わって、給与法にもとづく職種と等級が人事管理の参考とされている。

（進邦徹夫）

3 独任制と合議制

1 行政組織の類型

すべての集団は、組織をもち、その目的を達成するために活動を行う。行政を実施・展開するといった行政活動を行う主体的な組織が行政組織であり、国および地方公共団体、その他の地方公共団体などがそれにあたる。

一方、行政組織が実際に行政活動を展開するには、それを担当する自然人が必要である。こうした自然人を「行政機関」といい、内閣・内閣総理大臣・各省大臣・府県知事・市町村長などが、その例である。

このように、行政機関の体系的なメカニズムが行政組織であると位置づけることができるが、行政組織の類型を大別するとおおむね以下のとおりとなる。

①中央集権型と地方分権型
②官治行政型と自治行政型
③権力統合型と権力分散型
④議院内閣制型と大統領制型
⑤直接民主型と間接民主型
⑥独任型と合議型

実際の行政組織は、以上のような類型をいくつかに組み合わせたものになっているが、基本的にはその国の統治機構のありかたに依拠する。

2 独任制と合議制の違い

上述の分類のうち、行政組織の代表的類型が、独任制（独任型）と合議制（合議型）であり、両者は対概念である。両者の違いは、行政組織を構成する自然人の数が単独か複数かにあるが、より重要なことは、行政の執行にあたって、単独の構成員によって処理されるか、それとも複数の構成員の合議によって処理されるかにある。

ウェーバー（第19章7参照）は、「官僚制は純粋技術的に卓越しており、ある意味において合理的な性格をそなえている」とし、近代官僚制などの大規模組織の発展は、独任制を強めていく過程であるとしている。一方、合議制構造をもつ組織は、意見や利害の対立や衝突を生じさせ、結局は妥協を導き、業務の統一性や安定性を欠くとしている。

わが国でも行政機関の多くが独任制を採用しているが、行政への国民の意思を直接反映できるよう合議制を採用していることも多い。

(1) 独任制

行政機関が権限を行使するにあたって、その機関の意思が最終的には一人の自然人によって決定される仕組み。「単独制」ともいう。

わが国の場合、内閣総理大臣・各省大臣・都道府県知事・市町村長などが独任制の形式をとっている。この種の行政組織は、上級と下級との命令系統に結合されたヒエラルヒーを形成し、最高の権力者の意思が、末端機関にまで伝達されるといったピラミッド型に組織されていく。

独任制の長所は、明確な責任の所在・統一的な命令系統・迅速な決断・変化への即応性などがある。しかし、例えば首相が利害の対立を考慮して決定をせず、合議制機関に「丸投げ」するといった、独任制への批判もある。

(2) 合議制

行政機関が権限を行使するにあたって、その機関の意思が複数の自然人の合議によって決定される仕組み。

わが国の場合、合議体としての内閣の会議である閣議、行政機関に付置される諮問機関である審議会（本章5参照）のほか、行政委員会（本章4参照）や、会計検査院（第24章2参照）などが合議制の形式をとっている。

独任制が責任の所在の明確さや統一性や迅速性などを重視しているのに対し、合議制は「考量の徹底性」を重視している点に大きな違いがあり、全会一致あるいは多数決にしたがって協議されたときのみ、命令が正当性を有する。また、第二次大戦後の日本では、行政委員会など「行政の民主化」の一環として、合議制を取り入れた経緯もある。

このように、利害の公平・民主的な決定などのほか、学識経験者の登用による高度に専門的な問題への的確な処理などの長所を有するが、その反面、責任の所在の不明確さや決定に長時間を要するなど、構成員が複数であるがゆえの短所もある。

（神崎勝一郎）

4 行政委員会

通常、行政機関は独任制であるが、政治的中立性、複雑な利害調整などが必要なとき、内閣や地方自治体など一般の行政組織からある程度独立性を有した合議制の行政機関として、行政委員会を設置することがある。鵜飼信成（うかいのぶしげ）の定義に従うと、「行政的規制をおこなう権限をもち、多かれ少なかれ一般行政機構から独立した合議制機関」となる。

場合により、規則を制定する準立法権（人事院など）や裁決を行う準司法権（公正取引委員会など）をもつこともある。わが国の場合、いわゆる「三条委員会」として「国家行政組織法」（第三条第三項）、および「地方自治法」（第一三八条の四第一項）などに、行政委員会が実定法化されているが、その特色は以下のとおりである。

(1)数人の委員（うち一人は委員長）で構成される。

(2)委員は特別職として身分が保障される。

(3)委員の任命にあたっては、主務大臣（もしくは地方公共団体の首長）と、議会の同意を必要とする。

(4)委員会の個別的権限の行使にあたって、所轄官庁の指揮を受けることはない。

1 行政委員会設置の経緯

行政委員会の原型は、アメリカの独立規制委員会が、一九世紀末から二〇世紀にかけて創設され、発達したものである。州権の強いアメリカでは、各州が連邦政府の頂点に立つ大統領から高い独立性を保持するために、この独立規制委員会が成立した。しかし、この制度が発達した要因は、一九二九年に世界中を襲った大恐慌に対する、ルーズベルト大統領のいわゆる「ニューディール政策」において、福祉国家への移行、すなわち行政権の拡大と強化にある（第19章2参照）。

これまで代表民主制の象徴であった議会が、福祉国家への移行に伴って、著しく増大する国家機能に対し、もはや量的にも質的にも対応しきれなくなった。一方で、個人の権利利益を守る裁判所も、迅速に対応できないなど、大規模で複雑化する現代行政の役割が大きくなってきた。つまり、行政委員会は、大統領や政党などの圧力からの中立性の確保と迅速な争訟処理に期待がかけられているといえる。

一方、わが国における行政委員会制度は、第二次世界大戦後、日本の行政機構改革の目標の一つとして掲げられた「行政の民主化」を達成するべく、占領軍によって導入された。強固な中央集権性と政党や軍部の圧力の介入を受けやすかった戦前日本の官僚制に対して、政治的圧力からの中立性の確保と官僚機構の民主的再編成をめざして、行政委員会が誕生したといえる。

しかし、現在までのところ、行政委員会が行政権限をもたない諮問委員会に移行したり、各省庁の官僚で構成される事務局に運営が依存されたりするなど、当初から期待されている役割を十分に果たしているとはいえない点も見過してはならない。

2　行政委員会の分類

(1) 機能面による分類

わが国において、行政委員会を設置する場合、以下の四つの基準に分類されることが一般的である。

①不当な政治勢力の介入を排除し、政治的中立性を必要とする分野――公安委員会・人事院・教育委員会など

②多元的利害の調整など、利害調整を必要とする分野――中央労働委員会など

③公正かつ迅速な裁決など、慎重な配慮を必要とする分野――公正取引委員会

④特に専門知識を必要とする分野――原子力規制委員会

(2) 国・都道府県・市町村による分類

(1)国（中央政府）

・憲法に基づき設置――会計検査院

・国家公務員法にもと基づき設置――人事院

・内閣府設置法に基づき設置（「三条委員会」に準ずる）――公正取引委員会・国家公安委員会（委員長は国務大臣）・個人情報保護委員会・カジノ管理委員会など

・国家行政組織法に基づき設置――公害等調整委員会（総務省）・中央労働委員会（厚生労働省）・公安審査委員会（法務省）・運輸安全委員会（国土交通省）・原子力規制員会（環境省）など

(2)都道府県――教育委員会・公安委員会・選挙管理委員会・人事委員会・収用委員会・都道府県労働委員会・海区漁業調整委員会・内水面漁場管理委員会など

(3)市町村――教育委員会・選挙管理委員会・農業委員会・固定資産評価委員会・人事委員会（または、公平委員会）など

（神崎勝一郎）

5 審議会

国家行政組織法第八条には、「法律の定める所掌事務の範囲内で、法律又は政令の定めるところにより、重要事項に関する調査審議、不服審査その他学識経験を有する者等の合議により処理することが適当な事務をつかさどらせるための合議制の機関を置くことができる」とある。すなわち審議会とは、行政の運営のありかたや政策の立案、提案などのために、専門家などで構成された合議制の諮問機関のことである。

1　類型と役割

(1) 参与機関と諮問機関

審議会は、その答申が法的拘束力をもつ参与機関と、法的拘束力をもたない諮問機関とに分けることができる。さらに諮問機関は、法的根拠にもとづく公的諮問機関と、法的根拠のない私的諮問機関に分類される。

参与機関、公的諮問機関の実際の名称には、審議会のみならず、委員会、会議、協議会、調査会などの名称が使われ、私的諮問機関は研究会、懇談会という名称でよばれている。

(2) 役割と権限の範囲

審議会は、有識者による専門知識の提供、政治的色彩を排除した中立的立場からの示唆や利害調整などの役割が求められている。

しかし、官庁の外局である行政委員会（国家公安委員会、公正取引委員会など（本章4参照））とは異なり、行政機関としての決定権限をもたない。

諮問機関に至っては、答申が法的拘束力をもたないため、その答申は最大限「尊重」されるにとどまる。

なお、答申の尊重義務規定の明文化は、現在はされていない。これは審議会の答申を尊重するのは当然であるということ、最終的な責任は審議会を設置した行政機関の長が負うことを明らかにするという意味を含んでおり、その答申を軽視するものではない。

2　問題点

審議会の制度については、主に三つの問題点が指摘されている。

①「委員の選出方法」の問題

委員の選考は、審議会を設置した行政機関の長が決定することになっている。しかし実際は、官僚主導で選考が行われる。そのため、審議会が単なる行政機関の意思決定を正当化するだけの場となってしまうことである。

②「責任の回避」の問題

行政上のトラブルが発生した場合、本来、責任をとるべき行政が審議会の答申に責任を転嫁するということが起こる。

①と②の問題は、行政が審議会を〝隠れ蓑(みの)〟に使用しているとの指摘がある。

③「(審議会の)無力化」の問題

諮問機関の答申と、政治的な利害が異なったとき、政治的判断によって、答申が無視される現象が起こる。

以上のような批判を受けて、透明性を高めるために現在、審議会を公開することや、不必要になった審議会の統廃合などの改革が進められている。

3　各省庁の審議会

内閣府――経済財政諮問会議、地方分権改革有識者会議など
金融庁――金融審議会など
防衛省――防衛施設中央審議会など
総務省――衆議院議員選挙区画定審議会、地方制度調査会など
法務省――法制審議会など
外務省――外務人事審議会、海外交流審議会など
財務省――関税外国為替等審議会、財政制度等審議会など
文部科学省――科学技術・学術審議会、大学設置・学校法人審議会など
厚生労働省――社会保障審議会、中央社会保険医療協議会など
農林水産省――食料・農業・農村政策審議会、林政審議会など
経済産業省――産業構造審議会、消費経済審議会など
国土交通省――運輸審議会、社会資本整備審議会など
環境省――中央環境審議会、環境と経済活動に関する懇談会など

(平田英俊)

6 人事院と人事院勧告

1 人事院の創設

第二次大戦前の日本の官僚制は、官吏制度と呼ばれ、官吏は統治権の総覧者である天皇の官吏とされ、官吏制の制定や官吏の任免は、「天皇大権」に属していた。

官吏制度には統一的な法典がなく、勅任官・奏任官・判任官といった、厳格な身分階層区分が敷かれていた。また、中央人事行政機関が分立しており、官吏制の法制は法制局、試験は試験委員、分限は分限委員会、俸給は大蔵省がそれぞれ所管していた。

戦後になると、天皇主権から国民主権になり、官吏制度は公務員制度へと転換していくことになる。一九四六年に来日した「対日合衆国人事顧問団（フーバー顧問団）」（本章2参照）は、その翌年に国家公務員法草案を片山哲内閣（片山は日本社会党委員長）に提示し、その成立を要請した。片山内閣は同年中に公務員の統一的法典として国家公務員法を制定し、公務員の身分制の廃止や総理大臣所轄の人事委員会の創設が盛り込まれ、中央人事行政機関が創設された。

しかし、この人事委員会はセクショナリズムの強い各省庁からの独立性が弱く、再来日したフーバーの強い意向を受けて、一九四八年に国家公務員法が改正された（改正施行時の内閣は第二次吉田茂内閣）。改正の主な内容は、より強い独立性をもつ内閣所轄の人事院に改組し、国家公務員の労働基本権を制約することである。

2 人事院の組織と役割

人事院は国家公務員法に基づき、内閣の所轄の下、公務員の人事管理を公正中立に確保するための人事行政に関する事務を所掌する専門機関である。人事院は人事官三人をもって組織された合議制機関であり、人事官は両議院の同意を経て内閣に任命され、その内一人が人事院総裁である。任期は四年である。人事官は政治的中立性が求められる一方で、堅い身分保障がなされている。

人事院の所掌事務は、給与その他の勤務条件の改善および人事行政の改善に関する勧告、職階制、試験および任免、給与、研修、分限、懲戒、苦情の処理その他職員に関する人事行政の公正の確保および職員の利益の保護等に関する事務である。これらの事務を処理するにあたって、人事院には人事院規則の制定・改廃や人事院指令の発令などの準立法的機能や、職員の不服申立に対しての審査や勤務条件に関する事案の判定などの準司法的機能を有している。

このように、人事院は執行的性格を備えた合議制機関であることから、いわゆる行政委員会の一つとして扱われている（本章4参照）。

しかし、人事院は府省の外局としておかれている通常の行政委員会と比較すると、内閣からの独立性は高い。まず、通常の行政委員会は、国家行政組織法または内閣府設置法を根拠にしているのに対し、人事院の根拠法は国家公務員法である。

そのため、第一に人事院は内部組織権が与えられ、内部機構は人事院自ら管理することになる。

第二には二重予算制度である。人事院の予算の要求書は内閣に提出されるが、この要求書を内閣が修正した場合、内閣への提出分と内閣修正分の両方を、内閣は国会に提出しなければならないのである。

3　人事院勧告

国家公務員法には、公務員の身分が保障される代わりに政治的行為の制限や労働基本権の制約が課せられているため、公務員には民間のように労使交渉で給与を決定できない。その代替措置として人事院勧告がある。

人事院勧告とは、社会情勢に応じた給与額を官民比較によって勧告するもので、国会と内閣同時に提出される。ただ、官民の給与比較の調査報告の提出は毎年義務付けられているが、勧告は毎年行われるわけではない。給与を五％以上増減する必要がある時は勧告が義務付けられ、五％以内の場合は勧告の決定は人事院に委ねられている。人事院勧告を受け入れて、給与法の改正案を国会に提出するかどうかは内閣の判断によるが、給与改善を完全に見送る判断を下したこともある（「人勧（じんかん）凍結」という）。

また人事院には、国家公務員倫理法に基づき、国家公務員倫理審査委員会がおかれている。両院の同意を経て内閣が任命する会長と四名の委員（一名は人事官）で構成され、倫理規定の制定・改廃や懲戒処分の概要報告を作成する。

（神崎勝一郎）

7 第一線の行政職員

1 ストリート・レベルの官僚制

ウェーバーの近代官僚制の諸原則に従えば、通常の官僚機構においては、下級機関・部下は上級機関・上司の指揮監督を受けていることが前提とされている(第19章7参照)。

しかし、部下の実際の職場が、上司の監視の目が届きにくい場合がある。例えば、学校、警察、福祉施設、市役所などの官僚制組織の最末端において従事する教師、外勤警察官、ケースワーカー、窓口職員などがこれにあたる。

リプスキーは、このように広い裁量をもって市民や関係団体と日常的・直接的に接触する行政職員のことを「第一線（ストリート・レベル）の行政職員」と命名した。すなわち、市民や関係団体に直接向き合うこのような行政組織では、組織の末端である第一線の行政職員の判断によって公共サービスの需給量が事実上決まってしまう、という特徴をもつ。

2 第一線の行政職員の裁量と権力

第一線の行政職員は上司の行き届いた指揮監督を受けることなく、公共サービスの送り手として、その受け手である市民や関係団体との間で、事実上の需給関係が成立する。そこで、リプスキーは彼らがもつ現場職員としての裁量の余地の広さと、対象者に対する権力の大きさに注目している。

第一の裁量の余地の広さであるが、第一線の行政職員は政策の執行にあたる官僚制組織の最末端にいるため、彼らのもつ法令・規則上権限は実は非常に小さい。また、彼らが扱っている公共サービスは具体的ではあるが、政府活動全体からみればほんの一部分でしかない。しかし、彼ら第一線の行政職員の業務活動がなければ、政策は実施されず、施策・事業としての公共サービスに具現化されることはない。例えば、生活保護の受給対象者になれるか、なれないかは現場のケースワーカーの判断次第である。このように対象者に対して、彼らの業務には広い裁量の余地が残っているのである。

第二に、対象者に対する権力の大きさが重要となってくる。第一線の行政職員の仕事は、たえず顧客である市民や関係団体と接触し、彼らの意見や要求などを聴取し、組織の方針と摺り合わせながら、その意見や要求の実現を図ることである。しかし現実には、顧客へのサービスに必要な行政資源は、第一線の行政職員に独占されており、顧客はルール化されている法令・規則のみならず、彼らの裁量行為に左右される。たとえサービスに不満であっても、顧客はそれを応諾せざるを得ない、一方的な権力関係が成立するのである。例えば、福祉サービスの実施の場合、福祉サービスの受給者は社会的弱者である場合が多く、彼らの意見や要求が度を越えるものであった場合、第一線の行政職員は説得から威嚇・制裁の発動などを通じて、彼らを指示に従わせることになる。

このように、第一線の行政職員の業務は、上司による強い指揮監督を受けることなく遂行されるため、市民や関係団体に対する汚職や不公平な取り扱いが起こり得る。例えば、自分に好意的な受給対象者に余分のサービスを行うことがあり得る。これらを防止するためには、上級機関や上司は数々の通達を出したり、詳細な業務日誌を書かせたり、研修や配置転換を頻繁に行ったりしながら、第一線の行政職員の行動を規律し統制を行うのである。

3　エネルギー振り分けのディレンマ

第一線の行政職員がもつ裁量の余地の大きさは、サービスの供給量のみならず需要量をも決めているという側面をもつ。しかし、彼らはすべての需要に応えられるわけではない。外勤の警察官を例にあげても、地域巡回、交通違反の取り締まり、不審者への職務質問、交番での道案内など雑多な職務があり、これら異質な種々の業務の遂行が期待されている。このような状況で、彼らは限られた勤務時間とエネルギーをこれら雑多な職務のどれにどれだけ振り分けるかを裁量しなければならない。

これを「エネルギー振り分けの裁量」という。しかし、すべての職務を十分に遂行することはほぼ不可能であり、その結果あちらを立てればこちらが立たずというようなことに直面する。これを「エネルギー振り分けのディレンマ」という。それゆえ、消極的なサービス実施を行い、見かけ上のサービスの需要を少なくしたり、勤務評定の高い業務ばかりに精を出して点数稼ぎをしたりすることで、顧客への副作用を伴う危険性がある。

（神崎勝一郎）

第23章　行政の組織と管理

1　日本における行政組織の発展

1　戦前における日本の行政組織

日本における近代的な行政組織の整備は、内閣制度に先立つ太政官制の下において着手された。一八六九（明治二）年七月の職員令が、その嚆矢である。ここにおいて設置された官庁としては、大蔵省や外務省をあげることができる。また、一八七三年末には内政における総合官庁である内務省が設置されるなど、行政官庁の整備は着実に進展していった。

一八八五（明治一八）年の内閣制度施行時には、外務、大蔵、司法、文部、陸軍、海軍、内務、農商務、逓信の九省が設置されており、戦前における行政組織の基本的な枠組みは一応の完成をみることとなる。

なお、各省の設置・名称・構成・権限などを定めた各省官制や、官吏の服務規程などが一八八六から八七年にかけて定められ、内閣制度の発足と前後して、法制上においても行政組織の整備が進められた。つまり、日本における行政組織の整備は、その多くが憲法発布以前に行われたのである。

一八八九年に、大日本帝国憲法が発布されるが、憲法第一〇条において、行政官庁や官吏に関する事項を天皇の専権事項とする、いわゆる「官制大権」が定められ、また、第五五条においては、各省の大臣が天皇に対して個別に行政責任を負うとする「単独輔弼責任制」が定められた。「単独輔弼責任制」は、いわゆる「大宰相主義」をとっていた内閣職権が、首相の権限を縮小した内閣官制へと変更され、内閣の総合調整能力が低下したことと相俟って、各省間の競合・対立の激化を招き、行政セクショナリズムの弊害を生み出した。

昭和期に入ると、拓務省、厚生省などが新設され、行政官庁は一三省にまで増大した。しかし、一九三一（昭和一二）年の満州事変以降、戦争の可能性が高まると、各省分立状態の解消が求められ、国策統合機関の設置が議論された。この結果、企画院が設置され、各省間の総合調整を担当することとなった。また、戦時体制下においては、運輸省設置など、省庁の再編成が進められた。

2　戦後における日本の行政組織

第二次大戦後のいわゆる戦後改革では、GHQ（連合国軍最高司令官総司令部）の指導の下で行政組織や公務員制度などの改革が行われた。行政組織の規格法としての性格をもつ国家行政組織法や、日本国憲法（一九四六年公布、翌年施行）にもとづき、戦前の官吏制度を改めた国家公務員法などが制定され、新たにアメリカ的な行政概念が導入されたのである。

しかし、実際には「官庁のなかの官庁」とよばれていた内務省が解体されたほかには、各省庁設置法が戦前における各省官制の影響を受けるなど、戦前の組織・人員が戦後においてもほぼ継続的に運用されていた。このため、戦前と戦後における日本の行政組織の連続・不連続性をめぐって議論がなされている。

また、戦後改革においては行政委員会制度が導入された（第22章4参照）。これは行政の民主化を目的としたものであり、アメリカにおける独立規制委員会制度の影響を受けたものであった。占領期には二三もの委員会が設置されたが、日本の独立と前後して廃止あるいは審議会へと改編され、現在では、公正取引委員会などの七つとなっている。

国家行政組織法においては、行政組織を府・省とその外局である庁・委員会の四種類とすることを定めたほか、主要組織の設置改廃は法律によることを定めている。このため、戦後における行政組織は省庁レベルでは非常に安定し、一九六〇年に自治庁が自治省に昇格して以降、約四〇年間にわたって一府二二省体制が続いた。

しかし、行政組織の硬直化の防止と行政の効率化を図るため、行政組織規制の弾力化を含む行政改革が必要とされ、六四年の第一次臨時行政調査会における答申以降、たびたび提言されてきた（第19章5参照）。こうした要請を受け、二〇〇一年一月に中央省庁の再編成が行われた。この結果、従来、大臣が長となる庁や委員会を合わせると一府二二省庁であった行政組織が、一府一二省庁に再編され、また、総理府を内閣府に改編し、内閣官房機能を強化して内閣の指導力を高めた（本章2参照）。

さらには独立行政法人制度の導入や、二〇〇三年四月からの郵政事業の公社化などにより、行政組織の簡素化が図られている。

（門松秀樹）

2 現代日本の行政機構

1 強固な縦割り構造

日本の行政機構については、各省庁間の縦割り構造が強固であることが特徴として指摘されてきた。諸外国では時代の変化や政策転換によって行政機構が大きく改編されることも少なくないが、日本では一九六〇(昭和三五)年に自治省が設置されて以降、省の新設や統廃合は行われず、四〇年間も一府二二省庁の体制が続いたのである。

省庁体制の骨格が不変であったということは、それだけ各省の自律性、独立性が強く、縦割り構造が強固であることを物語っている。また、各省庁の縦割り構造が強固であるということは、その分、まとめ役である総理大臣がリーダーシップを発揮しにくいということをも意味していた。

こうした縦割り構造の改善は、行政改革の大きなテーマであったが、十分な成果は上げられてこなかった。そうしたなか、一九九六(平成八)年、当時の橋本龍太郎首相は自らが座長を務める「行政改革(行革（ぎょうかく）)会議」を設置し、省の再編を含む行政機構の大胆な改革に着手した。

行革会議の主な課題は、国の行政が担う役割の範囲、中央省庁再編のありかた、総理大臣のリーダーシップ強化策の三つに答えを出すことであった(第19章5参照)。同会議は翌年末に最終報告を行い、これをもとに二〇〇一年一月より新しい行政機構の体制がスタートしている。

2 省庁再編

第一に、中央省庁がそれまでの一府二二省庁体制から一府一二省庁体制※へと再編された。一一の省庁が四つの省に「大括り（おおぐくり）」され、郵政省、自治省、総務庁が**総務省**に、運輸省、建設省、北海道開発庁、国土庁が**国土交通省**に、文部省と科学技術庁が**文部科学省**に、厚生省と労働省が**厚生労働省**にそれぞれ統合された。

そのほか、**法務省**、**外務省**、**農林水産省**は変化なしであったが、環境庁は**環境省**に昇格し、大蔵省は**財務省**、通商産業省は**経済産業省**に名称が変わった。

同時に、縦割り行政の弊害を抑えるために、各省と同格であった総理府を廃して**内閣府**を新設し、そこに各省よりも一段高い位置づけを与えて、複数の省庁にまたがる政策課題の総合調整を担わせることにした。なお、その後の改編により防衛庁が**防衛省**に昇格した（二〇〇七年）。

さらに、観光庁、消費者庁、スポーツ庁（それぞれ〇八、〇九、一五年）が、また、二〇一一年三月一一日の東日本大震災からの復興を目的として、期限を定めて、復興庁が設置されている（二〇一二年）。

※「一二省庁」とは、本文中のゴシック体の各省庁（防衛省は二〇〇一年当時「防衛庁」）に、「**国家公安委員会**」（警察庁を管理）を加えた名称。

3　内閣機能の強化

第二に、内閣機能の強化として、総理大臣の指導力の強化と、総理大臣を補佐する体制の強化が図られた。まず、総理大臣の指導力の強化策として、総理大臣が閣議において内閣の重要政策に関する基本方針を発議できるようになった。それまでは、総理大臣の閣議での発議権について明確な定めがなかったのである。

次に、総理大臣の補佐機能の強化策として、①総理大臣を直接補佐し、内閣の重要政策の企画立案、総合調整を担う機関としての内閣官房組織の強化、②内閣官房を助け、内閣総理大臣が担当すべき行政事務の処理を任務とする内閣府の新設（本章5参照）、③総理大臣が議長となり、重要政策を審議する会議（経済財政諮問会議など）の新設、④特命担当大臣（経済財政政策担当など）の新設が図られた。

3　独立行政法人の発足

第三に、「独立行政法人」の制度が新たに設けられた。独立行政法人とは、政策の実施業務のうち、行政機関が直接担う必要はないが、民間に委ねるのは不適当といった性格の業務を担当する機関である。イギリスの「エージェンシー」にならい、政策の実施部門を企画立案部門から分離することをねらいとした制度である。

なお、独立行政法人の制度は、二〇一五年に大きく変更され、現在は、中期目標管理法人（大学入試センター、国際協力機構〔JICA（ジャイカ）〕など）、国立研究開発法人（理化学研究所、宇宙航空研究開発機構〔JAXA（ジャクサ）〕など）、行政執行法人（国立公文書館など）の三種に区分されている。行政執行法人の職員は国家公務員であるが、それ以外は非公務員となっている。

（石上泰州）

3　日本の官僚制

1　官僚優位から政党優位への変容

第二次大戦前の日本は、急速な近代化を達成するために官僚優位の政治体制を構築した。戦後も、有力政治家や高級官僚がGHQ（連合国軍最高司令官総司令部）の指示により公職追放されるものの官僚制そのものは温存された。「五五年体制」（第7章9参照）の下で、自由民主党（自民党）は官僚出身者を多く取り込んで内閣の要職に据えた。池田勇人（はやと）、佐藤栄作といった官僚出身の総理大臣も登場した。官僚優位の政治体制の下、官僚の果たした役割への評価は分かれるものの、日本は高度経済成長を実現した。

しかし、一九七〇年代以降、自民党主導の一党優位体制が続くなか人事の「制度化」が進んだ。このため、自民党の政務調査会の各部会に所属して内閣の政策立案に深く関与する族議員が次第に影響力を発揮するようになり、政党優位の傾向が強くなった。官僚のなかにも、政治との安易な妥協を潔しとしない古典的官僚に代わって、政治との取引や妥協により政策の実現をめざそうとする政治的官僚が次第に主流を占めるようになった。

一九九〇年代以降は、バブル経済の崩壊、「五五年体制」の終焉（しゅうえん）とともに、日本官僚制にも制度疲労の兆候が随所にみられるようになる。

2　稟議制

日本官僚制の第一の特色として稟議制（りんぎせい）をあげることができる。稟議制とは、「伺い（うかが）文書」や「決裁文書」を、組織の末端の者が起案して、順次、上位者の決裁を経て、最終的に決裁権者の了解を得る日本独自の仕組みである。辻清明が日本官僚制の意思決定の仕組みとして指摘した。

その後、官僚出身の井上誠一は、実務経験をもとに稟議制を分類し、これを文書によって決裁を行う稟議書型と文書によらない非稟議書型とに区分した。また、稟議書型にも、そのまま伺い文書を順に上位者に上げる順次回覧決裁型と、法律案や要綱の作成などのように事前に会議を開いて関係者の了解を得たうえ（根回し）で稟議書を回送する持ち回り決裁型とがあることを明らかにした。

稟議制のメリットとしては、①下位者の組織への参加意欲を高めること、②官房系の部署を経由しなければ最終的な決裁ができないので組織管理の一元化が容易であること、③成員が事前に合意しているため、その実施が円滑に行われること、などをあげることができる。

他方で、デメリットとしては、❶決定に至るまで時間がかかりがちであること、❷意思決定における責任の所在が不明確になりがちであること、❸リーダーシップが発揮されにくいこと、などをあげることができる。

3　セクショナリズム

日本官僚制の第二の特色としてあげることができるのは、「省益あって国益なし」とか「局益あって省益なし」などと揶揄(やゆ)されるように、セクショナリズム（部局割拠主義）が、イギリス、アメリカ、フランスといった他の国々と比較して、根強いことである（第19章8参照）。

ここでセクショナリズムとは、西尾勝によると「各部局がつねに自分のところの所掌事務を中心にものごとを考え、他部門との調整・協調に努めようとしない、「部局の哲学」というべきものを発達させること」である。

セクショナリズムをもたらす要因としては、(1)政策実施において、事務処理の効率性を高め、かつ担当する職員の専門性を確保するために、通常の官僚組織では「明確な権限の原則」が採用される。これが往々にして部局間の敷居を高くしがちであること、(2)企画立案に深く関与した部局が、その後の政策実施を担当することが慣例となっているので、組織防衛や組織拡張のために他の部局と容易に妥協や協調ができないこと、(3)総理大臣が内閣としての統一性や総合性を発揮しにくい仕組みとなっていること、などをあげることができる。

セクショナリズムの弊害への対応策は、[1]人事管理の面では、中途採用や省庁間の人事交流の促進、顧客志向の職員研修の実施、キャリア制度の見直し、退職公務員の身分保障、[2]政策形成の面では、政策実施部門の外庁化・独立行政法人化や民間への移譲、国民参加の行政評価の企画立案への反映、[3]内閣の総合調整の面では、内閣府への予算編成権の移譲や危機管理権限の強化、などをあげることができる。

政治がリーダーシップを発揮して、政策の価値観や判断基準を明確にし、官僚がその能力を最大限発揮できる仕組みを再構築することが肝要である。

（桑原英明）

4 ラインとスタッフ

1 起源

ラインとスタッフという用語は、プロイセンにおける軍隊組織の役割分担に起因する。ラインとは、軍隊での実働部隊（ライン＝前線の意）のことを指し、スタッフとは、実働部隊に命令を下す指揮者を補佐する参謀部のことを指していた。

従来のラインのみの軍隊組織では、軍隊の統率において指揮者に過度の負担がかかるというデメリットがあった。しかし、スタッフという補助機関を設けて、機能分化を図ったことは、指揮者の負担を軽減させ、軍隊の効率アップにつながった。

このことから、のちに他国の軍隊にも導入され、今日では企業や行政などの組織系統にも応用されている。

2 類型

組織はラインのみでの構成と、ラインにスタッフをつけて補佐させるライン・スタッフの二種類が存在する。

①ライン

組織が果たすべき課題を、単一の命令系統によってこなしていく形態のことを指す。命令系統や権限、責任の所在が明確なことから、組織が小規模、あるいは単純な構成の場合には、この型をとることが多い。この形態ではスタッフは存在せず、その機能はライン上に取り込まれている。

ラインの欠点は、責任者に権限が集中しているために、組織の規模が大きくなると、責任者は過重な責任を負わされることとなり、組織そのものが機能しなくなることである。

②ライン・スタッフ

実際の執行を担当するラインに加えて、より合理化、効率化を促進するために、専門的な立場に立って、ラインの責任者を補佐するスタッフを組み合わせた形態のことをいう。複雑化した大規模な組織においては、ライン・スタッフを採用していることが多い。

　しかし、この形態においては、助言を目的としたスタッフが権限を逸脱して、ライン業務に介入する危険性をはらんでいる。スタッフのライン業務への介入は、指揮系統を混乱させる可能性がある。

3　権限

　伝統的なラインとスタッフの概念においては、直接的な指揮、命令はラインが行い、スタッフは助言、勧告をするのみにとどまるとされている。

　つまり、目的達成のための直接的役割を果たすのがライン、間接的役割を担うのがスタッフと定義づけられている。このような役割分担によって、最終的な責任はラインが負うこととなっており、スタッフは責任を負わないとされている。例えば、中央の行政組織にライン・スタッフの概念をあてはめると、

・内閣から省という一連の指揮系統にある官庁のことをライン機関

・内閣を補佐する内閣官房、人事院など、あるいは省を補佐する大臣官房などはスタッフ機関

とすることができる。

　これらの機関がスタッフ機関なのか否かという点に関してみてみると、これらの機関は統制、命令機能を一部有しており、伝統的な概念では、スタッフ機関とは言い難い。しかし、実際の現場においては、助言、勧告のみでは十分な能力を発揮しえないために、スタッフがその権限を越えて命令を行うことが、歴史的に存在した。

　このようなことから、現実にはスタッフは、ラインの性格をも兼ね備えていると考える説も存在しており、これらの組織もまたスタッフ機関とみなすことができる。

4　スタッフ機関の発達

　スタッフの有用性に着目し、ラインのより一層の効率化を実現するために、スタッフ機関の権限の強化や役割の多様化への試みがなされ、今日に至っている。すなわち、従来の概念である助言のみを行うスタッフを、現在は助言スタッフと呼んでいる。

　その他には、ラインの実質的な補助的業務を主として行うサービススタッフや、予算の統制や法令の審査をする統制スタッフ、ライン上の責任者のみの補佐・代理を務める統合スタッフなどがある。

（半田英俊）

5 行政組織の設置

行政組織の設置にあたっては、二つの基本的な考え方がある。法制定主義と裁量主義である。わが国においては原則的に、第二次大戦前は裁量主義を、戦後は法制定主義の立場をとっている。

以下に、この両者の長所と短所について述べ、また、わが国や各国における事例について触れることとする。

1 法制定主義

法制定主義とは、「法律による行政」を基礎的な概念として、行政機関の設置を立法府の制定する法にもとづいて行うという考え方である。これは、議会における審議を経るために、行政機関の設置過程の公開性が高く、また、行政機関設置後の安定性も、法律による制度的な保障があるために保たれやすいという長所がある。

しかし、その一方で、行政機関の設置をめぐって、議会での法案審議を経るために、その設置過程が政治化しやすく、行政に対する政治の過度の介入を招く危険性があり、また、設置後の安定性の高さがかえって組織の硬直化を招いてしまうといった短所がある。

2 裁量主義

裁量主義とは、行政府の自律性にもとづき、行政機関の設置は、行政府の長の裁量にもとづいて行うという考え方である。これは、行政に対する要求がさまざまに変化していく状況にあっても、こうした変化に迅速に対応し、行政機関の設置を迅速かつ柔軟に行うことが可能であるという長所がある。

しかし、行政機関の設置が行政府の長の裁量にもとづいて行われるため、その設置過程や設置目的などが不明確となる場合があり、行政機関設置後において、その機関をめぐって一定の不透明性が残るといった短所がある。

3 日本における行政機関の設置

戦前のわが国においては、行政機関の設置・編制などは天皇の大権（たいけん）事項の一つである「官制大権」に含まれており（本章1参照）、帝国議会において審議される法律がこれに関与することはできなかった。このため、行政機関の設置法にあたる各省官制や官制通則などは勅令(ちょくれい)によるものとされ、内閣あるいは枢密院(すうみついん)が重大な影響力をもっており、完全な裁量主義の立場をとっていた。

しかし、GHQ(連合国軍最高司令官総司令部)による戦後改革で天皇大権が消滅すると、「法律による行政」の概念にもとづき、行政組織の規格法である国家行政組織法が制定され、行政機関の設置や、その編制は法律事項とされた。つまり、完全な法制定主義の立場をとったのである。

このことは、主要な省庁組織が一九六〇年の自治省設置以来、約四〇年間にわたってほぼ改編されることがなかったという、非常に安定した省庁体制をもたらした(本章2参照)。

しかし、社会情勢などの変化により、行政組織の柔軟性を求める声が上がるようになり、八四年に国家行政組織法が改正され、各省庁の設置と所管事務を法律事項とし、局・官房・課の編制とその所管事務については政令事項とすることが定められた。これにより、裁量主義が局以下のレベルにおいて再び採用されたのである。

二〇〇一年の中央省庁再編に際して、総理府に代わって設置された「内閣府」は、首相を補佐し、省庁間の総合調整や、省庁横断的な課題への対応を担当するために、国家行政組織法適用外の組織として設置されている。

4　各国における事例

アメリカにおいては、厳格な三権分立を定める連邦憲法の規定により、基本的には法制定主義の立場をとり、大統領も連邦行政組織の決定権限を有していない。しかし、ルーズベルト政権下の一九三三年以来、行政組織改革法が時限立法として制定され、大統領の提出した改革案が一定期間内に上下両院において承認を受けることによって行政組織の改編が認められ、これにもとづいて大統領による行政組織改革が担保されている。

一方、ドイツやフランスなどにおいては、憲法において行政機関の設置や所管事務などの決定に関する事項が行政府に授権されており、立法府の承認を必要としておらず、裁量主義の立場をとっている。

また、イギリスにおいても、伝統的に行政組織の編制は枢密院令によって定めることが慣習とされており、立憲君主制の下においては、事実上、内閣がその裁量によって行政組織を決定している。

(門松秀樹)

6　行政組織の再編

1　行政組織の編成

行政組織は大別すると、医療・福祉・労働、産業振興、環境の維持・復元といった個々の行政領域を管轄する①「所管系統の部署」と、文書・法規、予算、人事といった部署全体の総括管理を担う②「総務系統の部署」の二系列で編成されている。

具体的には、国の府省レベルでは、①「所管系統の部署」の例は、厚生労働省、経済産業省、環境省といった省であり、②「総務系統の部署」の例は、内閣府や内閣官房、財務省主計局、総務省行政評価局などである。

所管系の省庁においても、内部組織を見ると、所管系統と総務系統の部署が置かれている。例えば、厚生労働省の局レベルの内部組織を見ると、大臣官房が、省全体の総括管理を担当する総務系統の部署であり、医政局や健康局といった局が、個々の行政領域を管轄する所管系統の組織である。さらに、府省の局の内部組織を見ると、例えば、厚生労働省医政局の総務課は局全体の総括管理を担っており、その他の医事課、看護課などは所管系統の部署である。このように、所管系統の部署でも内部組織に総務系統の部署を配しており、いわゆる「入れ子の構造」となっている。

2　戦後改革による省庁の再編から高度成長期へ

敗戦後の日本は、戦時体制の解除、行政の民主化、経済復興を図るために、行政組織の大幅な再編が行われた。大東亜省（だいとうあ）、軍需省（ぐんじゅ）、陸軍省、海軍省、内大臣府（ないだいじんふ）が廃止され、さらに宮内省（くない）と内務省が廃止・解体された。

他方で、一九四六年から四八年にかけて労働省、建設省、人事院、国家公安委員会、経済安定本部、物価庁、貿易庁、石炭庁、経済調査庁、中小企業庁、工業技術庁、公正取引委員会などが次々と設置された。四九年には、商工省と貿易庁とが統合されて通商産業省（通産省）が設置され、四九年に設置された地方自治庁は、拡充されて五二年に自治庁となった。

戦前、最大の官庁であった内務省は徹底的に解体され、戦後は大蔵省や通産省（のちの財務省や経済産業省）といった経済官庁が大きな役割を占めることとなる。また「再改革」の時代には、戦後改革で次々と設置された国レベルの行政委員会の多くが廃止、あるいは審議会や付属機関へと再編された。

高度経済成長期には、国の行政機構にあまり変化はなく、安定的に推移する。新たに設置された省庁は、六〇年の自治省と、七一年の環境庁などにとどまる。

自治省は、地方自治と消防行政の企画立案を総合的に所管するために設置された（その後、郵政省・総務省と統合し、総務省）。環境庁は、高度経済成長の〝負の遺産〟である公害問題等に省庁横断的に対処するために設置された（その後、環境省に昇格）。

この間、六一年に第一次臨調（臨時行政調査会）が設置されているが、本格的な行政組織の再編は、八一年に設置された第二次臨調、および九六年に設置された行政改革会議を待たねばならなかった。

なお、九八年には金融行政を総括的に監視するために金融監督庁（その後の省庁再編で金融庁）が設置されている。

3　省庁再編（二〇〇〇年）以降の行政組織の再編

臨調・行革審（臨時行政改革推進委員会）、行政改革会議など行政改革の詳細は、別項目に委ねる（第19章5・6参照）。ここでは、省庁再編以降の、行政組織の再編について触れたい。

まず、二〇〇七年に長年の懸案であった防衛庁が防衛省へと再編された。〇八年には、観光立国を推進するために国土交通省の外局として観光庁が、〇九年には、内閣府の外局として消費者行政を総括的に進める消費者庁が設置された。

一二年には、東日本大震災からの復興を図るために内閣の下に復興庁が、また同年には、東京電力の福島第一原子力発電所での事故を教訓として、それまで、経済産業省の外局である資源エネルギー庁に置かれていた「原子力安全・保安院」を、環境省の外局として行政委員会（第22章4参照）の一つである「原子力規制委員会」へと再編している。

さらに、一五年にはスポーツ行政の一体化を図るために文部科学省の外局としてスポーツ庁が、また、防衛省の外局として防衛装備庁が設置されている。一九年には法務省入国管理庁が廃止され、出入国と在留管理を所管する出入国管理庁が設置されている。

このように、省庁再編以降は、府省レベルでの設置は防衛省と復興庁にとどまるものの、庁・委員会レベルでは、社会経済や政治状況の変容に応じて、比較的時をおかずに、これら組織の再編が行われていることがわかる。

なお、二一年九月には、省庁横断的なデジタル化の推進のために「デジタル庁」が設置された。

（桑原英明）

7 政府の電子化

一九九〇年代以降、インターネットや携帯電話などの「情報通信技術（ICT）」が発達し、企業の活動形態や個人の生活様式は大きく変化している。

二〇〇〇年には、「高度情報通信ネットワーク社会形成基本法（IT基本法）」が制定される。この法律に基づく「高度情報通信ネットワーク社会推進戦略本部（IT総合戦略本部）」は、「e‐Japan戦略」（二〇〇一年）、「IT新改革戦略」（二〇〇六年）、「i‐Japan戦略二〇一五」（二〇〇九年）、「新たな情報通信技術戦略」（二〇一〇年）、「世界最先端IT国家創造宣言」（二〇一三年）、「世界最先端デジタル国家創造宣言・官民データ活用推進基本計画」（二〇一八年）などの包括的な政策決定を行い、国や自治体における行政の電子化を主導した。

1 「電子政府」の構築

わが国では、情報社会の進展に沿って政府が行政の電子化を推進している。一九九四年に閣議決定した「行政情報化推進基本計画」はその原点と言えるものであり、行政情報の電子的な提供、各種申請・届け出、行政の情報化推進に関する基盤整備などへの取り組みを規定した。その後、それら施策は「電子政府」の構築やICTの更なる利活用などを目的とする新たなフェーズに移行した。

「電子政府」とは、「行政内部や行政と国民・事業者との間で書類ベース、対面ベースで行われている業務をオンライン化し、情報ネットワークを通じて省庁横断的、国・地方一体的に情報を瞬時に共有・活用する新たな行政を実現するもの」（「IT基本戦略」（二〇〇〇年十一月二十七日IT戦略会議決定））である。政府は、「電子政府構築計画」（二〇〇三年）や「電子政府推進計画」（二〇〇六年）などを策定し、国民の利便性や行政サービスの向上に資する、簡素で効率的かつ安全な「電子政府」の実現を目指してきた。

具体的な取り組みの例として、①行政手続のオンライン利用促進、②ワンストップサービスの対象拡大、③オープンデータ化の推進、④行政内部の業務・システムの最適化、⑤情報セキュリティ対策の強化などが挙げられる。二〇〇一年には、総合的な行政情報ポータルサイトである「電子政府の総合窓口（e-Gov）」や、国、都道府県及び市区町村などの情報システムを行政専用の閉域ネットワーク内で接続する「総合行政ネットワーク（LGWAN）」が運用を開始した。

一方、内閣官房に「情報通信技術（IT）総合戦略室」が設置され、各府省庁では「情報化統括責任者（CIO）」の任命が広がっていく。二〇一三年には、IT総合戦略室に「内閣情報通信政策監（政府CIO）」が設けられることで、国の電子行政に関する府省庁横断的な組織体制が完成した。それらの動向等を踏まえて、自治体でもCIO職の設置が徐々に進んでいった。

2 「デジタル・ガバメント」の取り組み

近年、政府は「情報社会（Society4.0）」から「Society5.0」への転換を推進している。「Society5.0」とは、「モノのインターネット（IoT）」や「人工知能（AI）」などの活用による、仮想と現実の空間を高度に融合させたシステムを基に、経済の発展と社会的課題の解決を同時に達成する人間中心の社会像である。そして、世の中に溢れるさまざまな「データ」はその基盤になるものとされている。

二〇一六年に制定された「官民データ活用推進基本法」は、官民データの活用施策の推進を政府に義務付けている。この法律に基づく主要施策の一つに「デジタル・ガバメント」がある。「デジタル・ガバメント」とは、「電子政府」による従来からの取り組みの延長線上に位置する施策であるが、利用者中心の行政サービスを特に重視している。二〇一八年には、「デジタル・ガバメント実行計画」の初版が策定され、行政のあり方をデジタル前提で見直すための取り組みが具体的に示された。

この実行計画は、(1)デジタルファースト（個々の手続き・サービスがデジタルで完結する）、(2)ワンスオンリー（一度提出した情報は再提出する必要がない）、(3)コネクテッド・ワンストップ（民間を含む複数の手続きを一カ所で実現する）による「デジタル三原則」に従い、行政サービス改革の方向性を明示している。それら改革の一環として、二〇二一年四月現在、政府は「デジタル庁の設置」や「マイナンバーカードの普及促進」などに向けた「デジタル改革」を推進している（デジタル庁は同年九月に設置された）。

（爲我井慎之介）

第24章　行政統制と行政責任

1　行政統制

行政統制とは、行政活動を他律的に抑制する仕組みである。

図表20　行政統制の類型

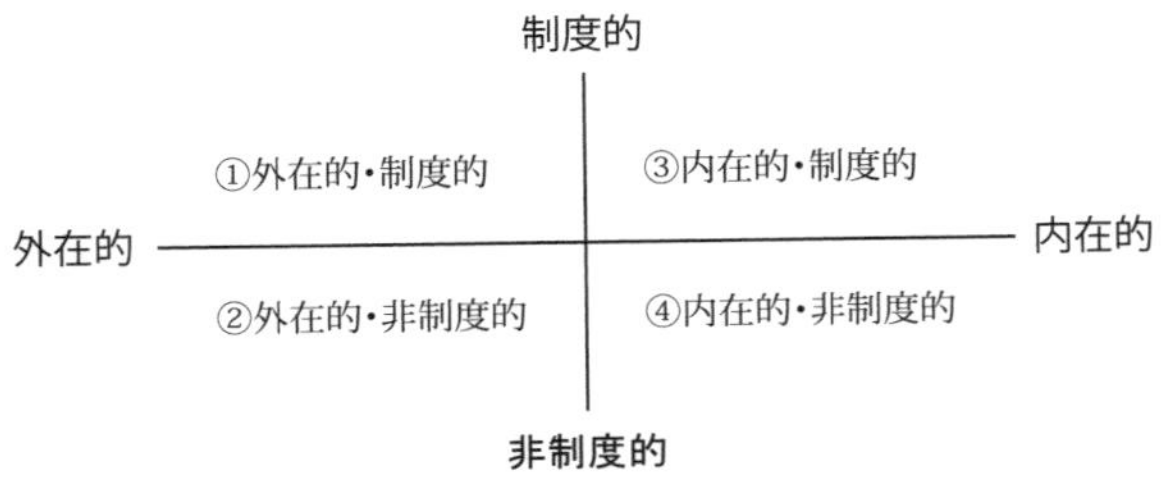

（出典：佐々木信夫『現代行政学』学陽書房、2000年）

アメリカの行政学者ギルバートは、行政統制を二つの軸により四つに類型化した。一つは行政の外部からの統制か、あるいは内部からの統制かという軸である。

もう一つは強制力をもった統制か事実上の統制かという制度的統制と非制度的統制の軸である。

したがって、現代国家の行政統制は、外在的制度的統制、外在的非制度的統制、内在的制度的統制、内在的非制度的統制の四つから考えることができる。

1　外在的統制

三権分立の原則の下では、国会、裁判所、行政機関を外部から統制する外在的制度的統制が、行政統制の基本となっている。

国会による統制には、立法権による統制、調査権・質問権による統制および人事権による統制がある。裁判所による統制は、裁判により行政権の行使による国民の権利や利益の侵害を制度的な手段で救済する。

外在的制度的統制は、民主的で適正な政府の実現を図ろうとする行政統制の基本であるが、行政の優位化した現代国家では他の行政統制の手段と組み合わせることが、その実効性を高めることにつながる。

つまり、行政裁量の余地が大幅に拡大したために、現代国家は、行政活動を抑制する事実上の仕組みである外在的非制度的統制を発達させてきた。行政活動の対象である利益集団や国民から寄せられる苦情や要望、住民運動やデモ、あるいはマスメディアによる報道などの事実上の統制である。

行政機関は、これら諸団体や国民からの要請や要求に従う法的な義務はないが、これを、そのまま放置すれば政府の統治能力（ガバナビリティ）や信頼性の低下につながることも稀ではない。また、これら団体や国民は、単なる行政への要求やデモにとどまらず、行政訴訟や住民訴訟に訴えて司法の判断を仰ぎ、これをマスメディアが全国的に報道して世論を喚起する一連の行動に出ることもあり、その影響力は決して小さなものではない。

2　内在的統制

行政内部の上下関係に依拠して統制しようとするのが内在的制度的統制である。これには、執政機関による統制と、執政機関の指揮監督を補佐する官房系統の部局による管理統制とがある。このほかにも、行政手続法、行政不服審査法、行政相談員法といった個別の法律を根拠とした統制手段が存在している。

ここで、執政機関による統制については、

①内閣としての統制
②内閣総理大臣による統制
③各省大臣による統制

とがある。

内部統制については、身内に甘いという外部からの批判が常にあることも確かだが、量的に膨大で質的にも多様な内容をもつ行政活動を、実態に即して把握し、これに統制を加えることができるという利点もある。

もう一つは、行政内部の同僚職員による評価や批判および公務員倫理といった、内在的非制度的統制である。場合によっては、職員組合による要求、提案や批判もこれに含むことができる。

さらに、近年では、これまでにない行政統制の仕組みが形成されつつある。情報公開、オンブズマンや行政評価、あるいは住民投票制度などのように、新たな法律や条例を制定して、国民や住民を行政統制の制度的な主体の一つとして位置づけようとするものである。

公務員が〝全体への奉仕者〟（憲法第一五条）として行動するための他律的抑制の仕組みとして行政統制は不可欠である。しかし、他方で公務員が自立的に責任を果たす仕組みを合わせて構築することも大切である。　（桑原英明）

2 会計検査

1 会計検査

会計検査とは、行政機関の金銭的な出納(すいとう)が適切であるかという観点から、行政活動を事後的に評価することである。このため、会計検査は行政機関の外部から、制度的に独立した地位を与えられた監査機関が行う事後的な外部監査を基本としている。

日本では、内閣から独立した行政機関である会計検査院がこれを担当している。アメリカでは、連邦議会の付属機関である会計検査院が担当し、イギリスでは、行政から独立した機関である会計検査院が担当している。

会計検査は、外部からの監査を基本としているといっても、金銭の出納業務の多い行政機関では、監査事務を専門的に担当する内部の部局がおかれている。国税庁の調査査察部や、郵政事業庁から移行した日本郵政公社の監査部門がそうであり、厚生労働省のなかで生活保護行政の予算執行について監査を行う社会・援護局の監査指導課などもそうである。

2 日本の会計検査院

日本の会計検査院は、内閣から独立した地位を有する行政機関である。会計検査院の設置は、憲法九〇条に根拠をもち、その組織と権限に関する事項は会計検査院法に規程されている。

会計検査院は、衆参両議院の同意を得て内閣が任命する三人の検査官により構成される合議制の検査官会議と事務総局とから組織されている。内部の事項に関しては、規則を制定する権限も与えられている。また、内閣が会計検査院に代わって国会に予算案を提案する二重予算制度がとられており、国会からも一定の距離を保つ制度となっている。

会計検査院は常時、会計検査とともに国の収入と支出の決算を行い、毎年この結果を検査報告として国会に提出することになっている。会計検査の結果、法令違反や、不適当な会計処理が行われている場合、当該行政機関の長や関係者に対して、その是正を求めることができる。故意または重大な過失により国に著しい損失を与えた場合には、所属長や監督責任者に対して会計事務を処理する当該職員の懲戒処分を要求する権限も与えられている。また、注意義務を怠って現金を紛失した出納職員や、故意または重大な過失により国に損害を与えた物品管理職員について、事実関係を調査し弁償責任の有無を検定する権限が与えられている。

なお、国の行政機関はもとより国から補助金、奨励金や助成金などを交付される地方公共団体や民間団体も、会計検査の対象に含まれている。

3　1L＋3Eの基準

行政活動の適切さを判断する伝統的な基準は、会計処理が法令や規則あるいは内規に違反していないかという合法性(legality)や合規性の基準である。さらに、各国の会計検査機関は、この合法性の基準（1L）に加えて、一定の成果を最小の経費で達成する経済性(economy)の基準や、一定の経費で最大の成果を達成する効率性(efficiency)の基準、あるいは、所期の目標に照らした達成度である有効性(effectiveness)の基準を導入しつつある、とされている。

これら四つの基準の英字表記のそれぞれの頭文字を用いて、「1L(合法性)＋3E（経済性・効率性・有効性)」の基準とよぶことがある。

アメリカの会計検査院は、有効性の観点から連邦政府の施策や事業を評価するプログラム評価を行っている。これに対して、日本の会計検査院も合規性の基準に加えて「3E基準」による会計検査を導入しつつあるとされるが、とりわけ有効性の基準に関しては、国会や内閣の責任である政策決定権を侵害するおそれもあることから、当該行政機関に検討を委ねる傾向が強いとされる。

これは、アメリカの会計検査院が議会の付属機関であるのに対して、日本の会計検査院が内閣から独立した地位にあるとはいえ、行政機関であることに伴う限界でもある。

他方で、各国の会計検査は行政機能の拡大に伴い、外部的かつ事後的な行政統制から、途中評価や事前評価を組み込んだ内部的な政策評価や行政評価の仕組みを模索している。しかし、これがかえって会計検査と政策評価や行政評価との間の境界を不明確にしているという指摘があることも事実である。

（桑原英明）

3　行政の他律的責任

1　受動的責任と積極的責任

公務員は、国民〝全体への奉仕者〟として、公共の利益のために勤務し、民主的で能率的行政の実現を図るべく職務に専念する法的な義務を課せられているが、この法的な義務を果たすための責任を同時に課せられている。また公務員は、職務の遂行にあたっては上司の命令に忠実に服し、法令に従う義務が課せられているが、この法的な義務を誠実に遂行する責任もあわせて課せられている。これらを公務員の受動的な責任という。

公務員の責任が、これらの受動的責任の範囲にとどまっていれば行政責任と行政統制とを区別する理由はさほどない。しかし、現代国家の公務員は、これら受動的な責任に加えて、上司による職務上の指示や命令、予算による規律および上級機関による指令に違反しない範囲において、自発的かつ能動的に裁量を発揮する補助責任を果たすことが期待されている。

また、新たな行政環境や行政需要の変化をいち早く取り込んで、所掌する事務権限の範囲内で対案を作成して上司や上級機関に意見を上申することや、あるいは政治に対してアイデアや提案を具申すること、さらには、これらに対して具体的な法律の改正や新たな法律の策定、あるいは、新規予算の獲得などに関する助言や勧告を行うといった補佐責任までも期待されるようになった。

2　ファイナー＝フリードリッヒ論争

第二次大戦後、行政の立法府に対する優位化が進むなかで、これまでの受動的責任や積極的責任に加えて、新たな行政責任をめぐる論争が、イギリスの行政学者ファイナーとアメリカの行政学者フリードリッヒとの間で争われた。

公務員の責任を、行政府の立法府に対する制度上の責任である答責性（アカウンタビリティ）の範囲内において達成しようとする立場がファイナーである。

これに対して、積極的責任はいうまでもなく、国民や団体の要望、期待を的確に把握して公務員としての非制度的な責任についてまでも踏み込んで職責を果たすべきであるとする立場がフリードリッヒの応答性（レスポンシビリティ）である。

公務員は、国民や各種団体から寄せられる苦情や要望のすべてに対して応答する法的な責務を課せられているわけではない。全体への奉仕者である公務員が直接に責務を有するのは、立法府を構成する国会議員および国会に対してであり、行政内部においては決裁権をもつ内閣総理大臣や主任の大臣に対してである。しかしながら他方で、公務員が奉仕すべき究極の対象は国民であることも確かである。

公務員は直接的な本人である国会と究極の本人である国民の「代理人」として常にジレンマ状況におかれている。多様化かつ複雑化する現代国家の行政需要に対して、公務員がどこまでその自律的な責任を果たすべきかについて明確な答えはいまのところない。

3　公務員倫理

公務員は、政策形成における社会の専門家としての立場から、単に命じられた職務を民主的かつ能率的に遂行するだけではなく、積極的な責任や非制度的な責任をも適切に果たすことが期待されている。これらの責任は、他の機関から公務員に課せられた義務に伴って派生する他律的な責任ではない。

公務員は、国民全体への奉仕者として自覚し、公務員として自らに課せられた使命感を常に自問し、公務員としての高い職業倫理を公務員個人としてのみならず公務員集団として共有することにより、その責務を自律的に果たすことが要請されている。

アメリカの行政研究者であるオズボーンとゲーブラーは、その著書『行政革命』のなかで、新たな公務員像として「アントルプルヌール型の行政職員」を提起している。アントルプルヌール（entrepreneur）型の行政職員とは、①全体への奉仕者としての使命感を重視し、②顧客（国民や住民）志向の発想で行政課題をとらえ、③これを具体的な成果や業績として顧客に提供することにより、顧客の満足度を高めるように行動する職員のことである。

他方で、公務員の破廉恥（はれんち）な行為や汚職問題が後を絶たない。国民の信頼感を裏切ることにもつながっている。高い倫理観をもった公務員の育成を図ることはいうまでもないが、公務員としての能力や使命感に欠ける者への適切な処遇も看過できない課題の一つである。（桑原英明）

4　情報公開

1　情報公開制度の必要性

　一般に民主主義国においては、国の予算や決算をはじめとする最重要の行政情報は、行政機関が自ら進んで公開することが義務づけられている。また、公開する義務のない行政情報であっても、広報活動などを通じて、積極的に情報提供に応じることも少なくない。

　一方で、行政機関には政策の遂行上、あるいは組織防衛上、国民や時には議員にも隠しておきたい情報が存在することも否定できない。行政機関が保有する情報は質量ともに圧倒的であるから、都合の悪い情報は隠し、都合の良い情報だけをリークすることができれば、国民世論や議員を誘導することも可能であろう。

　しかし、国民主権の下での行政機関においては、こうした態度は認められるべきではない。税金で成り立っている行政機関が収集し、保有する情報は、広く納税者たる国民の共有財産であると理解されるべきであろう。こうした観点から、主な民主主義国では、保有する情報の公開を求められた行政機関は、原則としてそれに応じる義務があることを定めている。情報公開制度がそれである。

　情報公開制度が存在せずに、行政機関が行政情報を容易にコントロールできる社会では、国民が行政の不正や無駄を監視したり、政策の誤りを追及したり、有効な政策提言を行うことには大きな困難が伴う。国民主権の理念の下で、国民が行政を統制するためには、また、国民が政策形成に参加するためには、情報公開制度が不可欠なのである。

2　情報公開制度の展開

　情報公開の制度はスウェーデンにおいて早くも一八世紀の後半に導入されていたが、各国で普及していったのは、アメリカの「情報自由法」の制定に代表されるように一九六〇年代以降である。

　日本では一九八二（昭和五七）年に山形県金山町（かねやままち）と神奈川県が条例を制定して以来、各地の地方自治体が積極的に制度化に取り組んでいった。現在、すでに八割を超える地方自治体が情報公開条例（要綱なども含む）を制定している（本章サブ・テーマ33参照）。

一方、国における法制化は遅れていたが、ようやく一九九九（平成一一）年に情報公開法（行政機関の保有する情報の公開に関する法律）が成立し、二〇〇一（平成一三）年に施行された。同法は、情報公開制度を通じて、行政機関が国民への説明責任を果たし、国民の理解と批判の下で、公正で民主的な行政を推進すべきことをうたっている。同法の概要は以下のとおりである。

3 情報公開法の概要

①請求権者の範囲

情報公開法は、情報公開を請求できる者を「何人（なんぴと）も」と定めており、請求権者には、日本国民だけでなく外国人、そして企業などの法人も含まれる。

②公開対象機関の範囲

情報公開の対象となる機関は、国の行政機関（会計検査院を含む）であり、国会と裁判所は対象外である。また、すべての独立行政法人と大半の特殊法人、日銀などの一部の認可法人も、公開の対象となっている。

③非公開情報の範囲

例外的に公開しないことができる情報として、防衛や外交、犯罪捜査にかかわる情報、個人情報、企業などの利益を害する情報などが列挙されている。

④請求、公開の手続き

請求者は開示請求書に氏名、住所、公開を求める情報の名称を記して、情報を保有する行政機関に提出する。行政機関は、公開するか否かを原則として三〇日以内に請求者に通知しなければならない。

⑤非公開とされた場合の救済方法

開示決定に不服がある場合、請求者は相手方の行政機関に審査請求を行うことができる。これを受けた行政機関は、第三者機関の「総務省情報公開・個人情報保護審査会」に対し、非公開とした判断が妥当（だとう）であるか否かを諮問する。

なお、開示請求の件数は、初年度は五万件弱であったが、近年は一五万件程度に増加している。開示決定等の状況は、全部開示が二九・三％、一部開示が六八・五％、不開示決定が二・二％となっているが、審査会の裁決は九三・三％が「却下（きゃっか）・棄却（ききゃく）」であり、認容（にんよう）（審査請求の内容が認められたもの）や、一部認容は数％に過ぎない（二〇一八〔平成三〇〕年度）。

（石上泰州）

5 行政手続

1 行政手続法制の必要性

(1) 決定過程の透明性

行政機関は国民に対してさまざまな決定を行っている。
「税金を幾ら幾ら払いなさい」
「食中毒を起こしたので営業停止を命じます」
「自動車の運転を許可します」
など、すべて行政機関による決定であり、国民はこれに従わなければならない。

こうした行政機関による決定は、すべて法律にもとづいて行われているのであるが、従来の日本の行政にみられる一般的なスタイルは、行政機関が閉ざされた部内で案件を処理し、一方的に決定を下すというものであった。

そのため、どのような基準や手続きで決定が下されているのかについて、決定を下された側がうかがい知ることは困難な場合が多かった。行政機関による決定の過程は、透明性において問題を残していたといえる。

また、決定過程がこのように不透明であると、決定の公正さにまで疑いを招きかねないという懸念も指摘されていた。

(2) 事後的救済

行政機関が下した決定に納得がいかない場合、従来は、裁判などによる事後的な手続きにより救済を図るのが基本であった。しかし、現実には行政側の非が認められる例は必ずしも多くなかったし、認められたとしても後の祭りに終わって救済が意味をなさないこともあった。

そこで、行政機関が決定を下す前に、相手側が意見を述べたり弁明する機会を与えるなどの、事前の手続きを整えておくことの必要性がとなえられていた。

(3) 行政指導

さらに日本では、行政機関が相手側に対し自発的な協力を求める「行政指導」という手法が多用されてきた。かつてのコメの減反(げんたん)や自動車輸出の自主規制などがその代表例である。行政指導には従う義務はないが、将来も続く行政機関との長いつきあいを考慮すると、しぶしぶ指導に従うというケースも少なくないとされてきた。

行政指導には、弾力的で機動的な対応を可能にしてきたという面もあるが、行政運営や官民関係の透明性を阻害してきた面も否定できず、行政指導の位置づけや手続きを明確に規定すべきとの指摘が根強かった(第25章サブ・テーマ34参照)。

2　行政手続法の制定

こうしたなか、日本の行政の不透明性を問題視する諸外国からの要請もあり、一九九三(平成五)年に「行政手続法」が制定され、翌年施行となった。

行政手続法は、行政運営における公正の確保と透明性の向上を図るのが目的であり、要点は以下の四つである。

①行政機関に対する申請の手続きに、透明性と迅速性を確保させること。行政機関は、申請が行われた際には遅滞なく審査を開始すること、審査の具体的な基準を定めて公表すること、申請から決定に至るまでの標準的な期間を定めること、申請を拒否した場合にはその理由を示すこと、などが定められた。

②不利益処分(営業停止処分など)に際して公正で透明な手続きを確保させること。行政機関は、どのような場合にどの程度の不利益処分を行うかについて、あらかじめ基準を定めて公表するよう努めること、不利益処分を決定する前に相手方に意見を述べる機会を与えること、不利益処分を行ったらその理由を相手方に示すこと、などが定められた。

③行政指導を法律上明確に位置づけ、その透明性を確保すること。行政指導はあくまで相手方の自発的な協力が前提であることを確認し、これに従わないことを理由に不利益な取り扱いをすることを禁じた。さらに、行政指導の趣旨や内容、責任者を明確にするとともに、相手方の求めがあれば、これらを文書にして交付すべきことを定めた。

④命令等(政令・省令、規則、審査基準、処分基準、行政指導指針)を定める場合には、原則として、その案を公表して、広く一般の意見を求めなければならず、意見は十分、考慮しなければならないことが定められた。いわゆる「パブリック・コメント(意見公募手続)」の制度である。

(石上泰州)

6　オンブズマン

1　オンブズマンとは

行政の誤った施策や見落としている社会問題に対して、国民からの苦情を受けて、非司法的な手段で監査を行う役職のことをオンブズマンという。スウェーデンで始まった制度で、もともとは国王の代理人を指す役職名であった。その後「三権」のいずれからも独立した身分で、国民からの苦情申し立てを受けて行政の不正について調査し、苦情処理を行う行政監督官を指すようになった。

現代社会では三権のうち、行政部の組織、機能が往々にして肥大化し、立法部や司法部の監視が困難になってきている。

オンブズマン制度は、伝統的な三権分立による相互監視システムのほかにも行政を監視する機構が必要であるとの考え方にもとづいた制度で、現在多くの国々や地方自治体で採用されている。

2　オンブズマンの類型

オンブズマンには、①総合オンブズマンと専門オンブズマンという分類と、②議会設置型オンブズマンと行政設置型オンブズマンという分類がある。

まず、①の総合オンブズマンとは、特定の行政分野に限定せずに苦情処理をするという制度で、専門オンブズマンは、特定の行政分野にのみ限定して苦情処理をする制度のことである。総合オンブズマンの制度としては、スウェーデンの「議会オンブズマン」のほかに、フランスの「メディアトゥール（調停官）」が有名である。

次に②の分類は、単なる設置場所という意味のみならず、オンブズマンの活動に対して、議会が責任を負うのか、それとも行政府が責任を負うのかという分類である。

3　わが国のオンブズマン

わが国では、次々と明るみになる行政の不祥事を切っ掛けに、国レベルでのオンブズマン制度導入の検討がなされてきたが、まだ実現に至っていない。総務省の行政評価委員制度が「日本型オンブズマン制度」であるとの説もあるが、これは従来の行政相談委員制度が名称を変えただけのものである。

しかし、地方レベルでは、一九九〇年に東京都中野区が福祉分野に限定したわが国初の公的オンブズマン制度を導入したのに続き、神奈川県川崎市が行政全体を管轄する公的オンブズマンを設置し、二〇一五年末時点で七一の地方自治体が公的オンブズマン制度を採用している。わが国の公的オンブズマンの特徴は、地方自治法の制約からそのすべてが首長（しゅちょう）の任命する行政設置型である点である。

なお最近は、市民レベルでも情報公開制度を利用して行政監視を行う「市民オンブズマン」を名乗る住民団体が数多く出てきているが、これは公的団体ではなく、住民運動の一形態であり、公的オンブズマンとは区別すべきものである。また一部については、党派的傾向が指摘されることもある。

4　公的オンブズマン制度の導入状況

このようにオンブズマンはわが国に浸透してきているように思われるが、その反面公的オンブズマン制度を導入する自治体の数は、二〇一五年時点で七〇余にすぎないし、国レベルの導入は審議されているもののいまだ実現には至っていない。

その原因としては、行政を縛ろうとする制度に対しての行政側の抵抗が強いことや、(1)裁判所の行政事件訴訟、(2)行政機関による各種審判、(3)行政不服審査、(4)各種苦情相談、(5)行政監察、(6)会計検査院による決算および会計の検査など、オンブズマン制度に関連・類似した機能を果たす制度がすでに存在していることが考えられる。

また地方レベルでも、最近は住民を顧客とする考え方や「アカウンタビリティ（説明責任）」という理念の急速な普及とともに、住民の苦情、要望を受け付ける地方自治体の各種行政相談窓口のサービスの質も向上してきている。そのような既存の制度および行政の苦情対応能力の向上に、オンブズマン制度を要望する声の多くが吸収されている点は無視することができない事実であろう。

ただ、苦情案件の妥当性を行政自身が判断し対応するのは、その中立性に限界があるように思われる。わが国に完全に定着するかどうか、今後の事態の推移を注視する必要があろう。

（永田尚三）

7 行政評価

二〇〇二年に政策評価法が成立し、二〇年近くが経過した。政策評価のさまざまな手法が導入され、国や地方政府で定着してきたが、評価の実効性には批判の声が大きいように思われる。数値目標を設定し、その達成状況で政策の実効性を判断する行政評価と同じように、近年では「EBPM（証拠に基づく政策立案：本章**3**で詳述）」の導入が試みられている。行政評価やEBPM、何を目的に行われているのだろうか。

1　NPM理論と行政評価

（1）行政評価とは何か

行政評価とは、政策の効率性や有効性などを見極める政策評価ばかりでなく、行政活動全般を評価の対象とする広範な評価のことをいう。行政活動に対する評価は、行政組織内の「計画→実施→評価」というマネジメントサイクルに位置づけられ、計画にフィードバックされる。

しかし実際の評価は、その目的が明確でなく、尺度（しゃくど）が具体的でないために活用されることは少ない。これを有効に活用し、計画や実施を改善するためには、NPM理論にもとづく行政評価の実施が求められる。行政評価とは、行政サービスの質を向上させ、行政経営の品質改善を行うための重要なツールなのである。

（2）NPM理論と行政評価

NPM（New Public Management）は、民間企業の経営手法を取り入れることで、行政運営の効率化と活性化を図る理論である（第25章サブ・テーマ35参照）。その原則は、①顧客主義、②成果主義、③競争原理、の三点に集約される。

成果にもとづく管理手法をとるNPM理論では、公共サービスの対象となる国民（住民）を「顧客」と捉える。つまり、「いかに顧客満足度を上げるか」が、行政評価の指標になるのである（顧客主義）。

NPM理論にもとづく行政評価では、結果（アウトプット）ではなく成果（アウトカム）を評価の指標として用いる。例えば、交通安全のために「予算額」とか、「信号機をいくつ設けたか」とか「違反検挙数」とかいう指標ではなく、「交通事故がどれだけ減少したか」という成果にまで踏み込んだ指標を設定する（成果主義）。

さらに、成果の達成度を判断する際には、事前に設定された数値目標による管理が行われる。数値目標を設定するのは、内部評価ではなく、外部評価を行うことを前提としているためである。そして評価の過程や結果をことごとく情報公開することで、行政のアカウンタビリティ（説明責任）が高まる期待がもてるし、地方政府間の競争が促進される（競争原理）。

2　行政評価の実践

行政評価の導入は、都道府県レベルの地方政府が先鞭をつけた。地方政府の財政危機や行政不信、地方分権の推進などが追い風になったといえよう。なかでも三重県の「事務事業評価システム」、静岡県の「業務棚卸表（たなおろし）」、北海道の「政策アセスメント」などが名高い。

このような先進事例を参考にして、国・地方を問わず、多くの政府が行政評価システムを導入した。今後行政評価システムが定着するか否かは、参加と監視が重要な要素となっていくと考えられる。

まず行政評価を住民（国民）参加・協働で行うことの意義には、次の諸点がある。第一に、顧客の視点を行政運営に反映させることができる。第二に、外部評価が機能することになる。第三に、行政評価の目的が「いかに顧客満足度を上げるか」にあることを見失わない。

3　行政評価とEBPM

EBPM（Evidence-Based Policymaking）は、イギリスのブレア政権にその萌芽（ほうが）が見られ、近年では各国で行財政改革の手法として注目されている。わが国では、第三次安倍（晋三）政権時に「客観的証拠に基づく政策のPDCAサイクル※を実現する」（骨太（ほねぶと）の方針※※）ことを目的として、EBPMの推進が示された。

EBPMが行政評価の手法として位置づけられているが、いずれにせよ政策目標を明確にすることと政策の実効性を性格に把握することが重要なのであって、EBPMの導入自体が目的と化することは避けなければならない。

（進邦徹夫）

※「PDCA」は、Plan（計画）、Do（実行）、Check（評価）、Action（改善）の頭文字。改善（A）後、計画（P）に立ち戻り、循環することで品質向上を目指す、本来は生産現場の管理手法。

※※ 首相が議長を務める「経済財政諮問会議」でまとめられる、財政・経済政策の基本方針のこと。

サブ・テーマ　32

行政相談

行政相談とは、総務省行政評価局行政相談課を主管課とし、その地方支分部局（管区局や事務所）の行政相談課と全国の行政相談委員とが窓口となって、国民から受け付けた苦情や要望などを処理する仕組みである。具体的には、①国民から国の行政全般についての苦情や意見・要望を受け付け、②公正・中立の立場から関係行政機関に必要な斡旋（あっせん）を行い、③その解決や実現の促進を図るとともに、④それを通じて行政の制度および運用の改善を図る仕組みである。

行政相談委員は、全国のすべての区市町村にそれぞれ一名以上配置されており、その総数はおよそ五〇〇〇人である。社会的な信望があり、行政運営の改善について理解と熱意を有する人のなかから、総務大臣によって委嘱される。

行政相談委員の二〇一九年度における処理件数は約八万件で、行政相談処理件数全体のおよそ四九％を占めている。ただし、行政相談委員の二〇〇五年度における処理件数（約一一万三千件）および全体に占める割合（約六三％）と比較すると、かなりの減少傾向にあることがわかる。また、行政相談委員は、行政相談委員法（一九九六年制定）にもとづいて、日常の相談業務を通じて得られた行政運営の改善に関する意見を述べることができる。なお、二〇一九年度には、全国で二二九件の意見提出があった。

さらに、一九八七年一二月からは、総務省に寄せられる行政に関する苦情などのうち、制度改正を必要とするものについて、民間有識者から意見を聴取し、的確で効果的な処理を推進するために、行政苦情救済推進会議が設置されている。

このように行政相談は、国の行政機関による日常的な業務としてわが国に定着しているといえる。わが国ではオンブズマン制度が自治体レベルでは既に導入されているものの、国全体としては導入されていないという指摘もあるが、行政相談の仕組みがこれに相当するという見方も可能である。また、国民からの苦情や相談の内容によっては、地方支分部局の行政相談課とは異なる部署が所管している行政評価・監視や政策評価の業務とも連携を図って、それら事案に対処することもあり、効率的かつ効果的な行政改善を可能としている。さらに、行政相談委員は、総務省の行政相談の仕組みにおいて、国民の身近な相談相手として大きな役割を担っているといえる。

他方で、(1)全国的かつ組織的な仕組みにもかかわらず、行政相談の知名度が必ずしも高くないことである。定例相談所（区市役所、町村役場、公民館等で定期的に相談所を開設）や巡回相談所、全国一七都市に設けられている総合行政相談所を知っている国民はそう多くはない。(2)近年では行政相談委員の高齢化と後継者不足が慢性的に続いていることも危惧されるし、余りに身近であるために個人情報の保護に不安をもつ相談者も存在している。(3)行政相談を担当する行政職員と行政相談委員は、絶えず市民的感情を反映させながら、行政事務を的確に処理するというジレンマ状況に絶えずおかれている、といった課題を指摘できよう。

（桑原英明）

サブ・テーマ 33

政策責任と情報公開

有権者が選挙で議員や首長を選ぶということは、政策の形成と実施を自らに代わって行う代理人を選択するということである。したがって、選挙によって選ばれた議員や首長は、委任された権限を適切に用いて有権者の望む政策を実現する責任を負う。このプロセスが政治過程である。行政権をもつ内閣や首長の下にある行政機関は、政策の形成、実施に一貫して関わっており、有権者に対してその責任を明らかにすることが求められる機会も特に多くなる。有権者が、行政が政策責任を果たしているかどうかについて判断するためには、主に行政府が保持している行政情報にアクセス可能であることが必要となる。

情報公開制度が一般化するまで、有権者が行政情報について知る機会として一般的なものの一つは広報であった。広報は行政が政策について広く有権者に知ってもらい、理解してもらうための制度である。これは戦前から今日まで行われてきている行政情報開示の仕方である。しかし、行政に限らず組織が間違いを認めない状況に陥ることは珍しくはない。行政も、都合の良い情報のみを流し、都合の悪い情報は流さない可能性がある。政策責任を問われかねないような情報は、出てこないのである。したがって、有権者は広報によって真に知りたい情報を得ることができるとは限らない。

情報公開制度は、有権者が真に知りたい情報を得られるようにするために行われる制度である。その制定は地方自治体がさきがけとなり、その普及・発展も地方自治体が中心となってきた。全国初の情報公開条例は山形県金山町（かねやままち）が一九八二年に制定したものであり、その後全国の市町村が続いた。都道府県レベルでは八二年に埼玉県と神奈川県が制定し、その後全国の都道府県が続き、現在は全都道府県で制定されている。それに対し、国の情報公開法（行政機関の保有する情報の公開に関する法律）は九九年にようやく制定された。

情報公開制度の意義は、原則的に非公開であった行政情報が原則公開となったことである。これは有権者が自らの代理人である行政の税金の無駄遣いについて監視するための大きな武器となる。さらに、これまで見えなかった政策の形成・実施過程を知ることができるようになる可能性もある（本章4参照）。

ただ、問題点もある。例えば、行政情報に個人情報が含まれている場合である。この点について多くの自治体は、個人情報保護条例を制定してプライバシーの保護に努めている。しかし、プライバシーの範囲を広く解釈することにより、本来開示すべき情報の開示を、プライバシー保護を理由に拒むなどの問題も出てきている。また、公文書が原則開示となると、「どこまで記録するか」など行政機関が重要情報の取り扱い方を変える可能性もある。二〇一一年四月施行の「公文書等の管理に関する法律」（公文書管理法）と合わせて、政策責任を具体的に証明する仕組みづくりは、まだまだこれからと言わざるを得ない。

（佐藤公俊）

第25章　行政管理

1 行政管理

1　行政管理とは

行政目的を最も合理的かつ効果的に達成するために、行政資源（資金、人員、施設、情報、物資など）の最適な活用をめざそうとする考え方を行政管理という。

また、岡部史郎によると、行政活動には、第一次的な行政活動と、その目的をより良く実現するために配慮する第二次的活動があり、行政管理は、この第二次的活動にあたるとする。

行政管理の内容については、論者によって見解が分かれるが、ギューリックの「POSDCORB（ポスドコルブ）」が有名である（第21章1参照）。ギューリックは、行政管理の機能を①計画、②組織管理、③人員配置、④指揮、⑤調整、⑥報告、⑦予算編成の七つに分けた。つまり、行政目的の最大化のためには、これら七つの機能を最適な方法で実行することが不可欠であるとの指摘である。

2　行政管理の発展

行政管理は、アメリカ行政学ではその創生期から中心的研究テーマの一つであった。その建学の父といわれるウィルソンとグッドナウは、政党政治の行政への介入から行政が脱し、行政固有の領域を確立するべきであると、いわゆる政治・行政の二分論を主張した（第20章3参照）。

その影響を強く受け、行政固有の領域における活動の合理化をめざし、実務面での先進的実践を行ったのが、一九〇六年に設立されたニューヨーク市政調査会であった。市政調査会のメンバーは、当時、私企業の経営においてはやっていた科学的管理法（事務管理論）に注目した。それに経営学の組織管理論が合流し、行政管理論が成立したのである。

当初の行政管理論は、行政活動の「節約と能率」を図る技術の確立とトップを補佐する総括管理機関の整備をめざしたが、政策形成過程において、政治と行政を切り離すのは不可能だとする、政治・行政融合論の台頭とともに管理の概念は、政策立案や政策評価といった局面にまで徐々に広がっていった。

現在、わが国では、内閣府、財務省、総務省、各省庁の官房で総括管理が行われ、規模増分の抑制が図られている。

3　行政管理の限界

しかし、一九七〇年代のオイルショック以降、行政管理の限界がみえはじめてきた。財政難に悩む先進諸国は、行政管理の視点から、行政のスリム化をめざした。

それまで、先進国における行政の財政は、前年度実績を参考に次年度の予算編成が行われ、必ず予算は前年度よりも増える傾向にあった。しかし、それを抑えたり、職員の新規採用を減らすことは可能でも、規定の経費を減らしたり、あるいは職員のリストラを行うことによるコスト削減には限界があった。

4　NPMと行政改革

その結果、NPMが注目され、各国の行政改革に大きな影響を与えることとなった。NPMは、体系的な理論というよりは、実践的な改革方針である（本章サブ・テーマ35参照）。

その特徴としては、(1)コスト削減を中心とした能率の向上、(2)民営化や外部委託の促進、(3)競争原理の導入、(4)成果重視の行政運営、(5)市民を顧客として位置づける捉え方、(6)分権的な管理組織の創出、(7)アカウンタビリティ（説明責任）の確保などを強調する点である。そして、各国で国営企業の民営化、市民の参加の拡大、民間委託の促進、規制緩和などの改革が行われることとなった。

5　行政管理と行政改革

ちなみに、行政管理と行政改革の関係について、西尾勝（にしおまさる）は、行政管理とは日常的な活動で、総括管理機関が予算査定と定員管理で新規増分を抑制することであり、対して、行政改革とは非日常的なもので、その枠を超えた改革に及ぶことであると説明する。

（永田尚三）

2 行政と計画

法治国家の名の下において行政が活動する際には、法律に基づくことが要請される。「夜警国家」時代（第19章2参照）では、行政の活動領域は限定的となり、治安の維持や国防などが重要であった。

一方、「福祉国家」時代（同上参照）となると、貧困や労働問題など社会生活を営む上で問題となる領域においても、行政の活動が求められるようになる。第二次大戦後の日本においても例外ではなく、行政サービスの提供といった観点から、時代の状況の影響を受けながら、いかにサービスを提供するかといったことが注目されるようになる。

このような非権力的な行政、あるいは、給付行政に顕著に見られる行政サービスを安定して提供するべく活用されるようになるのが、「計画」という視点である。計画によって、法の要請と行政サービスとが接続されるのである。この計画の視点が行政実務上、文書化され、効果を伴うようになったものが「行政計画」である。

1　計画の多様性

かつて計画は、戦争遂行との関連で取り上げられることがあった。だが、「福祉国家」時代にあっては、法の要請する個人の権利や自由の保護、公共の安全や秩序の維持、幸福の追求や地方自治の推進などを何らかの形で具体化する際に用いられる。政府や地方公共団体は行政を進めるべく、計画という発想を種々のレベル、もしくは領域において活用するのである。

これまでの日本の取り組みでは、全国総合開発計画、都市計画、国土開発計画、土地利用計画、教育計画、産業計画など政策的側面の強いものや、長期計画、中期計画、年度計画など、その期間に注目したもの、あるいは、エリアに基づいた全国計画、圏域計画、県計画、市町村計画などを確認することができる。

「計画」と「政策」の近接に注目するならば、高度経済成長時代、「新長期経済計画」の成果を踏まえて提起された池田（いけだ）（勇人（はやと））内閣（在任一九六〇〜六四）の「国民所得倍増計画」のように、「計画」とされていても「政策」の文脈で評価されるものを想起することができる。

池田内閣は、国民総生産を「倍増」することで雇用の増大を企図し、完全雇用の達成を図ることで、国民の生活水準を引き上げ、所得階層の違い等による「生活上および所得上の格差の是正」に努めるとした。ここでは計画の名の下に、経済成長と国民生活の向上という国民生活一般にかかわる事項が取り上げられたのである。

また、計画という名称が必ずしも用いられるわけではなく、計画としての作用が認められるものであって、「政策」「構想」「要綱」「戦略」「マスタープラン」といった呼称が用いられることもある。例えば、高齢化が進展するなか策定された「高齢者保健福祉推進一〇か年戦略」（通称：ゴールドプラン）に注目してみると、より積極的な福祉や保健分野の行政活動を予定していることが分かる。

高齢者保健福祉推進一〇か年戦略は、一九八九年以降の一〇か年間で、デイサービス、ショートステイ、ホームヘルパーを「三本柱」とし、在宅福祉の実現をめざそうとした。名称としては「戦略」とされるが、高齢者福祉の充実を実現するための計画として理解することができよう。

2　計画と住民

計画が策定され実施に移されることにより、住民のそれまでの生活の変更が余儀なくされることがある。その際、住民がこれを望まない場合には紛争となる。こうした事態を避けるべく、行政は、公報や公聴会等を活用したＰＲを十分になすことが必要なのである。また、計画を多用することで法の要請からの乖離現象が確認されると、法治行政の形骸化、もしくは空洞化として批判を受けることとなる。

計画をめぐって住民との間に紛争が発生しそうになれば、行政には、住民との間の調整が求められる。調整の効果が認められないとなれば、関係者、とりわけ不利益変更を認める住民を中心とした反対運動や、さらには行政事件訴訟、あるいは国家賠償請求訴訟など、司法手続が選択されることもある。

福祉や保健など、給付行政分野の需要が高まるなかでは、計画に基づき行政の活動が担保されることが多くなる。その際、行政と住民との協働関係を築くことができれば、より円滑な行政運営を実現することができる。住民の計画への理解が、それを助ける場面は少なくない。（小島和貴）

3 行政の能率性と有効性

市場で取引される商品（財・サービス）については、消費者の満足をどれだけ高めたかの評価が、企業の売上高や株価という形で客観的に表れる。それに対し、政府が提供する政策にはこのような仕組みがないため、いくつかの指標を用いて評価を行う必要がある。代表的なものが能率性と有効性である。

1 能率性

能率性とは、政策の「インプット」（政策実現のために投入した資源、通常は予算額によって表される）と「アウトプット」（算出された政策）の「比」によって、政策を評価する指標である。能率性は、さらに効率性と経済性に分けて考えられる。

（1）効率性

効率性とは、政策のインプットに対してどれだけのアウトプットが得られたか、を表す指標である。現代の政治・行政システムにおける政策形成は、行政（内閣、執行機関）が予算案を作成・提出し、国会・議会が可決するというプロセスをたどる。

したがって、政策はその初期段階でインプットが見積られており、その「見積り」が正式に決定された後に実現されることになる。そのような仕組みとなっているために「見積り」は正確であることが求められるし、「見積り」に対して、できる限り大きなアウトプットをもたらすことが望まれる。こういった観点から、効率性の指標は重要な意味をもつ。効率性の意味で能率性という用語を用いることもある。

（2）経済性

経済性とは、ある政策（アウトプット）を実現するに際して、どれだけ少ないインプットでそれが可能となっているのかを表す指標である。どれだけの節約が可能となったか、を表す指標といえる。政策過程には、市場での競争のように、ある政策を実現するためにできる限り少ないインプットで済むように努力させる仕組みは内蔵され難いため、経済性の指標によって政策評価をすることには難しさがある。

2　有効性

有効性とは、政策の目標（計画段階で予定されたアウトプット）と実際のアウトプットの「比」によって、政策を評価する指標である。簡単にいえば、目標をどれだけ達成できたか、ということによって政策を評価する指標であり、最も頻繁に用いられている。

3　いくつかの問題

右のような指標を用いて政策評価を行うに際し、技術的な点を中心としていくつかの問題がある。ここでは三点ほど指摘する。

(1) アウトプットの評価

能率性の指標を用いるに際して、インプットは予算額という貨幣単位で客観的に計測できる。しかし、「保全された環境」や「良好な治安」のような政策のアウトプットを、インプットと同じように客観的な金額で表すことは技術的に難しい。このことは、実際の政策評価で能率性の指標があまり用いられないことの大きな原因となっている。

(2) 目標の設定

有効性の指標は、アウトプットをインプットに見合うような客観的な数値に置き換える作業が必要とされないため、技術的には容易である。ただし、政策的に合理性のない目標しか立てられなかったり、高い評価を得るために目標を低く見積もるといった政治的なバイアスが発生したりする可能性がある。つまり、「目標」の立て方によっては意味のある評価ができなくなることが考えられるのであり、この点、注意を要する。

(3)「比」の評価

能率性も有効性も「比」によって評価がなされる。能率性ではインプットとアウトプットの比であり、有効性では目標と実際のアウトプットの比だが、これが「どのくらい」であれば良いと評価されるのか、が問題となる。アウトプットがインプットや目標を上回ればよいのか、下回った場合にはすべてだめなのか、その判断の基準が必要となる。しかしこの基準は指標の内在的な論理からは導くことができないため、新たに能率性や有効性の指標を使用するためのメルクマールを必要としてしまう。

（佐藤公俊）

4　予算

予算という言葉は一般的に組織における一年間の収入、支出の見積りのことをいう。しかし、政治学でいう予算は、国や都道府県、市区町村などの一会計年度の歳入・歳出の見積りのことを指す語として用いられる。

日本国憲法第八六条には、「内閣は、毎会計年度の予算を作成し、国会に提出して、その審議を受け議決を経なければならない」とある。国の予算は、

①内閣が作成し提出すること
②毎会計年度ごとに作成しなければならないこと
③最終的な決定権は国会にあること

を規定しているのである。

これらはそれぞれ、①予算編成権、②予算の単年度主義、③予算議決権と呼ばれている。

一九七八年には、予算の編成権と議決権をめぐり、内閣と国会が対立したことがあった。しかし、最終的には予算修正権を国会に認めるという政府統一見解によって決着した。

1　一般会計と特別会計

国政の多様化によって財政も複雑化したために、会計をより明確にする目的で、予算は「一般会計」と「特別会計」の二つに分割されている。

前者は歳入を租税、印紙収入、雑収入、公債金などでまかない、歳出を防衛、治安、外交などの基本的なことから、社会保障や教育、産業などにいたるまでの幅広い分野を経費とするもので、後者は年金、労働保険、食糧安定供給宇など一三ほどの特定の項目において、歳入と歳出を一般会計と区別するものである。

2　本予算と補正予算

通常の編成過程を通して成立した予算のことを「本予算（当初予算）」と呼ぶが、予算が執行されてからその後の社会・経済状況に応じて内閣は、予算の内容を追加、修正し、再び国会の審議に付託することができる。

この予算のことを「補正予算」という。その年度の最終的な予算は、本予算に補正予算を加えたものになる。

なお、衆議院の解散や審議の長期化などの事情で、四月の第一週までに本予算の通過がなされなかった場合は、慣行上、本予算の成立まで暫定（ざんてい）予算を組む。

3　予算編成過程

次年度の予算編成は前年度の四月から始まる。概算要求に向けて、各省庁はまず課を単位とした予算要求の下準備を開始する。

二〇〇一年に省庁再編が成され、内閣府に経済財政諮問会議が設置されてからは（今後この方式が定着するかは流動的だが）、予算編成に対して基本方針を決定することができるようになった。この会議での方針を受けて、七月中旬までに財務省主計局は、各省庁に概算要求基準を通達し、その一方で内閣の閣議決定をも経ておく。

八月末になると各省庁は、概算要求基準の枠内で概算要求をまとめ、財務大臣に提出する。この間、与党自民党や他省との概算要求に関する意見交換も同時並行的に進めていく。

九月から一二月上旬までの四カ月弱の日程を費やして財務省による概算要求の査定が行われる。この時期の自民党は独自の機関である部会・政調審議会において討議する。討議の内容は自民党の決定事項として、財務省に伝えられ、査定中の予算案に影響力を行使する。

このようにして一二月中旬までにまとめられた予算案のことを財務原案という。その後、財務原案は閣議にかけられ、各省庁にも通達される。以前は、この案に対して異議のある省庁は、再査定と予算復活を求め、三つの段階（次官折衝、大臣折衝、政治折衝）からなる交渉を行っていたが、これらを合わせて「復活折衝」とよんでいた。

この復活折衝は、以前から儀式の色彩が強いと批判があったため、二〇一〇年度予算の編成過程において、一度、廃止となった。しかし再度、見直しがなされて、現在は事務レベルでの話し合いのほか、各省大臣と財務大臣が話し合いを行うという復活折衝（大臣折衝）が実施されている。折衝が終了すると、この案は政府案として一二月下旬までに閣議決定がなされ、翌年の一月下旬には国会に提出される。

一月から三月における国会の審議を通過して、議決を経た予算が成立すると、予算は執行されることになる。

（半田英俊）

サブ・テーマ 34

行政指導

行政指導とは、中央官庁や地方公共団体が、ある政策や目的のために、民間企業などに対して行う指導、勧告、助言のことである。

行政手続法は、

「行政機関がその任務又は所掌事務の範囲内において一定の行政目的を実現するため特定の者に一定の作為又は不作為を求める指導、勧告、助言その他の行為であって処分に該当しないものをいう」（第二条六号）

とある。条文に記されているように、「処分（行政処分）」とは異なり、指導には法的拘束力をもたない。

許認可権や補助金の分配権などのさまざまな権限をもつ行政機関の指導は、一般的に、実質的な拘束力を有していると考えられている。

しかし、わが国の産業政策における行政指導は、必ずしも強制力のみが働いていたわけではない。指導に従った見返りとして、行政はその業界への便宜を図り、業界も受け入れてきた。このように行政指導は、業界への政策浸透を円滑にする作用を有していた。しかし「石油カルテル事件」のように、旧通商産業省（＝通産省／現・経済産業省）が一部の利益のみを優先し、公益を損なう指導を行う場合もあった。

この事件などを背景に、行政指導の法整備、さらには行政手続全般の法整備の必要性が唱えられ、一九九三年に行政手続法が制定された。

行政指導に関する条文は、主に行政手続法第四章に記されている。とくに三二条には、

「行政指導に携わる者は、その相手方が行政指導に従わなかったことを理由として、不利益な取扱いをしてはならない」とあり、強制力を排除する文言が記されたことが評価できる。

しかし、条文に違反した際の罰則規定は存在せず、今もなお行政指導が一定の拘束力を有すると考えることができる。

行政指導の類型は、三つに分類される。

①**規制的指導**――その相手方の行為に対する規制・制限を目的とした指導のことである。例えば、牛への肉骨粉の使用に関して、農林水産省は法的規制を行わず行政指導にとどめたが（二〇〇一年）、これは、規制的指導の一例である。

②**助成的指導**――その相手方への助言や支援を目的とした指導のことである。場合によっては、補助金交付なども併せて行われる。地方公共団体が営農指導員の設置を行う農協に対して補助金を交付するなどの行為は、助成的指導に伴う補助金交付の一例である。

③**調整的指導**――民間企業同士の紛争の解決や調整を目的とした指導のことである。旧通産省による、需給調整を目的とした繊維産業の勧告操短（操業短縮）、および価格調整を目的とした「石油カルテル事件」の事件などを例にあげることができる。

（平田英俊）

サブ・テーマ 35

NPM

NPMとは、「ニュー・パブリック・マネジメント（New Public Management）」の略語であり、新公共経営論、新行政管理論などと訳されるが、NPMのまま使用されることが普通である。

NPMは、九〇年代以降、行政管理の新潮流として登場し、現在ではNPMの影響を受けていない行政改革などあり得ないほど影響を及ぼしている。オズボーンとゲーブラーは、行政改革の質的転換を「行政革命」と呼んだが、NPMは次世代行革の基底をなすものといえよう。

今日、NPMが行政管理の主流をなすものとの認識は、多くの政策担当者や研究者の間で共有されているとしても、その指し示すものは必ずしも一貫しているわけではない。最大公約数的には、英米起源の新行政管理手法であり、民間企業並みの経営手法を行政に導入するものだと考えられている。

一般にNPMが指し示すものには、政策評価制度、PFI（Private Finance Initiative＝民間資金活用による公共施設整備）、バランス・シートの導入など、総合的な行政管理のフレームワークのことをいうことが多い。

わが国におけるNPM研究の第一人者である大住荘四郎（おおすみそうしろう）によれば、その中心概念は、①成果主義、②市場主義、③顧客主義、④組織のフラット化、である。

成果主義とは、決定に重きを置いた従来的な行政スタイルを成果重視のスタイルに転換することである。これは、しばしば予算消化などの事業量（アウトプット）が重要視され、住民に具体的な影響を与える成果（アウトカム）が等閑（とうかん）視（し）されてきたことへ反省である。

市場主義とは、政府の失敗を縮小するものとして、市場の役割を積極的に再評価し、政府の役割をゼロから再検討しようとするものである。イギリス保守党サッチャー政権による強制競争入札制度やメージャー政権による市場化テストなどがこれにあたる。PFIやエージェンシー化なども同じ文脈に含まれる。

顧客主義とは、行政サービスの顧客である住民に対して、なるべく満足度を最大化させるようにする態度である。住民に対する「アカウンタビリティ」（第24章6参照）の確保もこれに含まれる。イギリス労働党ブレア政権下のSFNC（Service First the New Charter Programme＝サービス第一の新憲章プログラム）は、職員と住民がともに関与しながら、パフォーマンスの向上や政策刷新を実現させる仕組みである。

組織のフラット化とは、現場の裁量を確保するため、階層的な統治機構をより平坦で、シンプルな形に再編成することである。従来の行政管理論とは、組織編制面で大きく異なっている。

わが国では、とくに英米系の議論が中心的に紹介されているが、行政の現代化は先進国に共通する課題であり、ナショルトは、OECD（経済協力開発機構）諸国の比較を通じて、公共部門の現代化を三つのモデルとして示している。

（増田　正）

第26章 地方自治

1 地方自治

1 「地方自治の本旨」

日本国憲法には、第八章第九二条から第九五条の四カ条にわたって、地方自治に関する規定が設けられている。第八章の冒頭、第九二条は、「地方公共団体の組織及び運営に関する事項は、地方自治の本旨に基いて、法律でこれを定める」と規定し、憲法施行と同日（一九四七年五月三日）に施行された「地方自治法」とともに、わが国の地方自治の仕組みをつくっている。

もっとも憲法は、「地方自治の本旨」の意味内容を具体的に明示していないため、憲法の理念と実態が乖離した地方自治の空洞化がしばしば指摘されている（「三割自治」など）。しかし、近代日本の地方自治制度の出発点である、市制・町村制や府県制・郡制においてみられる「官治的自治」や、明治憲法（大日本帝国憲法）に地方自治に関する規定がないことを鑑みると、「地方自治」が憲法上保障されたことの意義は大きい。

さて、地方自治の形態は、国ごとによってさまざまである。日本に限ってみても、戦前は中央集権性の強い一九世紀のプロイセンを、戦後はアメリカ大統領制をモデルとしているなど、地方自治の制定・発展には、他国の制度の影響を受けることが大きい。地方自治の類型としては、おおむね二つの系統に分けることができる。

①アングロ・サクソン型（分権・分離型）
イギリスを母国とした形態。国民国家形成以前から存在していた地域共同体の自治を存続させたまま、国家がその自治権を承認したもの。

②ヨーロッパ大陸型（集権・融合型）
フランスを母国とした形態。国民国家形成過程で、それまで存在していた地域共同体社会が解体され、国家が直接国民を支配することをめざして、新たに地方自治体を創設したもの。

2 「住民自治」と「団体自治」の実現

地方自治には、一定の地域社会における住民自らの意思にもとづいて自己統治を行い（住民自治）、その地域社会は国の関与をできるだけ排除した自律性を保つこと（団体自治）が必要である。したがって「地方自治の本旨」は、一般的に「住民自治」と「団体自治」の実現にあるといわれている。

(1) 住民自治

日本国憲法第九三条には、「地方公共団体には、法律の定めるところにより、その議事機関として議会を設置する」とし、第二項で「地方公共団体の長、その議会の議員及び法律の定めるその他の吏員（りいん）は、その地方公共団体の住民が、直接これを選挙する」と規定されている。

つまり、住民の意思にもとづいた住民のための政治を行うことができるように、地方公共団体に住民の直接選挙による首長と議会を選出し、その議会が議事機関として地方公共団体の政治の基準となる条例などを定めることとしている。

また、同第九五条には、「一の地方公共団体のみに適用される特別法は、法律の定めるところにより、その地方公共団体の住民の投票においてその過半数の同意を得なければ、国会は、これを制定することができない」と規定されている。

これは、国が特定の地方公共団体に適用される法律を制定したとき、当該地域の住民が不利益な取り扱いを受けないよう、住民の意思に沿うべく住民投票を要求したものである。憲法における以上の二つの条項（第九三条、第九五条）が、地域住民の自己決定権、すなわち「住民自治」を実現する仕組みとなっている（本章8参照）。

(2) 団体自治

憲法第九四条には、「地方公共団体は、その財産を管理し、事務を処理し、及び行政を執行する権能（けんのう）を有し、法律の範囲内で条例を制定することができる」と規定されている。

「法律の範囲内」という制限があるものの、首長の行政執行権や議会の条例制定権を保障することで、地方公共団体が中央政府から独立して、自治体の自己決定権、つまり「団体自治」を実現する仕組みとなっている。

（神崎勝一郎）

2 主要国の中央－地方関係

1 中央－地方関係の二類型

世界各国の中央－地方関係は、従来からヨーロッパ大陸型と英米型に大別され、それぞれの原型が形成されたフランス、イギリス（イングランド）の歴史を反映し、前者は中央集権的な「統合型」、後者は地方分権的な「分離型」と称されてきた。

「大陸型」地方自治制度の原型とされるフランスでは、歴史的に行政権限は中央政府に集中され、地方政府は国を頂点とする統合的統治機構の下部組織として、中央政府からの行政的統制、後見的監督を受け、地方的事務を処理する従属的存在とされてきた。その反面、地方の処理する幅広い事務は「包括授権主義」により、国から地方の権限として法的に認められたものである。このように中央と地方の権限が重複、融合している点が、「統合型」地方制度の特徴である。

一方、「英米型」地方自治制度の原型とされるイギリスでは、中央への統合度が低く自律性の高い地方制度が形成された。「制限列挙主義」により、国と地方の役割は明確に分離され、地方政府は法的に明示された範囲内では大きな自治権をもつ反面、地方の越権行為は国の立法、司法的統制により厳しく制限されてきた。

歴史的にフランスでは、地方封建貴族の力を抑えるため、地方を国の直轄下におく統合型の地方制度が形成され、一七世紀にルイ一四世は、地方統治のため中央の官僚である地方長官を各地に配置した。その後ナポレオン時代には、政府により知事が任命されるなど国を頂点とする強力な集権的地方制度が形成され、ナポレオンのヨーロッパ制圧により、イタリア、ドイツ、スペインなどの国々やそれらの植民地はフランス地方制度の影響を受けた。例えば、イタリアではフランスと類似した州、県、コムーネの三層制の地方制度が形成され、中央集権的制度により中央政府が地方を統制している。

現在のフランスの地方政府は、州（レジオン）、県（デパルトマン）、基礎的自治体（コミューン）の三層から構成される。伝統的に国→県→コミューンという明確な上下関係が存在し、例えばコミューン自治議会の決定は、上位機関である県の適法性審査を受けることとされている。一方で地方の独自性も尊重され、コミューンの大部分は中世以前からの自然村や教区など伝統的コミュニティが基礎とされているため、大都市から二〇〇〇人未満の小規模なものまでコミューンの性格は多様である。

一方、イギリスでは、一五世紀に統一国家が成立した後も地方名望家による支配が存続し、地方の独立性は高かった。その後、産業革命を経た一九世紀末に二層制を基本とする統一的地方制度が導入された。法的に地方の権限とされた行政領域につき国は原則的に関与しないという「越権禁止の法理」により、中央と地方の役割は明確に分離された。地方は自らの権限の範囲内での行政事務につき実施方法などの面で大きな裁量権を有する一方、国に留保された行政領域への関与は国の立法的・司法的統制により制限され、住民の要求や社会変動による行政需要の変化への即応という点で地方には限界が存在した。

このようなイギリスの分離的、分権的な地方制度は、かつてイギリスの植民地であった国々に影響を与えた。連邦制のアメリカでは地方制度に関する権限は州政府に属し、州憲法や州法で規定される地方政府の形態は多様であるが、地方政府の自治権は州法や憲章（チャーター）によって法的に明示された範囲に限定され地方の越権行為が司法的に統制される点で、アメリカにおける州と地方政府の関係はイギリスと同様に分離的であるとされる。

2　近年の変化

フランスの影響を受けた大陸型地方制度はヨーロッパ、南米大陸諸国、日本などに、一方、英米型はアメリカのほか英連邦諸国にそれぞれ伝播（でんぱ）した。しかし、このような類型化は理念的なものであり、その後の「福祉国家化」に伴う政府の役割拡大で各国において中央、地方政府が相互依存を強めた結果、両グループ間の差異は縮小傾向にあるとも指摘されている。例えば一九八〇年代のフランスにおけるミッテラン政権の地方分権化改革における官選知事廃止、州や県の完全自治体化、三層の地方政府の権限整理などにより、従来集権的な統合型とされたフランスの中央地方関係は、大きく変質しつつある。また、分権的な分離型とされたイギリスでも近年の行政効率化を重視した地方制度改革により、一層制への移行、国の地方への統制強化が実現している。

（福澤真一）

3　戦前日本の地方自治

1　幕藩体制の解体と明治の近代化

江戸時代の幕藩体制で、徳川幕府直轄領（天領）、諸大名が統治する藩などでは、「自然村（ムラ）」を単位に領民統治が行われていた。村氏神を中心に地縁・血縁で結びついた地域共同体であり、古代から国家機構の末端で農作業や、行政・納税単位とされてきた自然村は、江戸時代においても年貢収納、祭祀や用水、入会地（山林・漁場）の共同利用などの伝統的慣行・行政の単位であった。一方、城下町などでの行政単位は町人・商工業者が構成する「町（まち／ちょう）」であった。。

しかし、欧米列強による植民地化の危機、幕末以来の内戦状態のなかでの財政悪化などの諸問題に対処するため、明治新政府はこのような割拠的幕藩体制を解体し、近代的統一国家を形成する必要性に迫られた。

一八七一（明治四）年の廃藩置県により、従来藩が担っていた軍事的役割や徴税事務は中央政府に移され、地方には新たに府・県知事（県令）が派遣されるようになった。その一方で、壬申戸籍制度の導入に伴い、府県の下には戸籍作成のための便宜上の区画として、大区・小区が設置された。この戸籍制度は、天皇を中心とする国民意識の形成を主眼とする義務教育制度の導入や、近代的軍隊の創設に不可欠な徴兵事務など一連の改革の基礎となるものであったが、従来の「自然村（ムラ）」を基盤とする共同体的結合の弛緩をおそれる農民の反感を招くなど、地方の実情に合わない面があった。

このため、一八七八年に新たな体系的地方制度として地方三新法（郡区町村編制法・府県会規則・地方税規則）が定められた。これらの制度は府県の下に町村を復活させ、さらに地方議会の設置を法的に位置づけるなど自治的要素の強い性格を有していたが、その後政府は、全国での自由民権運動の高揚と政党勢力の地方政治への浸透を警戒して、町村会の権限を限定するなどの制度改正を行った。

2　大日本帝国憲法（明治憲法）下における地方制度

一八八九（明治二二）年の大日本帝国憲法の制定と前後して、内閣制度の創設・帝国議会の開設など国レベルの政府機構整備が進められた。これに対応する新しい地方制度の整備は当時のプロイセン(ドイツ)の制度をモデルとして進められた。その結果、明治二〇年代に入ると「市制・町村制」「府県制・郡制」が相次いで制定された。

この新しい地方制度は府県、郡市、町村の三層から構成されていたが、国とこれらの団体との間には国の内務省が府県を、府県は郡市を、郡は町村を監督するという上下関係が明確に位置づけられており、例えば府県知事や郡長は、いずれも内務大臣の任命制とされていた。

しかし、これらの新制度の施行は容易ではなく、とくに町村制の施行にあたっては、村の標準規模を従来の約三〇〇戸から約五〇〇戸に拡大するという大規模な町村合併が行われた結果、全国で七万を超えていた町村数は、合併後には約一万五〇〇〇にまで削減された。しかし、この改革は同時に神社統合を意味するなど伝統的共同体の再編をもたらすものであったため、拡大後の町村内での地域対立など合併のしこりを招くという側面もあった。

その後大正期に入り、政党政治が本格化すると、中央での普通選挙(普選(ふせん))要求運動に連動し、地方でも自治権拡大など地方自治の充実が求められるようになった。

とくに一九二五(大正一四)年、衆議院選挙での普選導入(二五歳以上の全ての成人男子に選挙権)の直後には、地方制度の大改革により地方議会選挙でも普選が導入され、また、市長は市会の選挙により、町村長は町村会の選挙により、それぞれ府県知事の認可を必要とすることなく選任されることと改められた。さらに、国の監督権の緩和により府県や市町村の自治権が拡大される一方、郡は廃止され、単なる地理的区画の名称とされた。

しかし、昭和期に入ると満州事変、日華事変の勃発などにより戦争遂行のための戦時体制への移行・中央による地方への統制強化が求められるようになった。このため、大正期に拡大された地方自治は後退の時期を迎え、次第に内務省による府県・市町村への統制が強化されるようになった。

市町村の下に補助的行政下部組織として町内会・部落会・隣組が設置され、また、一九四三(昭和一八)年には府県や市町村の権限を大きく制限する地方制度改正が行われたが、これらの措置はいずれも戦争遂行のための、国の地方への統制強化を主眼とするものであった。

(福澤真一)

4 戦後の地方制度改革

第二次大戦後、日本を統治したＧＨＱ（連合国軍最高司令官総司令部）は、日本の非軍事化・民主化をめざしてさまざまな改革を行った。それは、地方行政についても例外ではなかった。

1 新憲法における地方自治

一九四六（昭和二一）年に公布された新しい憲法は、明治憲法（大日本帝国憲法）とは大きく性格を異にするもので、とくに地方自治関連では、根本的な変化が含まれていた。

明治憲法下、地方自治に関する規定は存在せず、あくまで国の行政の一環として地方行政があるという位置づけであった。市町村には一定の自治が認められており、大正デモクラシー期には地方自治の拡充という動きもあったが、それら市町村は、国の地方機関としての都道府県の管轄下におかれるものであって、本来的な意味での地方自治が達成されていたとは言い難い。

これに対して新憲法では、第八章に地方自治の章を設け、地方自治を国家体制のなかで明示している。この憲法のなかでは「地方自治の本旨」がうたわれ（本章1参照）、さらに一九四七年には地方自治法が施行され、府県知事は官選から公選に、また、府県の役割自体も広域自治体としての性格をもつようになった。

その一方で、自治に「不慣れ」な市町村に対する中央省庁の不信感も根強く、いかにして地方をコントロールするかが大きな問題となっていた。こうしたなか、各省は国の事務権限を都道府県から引き上げる方針が明らかにされたことをきっかけに、その妥協の産物として都道府県知事や市町村長などを国の機関とみなして国の事務を行わせる、「機関委任事務」を多用することとなった。

これ以降、一九九〇年代に地方分権改革論議が高まり、機関委任事務が廃止されるまで、機関委任事務は、国の地方に対する重要なコントロールの手段として用いられることとなった（本章5参照）。

2 シャウプ勧告

一九四九年に提出された「シャウプ勧告」（税財政立て

直しの提言。シャウプはアメリカの財政学者、来日した税制使節団の団長）は、以下の三つの原則を示した。

①責任明確化の原則

国、都道府県、市町村の三段階の行政機関の事務は明確に区別し、一段階の行政機関には一つの特定の事務がもっぱら割り当てられ、さらにそれぞれの行政機関はその事務の遂行と一般財源によってこれをまかなうことについて、全責任を負うべきとの原則である。

②能率の原則

それぞれの事務は、各段階の行政機関がこれを能率的に遂行するために、規模、能力、財源によって準備の整っているレベルの政府に配分されるべきとの原則である。

③市町村優先の原則

地方自治のためには、事務の再配分は市町村に第一の優先権が与えられ、第二に都道府県に、そして国は、地方レベルでは有効に処理できないような事務だけを引き受けるべきとの原則である。

これらを踏まえたうえで勧告は、日本の地方自治制度がこれらの原則にもとづいて運営されるために、地方公共団体の財政的基盤を強化することをめざした。その内容は、国庫補助負担金の大幅整理、税源分離原則、のちの地方交付税の原型ともいうべき平衡交付金制度などからなるものであった

3　シャウプ勧告の結末と中央集権体制の維持

実際には、シャウプ勧告は日本の実情に合わないとする中央省庁の強い反発にあい、その内容が反映されるのはごく一部にとどまった。また、市町村優先主義の明示は、戦前に地方行政の機関として機能してきた都道府県の反発をも招いた。やがて一九五二年、サンフランシスコ講和条約により日本の再独立が認められると、こうしたシャウプ勧告に示された方向性は転換された。

そして、一九五六年に改正された地方自治法では、都道府県と市町村の指揮監督の関係が明確にされ、終戦直後にめざされた市町村を中心とする地方自治を構築しようとする試みは、いったん歩みを止めることとなった。こうした動きが再燃するのは、一九九〇年代の地方分権議論に際してであった（本章サブ・テーマ36参照）。

（真下英二）

5 現代日本の地方自治

1 戦後改革と地方制度の変容

第二次大戦後のGHQ（連合国軍最高司令官総司令部）による占領改革に伴う「民主化」のなかで、戦前の中央集権的な中央・地方関係の地方分権化は重要な位置を占めていた。まず、一九四七（昭和二二）年施行の日本国憲法はその第八章で地方自治を制度的に保障する条項を設けており、また、同年施行の地方自治法などによって、

①都道府県が完全自治体に改められ、その知事の選任方法が官選から公選に変更された、

②市長・村長の選任方法が間接選挙から直接選挙に改められた、

③地方行政・警察行政など内政一般にかかわる行政事務を担当し府県知事の人事権を握っていた内務省が、その存在が占領軍によりファシズム勢力台頭の元凶となっていたと判断され、複数の新官庁に解体された

④警察行政など広範な領域にわたる国の行政事務が市町村に委譲された、

などの地方分権化が行われた。

しかし、従来の集権的な中央地方関係が完全に分権化されたわけではなく、例えば、自治体の長などを国の下部機関として、これに本来国が行うべき事務を委任する「機関委任事務」という戦前以来の方式が、戦後は都道府県知事などに対しても適用されるようになった。

これは、公選化された都道府県知事や分権化で権限が拡大した自治体の行政能力に対し各省庁は不信感をもち、国の事務権限を自治体から引き上げたためであるが、このような制度は、戦前の地方制度の集権的性格を戦後にも持ち越す結果をもたらした。

2 「機関委任自治」の改革

一九九九（平成一一）年に成立した「地方分権一括法」により、従来の国と地方の関係は大きく変化した。地方あるいは自治体の自主性や自立性を重んずる立場から、国と地方の間での役割分担の見直しが図られたのである（本章サブ・テーマ36参照）。

従来、自治体の担当事務には自治体が本来果たすべき役割である「自治事務」に加えて、個別の法令によって国などから処理を委任された機関委任事務が含まれてい

た。本来国と対等の立場であるべき自治体が、この機関委任事務処理の際には中央省庁の指揮監督を受けるものとされ、具体的には、都道府県知事は中央省庁の主務大臣の指揮監督を、また、市長村長は主務大臣と都道府県知事の指揮監督を受けるという仕組みになっていた。このような機関委任事務の割合は都道府県の事務の約八割、市町村の事務の約四割を占めていたとされる。

このような機関委任方式のありかたについては、

❶国と自治体との間に上下関係・主従関係が発生するため、自治体の自主性や自立性が損なわれる、

❷行政責任の所在が国なのか自治体なのか曖昧となり、行政運営に住民の意向が十分に反映されにくい、

などの問題点が指摘されていた。

前述の地方分権一括法により、このような機関委任事務は廃止され、自治体の事務は「自治事務」と新たに設けられた「法定受託事務」（国が本来果たすべき事務のうち、自治体に処理を委託する事務）に整理された。

住民の生活に身近な行政事務はできる限り国から自治体、とくに基礎的自治体である市町村に委譲するという方針にもとづく事務整理の結果、従来の機関委任事務はその約六割が自治体の自治事務に変更となる一方、国立公園の管理など国の直接実行事務に改められたもの以外は法定受託事務とされた。

この法定受託事務が従来の機関委任事務と異なる点は、

(1) 法令に反しない限り、その処理にあたって自治体が主体的な判断で条例を制定できるようになった、

(2) 地方議会や監査委員の権限が原則及ぶものとされたため、地域住民からチェックが行き届くようになった、

(3) 国の自治体に対する関与が制限され、従来の指揮監督関係からの転換が図られた、

などの点である。

このような制度改正は、従来の国と自治体との間にみられた上下・主従関係を、対等・協力関係へと大幅に転換することをめざしていた。具体的には、例えば自治体が法定受託事務の処理に関して国の助言や勧告に従わなくても、国が補助金を打ち切るなどの不利益な扱いをするといったようなことは新制度の下では厳しく制限されることとなった。また、国からの関与に対して自治体が不服である場合など、国と自治体との間での意見対立・紛争を公平・中立な立場で処理するための審議の場として「国地方係争処理委員会」が総務省に新設された。

（福澤真一）

6　日本の地方自治体

1　地方公共団体の分類

地方自治体は法令上「地方公共団体」とよばれるが、一般には自治権をもつ団体として「自治体」とよばれることが多い。また中央政府と対等な存在としての「地方政府」という呼称も使われる。

地方自治法は自治体を「普通地方公共団体」と「特別地方公共団体」の二つに分類している。前者は都道府県や市町村を指し、後者は東京二三区にみられる「特別区」や複数の自治体で構成される組合（一部事務組合、広域連合）などを指す。

都道府県の役割は、主に広域的行政事務、域内の市町村の連絡調整などであり、一方、市町村は、地方自治の基礎的団体として地域住民の生活に密着した日常的な行政事務の処理を担当している。市、町、村の違いはその規模の差であり、法律上の権限は同一である。

第二次大戦前の地方制度での「地方団体」は、国・内務省の監督下におかれ、権限は限定されていた。都道府県と市町村の間にも、前者が後者を監督するという上下関係が存在した。しかし、現行地方制度の下では、都道府県は広域的団体、市町村は基礎的団体という性格の違いは存在するが、制度上、両者はともに普通地方公共団体として対等な関係にある。

2　大都市制度

大都市の地方公共団体には、制度上の位置づけや役割が一般の市町村とは異なるものが存在する。一定の要件を満たした市が指定される政令指定都市、中核市、東京都内の「特別区」などがその例である。

「政令指定都市（政令市、指定都市などともいう）」とは、政府が人口五〇万以上の市を指定して、都道府県からの権限移譲を行う制度である。

政令指定都市は児童福祉、生活保護、食品衛生等、あるいは都市計画、区画整理事業に関連する行政事務について、都道府県なみの権限行使や、市域を複数の「行政区」に分け区役所を設置できる。大阪、京都、名古屋、横浜、神戸、北九州、札幌、川崎、福岡、広島、仙台、千葉、さいたま、静岡、堺、新潟、浜松、岡山、相模原、熊本が、指定都市である（二〇一二年現在）。

一九九四（平成六）年には、政令市に準ずる事務委譲を受ける「中核市」制度が発足し、人口三〇万人以上などの要件を備える市が指定を受けた。

さらに一九九九年には、中核市の二割程度の事務権限の委譲を受ける特例市制度が発足したが、中核市の指定要件緩和などを経て、二〇一四（平成二六）年の地方自治法改正により中核市・特例市制度は統合され、現在は特例市から中核市への移行が進行中である。

東京都の特別区は市に準ずる存在であり、区長が公選であるなどの点で、大阪などの政令指定都市に市政の便宜のために設置されている「行政区」とは性格を異にしている。東京都の特殊性は第二次大戦中の都制施行など、戦前からの首都東京に対する独特の制度的位置づけに起因する。

特別区も、一般の市と同様に住民生活に密着した行政事務を担当しているが、その権限には市と異なる点がある。例えば特別区は、通常道府県が行う保健所設置などの環境衛生事務を行うが、その一方で、通常市が行える消防や下水道の設置管理などは都が担当している。

3　リージョナリズム

「リージョナリズム」は一般に、中央に対する地方の主体性を重視する考え方で「地域主義」と訳される。一方で、自治体の境界を越える広域的な行政課題処理のために新たな行政単位を設ける動きとしての「広域行政論」という意味でも用いられる。

経済活動の拡大、交通・情報網の発達、環境問題の深刻化、少子高齢化、過疎化など既存の自治体の能力を超えるような広域的行政需要は近年増大しているが、このような問題を処理するための制度としては、病院や老人ホーム、屎尿（しにょう）・ごみ処理場、学校や道路、消防などの各種施設の共同設置・利用のために、市町村の境界を越えて設置される「広域市町村圏」や、複数の自治体が国や都道府県から権限・事務の委任を受けるため共同設置する「広域連合」（特別地方公共団体の一種）などがあげられる。

しかし、広域行政遂行のためのより積極的な手段としては、従来の市町村の再編統合をめざす市町村合併や、都道府県制度を廃し新たな広域行政体の創設をめざす「道州制」論などがその例としてあげられる。（福澤真一）

7 日本の地方財政

1 地方公共団体の歳入・歳出構造

国や地方公共団体の活動のための収入を「歳入」とよぶ。地方公共団体の歳入の主なものは、地方税、地方譲与税、地方特例交付金、地方交付税、国庫支出金、そして、一般的には借金といわれる「地方債（ちほうさい）」である。二〇一八年度で、国民が負担する租税のうち約六割にあたる約六四兆円は国税で、地方税は約四〇兆円と四割弱程度である。

国と地方の歳出純計額約一六九兆円（同年度）のうち、地方は六割弱を占めている。つまり、地方は収入が少なく支出が多い状態にある。地方公共団体が活動するためには、国から相当の財源移転が必要だということを意味する。

地方公共団体の歳出は、①「目的別歳出」と②「性質別歳出」に分類される。

①目的別歳出とは、行政目的に応じて支出を分類するもので、総務費や民生費などがこれにあたる。

②性質別歳出とは、支出の経済的性質に基づくもので、人件費や扶助費（ふじょ）などの「義務的経費」と、普通建設事業費などの「投資的経費」に分類される。この場合、義務的経費が大きいということは、財政の自由度が低く、財政の硬直化が進んでいると考えられる。

2 国から地方への支出

国が、地方公共団体に移転する財源の主なものとしては、(1)「国庫支出金」と(2)「地方交付税」がある。

(1)国庫支出金――いわゆる「補助金」にあたるもので、公共事業や義務教育など、地方公共団体が行う特定の事務や事業について、国がその使途（しと）を指定して支給するものである。

(2)地方交付税――国税の中から地方に「交付金」として支出されるもので、その目的は、地方財政の格差をなくそうとするものであり、使途も限定されていない。

また、地方交付税の総額は、所得税・法人税・酒税・消費税・地方法人税といった国税の一定割合に基づく。このため、国は、国が地方に代わって税を徴収していると見なし、地方交付税を地方の固有財源と位置づけている。

3　地方財政の特色と課題

現在の地方財政において大きな割合を占めているのが「地方債」である。現在では、歳入の約一割がこれにあたる。地方債は、複数年度にわたる特定の事業に対して歳出が必要な場合に発行される借入金（かりいれきん）で、一般的には「借金」と位置づけられる。

とくにバブル期（およそ一九八〇代半ば～九〇年代初頭）以降、経済の減退と公共事業投資の必要性から、この借入金残高が大幅に膨らみ、最大で二百兆円を超える時期もあったが、二〇二〇年度現在では一九〇兆円を下回っている。ただ、バブル期以前には七〇兆円を下回っていたことからも、依然（いぜん）、高水準であることが分かる。

日本の地方財政は、国庫支出金や地方交付税による財源移転に大きく依存しているが、そこにはいくつかの課題が存在している。

国庫支出金は、国が定めた事業を行ったりする必要があり、地方行政が硬直化する可能性がある。また、各省庁が特定の事業について支出するという性格上、地方行政体制の縦割り（たてわり）化を促進することにもつながる。

また地方交付税は、その性質上財源の乏しい地方公共団体ほど多額の交付税を交付される。このため、地方が自助努力によって収入を増やそうとする意欲を失わせてしまうとの批判もある。こうした国からの財政的統制の余地を残しているという点が、依然として日本では地方の財政的自主権は弱いとする批判につながってくる。

また、財政格差も問題視されている。二〇〇七年度から、いわゆる「三位一体（さんみいったい）の改革」（本章サブ・テーマ36参照）によって地方への三兆円規模の税源移譲が行われ、地方税の割合が向上した。その結果、かつて「三割自治」と呼ばれたような状況は変わり、地方税収は、歳入の約四割を占めるまでになった。しかし、とくに税収の多い都市部と、税収の少ない農村部との格差の是正（ぜせい）には至らず、むしろこれは、拡大傾向にあるとされる。

加えて、地方財政の悪化も大きな問題となっている。地方の借入金残高が依然、高水準であり、また、これにともない、公債費を含む義務的経費も高水準のままである。これらのことは、厳しい財政状況の中で、住民に対する公共サービスをいかにして維持していくのかが大きな課題となることを意味している。

（真下英二）

8 住民参加

1 住民参加の意義

議会制民主主義をとる日本においては、選挙が、最も基本的かつ重要な政治参加の方法であるという点については、国政も地方自治も変わるところはない。

しかし地方自治の場合、代表者の意思と住民との意思との乖離(かいり)が進まないよう、選挙以外のさまざまな方法で住民の政治参加を保障する制度が存在する。住民自治の観点からすれば、こうした住民による直接参加の機会の意義は非常に大きいといえる。

とりわけ、社会の成熟化に伴い、行政に対するニーズが多様化・高度化し、また、行政活動に対する住民の意識が高まりつつある現在、こうした住民自治の拡充が強く求められているところである。現在日本で行われている直接参加の主要な制度としては、直接請求制度と住民投票があげられる。

2 直接請求制度

直接請求制度とは、間接民主制を採用する地方政治を補完するため、直接民主制の一つの方式として定められたものである。現在直接請求制度は、以下の四つについて認められている。

①条例の制定・改廃(かいはい)請求（イニシアティブ）
②事務監査の請求
③議会の解散請求
④議員・長・その他主要公務員の解職請求（リコール）

なお、①と②は有権者の五〇分の一で、③と④は原則三分の一の署名で、請求が可能となる。

しかしながら現行制度上は、直接請求の最終的判断を、本来の権限者の決定に還元するという方式をとっている。つまり、仮に請求があったとしても、その適否を判断するのは、その問題についての最終的な決定者ということになる。したがって、例えばイニシアティブの場合、仮に請求が認められたとしても、条例の制定や改廃を決定するのは議会ということになる。

　このため、実際に直接請求から条例の制定・改廃が可決されたケースは、条例の改廃請求の多くが首長や議会に反対の立場をとる者によってなされるために可決率が低くなる傾向があるという要因もあるが、全体の一割にも満たない数にとどまっている。

3　住民投票

　住民投票（レファレンダム）は、自治体住民の意思を問うという性格上、住民の意思を最も的確に表すものであるとして、より活用の頻度を高めるべきだとする議論がある。

　しかし現行の制度では、法律的に認められている住民投票は、特定の自治体にのみ適用される法律の可否について住民の意思を問うためのものに限られている。

　したがって、市町村合併や原子力発電所の立地の可否についてなど、これ以外の目的で住民投票を行おうとする場合には、各自治体において住民投票を実施するための条例を制定する必要がある。

　また、住民投票の効力は、法的には自治体の決定を拘束するものではないが、それがもつ意味を考えるならば、住民投票によって示された住民の意思に一定の拘束力をもたせるべきだとする議論も存在する。

4　住民参加の拡充

　こうしたなか、近年では独自に条例を制定し、住民の直接参加を制度的に保障しようというものもある。例えば、北海道や清瀬（きよせ）市（東京都）などでは、基本条例で住民投票などの参加を制度的に保障しているが、こうした自治体はまだ少数派である。

　一方で近年では、直接的な住民参加を拡充しようという動きもみられる。自治体の中には、条例により住民からの提案に基づいて協働事業を行うことを定めているものもあり、また、自治体にとって重要な案件については、市民のみで構成される市民会議などを開催して、住民からの意見を反映させようという試みも見られている。

　さらに、住民参加の必要性を唱える声の高まりに応じて、議会制民主主義を前提としつつ、直接民主主義的な要素を加えた制度を導入する自治体も、見られている。

（真下英二）

サブ・テーマ 36

地方分権改革

一九九三（平成五）年、衆参両院において「地方分権の推進に関する決議」が可決され、政府は翌年に「地方分権の推進に関する大綱方針」を閣議決定した。一九九五年に憲政史上初めて地方分権推進法が制定され、同年中に地方分権推進委員会が発足した。

同委員会は、国の地方への関与の縮減と、国から地方への権限移譲の二つの方向性を議論した。そして、中間報告と五次にわたる勧告を提出し、一九九九年に「地方分権一括法」が成立し、またそれに伴い地方自治法が改正された。

この分権改革の最大の眼目は、「機関委任事務」の廃止である（本章5参照）。

また、従来地方公共団体が担っていた行政事務・団体委任事務等を整理し、再編した。その結果、本来国が果たすべきだが適正な処理を確保する必要から法律やその法律に基づく政令で定めるとする「法定受託事務」と、地方公共団体が処理すべき「自治事務」に再編された（同上参照）。

また国は、自治体に対して法令の規定に基づかない指揮監督はできなくなった（関与法定主義）。これにより、国と地方はこれまでの上下関係から対等・協力関係にあるとされ、国と地方の役割分担の原則が掲げられた。しかし、国の関与は残り、国の自治体への関与が正当であったかを審査する「国地方係争処理委員会」を総務省に設置することになった。

同委員会では、課税自主権尊重の観点から、地方財源改革も提言している。

成果の第一は、自主財源である法定外普通税は許可制から総務大臣の同意を必要とする事前協議制に改められた。第二に、特定の政策目的に充当する法定外目的税が新たに創設された。第三に、地方債の発行が総務大臣・知事の許可制から事前協議制に改められた（実施は二〇〇六年から）。

二〇〇一（平成一三）年、推進委員会は解散し、政令によって地方分権改革推進会議が設置された。同会議は、推進委員会が残した課題に取り組み、翌年の「事務・事業の在り方に関する意見」では、国と地方の役割分担の適正化を図り、さらに、二〇〇三年には「三位一体改革についての意見」のなかで、国と地方の役割分担に応じた、「国庫補助負担金・地方交付税・税源移譲」の「三位一体の改革」の具体的方策を提言した。

翌年度から三年間の「集中改革期間」で、国庫補助負担金で約四・七兆円の削減、地方交付税で約五・一兆円の削減、税源移譲約三兆円の成果が見込まれている。

二〇〇七年四月に発足した地方分権改革推進委員会は、四次におよぶ地方への規制緩和や権限移譲を勧告している。二〇一四年には、これまでの「委員会勧告方式」から各地方公共団体からの「提案募集方式」を導入した。

また、分権改革の一環として市町村合併も推進され、二〇一四年三月までに市町村の数は一七一八にまで減少した。これを「平成の大合併」という。

（神崎勝一郎）

サブ・テーマ 37

国と地方の協議の場

戦前の地方自治はしばしば「官治」とも呼ばれ、中央による統制色の強いものであった。わが国では、二〇〇〇年の地方分権一括法の施行以降も、行政優位、霞が関優位の統治構造が依然として継続しているという認識が専門家の間でも広く共有されており、行政優位の戦前・戦後連続論の立場をとる論者が少なくない。

もちろん、日本国憲法第八章に地方自治が盛り込まれ、「地方自治の本旨」が明示されたことをもって、我が国の統治構造が本格的に分権的に転換したとする論者もいない訳ではない。天川晃の「分権・融合論」などはその例であろう。一方で、西尾勝の「集権・融合論」は連続論の立場である。

憲法にうたわれた地方自治の本旨は、地方自治法として具現化された。地方分権一括法が国と地方の関係（パラダイム）を上下・主従から対等・協力の関係に転換させたとの理解がなされるが、現実には必ずしもそうなっていないという批判が絶えず付きまとっていた。

国と地方の紛争を解決するための機関として、国地方係争処理委員会（地方自治法二五〇条の七）が設置された。

同委員会の所掌事務は、「国の関与のうち是正の要求、許可の拒否その他の処分その他公権力の行使に当たるものについて不服のある地方公共団体の長等からの審査の申出に基づいて審査を行い、国の関与が違法等であると認めた場合には、国の行政庁に対して必要な措置を行う旨の勧告等を行う」（総務省Ｗｅｂサイト）とされているが、そもそも、地方が国に不服の申出をするケースがほとんど見られなかった。

このような〝凪状態〟は、必ずしも国と地方の間の問題がないことを意味しているのではなかった。地方分権時代となり、協議の必要性は日増しに強まってはいたが、実効性のある協議チャンネルが存在していなかっただけであった。

二〇一一年四月二八日、安倍（晋三）政権下において「国と地方の協議の場に関する法律」が成立し、懸案であった国・地方間の常設の協議機関が設置された。これは、二〇〇九年一一月以降、民主党政権時代（二〇〇九～一一年）から行われていた国と地方の協議を正式に法律として位置づけたものであった。その意味では、国・地方間の協議機関の必要性については、与野党間に大まかな合意があったものと言ってよいだろう。

なお、自治体間の紛争については、紛争処理委員（地方自治法二五一条）が置かれている。

その所掌事務は、「普通地方公共団体相互の間又は普通地方公共団体の機関相互の間の紛争の調停、普通地方公共団体に対する都道府県の関与に関する審査及び地方自治法の規定による審査請求、再審査請求、審査の申立て又は審決の申請に係る審理を処理する」（総務省Ｗｅｂサイト）ことである。

地方分権化の実質化とともに、国・地方または地方間での協議事項は増大していくことが想定される。これらに関わる機関の重要性が今後、減じられることはないであろう。

（増田　正）

読書案内

※本書の後で読み進むのに手頃な書物を紹介しておく。

◆政治学・行政学全般

①堀江湛編『現代の政治学』北樹出版（一九九七～九八）
②猪口孝編『現代政治学叢書』東京大学出版会（一九八八～八九）
③西尾勝編『行政学叢書』東京大学出版会（二〇〇六～）

①は全三巻で、『日本の選挙と政党政治』（第一巻）、『日本の公共政策と中央地方関係』（第二巻）、『比較政治学と国際関係』（第三巻）と、ほぼ全領域をカバーしている。②は全二〇巻で、各分野を一冊ずつでカバーしている。多少古くなってきた巻もあるが、貴重だ。③は全十二巻で「官庁セクショナリズム」など行政学の重要なテーマを掘り下げている。

◆政治学概説書

①佐々木毅『政治学講義〔第2版〕』東京大学出版会（二〇一二）
②砂原庸介、稗田健志、多胡淳『政治学の第一歩〔新版〕』有斐閣（二〇二〇）
③久米郁男、川出良枝、古城佳子、田中愛治、真渕勝『政治学〔補訂版〕』有斐閣（二〇一一）
④永山博之、富崎隆、青木一益、真下英二『政治学への扉〔改訂版〕』一藝社（二〇一八）

①は東大法学部で使われていた政治学原論（政治学）のテキストが始まり。政治をどのように読み解くか、一つの実践的な形。②は比較的若手の著者による概説書。適切なボリュームで、新しい動向を網羅している。③はこの分野を網羅的に説明した本。特定分野に関心がある読者にも十分な量の解説がなされている。④は初学者向けにていねいに書かれた概説書。初学者が通読できて全体が把握できるように配慮されている。

◆行政学概説書

①西尾勝『行政学〔新版〕』有斐閣（二〇〇一）
②村松岐夫『行政学教科書――現代行政の政治分析〔第二版〕』有斐閣（二〇〇一）
③真渕勝『行政学〔新版〕』有斐閣（二〇二〇）
④曽我謙悟『行政学』有斐閣（二〇一三）

①は行政学のテキストの定番。②は日本の官僚制に関する実証研究の成果に基づいたテキスト。③は日本行政の実証分析を踏まえた概説書。「社会科学としての行政学」を強く意識しつつ、現実の行政を分析することに力点をおいたテキスト。④は日本の行政の実態と特質を、国際比較と時系列比較により明らかにしていくテキスト。分業と委任から新たな行政学の体系化をめざす。

◆日本の政治

①新藤宗幸、阿部齊『現代日本政治入門』東京大学出版会（二〇一六）
②川人貞史 編『シリーズ日本の政治〔全一二巻〕』東京大学出版会（二〇一五～）
③竹中治堅『首相支配――日本政治の変貌』中央公論新社（二〇〇六）
④中北浩爾『自民党――「一強」の実像』中央公論新社（二〇一七）
⑤清水真人『平成デモクラシー史』筑摩書房（二〇一八）
⑥大石眞監修、縣公一郎・笠原英彦編著『なぜ日本型統治システムは疲弊したのか――憲法学・政治学・行政学からのアプローチ』ミネルヴァ書房（二〇一六）
⑦岩渕美克、岩崎正洋編著『日本の連立政権』八千代出版（二〇一八）

①は現代日本政治の初学者向けのテキスト。②は二〇二一年現在未完だが、現代政治学の新動向と日本政治研究をつなげ、網羅的にとらえる試みとなっている。③は官僚と自民党議員の間にはさまれて手足を縛られていた首相の権力が増大した理由を指摘する。④は③と並行して、日本政治を支配してきた自民党の仕組みそのものがどのように変わってきたのかを語る。⑤は前記二冊をカバーする期間にどのような出来事があり、日本政治全体が何と結びついて変わってきたのかを描写する。⑥は戦後七〇年を経て、現代日本の統治システムを多面的に考察したもの。高価なので深く学びたい人向け。⑦は細川政権から第二次安倍政権までが政権ごとに網羅的に整理され、その変容を振り返ることができる。

◆日本の行政

①大森彌『官のシステム』東京大学出版会（二〇〇六）
②稲継裕昭『日本の官僚人事システム』東洋経済新報社（一九九六）
③森田朗『許認可行政と官僚制』岩波書店（一九八八）
④今村都南雄『官庁セクショナリズム』東京大学出版会（二〇〇六）
⑤村松岐夫『地方自治』東京大学出版会（一九八八）
⑥笠原英彦編著『日本行政史』慶應義塾大学出版会（二〇一〇）
⑦礒崎初仁、金井利之、伊藤正次『ホーンブック 地方自治〔新版〕』北樹出版（二〇二〇）
⑧入江容子、京俊介編『地方自治入門』ミネルヴァ書房（二〇二〇）

①は「大部屋主義」など、行政の組織と人事における日本的特質を明らかにする。②は「おそい昇進」など日本の公務員の人事・給与システムの特質を分析。③は日本の官僚制の動態を政策実施の視点から実証的に分析。④は日本官僚制のセクショナリズム研究の決定版。⑤は日本の中央地方関係を実証的に分析した記念碑的研究。⑥は明治維新以来の日本行政史を概観。⑦は日本の地方自治の制度と実態をコンパクトに説明。⑧は日本の地方自治を分かりやすく解説。

◆政治心理学・政治社会学

①河田潤一、荒木義修編『ハンドブック政治心理学』北樹出版（二〇〇三）
②山田真裕、飯田健編著『投票行動研究のフロンティア』おうふう（二〇〇九）
③加藤秀治郎、岩渕美克編『政治社会学〔第五版〕』一藝社（二〇一三）
④池田謙一『「日本人」は変化しているのか』勁草書房（二〇一八）
⑤伊藤隆太『進化政治学と国際政治理論』芙蓉書房出版（二〇二〇）

①は新しい動向を盛り込んでいるが、多少難解な章もある。②は政治心理学でも重要な投票行動論について、新しい研究動向を含め全般を網羅。③はこの分野の最近の数少ない概説書。④は震災、政権交代など近年の事件が日本人の思考にどのように影響しているかを考察する。社会的事件と心理、態度の関連を考察した本として重要。⑤は心理学の世界で注目されている進化論と人間心理の関係を、政治にあてはめて考察する非常に刺激的な書物。

◆政治過程論

①伊藤光利、真渕勝、田中愛治『政治過程論』有斐閣（二〇〇〇）
②中島誠『立法学〔第4版〕―序論・立法過程論』法律文化社（二〇二〇）
③加藤秀治郎『日本の選挙―何を変えれば政治が変わるのか』中央公論新社（二〇〇三）

①は政治過程論の概説。②は厚労官僚として、政策課程の中にいた著者による包括的な立法過程論。非常に詳しく、内部の人でなければわからない情報が盛り込まれている。③は選挙制度と日本政治の関連を扱った基本書。

◆国際政治学

①永山博之、河原地英武、井口正彦、早川有香『国際政治学への扉』一藝社（二〇一七）
②中西寛、石田淳、田所昌幸『国際政治学』有斐閣（二〇一三）
③J・S・ナイ・ジュニア、D・A・ウェルチ（田中明彦、村田晃嗣訳）『国際紛争―理論と歴史〔原書第10版〕』有斐閣（二〇一七）
④山本吉宣『国際レジームとガバナンス』有斐閣（二〇一八）

①は比較的新しい時期を扱い、現在の国際情勢を広くカバーしている。最初の一冊に適切。②は記述が非常に詳しく、応用段階で読むべき本。③はアメリカでの標準的な国際関係論の教科書。歴史的事例が豊富。④は複雑な国際政治を、国際レジーム論とグローバル・ガバナンスの観点から読み解いたもの。

◆政治史

①北岡伸一『日本政治史―外交と権力〔増補版〕』有斐閣（二〇一七）
②御厨貴、牧原出『日本政治史講義―通史と対話』有斐閣（二〇二一）
③W・ラカー（加藤秀治郎他訳）『ヨーロッパ現代史―西欧・東欧・ロシア〔全三巻〕』芦書房（一九九八～二〇〇〇）

①は練達の外交史家による通史。外交に比重をおいて、冷戦終結までの歴史を一貫した視点で描く。②はやはり政治史家二人による大著。多様な人物に焦点をあて、一気に読ませる筆力の産物。③は第二次大戦終盤からになるが、西欧・ソ連・東欧を幅広くカバーして読ませる。

◆**政治学の方法論**

①G・キング、R・O・コヘイン、S・ヴァーバ（真渕勝監訳）『社会科学のリサーチ・デザイン――定性的研究における科学的推論』勁草書房（二〇〇四）

②スティーブン・ヴァン・エヴェラ（野口和彦、渡辺紫乃訳）『政治学のリサーチ・メソッド』勁草書房（二〇〇九）

③久米郁男『原因を推論する――政治分析方法論のすゝめ』有斐閣（二〇一三）

①は学界の大家三人による古典的名著。難解だが、量的、質的方法をともにカバーして、どのような材料から、どのような方法で結論を導けばよいかという問題を考え抜いている。②は主に定性的研究を取り上げて、わかりやすく方法論を説明している。③は日本人著者による著作。原因と結果をどのように結びつければよいかということを、さまざまな手法に照らしてきちんと説明している。

◆**事典**

①阿部斉、内田満、高柳先男編『現代政治学小辞典』有斐閣（一九九九）

②大学教育社編『現代政治学事典』ブレーン出版（一九九八）

③猪口孝、岡沢憲芙、大澤真幸、山本吉宣、ティーブン・R・リード編『政治学事典』弘文堂（二〇〇〇）

④堀江湛、加藤秀治郎編『政治学小事典』一藝社（二〇一九）

①は手頃な小辞典。②と③は本格的事典。③には廉価版もある。④は①よりも平易で入門者に役立つ。

◆**政治思想**

①宇野重規『西洋政治思想史』有斐閣（二〇一三）

②堤林剣『政治思想史入門』慶應義塾大学出版会（二〇一六）

①は古代ギリシアから最新の動向まで、一貫した視点で整理されている。この分野を俯瞰するために便利。②はものの考え方をていねいに教える本。非常に読み応えがある。

◆**比較政治学**

①粕谷祐子『比較政治学』ミネルヴァ書房（二〇一四）

②久保圭一、末近浩太、高橋百合子『比較政治学の考え方』有斐閣（二〇一六）

③池谷知明、河崎健、加藤秀治郎編『新・西欧比較政治』一藝社（二〇一五）

④A・レイプハルト（粕谷祐子、菊池啓一訳）『民主主義対民主主義〔原著第2版〕』勁草書房（二〇一四）

⑤G・サルトーリ（岡沢憲芙監訳、工藤裕子訳）『比較政治学――構造・動機・結果』早稲田大学出版部（二〇〇〇）

①は比較政治学の基礎概念を幅広く、丁寧に解説しており、この分野の全体像を知るために役立つ。②は主に新興国を対象に、比較のポイントと概念の使い方を説明している。③は主に西欧諸国を対象に、制度と実態を要領よく説明している。④は多数決型とコンセンサス型の民主主義三六カ国を比較したもの。自由民主主義が多様であることの実証研究。⑤は選挙制度と政治制度の観点から、俯瞰的に民主主義体制を比較したもの。

ね・の

は

ひ

ふ

へ

す

せ

さ

索引

〔注〕重要な語句・人名などを50音順(アルファベットはローマ字読みで50音順)に掲載した。

あ

い

う

え

【執筆者一覧】
（五十音順）

青木一益（あおき・かずます）
富山大学経済学部教授

青柳卓弥（あおやぎ・たくや）
平成国際大学法学部教授

荒木義修（あらき・よしのぶ）
エー・アソシエイツ研究所代表取締役
武蔵野大学客員教授

有賀　誠（ありが・まこと）
防衛大学校公共政策学科教授

井田正道（いだ・まさみち）
明治大学政治経済学部教授

岩井奉信（いわい・ともあき）
日本大学客員教授

石上泰州（いわがみ・やすくに）
平成国際大学法学部教授

岩渕美克（いわぶち・よしかづ）
元日本大学法学部教授（2018年逝去）

梅村光久（うめむら・みつひさ）
三重中京大学名誉教授

大木啓介（おおき・けいすけ）
尚美学園大学名誉教授

大沢秀介（おおさわ・ひでゆき）
慶應義塾大学名誉教授

小川恒夫（おがわ・つねお）
東海大学文学部教授

笠原英彦（かさはら・ひでひこ）
慶應義塾大学名誉教授

加藤秀治郎（かとう・しゅうじろう）
東洋大学名誉教授

門松秀樹（かどまつ・ひでき）
東北公益文化大学准教授

川口英俊（かわぐち・ひでとし）
十文字学園女子大学社会情報デザイン学部准教授

桐谷　仁（きりや・ひとし）
静岡大学人文社会科学部教授

桑原英明（くわばら・ひであき）
中京大学総合政策学部教授

神崎勝一郎（こうざき・しょういちろう）
大原学園専任講師

小島和貴（こじま・かずたか）
桃山学院大学教授

佐々木孝夫（ささき・たかお）
平成国際大学法学部教授

佐治孝夫（さじ・たかお）
元大学教員

佐藤公俊（さとう・きみとし）
高崎経済大学地域政策学部教授

進邦徹夫（しんぽう・てつお）
杏林大学総合政策学部教授

高杉忠明（たかすぎ・ただあき）
神田外語大学外国語学部教授

田中康夫（たなか・やすお）
東海大学名誉教授

爲我井慎之介（ためがい・しんのすけ）
平成国際大学法学部准教授

富崎　隆（とみさき・たかし）
駒澤大学法学部教授

永田尚三（ながた・しょうぞう）
関西大学社会安全学部教授

中村昭雄（なかむら・あきお）
大東文化大学名誉教授

永山博之（ながやま・ひろゆき）
広島大学法学部教授

半田英俊（はんだ・ひでとし）
杏林大学総合政策学部教授

福澤真一（ふくざわ・しんいち）
常磐大学総合政策学部教授

前田壽一（まえだ・としかず）
洗足学園理事長

真下英二（ました・えいじ）
尚美学園大学総合政策学部教授

増田　正（ますだ・ただし）
高崎経済大学地域政策学部教授

水戸克典（みと・かつのり）
日本大学法学部教授

渡邊啓貴（わたなべ・ひろたか）
東京外国語大学名誉教授
帝京大学法学部教授

［編者］

堀江　湛（ほりえ・ふかし）

1931年生まれ。慶應義塾大学法学部卒業、同大学院修了。

慶應義塾大学法学部教授をへて同大学名誉教授。2020年11月、逝去。

『政治改革と選挙制度』（編著、芦書房、1993）、『国会改革の政治学――議会デモクラシーの復権』（編著、PHP研究所、1995）、『日本の統治システム――官僚主導から政治主導へ』（編著、慈学社、2008）ほか著書多数。

加藤秀治郎（かとう・しゅうじろう）

1949年生まれ。慶應義塾大学法学部卒業、同大学院修了。

東洋大学法学部教授をへて現在、同大学名誉教授。

『日本の選挙――何を変えれば政治が変わるのか』（単著、中央公論新社、2003）、『憲法改革の政治学〔増補改訂版〕』（単著、一藝社、2005）、『日本政治の座標軸――小選挙区導入以後の政治課題』（単著、一藝社、2005）ほか著書多数。

政治学・行政学の基礎知識［改訂第4版］

2004年4月15日　初版発行
2007年8月10日　第2版発行
2011年4月5日　第2版4刷
2014年9月30日　第3版1刷
2017年3月30日　第3版2刷
2019年3月30日　第3版3刷
2021年10月5日　改訂第4版発行

編　者――――堀江　湛
　　　　　　加藤秀治郎

発行者――――菊池公男

発行所――――株式会社　一藝社
〒160-0014 東京都新宿区内藤町1-6
TEL：03-5312-8890　FAX：03-5312-8895
E-mail : info@ichigeisha.co.jp
HP : http://www.ichigeisha.co.jp
振替：東京　00180-5-350802

印刷・製本――――シナノ書籍印刷株式会社

ISBN 978-4-86359-243-8　C3031

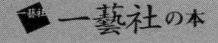